GROSSER ILLUSTRIERTER

ATLAS

DER WELT

Die Satellitenaufnahme zeigt den südöstlichen Teil der Halbinsel York im australischen Bundesstaat Queensland. Vor der Küste ist ein Teil des Great Barrier Reef zu erkennen.

GROSSER ILLUSTRIERTER ATLAS DER WELT

»Ich möchte Weltenbürger sein, überall zu Hause und … überall unterwegs.«

Eine durchaus moderne Wunschvorstellung, doch schon geäußert zu Beginn des 16. Jahrhunderts von Erasmus von Rotterdam, dem humanistischen Denker und Theologen. Es waren die Zeiten, in denen die damalige Welt sich öffnete, Zeiten der Entdeckungen und Eroberungen, der wirklich großen Abenteuer.

Seitdem haben Forscher und Wissenschaftler jede »terra incognita« erkundet, Satelliten die Erde aufs Genaueste vermessen. Und doch: Vieles, allzu vieles ist uns bis heute »fern« geblieben. Die Weiten Asiens, die Inselwelten des Pazifiks, die Wüsten Australiens, die Regenwälder Zentralafrikas, die Eis- und Schneelandschaften Alaskas, die Bergwelt der Anden: Wer könnte schon für sich in Anspruch nehmen, ein detailliertes Bild all dieser faszinierenden Regionen unseres Planeten vor Augen zu haben.

»Eine Reise von tausend Meilen beginnt mit dem ersten Schritt« *(Laotse).*

Beginnen wir also unsere Reise rund um unseren Planeten mit dem GROSSEN ILLUSTRIERTEN ATLAS DER WELT. Ein vollständig neues, modernes Kartenwerk.

Geografisches Basiswissen vermitteln die präzisen, mit satellitengesteuerten Erdvermessungsmethoden recherchierten Darstellungen naturgegebener Strukturen wie Gebirgsreliefs und Gewässernetz sowie der von uns Menschen geschaffenen Strukturen wie Städte, Siedlungen und Verkehrsnetz. Größere Maßstäbe gewährleisten eine höchst detaillierte Darstellung. So wird Europa gleichmäßig im Maßstab 1:2,25 Mio. abgebildet, Asien, Australien, Afrika und Amerika im einheitlichen Maßstab 1:4,5 Mio. Mit etwa 100 000 Registereinträgen gehört der GROSSE ILLUSTRIERTE ATLAS DER WELT zu den umfangreichsten Atlaswerken der Gegenwart.

Für einen Weltatlas neu und einzigartig ist die Einbringung von ca. 20 000 extra entwickelten Symbolen, die alle wichtigen Natur- und Kulturmonumente der Welt – darunter auch alle Welterbestätten der UNESCO – lagerichtig erfassen.

Zusätzlich zur kartografisch-symbolischen Darstellung unseres Planeten beinhaltet der Atlas ein geografisches Lexikon, das Erdteil für Erdteil die kontinentalen Großlandschaften und die Vegetationszonen beschreibt. Faszinierende Landschaftsfotos, darunter auch eine Vielzahl von Satellitenfotos, ergänzen die informativen Texte. So wird aus der Kombination von detailliertem Kartenwerk und geografischem Lexikon eine anschauliche und wertvolle Lernhilfe, die unser schulisches Wissen um den »Blauen Planeten« deutlich erweitert.

»Die Welt ist ein wunderschönes Buch, doch von geringem Nutzen für den, der nicht lesen kann.« So lautet ein berühmter Satz des italienischen Dichters Carlo Goldoni. Möge er Ansporn für uns sein, unseren Planeten mit dem GROSSEN ILLUSTRIERTEN ATLAS DER WELT noch besser kennen zu lernen.

Herzlichst
Ihr Siegfried Lapawa

Siegfried Lapawa

Vorstand Silag Handel AG

Inhaltsverzeichnis

KARTENÜBERSICHT	6 – 7
ZEICHENERKLÄRUNG – Natürliche geografische Strukturen	8
ZEICHENERKLÄRUNG – Vom Menschen geschaffene geografische Strukturen	9
ZEICHENERKLÄRUNG	10 – 13

Die Welt 14 – 23

Die Welt, physische Karte	16 – 17
Endogene Kräfte der Erdgestaltung	18 – 19
Exogene Kräfte der Erdgestaltung	20 – 21
Klima- und Vegetationszonen	22 – 23

Europa 24 – 73

Europa, physische Karte / politische Karte	1 : 22 Mio.	26 – 27
Europa: Naturlandschaften		28 – 37
Spezial: Die Alpen		34 – 35
Nordskandinavien	1 : 2,25 Mio.	38 – 39
Mittelskandinavien	1 : 2,25 Mio.	40 – 41
Südskandinavien, Dänemark	1 : 2,25 Mio.	42 – 43
Südfinnland, Baltikum	1 : 2,25 Mio.	44 – 45
Island, Irland	1 : 2,25 Mio.	46 – 47
Großbritannien	1 : 2,25 Mio.	48 – 49
Nordfrankreich, Benelux	1 : 2,25 Mio.	50 – 51
Südfrankreich	1 : 2,25 Mio.	52 – 53
Portugal, Westspanien	1 : 2,25 Mio.	54 – 55
Ostspanien, Balearen	1 : 2,25 Mio.	56 – 57
Deutschland	1 : 2,25 Mio.	58 – 59
Alpen, Norditalien	1 : 2,25 Mio.	60 – 61
Süditalien, Malta	1 : 2,25 Mio.	62– 63
Polen	1 : 2,25 Mio.	64 – 65
Tschechische Republik, Slowakei, Slowenien, Ungarn	1 : 2,25 Mio.	66 – 67
Balkanländer, Nordgriechenland	1 : 2,25 Mio.	68 – 69
Südgriechenland, Westtürkei	1 : 2,25 Mio.	70 – 71
Osteuropa	1 : 4,5 Mio.	72 – 73

Asien 74 – 131

Asien, physische Karte / politische Karte	1 : 44 Mio.	76 – 77
Asien: Naturlandschaften		78 – 87
Spezial: Himalaya		80 – 81
Spezial: Der Pazifische Feuergürtel		83
Nordasien	1 : 15 Mio.	88 – 89
Naher Osten	1 : 4,5 Mio.	90 – 91
Nördliche Arabische Halbinsel	1 : 4,5 Mio.	92 – 93
Südliche Arabische Halbinsel	1 : 4,5 Mio.	94 – 95
Mittelasien	1 : 4,5 Mio.	96 – 97
Ostiran, Südafghanistan, Mittel- und Südpakistan	1 : 4,5 Mio.	98 – 99
Ostkasachstan, Altai, Nördliches Sinkiang	1 : 4,5 Mio.	100 – 101
Hochland von Tibet	1 : 4,5 Mio.	102 – 103
Südliche Baikalregion, Nordmongolei	1 : 4,5 Mio.	104 – 105
Nordchina	1 : 4,5 Mio.	106 – 107
Südchina,Taiwan	1 : 4,5 Mio.	108 – 109
Nordostchina, Nordjapan	1 : 4,5 Mio.	110 – 111
Ostchina, Südkorea, Südjapan	1 : 4,5 Mio.	112 – 113
Pakistan, Nordindien, Nepal	1 : 4,5 Mio.	114 – 115
Mittelindien	1 : 4,5 Mio.	116 – 117
Südindien, Malediven, Sri Lanka	1 : 4,5 Mio.	118 – 119
Bangladesch, Nordmyanmar, Laos, Nordvietnam	1 : 4,5 Mio.	120 – 121
Thailand, Kambodscha, Südvietnam	1 : 4,5 Mio.	122 – 123
Philippinen	1 : 4,5 Mio.	124 – 125
Sumatra, Malayische Halbinsel	1 : 4,5 Mio.	126 – 127
Kalimantan, Java, Bali	1 : 4,5 Mio.	128 – 129
Kleine Sundainseln, Sulawesi, Timor	1 : 4,5 Mio.	130 – 131

Australien / Ozeanien 132 – 159

Australien / Ozeanien, physische Karte / politische Karte	1 : 36 Mio.	134 – 135
Australien / Ozeanien: Naturlandschaften		136 – 141
Special: Inselberge Australiens		137
Nordwestaustralien	1 : 4,5 Mio.	142 – 143
Südwestaustralien	1 : 4,5 Mio.	144 – 145
Nordaustralien	1 : 4,5 Mio.	146 – 147
Ostaustralien	1 : 4,5 Mio.	148 – 149
Südaustralien, Tasmanien	1 : 4,5 Mio.	150 – 151
Neuseeland	1 : 4,5 Mio.	152 – 153

Neuguinea	1 : 4,5 Mio.	154 – 155
Bismarck-Archipel, Salomonen	1 : 4,5 Mio.	156 – 157
Neukaledonien, Vanuatu, Fidschi-Inseln	1 : 4,5 Mio.	158 – 159

Afrika 160 – 207

Afrika, physische Karte / politische Karte	1 : 36 Mio.	162 – 163
Afrika: Naturlandschaften		164 – 173
Spezial: Die Sahara		166 – 167
Marokko, Nordwestalgerien	1 : 4,5 Mio.	174 – 175
Nordostalgerien, Tunesien, Nordlibyen	1 : 4,5 Mio.	176 – 177
Ägypten	1 : 4,5 Mio.	178 – 179
Mauretanien, Nordmali	1 : 4,5 Mio.	180 – 181
Niger, Westtschad	1 : 4,5 Mio.	182 – 183
Osttschad, Nordsudan	1 : 4,5 Mio.	184 – 185
Oberguinealänder, Kapverdische Inseln	1 : 4,5 Mio.	186 – 187
Nigeria, Kamerun	1 : 4,5 Mio.	188 – 189
Zentralafrika	1 : 4,5 Mio.	190 – 191
Äthiopien, Horn von Afrika	1 : 4,5 Mio.	192 – 193
Uganda, Kenia	1 : 4,5 Mio.	194 – 195
Tansania	1 : 4,5 Mio.	196 – 197
Südkongo, Südl. Demokratische Rep. Kongo, Nordangola	1 : 4,5 Mio.	198 – 199
Südangola, Nordnamibia, Westsambia, Nordbotsuana	1 : 4,5 Mio.	200 – 201
Simbabwe, Mosambik	1 : 4,5 Mio.	202 – 203
Südafrika, Lesotho, Swasiland	1 : 4,5 Mio.	204 – 205
Madagaskar, Réunion, Mauritius	1 : 4,5 Mio.	206 – 207

Nord- und Mittelamerika 208 – 251

Nord- und Mittelamerika, physische Karte / politische Karte	1 : 36 Mio.	210 – 211
Nord- und Mittelamerika: Naturlandschaften		212 – 225
Spezial: Die Rocky Mountains		216 – 217
Alaska, Kanada, Grönland	1 : 15 Mio	226 – 227
Alaska	1 : 4,5 Mio	228 – 229
Südliches Alaska, Nordwestkanada	1 : 4,5 Mio	230 – 231
Südwestkanada, Nordwestliche USA	1 : 4,5 Mio	232 – 233
Südwestliche USA, Hawaii	1 : 4,5 Mio	234 – 235
Südkanada, Große Seen	1 : 45 Mio.	236 – 237
Südstaaten	1 : 4,5 Mio	238 – 239
Ostkanada, Neuenglandstaaten	1 : 4,5 Mio	240 – 241
Florida, Bahamas, Kuba	1 : 4,5 Mio	242 – 243
Nordmexiko	1 : 4,5 Mio	244 – 245
Südmexiko, Guatemala	1 : 4,5 Mio	246 – 247
Zentralamerika	1 : 4,5 Mio	248 – 249
Hispaniola, Kleine Antillen	1 : 4,5 Mio	250 – 251

Südamerika 252 – 283

Südamerika, physische Karte / politische Karte	1 : 36 Mio.	254 – 255
Südamerika: Naturlandschaften		256 – 263
Spezial: Die Anden		260 – 261
Kolumbien, Venezuela	1 : 4,5 Mio	264 – 265
Guyana, Suriname, Amazonasmündung	1 : 4,5 Mio	266 – 267
Ecuador, Peru	1 : 4,5 Mio	268 – 269
Amazonastiefland	1 : 4,5 Mio	270 – 271
Nordostbrasilien	1 : 4,5 Mio	272 – 273
Pantanal, Ostbrasilien	1 : 4,5 Mio	274 – 275
Südbrasilien, Uruguay	1 : 4,5 Mio	276 – 277
Bolivien, Nordchile, Nordargentinien	1 : 4,5 Mio	278 – 279
Mittelchile, Mittelargentinien	1 : 4,5 Mio	280 – 281
Südchile, Südargentinien, Falklandinseln	1 : 4,5 Mio	282 – 283

Arktis / Antarktis 284 – 290

Arktis, physische Karte	1 : 20 Mio.	286
Antarktis, physische Karte	1 : 20 Mio.	287
Antarktis: Naturlandschaften		288 – 289
Spezial: Der arktische Ozean		290
Zum Gebrauch		291 – 292
Register		293 – 359

Kartenübersicht

Mit seinen über 300 Burgen und Schlössern gehört das Loiretal zu den bedeutendsten Kulturlandschaften Europas. Im Bild: Schloss Chambord.

Seit mehr als 1000 Jahren ist die japanische Kaiserstadt Kyoto ein Zentrum für Kunst, Kultur und Religion. Im Bild: der Weg zum Heiligtum der Reisgottheit Inari auf dem »Pfirsichhügel«.

Europa

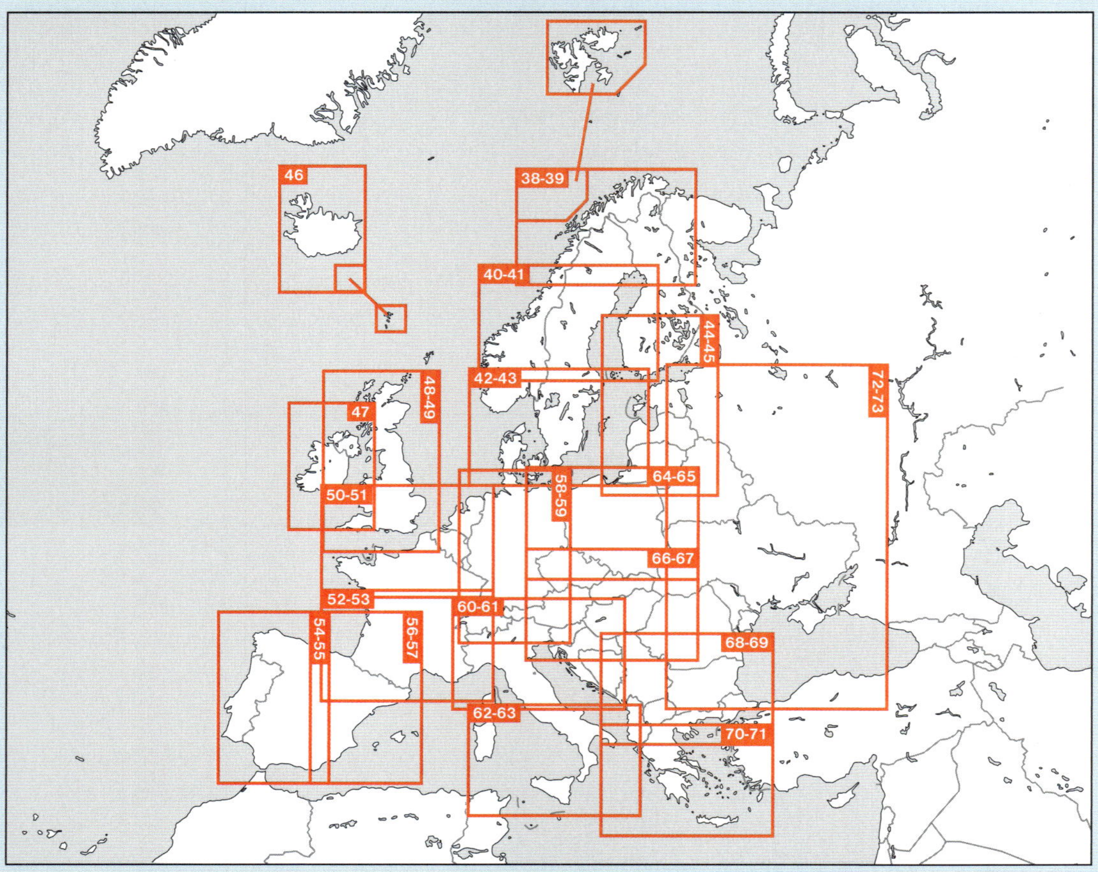

Südostasien, Australien/Ozeanien

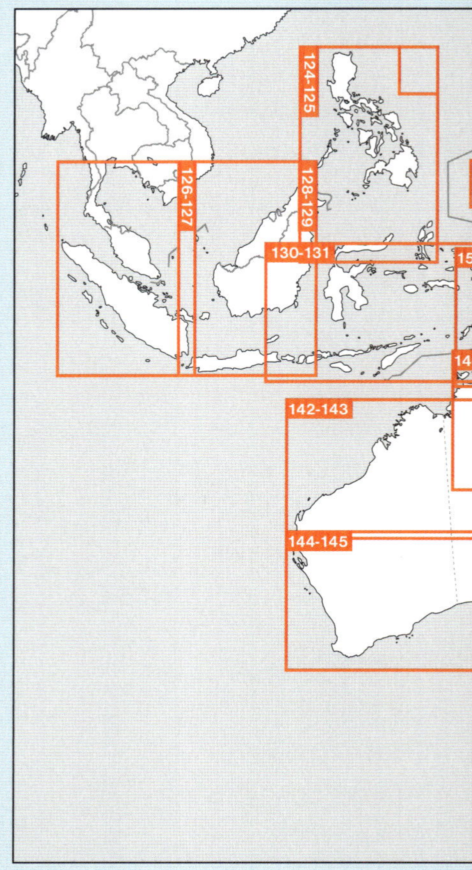

Naher- und Mittlerer Osten, Nordasien, Mittelasien, Südasien

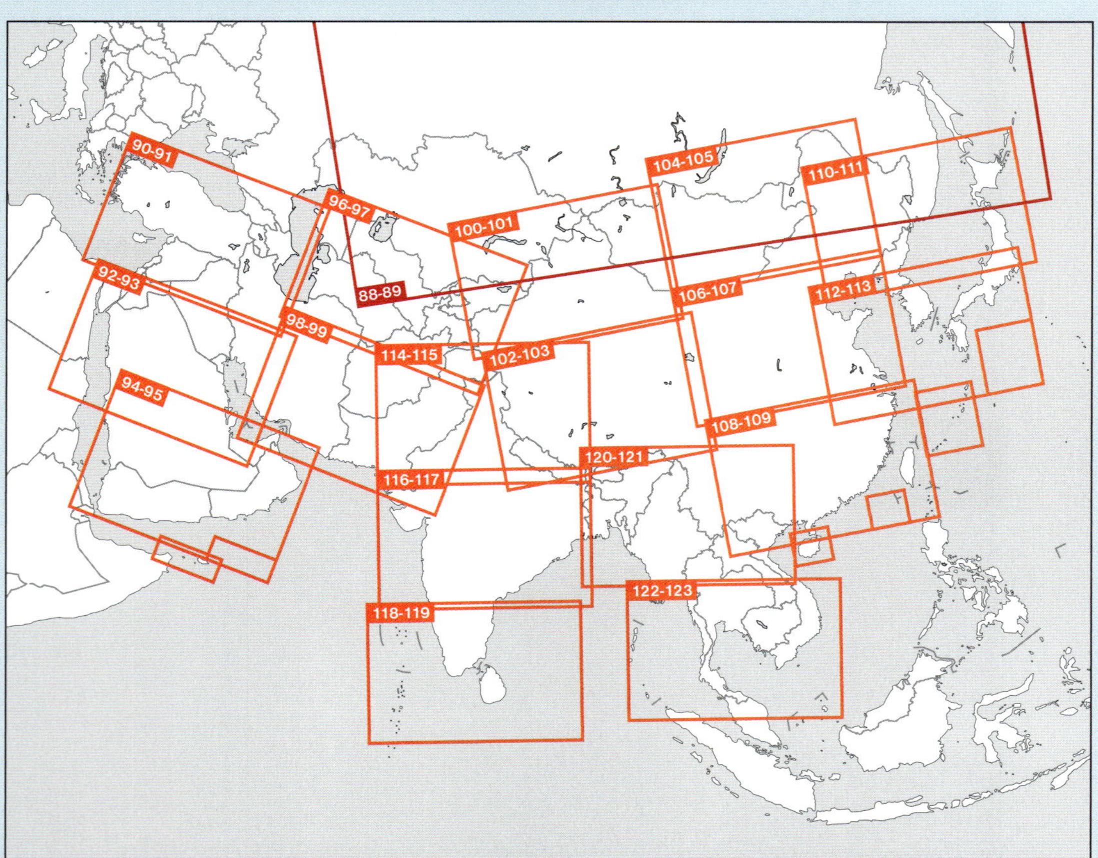

Afrika

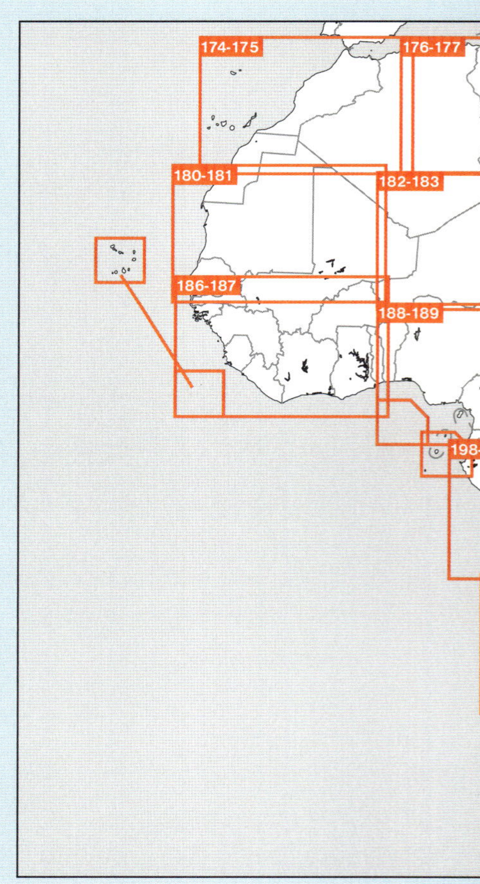

Chicago an den Ufern des Lake Michigan ist bekannt für seine Wolkenkratzer. Unter ihnen ragt der schwarze Turm des John Hancock Center heraus.

Auf dem abgelegensten Eiland der Welt, der Osterinsel, entwickelte sich eine einzigartige Kultur, deren rätselhafteste Hinterlassenschaft über 300 riesige Steinskulpturen – sogenannte Moais – sind.

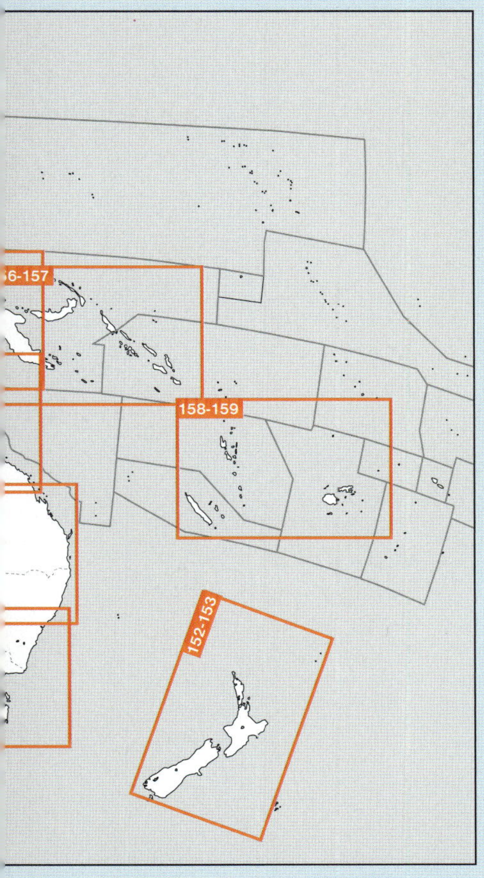

Nord- und Mittelamerika

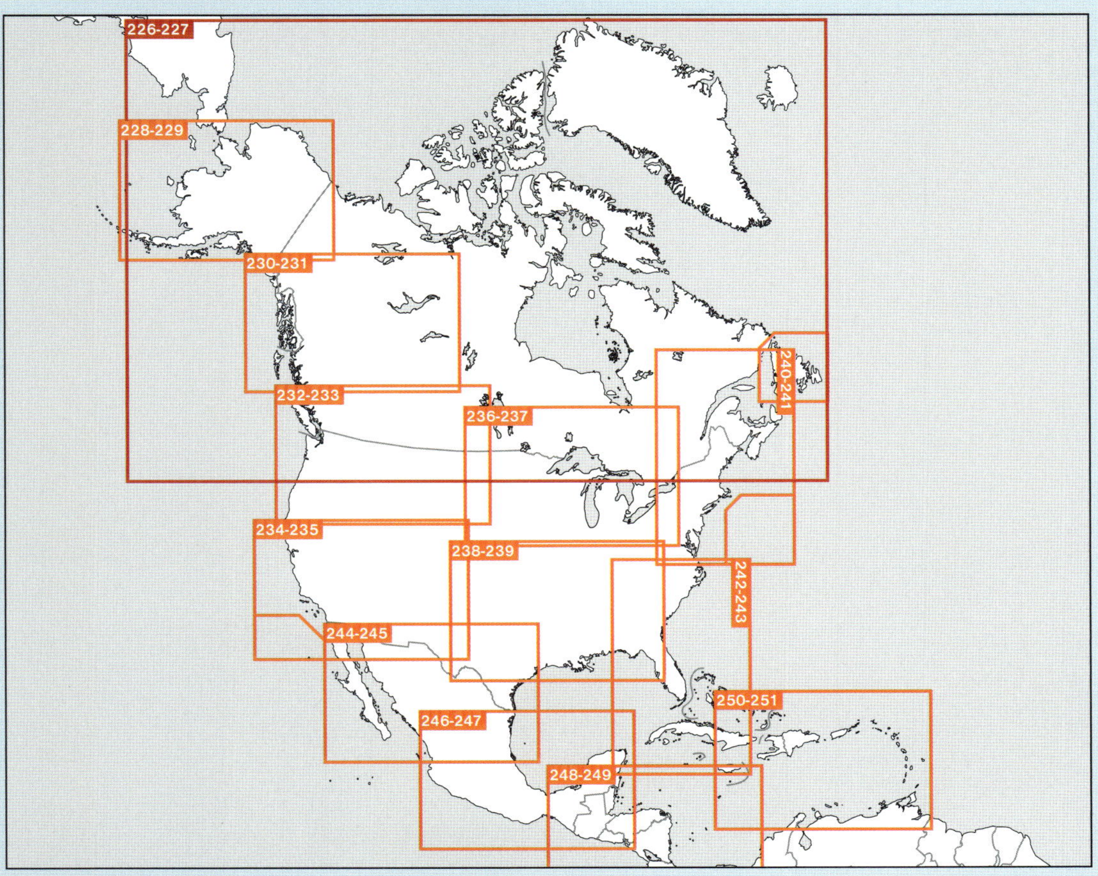

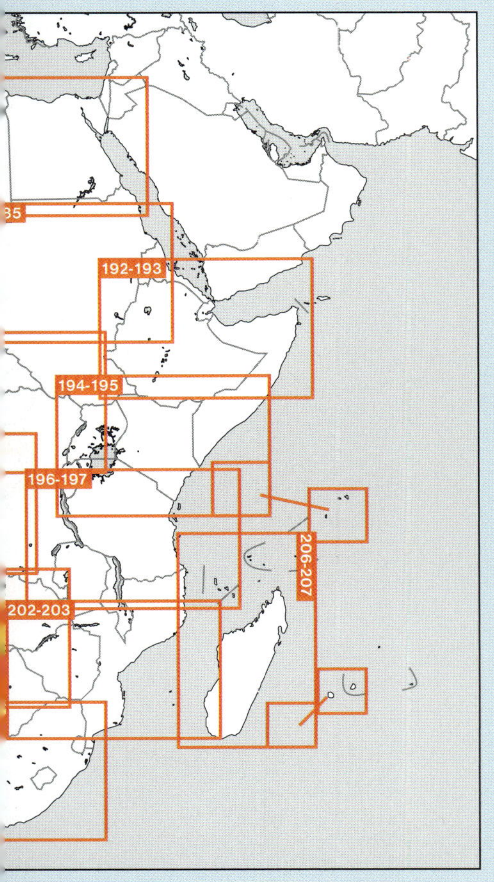

Südamerika

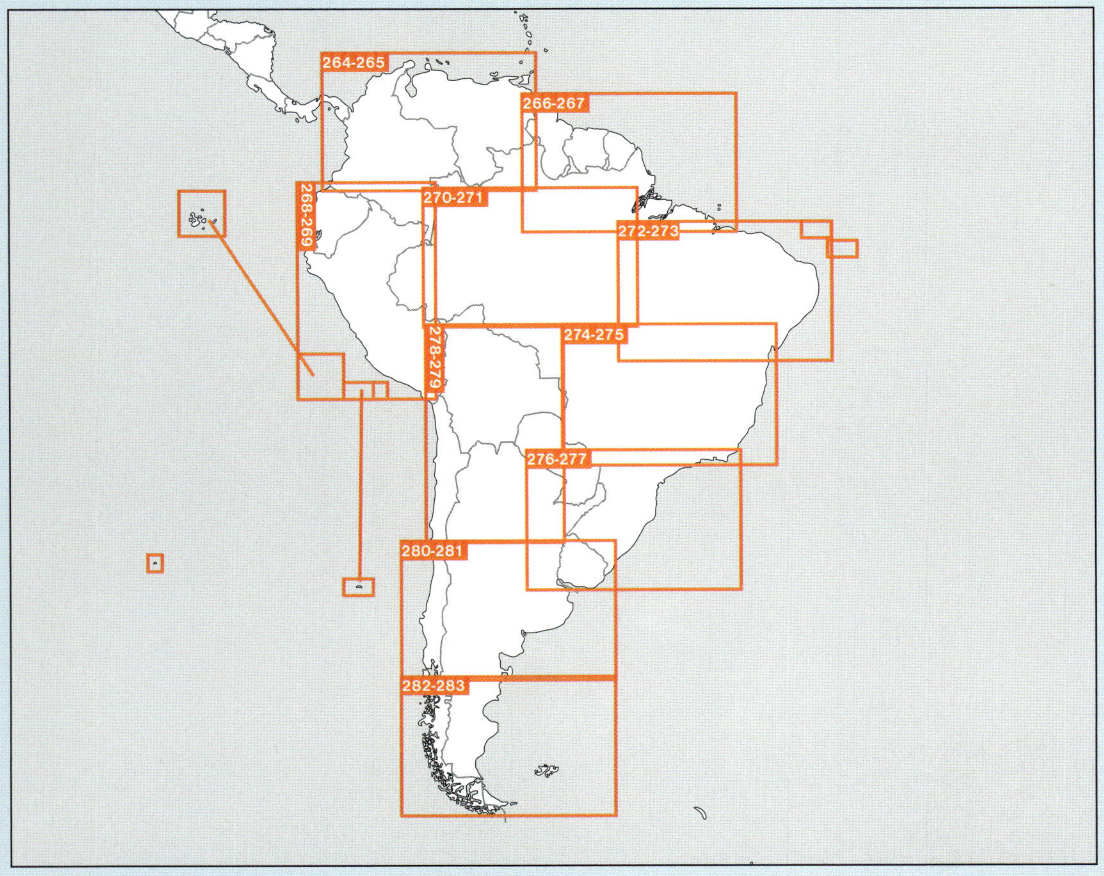

Die steil aufragende Insel Moorea im Pazifik ist der Überrest eines einst gewaltigen Vulkans. Deutlich sichtbar: der »Korallenring« im tiefblauen Meer.

»My heart's in the Highlands« – so beginnt ein bekanntes Volkslied, das die herbe Kargheit des schottischen Hochlands mit seinen kühnen Felsformationen und tiefgründigen Lochs beschreibt.

Gewässer

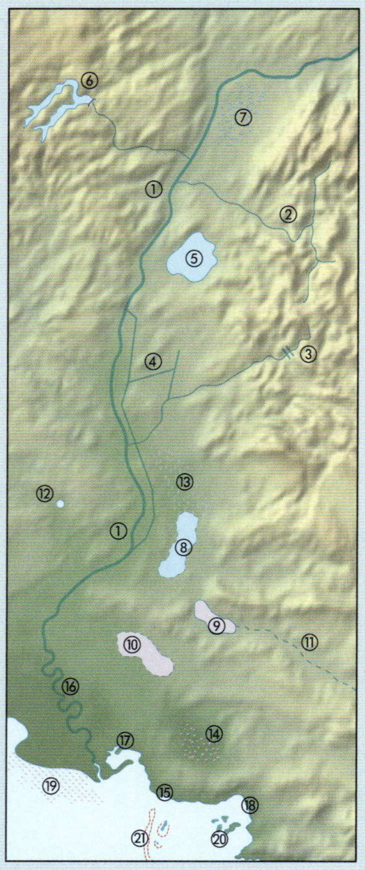

① Strom, Fluss, permanent wasserführend
② Nebenfluss mit Quellflüssen
③ Wasserfall, Stromschnelle
④ Kanal
⑤ Süßwassersee
⑥ Stausee mit Staumauer
⑦ Sumpf, Moor
⑧ Zeitweiliger See
⑨ Salzsee
⑩ Salzsee mit veränderlichen Uferlinien
⑪ Zeitweilig wasserführender Fluss (Wadi)
⑫ Brunnen, Quelle
⑬ Salzsumpf
⑭ Salzpfanne
⑮ Küstenlinie
⑯ Flussmäander
⑰ Lagune
⑱ Meeresbucht
⑲ Wattenmeer
⑳ Insel, Archipel
㉑ Korallenriff

Höhen- und Tiefenstufen

Höhenstufen

① über – 5000 Meter
② 4000 – 5000 Meter
③ 3000 – 4000 Meter
④ 2000 – 3000 Meter
⑤ 1000 – 2000 Meter
⑥ 500 – 1000 Meter
⑦ 250 – 500 Meter
⑧ 100 – 100 Meter
⑨ 0 – 2000 Meter
⑩ Depression

Tiefenstufen

❶ 0 – 200 Meter
❷ 200 – 2000 Meter
❸ 2000 – 4000 Meter
❹ 4000 – 6000 Meter
❺ 6000 – 8000 Meter
❻ mehr als 8000 Meter

Relief

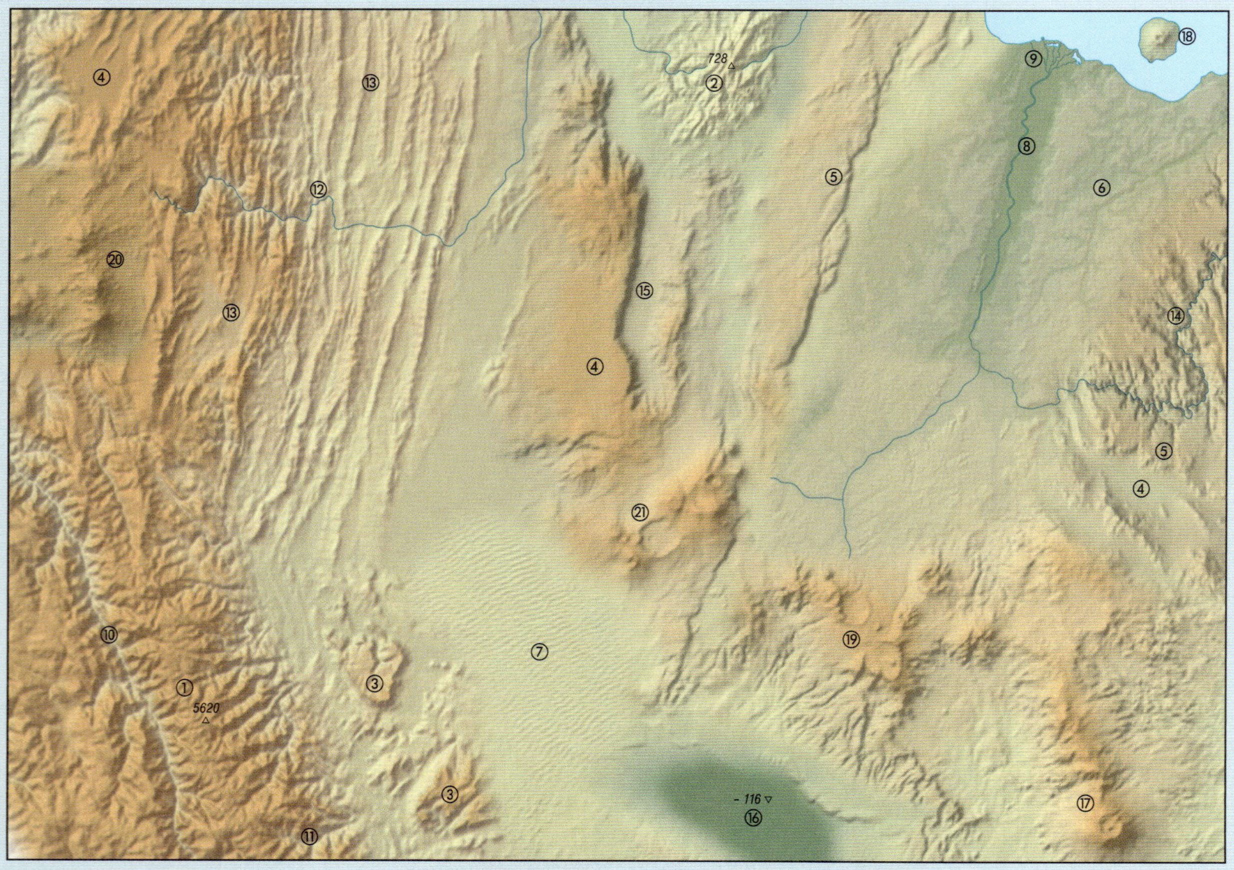

① Hochgebirge
② Mittelgebirge mit eingesenkten Flusstälern
③ Tafelberge
④ Hochebenen
⑤ Hügelland mit Flussauen
⑥ Schichtstufen
⑦ Hohe Dünen in ariden Gebieten
⑧ Tiefland
⑨ Flussdelta
⑩ Kerbtal
⑪ Trogtal
⑫ Durchbruchstal
⑬ Kordilleren mit Hochtälern
⑭ Canyon
⑮ Grabenbruch
⑯ Depression
⑰ Stratovulkan
⑱ Vulkaninsel
⑲ Erloschene Vulkane
⑳ Hochgebirgsvulkane
㉑ Meteoritenkrater

Peking: Tor des Himmlischen Friedens, Eingang zur »Verbotenen Stadt«, dem grandiosen Kaiserpalast der Ming-Dynastie aus dem 15. Jahrhundert.

Vollmond über der glitzernden Skyline von San Francisco und der nebelverhangenen Golden Gate Bridge, mit 1280 m Spannweite eine der längsten Hängebrücken der Welt.

Siedlungen und Verkehrswege

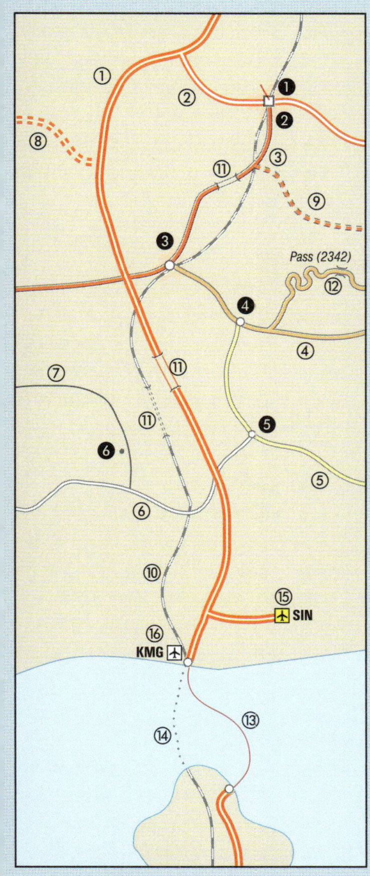

Verkehrswege

① Autobahn
② Mehrspurige Straße
③ Fernstraße
④ Wichtige Hauptstraße
⑤ Hauptstraße
⑥ Nebenstraße
⑦ Piste
⑧ Autobahn im Bau
⑨ Fernverkehrsstraße im Bau
⑩ Eisenbahn
⑪ Tunnel
⑫ Pass mit Höhenangabe in Metern
⑬ Fährlinie
⑭ Eisenbahnfähre
⑮ Flughafen mit internationaler Bedeutung (incl. Three-Letter-Code)
⑯ Flughafen (incl. Three-Letter-Code)

Siedlungen

❶ Bebauungsfläche bei Großstädten
❷ Orte > 1 Mio.
❸ Orte 100.000 – 1 Mio.
❹ Orte 10.000 – 100.000
❺ Orte < 10.000
❻ Station/Forschungsstation

Ortsbeschriftung

① Orte > 1 Mio.
② Orte 100.000 – 1 Mio.
③ Orte 10.000 – 100.000 mit großer Bedeutung
④ Orte 10.000 – 100.000
⑤ Orte < 10.000 mit großer Bedeutung
⑥ Orte < 10.000
⑦ Station/Forschungsstation
⑧ Orte > 1 Mio. mit Übersetzung
⑨ Orte 100.000 – 1 Mio. mit Übersetzung
⑩ Sehenswerte Kulturmonumente
⑪ Sehenswerte Naturmonumente

Politische und sonstige Grenzen

① Staatsgrenze
② Staatsgrenze umstritten
③ Bundesland- und Provinzgrenze
④ Grenze an Flüssen
⑤ Grenze in einem See oder im Meer
⑥ Staatenname
⑦ Bundesland- oder Provinzname
⑧ Hauptstadt eines scuveränen Staates
⑨ mit mehr als 1 Mio. Einwohner
⑩ Hauptstadt eines scuveränen Staates unter 1 Mio. Einwohner
⑪ Hauptstadt eines Bundeslandes/Provinz mit mehr als 1 Mio. Einwohner
⑫ Hauptstadt eines Bundeslandes/Provinz unter 1 Mio. Einwohner
⑬ Abhängiges Gebiet mit Angabe des Hoheitsstaates
⑭ Nationalparks und Biosphärenreservate
⑮ Naturparks und sonstige Naturschutzgebiete
⑯ Reservation
Wälle (Chinesische Mauer, Hadrian's Wall)

Sonstige Kartenschriften

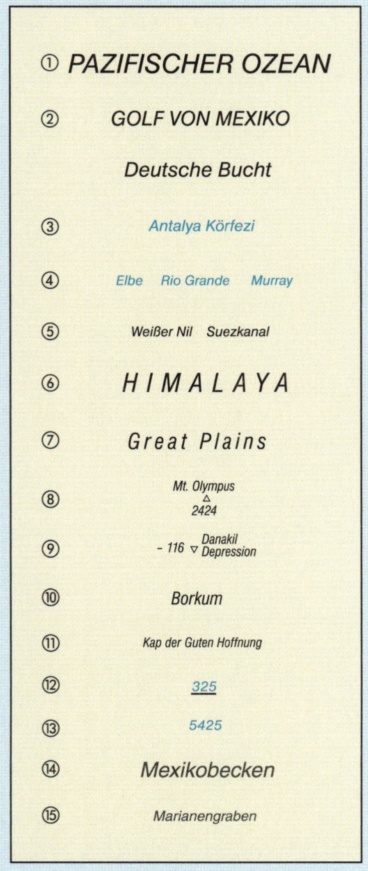

① Ozean
② Große Buchten
③ Kleinere Buchten
④ Fluss, See, Kanal
⑤ Fluss, See, Kanal
⑥ Gebirgsnamen
⑦ Landschaftsnamen
⑧ Bergnamen mit Höhenangaben in Metern
⑨ Depression mit Tiefenangaben in Metern
⑩ Inselnamen
⑪ Kapnamen
⑫ Seespiegelhöhe
⑬ Tiefenangaben in Meeren
⑭ Untermeerisches Relief
⑮ Tiefseegräben

Spektakuläre Ausblicke auf den Indischen Ozean und das Karroo-Gebirge bietet die Fahrt mit dem »Dampfross« auf der Garden Route in Südafrika.

Der Nationalpark Los Glaciares zählt zu den atemberaubendsten Gebirgs- und Gletscherlandschaften Patagoniens. Im Bild die bizarren Felsnadeln des Fitz-Roy-Massivs (3128 m).

Grandiose Naturlandschaften, Tier- und Pflanzenparadiese, einzigartige Kulturdenkmäler, faszinierende Metropolen – unsere Welt ist voller Wunder. Dieser neu konzipierte Atlas verzeichnet in seinem Kartenwerk mit Hilfe von zahlreichen Piktogrammen die herausragenden Naturlandschaften und Naturmonumente der Erde, die großen Kulturdenkmäler und Metropolen sowie die schönsten Sport-, Freizeit- und Urlaubsziele.
Diese völlig neu entwickelten Piktogramme ermöglichen eine rasche Einschätzung und Lokalisierung einer Sehenswürdigkeit oder eines Urlaubsziels.
Die Bildsymbole sind in einer verständlichen, stilisierten Darstellung gehalten. Alle Bildzeichen, die auf einer Kartenseite verwendet werden, sind jeweils unterhalb der Karte aufgelistet.

Im Folgenden werden die Bildsymbole kurz charakterisiert. Die Piktogramme sind farblich differenziert:
Grüne und blaue Bildsymbole bezeichnen Natursehenswürdigkeiten, gelbe stehen für Kulturdenkmäler und Kultureinrichtungen. Bei herausragenden Metropolen und Städten ist der Ortsname gelb hinterlegt. Blaue Symbole beziehen sich auf Sport- und Freizeitziele.
Besonders hervorgehoben sind berühmte Reiserouten. Sie sind sowohl durch das Bildsymbol als auch, um den Routenverlauf deutlich zu machen, mit einer für Auto, Bahn und Schiff unterschiedlichen Linie gekennzeichnet.

Berühmte Reiserouten

Autoroute
Im Kartenwerk verzeichnet sind legendäre historische Reiserouten, wie die Seidenstraße in Asien oder der Jakobsweg in Westeuropa, sowie die Traumstraßen der Welt, wie der Panamerican Highway (Panamericana), der über 26 000 km von Alaska bis nach Feuerland reicht, die Asien-Fernstraße, die von Bangkok nach Singapur führt, der Stuart Highway, der von Adelaide bis Darwin den australischen Kontinent durchquert, oder die Garden Route, die einen grandiosen Küstenabschnitt in Südafrika erschließt.

Bahnstrecke
Mit der Vorführung der ersten Dampflok im Jahr 1804 begann das Zeitalter der Eisenbahnen. Ende des 19. Jhs. konnte man quer durch Nord- und Südamerika, durch Indien und den Fernen Osten bis nach China reisen. Der erste große europäische Luxuszug war der Orientexpress, der von 1883 an zwischen Paris und Bukarest bzw. Istanbul verkehrte. Die Transsibirische Eisenbahn, die 1891–1916 erbaut wurde, führt von Moskau über 9289 km nach Wladiwostock am Pazifischen Ozean. Großartige Leistungen der Eisenbahningenieure waren auch der Bau der Gebirgsbahnen, wie die Himalaya-Gebirgsbahn in Indien oder der Glacier-Express in der Schweiz.

Hochgeschwindigkeitszug
Mit den Eurostar-Zügen, die mit einer Geschwindigkeit von bis zu 300 km/h fahren, benötigt man für die Strecke zwischen London und Paris bzw. Brüssel, die durch den Eurotunnel führt, etwa drei Stunden. In Japan verkehrt der Shinkansen auf mehreren Linien und in Frankreich der TGV, der mit einer Geschwindigkeit von 513 km/h 1990 einen Rekord aufstellte.

Schiffsroute
Zu den bequemsten Arten des Reisens gehören Schiffsreisen und Kreuzfahrten auf den Meeren der Welt oder auf den großen Flüssen. Legendäre Schiffsrouten führen durch die Karibik, durch das Mittelmeer, auf der berühmten Nordwestpassage vom Atlantik durch den Kanadisch-Arktischen Archipel zum Pazifischen Ozean oder auf der bekannten »Hurtigruta« an Norwegens Fjordküste entlang oder sie folgen den großen Strömen wie dem Lauf des Nil, der Wolga oder des Mississippi.

Herausragende Naturlandschaften und Naturmonumente

UNESCO-Weltnaturerbe
Seit 1972 werden von der UNESCO Naturstätten der Erde, die von außergewöhnlichem universellem Wert sind, in die »Liste des Welterbes« aufgenommen; im Kartenwerk durch stärkere Umrandung des Bildsymbols verdeutlicht.

Gebirgslandschaft
Gebirge zählen zu den grandiosen Landschaften der Erde. Die erdgeschichtlich älteren Mittelgebirge (bis ca. 1000 m Höhe) besitzen abgerundete Kuppen und Rücken. Schroffe Formen weisen die später durch Auffaltung entstandenen Hochgebirge mit ihren meist mit Eis und Schnee bedeckten Gipfeln auf.

Felslandschaft
Felsformationen, die durch die Erosionskräfte von Wind und Wasser entstanden sind, wie das Monument Valley mit seinen nadelförmigen Zeugenbergen.

Schlucht/Canyon
Schlucht und Canyon sind tiefe, enge Täler, die durch die Erosionstätigkeit von Flüssen und durch die Verwitterung des Gesteins entstanden sind. Die berühmteste Schlucht der Welt ist der Grand Canyon des Colorado River in Arizona.

Vulkan, erloschen
Vulkane entstehen, wenn feste, flüssige und gasförmige Stoffe aus dem Erdinneren an die Erdoberfläche gelangen. Magma steigt durch einen Schlot auf und tritt als Lava aus dem Krater aus, teils werden Lockermassen und Aschen herausgeschleudert. Als erloschen gelten Vulkane, wenn sie seit 10 000 Jahren nicht mehr tätig waren.

Vulkan, aktiv
Aktiv werden Vulkane genannt, wenn sie in geschichtlicher Zeit einen Ausbruch hatten. Vulkane liegen an den tektonischen Linien der Erdkruste, insbesondere im Bereich des Mittelozeanischen Rückens und der Kollisionskanten der großen Platten. Eine solche Zone befindet sich beispielsweise rings um den Pazifik, der so genannte »Ring aus Feuer«.

Geysir
Heiße Springquelle in vulkanisch noch aktiven Gebieten, die meist in bestimmten Abständen Wasser- und Dampffontänen ausstößt.

Höhle
Höhlen bilden sich entweder zusammen mit dem Umgebungsgestein oder nachträglich durch die mechanische oder chemische Wirkung des Wassers, das in Klüfte und Fugen eindringt und oft ganze Höhlensysteme mit Höhlenflüssen und Höhlenseen auswäscht.

Gletscher
Eisströme oder Eisfelder, die sich langsam in Tälern abwärts bewegen. Sie entstehen oberhalb der Schneegrenze in Hochgebirgen und polaren Zonen. Mit einer oder mehreren Zungen ragen Gletscher meist in schneefreie Gebiete, wo sie abschmelzen.

Flusslandschaft
In Jahrmillionen entstanden durch die erodierende Kraft des Wassers in gebirgigem Gelände Schluchten und Täler. Im Tiefland formen Flüsse ihr Bett in weiten Bögen und an der Küste bilden sie trichterförmige Mündungen oder durch Ablagerungen von Schlamm Flussdeltas.

Wasserfall/Stromschnelle
Bei einem Wasserfall stürzen Wassermassen eines Flusses über eine oder mehrere Gefällstufen meist senkrecht hinab. Eine Stromschnelle ist ein Flussabschnitt mit stärkerem Gefälle und höherer Strömungsgeschwindigkeit.

Seenlandschaft
Die meisten Seen entstanden in einst vergletscherten Gebieten. Zum Teil bildeten sich große, landschaftsprägende Seenplatten wie in Finnland. Neben diesen glazialen Seen gibt es tektonische Seen, die in Bruchzonen der Erde liegen wie der Tanganjikasee in Ostafrika.

Wüstenlandschaft
Landschaften aus Dünen, Sand und Steinen mit Niederschlagsmengen von unter 200 bis unter 100 mm im Jahr. Wüsten sind Regionen der Erde mit so starker Trockenheit, dass sich nur Trockenflora, jedoch keine landschaftsbestimmende Vegetation entwickeln kann. Extrem sind die täglichen Temperaturschwankungen von +58 °C bis -10 °C.

Oase
Durch Flüsse, Quellen oder Grundwasser mit Wasser versorgte, in der Regel besiedelte Stelle in Wüsten oder Wüstensteppen mit reicherem Pflanzenwuchs.

Depression
Abflusslose Einmuldung der kontinentalen Landoberfläche, die unter das Meeresspiegelniveau reicht und die durch eine Senkung der Erdkruste entstanden ist.

Abziehendes Gewitter am Mount Taranaki (2518 m) auf der Nordinsel Neuseelands. Der Berg ist einer der zahlreichen Vulkane im »Pazifischen Feuergürtel«.

Mit dem Barock begann die Blütezeit der sächsischen Residenzstadt Dresden. Entlang der Elbe bilden Brühl'sche Terrassen, Katholische Hofkirche und Semper-Oper ein prachtvolles Panorama.

Herausragende Metropolen, Kulturmonumente und -veranstaltungen

Fossilienfundstätte
Fossilien sind die versteinerten Reste und Spuren von Tieren oder Pflanzen aus der erdgeschichtlichen Vergangenheit.

Naturpark
Naturnahe Kulturlandschaft, in der die Landschaft als Ganzes vor den Veränderungen ihrer Tier- und Pflanzenwelt geschützt wird.

Nationalpark (Landschaft)
Eine großräumige Naturlandschaft, die wegen ihrer natürlichen Schönheit und ihrer Naturschätze meist einzigartig und von nationaler Bedeutung ist und darum geschützt und gepflegt wird. Der erste Nationalpark war der 1872 gegründete Yellowstone-Nationalpark in den USA.

Nationalpark (Flora)
Nationalpark, in dem vor allem die Pflanzenwelt außergewöhnlich ist.

Nationalpark (Fauna)
Nationalpark, in dem der Tierbestand von herausragender Bedeutung ist.

Nationalpark (Kultur)
Nationalpark, der auch Kulturdenkmäler umfasst, wie Mesa Verde in den USA.

Biosphärenreservat
In drei Zonen – abgestuft nach der Intensität menschlicher Eingriffe – gegliedertes Naturreservat, das für das jeweilige Biom (Regenwald, Savanne, Tundra etc.) repräsentativ ist.

Wildreservat
Wildreservate sind Schutzgebiete für bedrohte Tierarten, wie das Selous-Wildreservat in Tansania mit dem weltweit größten Elefantenbestand.

Whale watching
Die Beobachtung von Walen und Delfinen in freier Wildbahn, meist von Schiffen oder Booten aus.

Schutzgebiet für Meeresschildkröten
Strandabschnitte, an denen die heute extrem gefährdeten Meeresschildkröten ihre Eier ablegen.

Schutzgebiet für Seelöwen/Seehunde
Schutzgebiete und Aufzuchtstationen für bedrohte Robbenarten wie Seehunde oder die Stellerschen Seelöwen.

Schutzgebiet für Pinguine
Die Schutzgebiete sollen den Bestand sichern und bieten Besuchern die Möglichkeit der Beobachtung in freier Natur.

Zoo/Safaripark
Ein Zoo (zoologischer Garten, Tierpark) ist eine oft parkartig gestaltete Einrichtung zur Haltung von meist exotischen Tieren. Safariparks sind großangelegte Tier- und Freizeitparks.

Krokodilfarm
Die meisten Krokodilfarmen dienen der kommerziellen Zucht der Echsen. Viele sind für Besucher zugänglich.

Küstenlandschaft
Brandung, Erosion und Ablagerungen der Flüsse sowie Landhebung oder Landsenkung formen eine Küstenlandschaft. Es gibt Steilküsten mit Steilabfall und Brandungsplatte sowie Flachküsten mit Dünen und Nehrungen. Besondere Küstenformen sind die Fjord-, Förden-, Schären-, Delta-, Bodden- und Wattenküsten.

Strand
Teil der Küste aus Sand oder Kies, der im Wirkungsbereich der Wellen liegt. Strände sind typisch für Flachküsten, bei Steilküsten liegen sie im Inneren von Buchten.

Korallenriff
In warmen, sauerstoff- und nährstoffreichen Meeresgewässern entstehen aus Kalkabscheidungen unzähliger Korallentiere Riffe, die jährlich um ca. 1 cm wachsen können. Atolle entstehen, wenn von Riffen umgebene Inseln versinken.

Insel
Ein rings von Wasser umgebenes Landstück. Inseln treten meist in Gruppen (Archipel) oder in Reihen (Inselketten) auf. Die Inselwelt der Erde umfaßt etwa 10,5 Mio. km2. Inseln sind seit Jahrhunderten Traumziele der Reisenden.

Unterwasserreservat
Schutzzone, die zur Erhaltung einer einzigartigen Unterwasserfauna und -flora eingerichtet wurde.

UNESCO-Weltkulturerbe
Seit 1972 werden von der UNESCO Kulturstätten der Erde, die von außergewöhnlichem universellem Wert sind, in die »Liste des Welterbes« aufgenommen; im Kartenwerk durch stärkere Umrandung des Bildsymbols verdeutlicht.

Außergewöhnliche Metropole
Im Kartenwerk gelb hinterlegt sind die Metropolen und Städte, die eine Fülle bedeutender Sehenswürdigkeiten und touristischer Ziele besitzen.

Vor- und Frühgeschichte
Umfasst die Geschichte der Menschheit von den Anfängen bis zum Vorliegen schriftlicher Quellen. Grandiose Zeugnisse der vorgeschichtlichen Zeit sind die Monumente der Megalithkulturen wie die mächtigen Steinreihen in Carnac oder die gewaltigen Steinkreise in Stonehenge.

Prähistorische Felsbilder/Naturvölker
Aus vorgeschichtlicher Zeit stammende und bei Naturvölkern aus historisch fassbaren Epochen an Felswänden, insbesondere in Höhlen und auf anderem felsigem Untergrund angebrachte Malereien, Gravierungen und Reliefs.

Alter Orient
Bezeichnet das Gebiet der frühen Hochkulturen Kleinasiens, Palästinas, Syriens, des Zweistromlands (Mesopotamien) und der iranischen Hochebene (im weiteren Sinn auch Ägyptens) vom 7. Jahrtausd. v. Chr. bis zur Zeit Alexanders d. Gr. (4. Jh. v. Chr.). Unter den Sumerern entstand um 3500 v. Chr. die erste städtische Zivilisation. Sie schufen Keilschrift und Zahlensystem. Ab dem 2. Jahrtausend entstanden Großreiche: Babylonien, Assyrien, das hurritische Mitannireich, das Reich der Hethiter. Monumentalbauten sind Tempel, Zikkurat und Palast.

Altes Ägypten
In Ägypten entstand eine der ältesten Hochkulturen der Menschheit. Um 3000 v. Chr. vereinigten sich Unterägypten (das Nildelta) und Oberägypten (das Niltal vom heutigen Kairo bis Assuan) zu einem Reich. In der Zeit bis zur Eroberung des Landes durch Alexander d. Gr. 332 v. Chr. wurde Ägypten von 31 Dynastien regiert. An der Spitze des Staates stand als Gottkönig der Pharao. Schon sehr früh wurden Schrift und Kalender entwickelt sowie Steinbaukunst, Plastik und Malerei. Kunst und Kunsthandwerk standen in engem Zusammenhang mit religiösen Vorstellungen und hatten besonders dem sehr komplizierten Totenkult zu dienen.

Altägyptische Pyramiden
Die monumentalen Grabbauten ägyptischer Pharaonen in Pyramidenform wurden im Alten Reich errichtet. Die größte Pyramide ist die heute noch 137 m hohe Cheopspyramide in Gizeh (El Gîsa).

Minoische Kultur
Bronzezeitliche Kultur auf Kreta, die nach dem sagenhaften König Minos von Kreta benannt wurde. Die minoische Kultur entwickelte sich Mitte des 3. vorchristlichen Jahrtausends und wurde bald zur kulturell bestimmenden Kraft im östlichen Mittelmeerraum. Palastanlagen mit großartigen Fresken und luxuriöser Ausstattung entstanden.

Phönikische Kultur
Im Altertum hieß das Land an der syrisch-libanesisch-israelischen Mittelmeerküste Phönikien. Seine Bewohner entwickelten sich zum beherrschenden See- und Handelsvolk im Mittelmeerraum mit zahlreichen Kolonien wie z. B. Karthago.

Frühe afrikanische Kulturen
Afrikanische Hochkulturen wie das Reich Kusch (auch Meroë genannt) am mittleren Nil, das Reich von Aksum in Äthiopien oder das Königreich von Gana im Grenzgebiet von Mali und Mauretanien.

Etruskische Kultur
Die Etrusker, wahrscheinlich ein Volk aus Mittelitalien, eroberten ab dem 10. Jh. v. Chr. Teile Italiens (Latium, Kampanien, Toskana). Im 3. Jh. v. Chr. wurden sie von den Römern unterworfen. Eindrucksvoll sind die Grabbauten, die teils kostbar ausgestattet waren.

Griechische Antike
Keine andere Kultur hat das Wesen Europas so bestimmt wie die griechische Antike. In Athen wurde die Demokratie entwickelt, und Architektur, Plastik und Malerei der klassischen Zeit wurden zum Maßstab für spätere Epochen. Die Griechen waren in Stadtstaaten organisiert, die Kolonien im ganzen Mittelmeerraum gründeten. Die Kunst war von Götterglaube und Mythologie bestimmt. In der Archaik 7.–6. Jh. v. Ch. wurden Tempelbau, Statue und Relief ausgeprägt. In der Klassik, die vom 5. Jh. bis zum Tod Alexanders d. Gr. 323 v. Chr. währte, wurde eine völlige Harmonisierung der Proportionen im Tempelbau erzielt (Zeustempel von Olympia, Parthenon auf der Akropolis). In hellenistischer Zeit (Ende des 4. Jhs. bis 1. Jh. v. Chr.) wurden auch Profanbauten wie Theater, Bäder und Markthallen bedeutsam.

Sonnenuntergang über den Pyramiden von Gizeh, den monumentalen Grabstätten von Cheops, Chephren und Mykerinos aus dem 3. Jahrtausend v. Chr.

Borobudur, 1814 im Dschungel Javas wieder entdeckter buddhistischer Tempelberg aus dem 9. Jh., weist auf seinen drei Rundterrassen nicht weniger als 72 Stupas auf.

Herausragende Metropolen, Kulturmonumente und -veranstaltungen

Römische Antike
Aus der kleinen Stadt Rom am Tiber entwickelte sich eines der bedeutendsten Weltreiche. Auf dem Höhepunkt seiner Macht unter Kaiser Trajan (98–117 n. Chr.) reichten die Grenzen des Römischen Reichs von Nordafrika bis Schottland und von Spanien bis ins Zweistromland. Von 509 v. Chr. bis 27. v. Chr. war Rom eine Republik, anschließend bis zum Niedergang des Reiches im Jahr 476 lenkten die römischen Kaiser die Geschicke des Staates. In der Baukunst führten die Ziegel-Mörtel-Bauweise und das Gussmauerwerk zur Perfektion der Wölbetechnik (Pantheon). Neben den Kaiserpalästen und Villen waren der Bau von Aquädukten, Amphitheatern, Brücken und Torbauten bedeutende Bauvorhaben.

Nabatäische Kultur
Das arabische Volk der Nabatäer schuf im 5./4. Jh. v. Chr. in Nordwestarabien ein Reich mit der Hauptstadt Petra (Blütezeit im 1. Jh. v. Chr.). Die Kultur war hellenistisch beeinflusst. Eindrucksvoll sind vor allem die monumentalen Felsengräber.

Wikinger
Bezeichnung für die Bewohner Nordeuropas (Dänen, Norweger, Schweden) im 9.–11. Jh., auch Normannen genannt, die mit ihren Schiffen plündernd die europäischen Küstenstädte heimsuchten, aber auch bedeutende Handelsniederlassungen und Siedlungen gründeten.

Altes Indien
Der Begriff umfasst die in mehr als vier Jahrtausenden entstandene Kunst und Kultur des indischen Subkontinents von der jungsteinzeitlichen Indus-Kultur, einer der frühesten Hochkulturen der Menschheit, bis zu der durch europäische Einflüsse geprägten Neuzeit. Blütezeiten der altindischen Kunst und Kultur waren die Epoche vom 7. bis 13. Jh., in der die großen Werke buddhistischer, jainistischer und hinduistischer Kunst entstanden, und ab dem 12./13. Jh. die indoislamischen Perioden, die in der Mogulzeit (16.–17.Jh.) mit ihren imposanten Festungs-, Palast- und Mausoleumsbauten gipfelten.

Altes China
Die frühesten Zeugnisse der chinesischen Kultur stammen aus der Zeit um 5000–2000 v. Chr. Unter der Shang-Dynastie (17.–11. Jh. v. Chr.) bildete sich das erste historisch fassbare Reich mit ausgebildeter Schrift und Bronzekunst. Im 5. Jh. v. Chr. entstanden die philosophischen Systeme des Konfuzianismus und Taoismus. 221 v. Chr. einigte König Cheng von Qin als »Erster Kaiser« (Shihuangdi) das Reich. Unter den folgenden Dynastien erlebte China bis zum Ende des Kaiserreichs 1911 Blütezeiten, in denen politische Größe mit kultureller einhergingen. Grandiose Bauwerke sind die Große Mauer, die Grabanlage des ersten Kaisers mit der aus 7600 Einzelfiguren bestehenden Armee und der Kaiserpalast in Peking.

Altes Japan
Um etwa 400 n. Chr. bildete sich das Yamato-Reich mit einem Kaiser an der Spitze. Im 5. Jh. wurde die chinesische Schrift eingeführt und im 6. Jh. der Buddhismus. Vom 7. Jh. an regierte die Familie der Fujiwara über 500 Jahre das Land. Ihr erster Kaiser machte 710 Nara zur Hauptstadt, später wird es Kyoto. Von 1192–1868 regierten die Shogune (Kronfeldherren) das Land. Kulturell prägend waren die Gesetze der Schwertritter (Samurai). Unter dem Einfluss des Zen-Buddhismus entstanden das Teehaus und eine verfeinerte Gartenkunst. In der Meiji-Zeit (1868–1912) bildete sich das moderne Japan heraus.

Maya-Kultur
Die Maya, ein in Mexiko, Guatemala, Belize und Honduras beheimatetes Indianervolk, brachten in präkolumbischer Zeit eine hochentwickelte Kultur hervor, deren Blütezeit um 300 n. Chr. begann und mit der spanischen Eroberung im 16. Jh. unterging. Die Maya organisierten sich in Stadtstaaten (Zeremonialzentren). Charakteristisch sind die auf Pyramiden erbauten Tempel und die langgestreckten Paläste.

Inka-Kultur
Mit Inka wurden ursprünglich nur die Herrscher, später alle Angehörigen eines Ketschua-Stamms im heutigen Peru bezeichnet. Die Inka hatten im 15. und 16. Jh. ein Großreich mit der Hauptstadt Cuzco errichtet, das Ecuador, Peru und Bolivien sowie Teile von Argentinien und Chile umfasste. Sie hinterließen monumentale Bauwerke, bei denen riesige, exakt behauene Steinblöcke ohne Bindemittel aufeinander gefügt sind.

Aztekische Kultur
Die Azteken, ein Nahua-Indianerstamm, wanderten zu Beginn des 2. nachchristlichen Jahrtausends in Mexiko ein und konnten innerhalb eines Jahrhunderts ein mächtiges Reich im Hochtal von Mexiko errichten. 1325 gründeten sie ihre Hauptstadt Tenochtitlán (heute Ciudad de México). Sie erbauten Doppeltempel auf großen Pyramiden. Die Azteken hatten einen Kalender und eine Bilderschrift. Anfang des 16. Jhs. eroberten die Spanier das Reich der Azteken

Andere altamerik. Kulturen
Vorspanische indianische Hochkulturen in Mesoamerika (Kulturen von Teotihuacán, Monte Albán, Olmeken, Tolteken) und im Andenraum (Chavínkultur, die Kulturen von Mochica, Nazca, Paracas Necrópolis, Tiahuanaco und Chimú).

Jüdische Kulturstätte
Der jüdische Glaube ist die älteste monotheistische Religion der Welt. Bedeutendstes Bauwerk war der Tempel in Jerusalem, von dem nur ein Rest der Stützmauern (die Klagemauer – heiligste Stätte der Juden) erhalten ist. Die ersten Synagogen entstanden im 3. Jh.

Christliche Kulturstätte
Das Christentum, die größte der Weltreligionen, geht auf Jesus Christus (griech. christos »der Gesalbte« für das hebräische Wort Messias) zurück. Der christliche Glaube gründet sich auf die Bibel (Altes Testament mit den Schriften des Judentums und Neues Testament mit dem Leben Jesu und der Apostel). Christliche Bauwerke sind Kirchen und Klöster.

Islamische Kulturstätte
Der Islam, eine der großen Weltreligionen, wurde von Mohammed (um 570–632) gestiftet. Seine Anhänger bekennen sich zu dem alleinigen Gott Allah. Heiliges Buch des Islam ist der Koran. Wichtigster Kultbau ist die Moschee.

Buddhistische Kulturstätte
Der Buddhismus, die von Buddha (um 560–480 v. Chr.) gegründete Weltreligion, hat die Erlösung des Menschen aus dem Kreislauf der Wiedergeburten zum Ziel. Bauformen sind Tempel, Pagode, Stupa, Vihara und Kloster.

Hinduistische Kulturstätte
Für den Hinduismus, die vor allem in Indien verbreitete Weltreligion, wird der Mensch je nach Lebensführung als Mitglied einer der vier Kasten oder als Tier wiedergeboren. Durch die Götter kann er von diesem Kreislauf erlöst werden.

Jainistische Kulturstätte
Der Jainismus, eine indische Erlösungsreligion, geht auf Vardhamana, der im 5. Jh. v. Chr. lebte, und seine Anhänger, die Jainas, zurück. Kultorte sind Tempel und Klöster.

Kulturstätte der Sikhs
Die Sikhs sind eine Religionsgemeinschaft in Nordindien, die um 1500 gegründet wurde, um den Hinduismus mit dem Islam zu verbinden. Zentrum ist der »Goldene Tempel« in Amritsar.

Shintoistische Kulturstätte
Der Shintoismus ist die ursprüngliche Religion Japans, die aus einer Verehrung der Natur und der Ahnen besteht. Orte der Ahnenverehrung sind die Schreine.

Kulturstätte anderer Religionen
Kultorte regional bedeutender Religionen und religiöser Gruppen.

Kulturstätten indigener Völker (Naturvölker)
Kultorte indigener Völker, also der Ureinwohner eines Landes oder einer Region.

Aborigine-Reservation
Aborigines ist die englische Bezeichnung für die Ureinwohner Australiens, heute etwa 400 000 Menschen, die teils noch in den Reservationen leben.

Aborigine-Kulturstätte
Viele Naturmonumente Australiens sind Kultorte der Aborigines. Eine wichtige Rolle spielten Felsbilder.

Indianerreservation
Die meisten der Reservationen in den USA und Kanada wurden im 19. Jh. eingerichtet. Trotz der schlechten Bedingungen konnten sich im Schutz der Reservate mehr als 100 verschiedene indianische Sprachen und Kulturen Nordamerikas erhalten.

Indianische Pueblo-Kultur
Pueblo-Indianer nennt man die sesshaften Indianerstämme in Colorado, Arizona und New Mexico. Ihre festungsartig in Stufen aufeinander gebauten Häuser aus Lehmziegeln heißen Pueblos.

Indianische Kulturstätte
Kultorte der nordamerikanischen Indianer, z. B. mit einem Wappenpfahl (Totempfahl), einem hohen beschnitzten und bemalten Holzpfahl mit Tier- und Ahnenfiguren.

Amazonasindianer/Schutzgebiete
Die Kultur der Amazonasindianer ist untrennbar mit der Natur verbunden. Seit der Mitte des 20. Jhs. gibt es Schutzgebiete, doch viele Völker sind bedroht.

Der Vulkan Popocatépetl bildet die beeindruckende Kulisse für die Kirche Nuestra Señora de los Remidios, mit der die Spanier die toltekische Pyramide von Cholula überbauten.

Las Vegas, die glitzernde Retortenstadt in der Wüste Nevadas, lockt mit seinen zahlreichen Casinos und Nachtclubs täglich bis zu 40 000 Glücksritter an.

Herausragende Sport- und Freizeitziele

Kulturlandschaft
Eine vom Menschen in Jahrhunderten umgeformte, regional typische Landschaft.

Historisches Stadtbild
Herausragende alte Stadtkerne mit historisch wertvoller Bebauung.

Imposante Skyline
Silhouette einer Großstadt mit einer eindrucksvollen Parade von Wolkenkratzern.

Burg/Festung/Wehranlage
Befestigte Wohn- und Zufluchtsstätten, Wehr- und Festungsanlagen.

Karawanserei
Herberge und Warenumschlagsplatz an den Karawanenstraßen des Orients, besonders in Kleinasien und Iran.

Palast/Schloss
Prachtvoll ausgestattete, teils ausgedehnte fürstliche bzw. herrschaftliche Wohn- und Repräsentationsgebäude.

Technisches/industrielles Monument
Industriebauten und Monumente des Industriezeitalters und der Moderne.

Staumauer
Die eindrucksvollsten Staudämme und Staumauern der Welt.

Sehenswerter Leuchtturm
Imposante alte Seezeichen an Hafeneinfahrten und Gefahrenstellen.

Herausragende Brücke
Die großartigsten Brücken der Welt mit ihren oft kilometerlangen Stützweiten.

Grabmal
Grabbau, Mausoleum bzw. Gedenkmal für herausragende Personen.

Kriegsschauplatz/Schlachtfeld
Orte historisch bedeutsamer Schlachten, z. B. Waterloo bei Brüssel.

Denkmal
Monument zur Erinnerung an Personen oder bedeutende Ereignisse.

Mahnmal
Monument zum Gedenken an die Opfer von Krieg und Völkermord.

Weltraumbahnhof
Startplatz für Raumtransporter und bemannte und unbemannte Raketen.

Spiegel- und Radioteleskop
Astronomische Spiegel- und Radioteleskope zur Beobachtung des Weltraums.

Markt/Basar
Weltbekannte Märkte und Basare, die Marktviertel der orientalischen Stadt.

Feste und Festivals
Berühmte Feste wie der Karneval in Rio de Janeiro oder die Festspiele in Salzburg.

Museum
Bedeutende historische, kultur- und kunstgeschichtliche Sammlungen sowie technische Museen.

Theater
Berühmte Theater (Schauspiel, Oper, Operette, Musical und Tanztheater).

Weltausstellung
Städte, in denen Weltausstellungen stattfanden (erstmals im Jahr 1851 in London).

Olympische Spiele
Städte und Wintersportorte, die Austragungsorte der Olympischen Spiele waren.

Arena/Stadion
Die großen Wettkampfstadien der Welt, Attraktionen des Sports (Fußball, Baseball, Hockey, Football, Leichtatlethik etc.) und oft auch der Architektur.

Rennstrecke
Die berühmtesten Rundstrecken, auf denen Wettbewerbe von Rennwagen (Weltmeisterschaften der Formel 1), Sportwagen, Serienwagen und Motorrädern stattfinden wie in Melbourne, Indianapolis, Sepang, Monza, Zandvoort, Le Mans oder Hockenheim.

Golf
Die schönsten Plätze der Welt, auf denen das aus Schottland stammende Rasenspiel mit seinen 18 Spielbahnen betrieben werden kann – von den Clubs auf den britischen Inseln bis Neuseeland.

Pferdesport
Die großen Pferderennbahnen und Pferdesportstätten wie in Ascot in Großbritannien, wo seit 1835 alljährlich Rennen stattfinden und High-Society-Damen ausgefallene Hüte vorstellen, das Kentucky Derby in Louisville, das eines der populärsten Sportereignisse der USA ist, oder Happy Valley in Hongkong, 1846 eröffnet, wo jedes Wochenende Tausende hinströmen.

Skigebiet
Im Kartenwerk verzeichnet sind die bedeutenden Wintersportgebiete der Welt mit ihrer fantastischen Bergwelt und optimalen Möglichkeiten für Alpinski und andere Wintersportaktivitäten von Chamonix in Frankreich über St. Moritz in der Schweiz bis Aspen in den USA.

Segeln
Die schönsten und interessantesten Segelreviere und Jachthäfen der Welt, ob an den Küsten der Meere oder der großen Binnenseen.

Tauchen
Traumhafte Korallenriffe, abenteuerliche Begegnungen mit Mantarochen oder Riffhaien – der Atlas benennt die interessantesten Tauchgebiete vom Roten Meer bis Australien.

Windsurfen
Herausragende Strandregionen der Welt für diese Art des Wellenreitens auf einem etwa 3,5 m langen Kunststoffbrett mit Segel.

Wellenreiten
Küstenstellen mit hohem Wellengang, an denen Brandungsschwimmen (Surfing), betrieben werden kann. Berühmt sind die Strände in Australien, Kalifornien und auf Hawaii.

Kanu/Rafting
Im Schlauchboot oder Kanu auf reißenden Flüssen das Abenteuer genießen – wie in Alaska, Nepal oder auf Neuseeland.

Seehafen
Die großen Häfen der Welt von Hamburg bis Singapur, von Houston bis Yokohama.

Hochseeangeln
Die besten Plätze für die Jagd auf Thunfisch, Schwertfisch, Hai und Makrele von den Bahamas in der Karibik bis Kapstadt in Südafrika.

Wasserski
Strände und Badeorte, die ideale Vorraussetzungen für diesen Wassersport bieten.

Badeort
Weltbekannte und beliebte Seebäder wie Acapulco in Mexiko, der Lido in Venedig, Hurghada in Ägypten, Hua Hin in Thailand oder Brighton in England.

Mineralbad/Therme
Die berühmten und traditionsreichen Kurorte und Heilbäder der Welt wie Karlsbad oder Abano Therme.

Freizeitpark
Großangelegte Vergnügungsparks mit einem vielfältigen Unterhaltungsangebot wie Disney World in Florida, Sea World in Kalifornien, Disneyland in Paris oder der Tivolipark in Kopenhagen.

Spielcasino
Die berühmtesten der staatlich konzessionierten Stätten für das Glücksspiel von Las Vegas bis Monte Carlo.

Hill Resort
Ursprünglich Unterkunft für die Sommerfrische im Hügelland, heute sehr komfortable und großzügige Anlagen mit einem meist umfangreichen Sport- und Freizeitangebot.

Lodge
Teilweise luxuriös ausgestattete Unterkünfte für Touristen in den afrikanischen Safarigebieten.

Die Welt

Romantisch, bizarr, verlassen oder majestätisch: Die Attribute, mit denen wir gerne die uns umgebenden Naturlandschaften der Erde belegen, zeigen die Faszination, die von ihnen ausgeht; sie belegen, dass wir mit Gebirgen, Ebenen, Küsten und Flusstälern auch Emotionen verbinden. Wie alles auf unserem Planeten ist auch die Landschaft stetig in Bewegung. Die Wärmeenergie von Sonne und Erdinnerem sorgt für eine fortdauernde Veränderung der Natur. Sie hält Plattenverschiebung und Vulkanismus, Winde und Flussläufe in Bewegung. Auch das Klima und die Vegetation werden so bestimmt und geprägt. Dabei besitzt jeder Kontinent

sein eigenes Gesicht, das von Gebirgen oder Wüstenbecken charakterisiert wird. Die Vielfalt landschaftlicher Schönheiten ist dabei fast unbegrenzt und bildet ganz eigene Profile aus. Wir würdigen sie, wenn wir markanten Monumenten Namen geben, sie aus der Masse der Gipfel oder Gewässer herausheben.

Blick in den Krater des Mount St. Helens südlich von Seattle nach dem Ausbruch im Mai 1980.

NORDPOLARMEER
Beaufortsee
Wrangel-Insel
Kap Barrow
Banks-Insel
Parry-Inseln
Königin-Elisabeth-Inseln
Devon-Insel
Ellesmere
Victoria-Insel
Großer Bärensee
Baffin-Insel
Baffinbai
Grönland
3700 Gunnbjørns Field
Dänemarkstraße
Island
Davisstraße
Nördlicher Polarkreis 66°33'
Sibirien
Beringstraße
Alaska
Alaskakette
6194 Mt.McKinley
Beringmeer
Alaska-Halbinsel
Aleuten
Golf von Alaska
Mackenzie
Gr. Sklavensee
Southampton-Insel
Hudsonbai
Ungava Halbinsel
Labradorsee
Kap Farvel
Labrador
Athabasca
Nelson
NORD-AMERIKA
ROCKY MOUNTAINS
Küstengebirge
Winnipegsee
Vancouver-Insel
Columbia
Oberer See
St. Lorenz-Strom
Neufundland
Kap Race
Großes Becken
Huronsee
Ontariosee
Michigansee
Eriesee
Missouri
Appalachen
Kap Mendocino
4399 Mt.Elbert
Great Plains
Mt.Whitney 4418
Mississippi
Mt.Mitchell 2037
-86 Tal des Todes
Colorado
Bermuda-Inseln
Rio Grande
Golfküstenebene
Florida
Guadalupe
Niederkalifornien
Westl. Sierra Madre
Hochland von Mexiko
Östl. Sierra Madre
Golf von Mexiko
Bahama-Inseln
Sargassosee
Hawaii-Inseln
Nördlicher Wendekreis 23°27'
Hawaii 4205 Mauna Kea
Johnston
Revillagigedo-Inseln
5700 Orizaba
Yucatán
Kuba
Jamaika
Hispaniola
Puerto-Rico Graben 9220
Puerto Rico
Große Antillen
Tajumulco 4220
Karibisches Meer
Kleine Antillen
6663
Isthmus von Panama
Clipperton
Palmyra
Line-Inseln
Jarvis
Llanos del Orinoco
Orinoco
Bergland von Guayana
G. von Panamá
Äquator 0°
Phönix-Inseln
3014 Pico da Neblina
Chimborazo 6310
Galápagos-Inseln
Kap Pariñas
Amazonas
Fernando de Noronha
Kap São Roque
Ascension
Polynesien
Marquesas-Inseln
Samoa-Inseln
Cook-Inseln
Tuamotu-Inseln
Gesellschafts-Inseln
Tahiti
Tonga
Tongagraben
Fidschi
Tubuai-Inseln
Ucayali
Mamoré
Selvas
SÜD-AMERIKA
Tocantins
Planalto Central
Brasilianisches Bergland
São Francisco
Titicacasee
6682 Illimani
Golf von Arica
Gran Chaco
Paraguay
2890 Pico da Bandeira
Trindade
Martim-Vaz
Südlicher Wendekreis 23°27'
Is. Pitcairn
Sala-y-Gómez
Osterinsel
PAZIFISCHER OZEAN
8055
Desventuradas-Inseln
Aconcagua 6963
Paraná
Kermadec-Inseln
Juan-Fernández-Inseln
Anden
Pampas
Colorado
Rio de la Plata
Nordinsel
Neuseeland
Südinsel
Chatham
Valdes Halbinsel -40
Patagonien
4058 Cerro San Valentin
Magellanstraße
Falkland-Inseln
Feuerland
Kap Hoorn
Südgeorgien
8264
Südsandwich-Inseln
Drakestraße
Südorkney-Inseln
Antarktische Halbinsel
Weddellmeer
Südlicher Polarkreis 66°33'
Rossmeer
Vinsonmassiv 5140
Marie-Byrd-Land
ATLANTISCHER OZEAN
Azoren
Kap Finisterre
Kap São Vicente
Straße von Gibraltar
Madeira
Kanaren
Kapverdische Inseln
Kap Verde
Mauretanien
Britische Inseln
West 20°
180° 160° 140° 120° 100° 80° 60° 40° 20°
80° 60° 40° 20°

Maßstab 1:80 000 000

0 1000 2000 3000 Kilometer

0 1000 2000 Miles

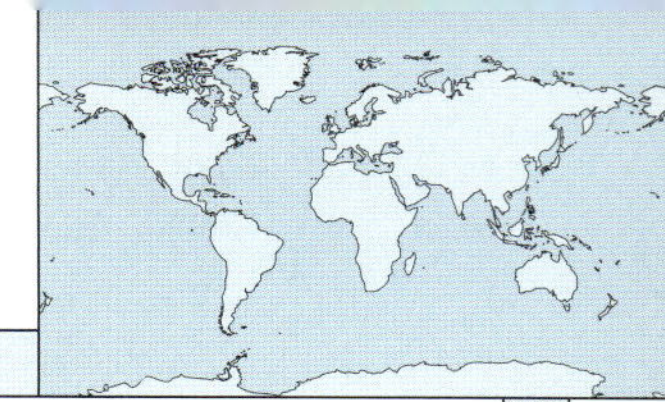

Endogene Kräfte der Erdgestaltung

Tief im Inneren des Planeten Erde entstehen die Kräfte, die seine Oberflächengestalt maßgeblich beeinflussen. So zeugen aufgefaltete Gebirge von der durch die Wärmeenergie im Erdinneren angetriebenen Bewegung der Kontinentalplatten. Weitere sichtbare Auswirkungen der sogenannten endogenen Kräfte sind Vulkanausbrüche und Erdbeben.

Die Gestalt der Erde

Die vielfältigen Formen und »Materialien« der Naturlandschaften sind die sichtbaren Auswirkungen der Kräfte, die im Inneren der Erde walten. Um zu verstehen, wie diese Kräfte die Prozesse an der Oberfläche des Blauen Planeten steuern, muss man sich ein grobes Schema vom Aufbau der Erdkugel vor Augen halten.

Kern und Kruste

Die Erde weist als Folge ihrer Jahrmillionen währenden kosmischen Entstehungsgeschichte einen schalenförmigen Aufbau auf. Im Zentrum befindet sich ein fester, dichter Kern aus Eisen mit einem Durchmesser von 2450 km. Seine Temperatur wird auf bis zu 5000 °C geschätzt. Ihn umgibt ein gut 2200 km mächtiger flüssiger äußerer Kern, der 2900 km von der Erdoberfläche entfernt ist und bis in eine Tiefe von 5150 km reicht. Er erzeugt mit der Erdrotation das Magnetfeld der Erde.
Um den Kern schließt sich der Erdmantel aus Gesteinen mittlerer Dichte, auf den die mit etwa 40 km relativ dünne Erdkruste folgt. Sie besteht aus leichteren Gesteinen, die während der Entstehungszeit der Erde zur Oberfläche emporgestiegen sind und erstarrten. Das wiederholte Aufschmelzen und Erstarren dieser ersten, primitiven Kruste hat dann zur Herausbildung der Kontinentkerne geführt.

Plattentektonik

Die Gesamtheit aller geologischen Erscheinungen kann heute mit der von Alfred Wegener entwickelten Theorie der Kontinentaldrift erklärt werden. Demzufolge existierte ein Urkontinent Pangäa, der zerbrach und dessen Teile sich seitdem in einem stetigen dynamischen Prozess voneinander weg oder aufeinander zu bewegen. Heute unterscheidet man sieben größere Platten (Antarktische, Pazifische, Afrikanische, Eurasische, Indoaustralische, Nord- und Südamerikanische) sowie auch eine Vielzahl kleinerer Platten (Anatolische, Arabische, Somaliplatte, Philippinische, Kokosplatte, Nazcaplatte oder Karibische Platte).

Litho- und Asthenosphäre

In der äußeren Schale unseres Planeten kann man zwei Schichten voneinander unterscheiden, die bei der Ausformung der Erdoberfläche eine maßgebliche Rolle spielen.
Die feste, starre Lithosphäre umfasst dabei neben der Erdkruste auch die direkt darunter liegenden erstarrten Teile des äußeren Erdmantels. Sie schwimmt auf dem plastischen, zähflüssigen Bereich des Mantels, der Asthenosphäre genannt wird und aus geschmolzenen Gesteinen besteht. Diese sind naturgemäß sehr heiß und stehen unter hohem Druck.

San-Andreas-Störung: sichtbare Verschiebung der Kontinentalplatten

Etwa ein Dutzend größerer und einige kleinere Platten hat man heute bestimmt. Als Ursache für die Eigenbewegung der Kontinentalplatten gelten die Strömungsbewegungen heißen Materials, das vom Erdkern in Richtung Oberfläche strömt, abkühlt und wieder absinkt.

Plattengrenzen

An den Rändern der großen Kontinentalplatten sind die vielleicht wichtigsten geologischen Prozesse zu beobachten, denn dort treten die mechanischen Bewegungen der Platten in Wechselwirkung zueinander. Es entstehen zum Beispiel gewaltige Faltengebirge, wenn Platten aufeinander zu driften; wo Plattengrenzen einander überlappen – man nennt dies Subduktion –, kommt es zur Bildung von Vulkanen.
Dort, wo die Platten auseinanderdriften, reißen Gräben auf. Diese haben in der Regel die Form eines Gebirgskamms im Meer, man spricht von sogenannten mittelozeanischen Rücken. Auf Island tritt ein solcher Rücken an die Oberfläche und ist hier als spaltenförmiges Tal erkennbar.
Transformstörungen nennt man die Zonen, an denen die Erdoberfläche durch die Kraft zweier aneinander vorbeiziehender Platten unter Spannung gesetzt wird. Die Reibung der Platten gegeneinander lässt nur eine ruckartige Gleitbewegung zu, die sich in häufigen Erdbeben äußert.

Gesteinsdeformation

Welche gewaltigen Kräfte im Inneren der Erde bei der Bewegung der Platten tätig sind, lässt sich erahnen, wenn man sich die Formen der Gebirge genauer ansieht: Feste Gesteine und Sedimente wurden verbogen, gefaltet oder schräg gestellt.
Dabei wirken drei Arten tektonischer Kräfte auf die Gesteine ein: Druck, Dehnung und Scherung. Druck- oder Kompressionskräfte entstehen, wenn sich Platten aufeinander zu bewegen, Dehnungskräfte, wenn sie auseinanderdriften. Scherkräfte deformieren die Gesteinsmassen, wenn zwei Platten aneinander vorbeigleiten.

Faltung und Bruchtektonik

Falten entstehen in der Erdkruste, wenn diese horizontal zusammengedrückt wird. Das Ausmaß der Faltung, etwa Form und Höhe eines Faltengebirges, hängt dabei vor allem von zwei Faktoren ab: von der Zeit, die das Gestein den Deformationskräften ausgesetzt ist, und der Zusammensetzung des Gesteins, die den Widerstand bedingt, den es den einwirkenden Kompressionskräften entgegensetzen kann. Dehnungskräfte hingegen verursachen naturgemäß keine Falten, sondern dünnen die Kruste aus, sodass sich Beckenlandschaften herausbilden.
Bruchstrukturen entstehen, wenn die Spannungen im Gestein zu groß werden. Dazu zählen Klüfte, die sich innerhalb einer Platte durch begrenzte Spannungszonen bilden können, sowie sogenannte Störungen oder Verwerfungen, die durch Deformationskräfte verursacht werden. Von Störungen spricht man, wenn gebrochene Gesteinskanten gegeneinander bewegt werden.
Besonders an den Plattenrändern sind die tektonischen Kräfte sehr stark, doch wirken sie nicht nur an den äußeren Plattengrenzen ein – selbst in großer Entfernung von den Randzonen können sie auch innerhalb der Platten noch zu Bruchtektonik führen.

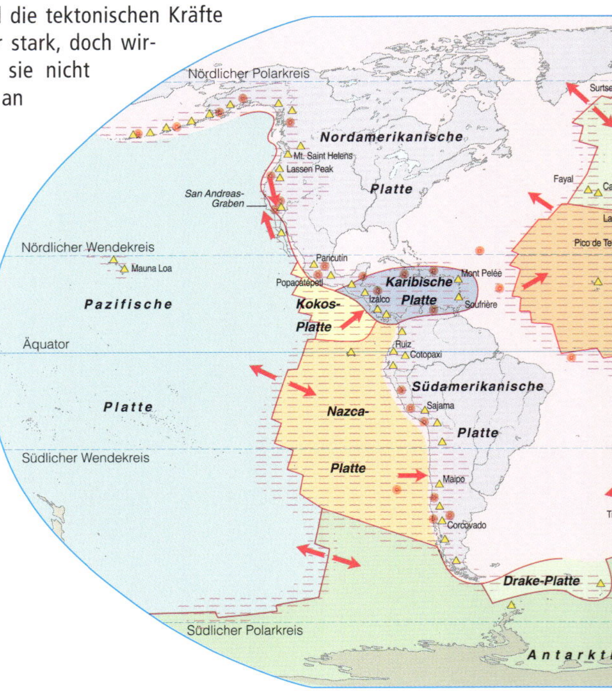

Vulkanismus und Erdbeben

An den Plattenrändern lebt es sich gefährlich: Hier, wo die tektonischen Kräfte die Platten am stärksten verformen, sind deren Auswirkungen besonders intensiv zu spüren. Vulkane lassen Inseln explodieren oder ersticken weite Landschaften unter Lava, Feuer, Asche und Rauch. Erdbeben können ganze Landstriche verwüsten oder Gebirge in sich zusammenfallen lassen.

Vulkanismus

Ein Großteil der Erdkruste ist aus geschmolzenem Gestein entstan-

Erdbeben und Vulkanausbrüche

Die schwersten Erdbeben der letzten 100 Jahre (Magnitude nach Richterskala/Kanamori)	Die verheerendsten Vulkanausbrüche der Menschheitsgeschichte (Angabe der Todesopfer)
Chile (22. 5. 1960) 9,5	Tambora, Sumbawa (1815) 90 000
Alaska (28. 3. 1964) 9,2	Miyi, Java (1793) 53 000
Alaska (9. 3. 1957) 9,1	Pelé, Martinique (1902) 40 000
Russland (4. 11. 1952) 9,0	Krakatau, Java (1883) 36 300
Ecuador (31. 1. 1906) 8,8	Nevado del Ruiz, Kolumbien (1985) 22 000
Japan (6. 11. 1958) 8,7	Ätna, Sizilien (1669) 20 000
Alaska (4. 2. 1965) 8,7	Laki, Island (1783) 20 000
Indien (15. 8. 1950) 8,6	Unzen, Japan (1792) 15 000
Argentinien (11. 11. 1922) 8,5	Vesuv, Italien (79 n. Chr.) 10 000
Indonesien (1. 2. 1938) 8,5	

Vulkanische Quellen: Das vom Erdinnern erhitzte Wasser ist sehr schwefel- und mineralstoffreich. Die Grand Prismatic Spring im Yellowstone Nationalpark verdankt ihre Farbigkeit Millionen von Mikroorganismen. Der Champagne Pools ist eine von zahlreichen heißen Quellen auf der Nordinsel Neuseelands.

den, das aus dem Erdinneren an die Planetenoberfläche aufstieg, abkühlte und zu vulkanischem Gestein erkaltete. Dieser Vulkanismus genannte Prozess ist ein fast ausschließlich auf die Plattenränder begrenztes Phänomen.

Ungefähr 80 % der etwa 500 Vulkane der Erde liegen an zusammenstoßenden Plattenrändern. Besonders auffällig ist hier der sogenannte Zirkumpazifische Feuerring, der an den äußeren Plattengrenzen der Pazifischen und der Nazca-Platte entlangläuft.

Beim Abtauchen einer ozeanischen Platte in die Asthenosphäre unterhalb einer Festlandplatte wird deren Rand teilweise aufgeschmolzen. Das Magma genannte geschmolzene Gestein steigt nun zur Oberfläche auf. Der größte Teil des Magmas erstarrt schon innerhalb der Erdkruste. Doch manche Magmaschlote reichen bis an die Erdoberfläche: Vulkane entstehen.

Vulkane haben in entscheidender Weise das Bild unserer Naturlandschaften bestimmt – nicht nur dort, wo wir sie aufgrund ihrer Lavafelder, Rauchfahnen, Basaltsäulen, Kraterruinen oder Kegelformen eindeutig als Vulkane identifizieren können. Enorme Eruptionen vor mehreren Hunderttausend Jahren haben ausgedehnte Landschaften aus vulkanischen Gesteinen gebildet, deren Ausdehnung sich nur auf Satellitenbildern erahnen lässt.

Erdbeben

Die Platten sind steten Deformationskräften ausgesetzt. Dort, wo sie sich gegeneinander verschieben, treten die erwähnten Störungen auf. In der unmittelbaren Nähe dieser Zonen wirken Deformationskräfte zunächst so lange auf die blockierten, ineinander verschobenen Gesteinsmassen ein, bis der Reibungswiderstand überwunden ist, das Gestein bricht und die Krustenteile sich dadurch sprunghaft verschieben. Dieser spontane Ruck erschüttert die Erdkruste so stark, dass es zu einem Erdbeben kommt. Je nach Stärke des Bebens kann sich dabei die Gestalt der Erdoberfläche nachhaltig verändern: Grabenbrüche entstehen.

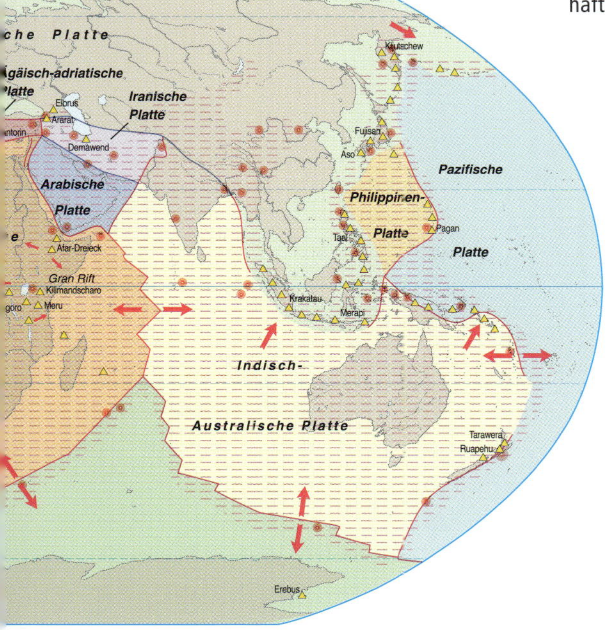

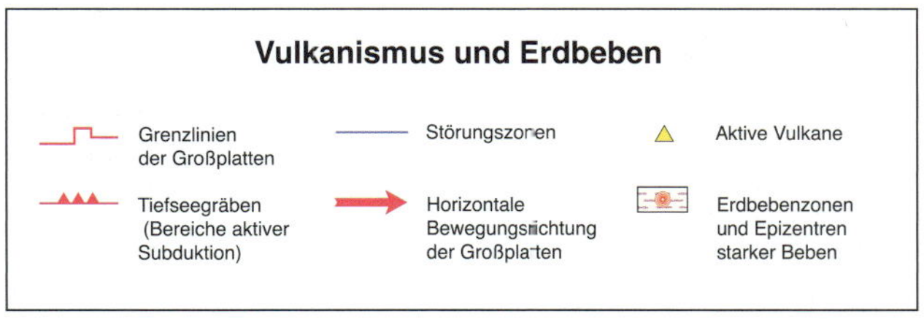

Das aufsteigende Magma sammelt sich zunächst in einer Kammer innerhalb des Vulkans, bis der Druck dort schließlich so hoch ist, dass Lava ausfließt oder explosionsartig aus dem Vulkankrater emporgeschleudert wird.

Hawaii: Die Vulkane liegen über einem so genannten Hot Spot.

Crater Lake: die wassergefüllte Caldera eines eingestürzten Vulkans

Sundagraben: Vulkanische Aktivität ließ zahlreiche Inseln entstehen.

Exogene Kräfte der Erdgestaltung

Die stete Bewegung von Wind und Wasser – als Fluss, Gletscher, Meeresbrandung oder Grundwasser – formt durch Erosion die Gestalt der natürlichen Landschaften der Erde.

Diese exogenen Kräfte werden von der Wärmeenergie der Sonneneinstrahlung angetrieben. Sie bestimmt den dynamischen Kreislauf von Atmosphäre und Ozeanen.

In den Fjorden Norwegens stürzen unzählige Wasserfälle zu Tal.

Pass im Annapurnamassiv: Zusammenspiel endo- und exogener Kräfte

Küstenerosion: Brandungspfeiler der »Zwölf Apostel« in Australien

Das »Baumaterial« des Planeten Erde

Wie sehr die exogenen Kräfte das Bild der Naturlandschaften formen und verändern, hängt vor allem von der Beschaffenheit der Gesteine ab, auf die sie einwirken. Der Schlüssel zum Aufbau der Gesteine liegt in den kristallinen Strukturen der Mineralien, aus denen sie bestehen.

Mineralien

Mineralien sind so etwas wie die Grundbausteine unseres Planeten. Sie bestimmen die Beschaffenheit, also Härte, Farbe und Form, der Gesteine.
Nur wenige Gesteine, wie etwa Kalk oder Quarz, bestehen aus einem einzigen Mineral. Die meisten anderen Gesteine sind aus mehreren sogenannten Mineralphasen aufgebaut.

Gesteine

Gesteine sind die Grundlage der Landschaft; ihre Beschaffenheit und ihre Entstehungsgeschichte sind auch ausschlaggebend dafür, wie das Bild einer Naturlandschaft gestaltet ist.
Drei Gruppen von Gesteinen unterscheidet man: magmatische Gesteine, die durch Vulkanismus entstanden sind; Sedimentgesteine, die locker oder verfestigt auftreten können und durch Erosions- und Verwitterungsprozesse gebildet wurden; sowie metamorphe (»vielgestaltige«) Gesteine, die durch Umwandlung bereits bestehender Gesteine – beispielsweise während einer Gebirgsbildung – entstanden sind.

Landschaftsentwicklung

Wind, Wasser und nicht zuletzt die Schwerkraft sorgen dafür, dass die Gesteine auf der Erde stetig in Bewegung bleiben. So verändern auch die Naturlandschaften unaufhörlich ihr Gesicht.

Massenbewegungen

Wenn sich große Gesteins- oder Erdmassen an Berghängen unter dem Einfluss der Schwerkraft erosionsbedingt lösen und sich durch Gleiten, Fließen oder Stürzen talwärts bewegen, beginnt deren lange Reise zu den Weltmeeren. Zu den Massenbewegungen gehören Steinlawinen ebenso wie Bergrutsche, doch auch Ströme von Lockermaterial, die sich kaum wahrnehmbar fortbewegen, zählen dazu.
Vom Gestein aufgenommenes Wasser spielt ebenfalls eine wichtige Rolle bei diesen Prozessen, da es den Reibungswiderstand der Gesteinsmassen am Hang vermindert.

Flüsse

Flüsse sind wohl die vielfältigsten Landschaftsgestalter unter den exogenen Kräften: Sie tragen anstehendes Gestein ab, schwemmen Sedimente in ihrem Delta an und schneiden tiefe Kerben in das Untergrundgestein.
Der Flusslauf richtet sich nach der Oberflächengestalt der Landschaft, in der er sich seine Bahn in Richtung Ozean sucht. Diese Bahn bestimmt, ob der Fluss relativ gleichgerichtet oder in Wirbeln und Turbulenzen zu Tal fließt. Diese beiden Strömungsformen bedingen Unterschiede in der Art und Menge, wie erodiertes Gestein aufgenommen und transportiert wird.
Im Querschnitt eines Flusses wird nicht gleichmäßig viel Fracht transportiert. Gelöste Schwebstoffe (Suspension) bewegen sich mit einer anderen Geschwindigkeit und Einwirkung auf die Landschaft als die Geröllfracht auf dem Boden des Flussbetts.
Das Sediment aus der Suspension wird unterschiedlich abgelagert. Kleinere und leichtere Schwebeteilchen bleiben länger in der Strömung als größere Teilchen. Diese

Meteor Crater in Arizona: »außerirdische« Landschaftsformung

Die tiefsten Cañons und Schluchten

Grand Canyon (USA) 1800 m
Hell's Canyon/Snake River (USA) 1700 m
Barranca del Cobre (Mexiko) 1400 m
Wu-Schlucht am Jangtse (China) 900 m
Vicos-Schlucht (Griechenland) 900 m
Neretva-Schluchten (Bosnien-Herzegowina) 800 m
Blyde River Canyon (Südafrika) 800 m
Cañon des Schwarzen Flusses (Vietnam) 800 m
Via Mala (Schweiz) 700 m
Black Canyon/Colorado (USA) 700 m
Grand Canyon du Verdon (Frankreich) 700 m
Milford Sound (Neuseeland) 600 m
Bryce Canyon (USA) 600 m
Sanmen-Schlucht am Huang He (China) 600 m
Visriviere Canyon (Namibia) 600 m
Vaihiriasee (Tahiti) 550 m

werden aufgewirbelt und lagern sich periodisch ab. Das Flussbett ist einem ständigen, wechselseitig wirkenden Prozess von Erosion und Sedimentation ausgesetzt. Flüsse erodieren nicht nur Lockermaterial, sondern auch feste Gesteine. Dabei spielen die mitgeführten Sedimente eine wichtige Rolle: Sie dienen als Schleifmittel. Während wir die Gestaltungskraft der Flüsse auf lockeren Böden genau beobachten können, sehen wir von der Gestaltungskraft des fließenden Wassers auf hartem Fels nur die grandiosen Hinterlassenschaften, welche die heute teilweise versiegten Ströme in mehreren Hunderttausend Jahren geschaffen haben. Tiefe Cañons und Schluchten sind als beredte Dokumente der Erdgeschichte zurückgeblieben.

Das Meer

Die großen Meeresströmungen, die Stürme und die Kraft der Gezeiten gestalten nicht nur das für uns nicht einsehbare Profil der Meeresböden, sondern durch Wellen auch die Form der Meeresufer am Rand der Kontinente. Wie an den Flussufern trägt das Wasser an den Küsten Gestein ab, um es auf dem Meeresboden oder an anderen Küsten als Sediment wieder abzulagern. Die Vielfalt der vom Meerwasser gestalteten Naturlandschaften ist scheinbar unbegrenzt. Hier entstehen lang gestreckte Sandstrände, an welche die Gezeiten fein gemahlenen Sand verfrachten; andernorts wäscht eine tosende Brandung bizarre Formationen aus einer Steilküste heraus.
Auch der Meeresboden ist einer ständigen Sedimentation ausgesetzt. Sie wird für uns sichtbar, wenn Meeresböden aufgrund endogener Prozesse gehoben werden. Dann sind die verdichteten Sedimente denselben exogenen Kräften ausgesetzt wie die übrigen Gesteine, und es können faszinierende Landschaften aus unterschiedlich stark verwitternden Gesteinsschichten entstehen.

Gletscher

Wasser ist auch in den kalten Regionen der Erde ein wichtiger Faktor der Landschaftsgestaltung. Bei den Gletschern lassen sich zwei Typen unterscheiden: zum einen das Inlandeis in Grönland und der Antarktis, zum anderen die Talgletscher, die sich in den Höhenlagen der Gebirge bilden. Wie Wasserströme fließen diese Eisströme durch Täler zum Ozean hin – ihre Bewegung ist für das menschliche Auge kaum wahrnehmbar.
Um die Kraft, die sich in der Bewegung des Gletschereises verbirgt, zu erahnen, müssen wir uns die zahlreichen Landschaften ansehen, die während der letzten Eiszeiten in Europa, Asien und Nordamerika entstanden sind. Mitgeführtes Geröll hat tiefe Rinnen in den felsigen Untergrund geschnitten und weite Trogtäler ausgegraben. Dort, wo sich Nebengletscher mit einem Hauptgletscher vereinigt haben, wurden nach dem Abschmelzen des Eises hohe Felskanten frei, von denen heute Wasserfälle hinabstürzen.
Die großen Gletschersedimente nennt man Geschiebe. Sie lagern sich ab, wenn das Eis, in dem sie eingeschlossen waren, schmilzt. Moränen sind Ansammlungen von steinigem und sandigem Material, das durch den Gletscher verfrachtet wurde.

Wind

Ähnliche Erosionskräfte wie die Flüsse entwickeln Winde durch mitgeführten Staub und Sand. Sie spielen vor allem in den Wüsten eine wichtige Rolle.
Wie vom Wasser eines Flusses wird der Sand auch vom Wind transportiert: Zum einen werden größere Körner direkt über der Bodenoberfläche vorangeschoben, zum anderen werden kleinere Sandkörner aufgewirbelt und in Sprüngen vorwärtstransportiert. Lässt der Wind nach, bleiben die Flugsandteilchen als Sediment liegen.
Werden Sand- und Siltteilchen fortgeweht, wird auch der Untergrund allmählich abgetragen: Senken entstehen.
Anstehendes Gestein wird durch Flugsand erodiert: Es wird gerundet oder sogar ganz abgetragen.

Meteoritenkrater

Meteoriteneinschläge sind ein Sonderfall: Sie verändern zwar die Oberflächengestalt der Erdkruste, sind aber doch »äußere« Einwirkungen, die sich allerdings – anders als die exogenen Prozesse – nicht in den Ozeanen und in der Atmosphäre der Erde abspielen. Große Meteorite haben im Lauf der Erdgeschichte das Bild weiter Landschaften und sogar ganzer Kontinente innerhalb von Sekunden verändert.

In stark erodierten Gesteinen lässt sich die Erdgeschichte Schicht um Schicht wie in einem Buch ablesen.

Ahaggar: Die erosiven Kräfte der Sahara sind sehr stark, deshalb ist das Wüstengebirge bizarr geformt.

»Totempfähle« im Monument Valley: Die rötliche Färbung des Sandsteins ist durch Verwitterung bedingt.

Klima- und Vegetationszonen

Die Erde wird in mehrere Vegetationszonen unterteilt, in denen bestimmte Pflanzengesellschaften vorherrschen. Sie verlaufen parallel zu den Breitenkreisen und entsprechen ungefähr den Klimazonen. Das Klima wird durch Faktoren wie geografische Breite, Höhenlage, Meeresströmungen, Relief und Vegetation beeinflusst.

Polare Zonen

Eis und Schnee sowie der halbjährliche Wechsel von Polartag und Polarnacht kennzeichnen die Polregionen der Erde, die Arktis am Nordpol und die Antarktis am Südpol. Das Südpolargebiet, südlich 55 Grad südlicher Breite, besteht aus dem antarktischen Kontinent, Inseln und Schelfeismeeren und umfasst eine Fläche von annähernd 14 Mio. km^2. Das Festland ist gebirgig (bis 5140 m) und von einer mächtigen Inlandeismasse (mittlere Dicke 2000–2500 m) überzogen, die über 90 % der gesamten Eismasse der Erde ausmacht. Das Klima ist extrem kalt und trocken. Lediglich auf den subantarktischen Inseln finden sich Moose, Flechten, Gräser und einige Blütenpflanzen. Das Nordpolargebiet schließt das Arktische Meer ein und umfasst eine Landfläche von 11 Mio. km^2. Es besteht vorwiegend aus einer 12 Mio. km^2 großen Packeisdecke. Durch den Einfluss des Nordpolarmeers ist das Klima gemäßigter als in der Antarktis. Eisfreie Gebiete weisen eine spärliche Vegetation auf.

Tundra und Taiga

Südlich der Polarlandschaften und nördlich der Baumgrenze erstreckt sich die Tundra. Warme, kurze Sommer und lange, strenge Winter sowie geringe Niederschläge charakterisieren den Vegetationsgürtel im Norden Asiens, Europas und Amerikas. Das Klima erlaubt nur spärlichen Wuchs von Moosen und Zwergsträuchern. Die Temperaturen liegen zwischen –55° C und 25° C, doch werden im Sommer durchschnittliche 10° C kaum überschritten. Südlich der Tundra schließt sich die Taiga an, ein vor allem aus Nadelwäldern (boreale Wälder) bestehender Waldgürtel, dessen größte Bestände in Sibirien und im Nordwesten Russlands liegen. Gemeinsam ist Tundra und Taiga der Dauerfrostboden.

Laub- und Mischwaldzonen

Der sommergrüne Laub- und Mischwald gehört zur kühlgemäßigten Zone und charakterisiert die Landschaften im Osten und Westen Nordamerikas, Ostasiens sowie Mittel- und Westeuropas. Entscheidendes Merkmal dieser Waldzone ist das jährliche Abwerfen der Blätter zum Schutz gegen die Kälte im Winter.

Prärien und Steppen

Trockene Vegetation in den gemäßigten Breiten weisen die Steppen Eurasiens von der Puszta bis zur Mongolei und die Prärien Nordamerikas auf. Es handelt sich um weite, strauchlose Grasfluren. Im Frühjahr blühen Kräuter und Stauden, die durch die Sommerhitze wieder verschwinden. In der Trockensteppe wachsen vereinzelt Zwerg- und Halbsträucher. Polwärts wird der Grasbewuchs dichter. In Richtung der Laub- und Mischwaldzone befinden sich die Baumsteppen, in denen der Niederschlag für vereinzelten Baumbewuchs ausreicht. Steppenlandschaften gibt es auf der Südhalbkugel nur in Patagonien.

Feucht- und Trockensavannen

Das Savannenklima mit einer Regenzeit im Sommer und einer ausgeprägten Trockenzeit im Winter ist in Südamerika, Afrika, Nordaustralien, Mittelamerika, Vorder- und Hinterindien anzutreffen. Nördlich und südlich der Regenwaldzone nehmen die Niederschläge kontinuierlich ab, und die Trockenperioden werden immer länger. An den tropischen Regenwald schließt sich erst die Feuchtsavanne an. Je weiter polwärts die Feuchtsavannen liegen, umso länger dauert die Trockenzeit. Daher werfen in den äquatornahen Regionen nur die oberen Stockwerke ihr Laub ab, während der Unterwuchs immergrün bleibt. Im Bereich der Monsunklimate herrscht strenges Wechselklima, und der gesamte Wald wirft sein Blattkleid ab. Auf die Feuchtsavanne folgt polwärts die Trockensavanne, die vor allem in Afrika große Areale umfasst. Hierbei handelt es sich um offene, nur von einzelnen Bäumen durchsetzte Grasfluren sowie um kleinere Wälder, in denen Baobab, xerophile Palmen, Flaschen- und Schirmbäume gedeihen.

Halbwüsten

Fast ein Drittel der festen Oberfläche der Erde besteht aus Wüsten oder wüstenähnlichen Gebieten. Einen großen Anteil hieran haben die Halbwüsten. Sie stellen die Übergangsgebiete zwischen den fast völlig vegetationslosen Vollwüsten und dem Steppenbereich dar und verfügen über eine durchschnittliche Jahresniederschlagsmenge von 100 bis 200 mm. Weil sie nach den unregelmäßig auftretenden Regenfällen kurzzeitig den Charakter von Steppen oder Savannen annehmen, werden sie auch Wüstensteppen oder Wüstensavannen genannt. Zur typischen Halbwüstenvegetation gehören Dornsträucher, Dornbäume, Hartgräser und Zwergsträucher. Diese Einöde wird von Oasen unterbrochen, die an Stellen entstehen, wo Grundwasser zutage tritt. Süßes Grundwasser oder Flusswasser ermöglichen auch in Wüsten Baumwuchs (etwa Dattelpalmen, Pappeln).

Wüsten

Diese Regionen der Erde sind von so starker Trockenheit oder Kälte geprägt, dass sich nur Trockenflora, aber keine landschaftsbestimmende Vegetation entwickeln kann. Man unterscheidet Kältewüsten sowie Trocken- oder Heißwüsten. Letztere befinden sich besonders in der Zone der subtropischen Hochdruckgebiete sowie an Meeresküsten mit kaltem Auftriebswasser und in abgeschlossenen Gebirgsbecken. Die Niederschläge betragen in den fast vegetationslosen Voll- oder Kernwüsten unter 100 mm jährlich. Die Trockenheit und die starken Temperaturunterschiede zwischen Tag und Nacht bewirken eine starke physikalische Verwitterung. Der Temperaturwechsel verursacht auch eine kräftige Zirkulation der Luft (Staub- und Sandstürme).

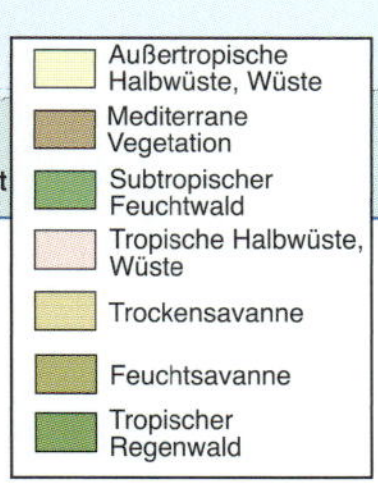

Subtropische Zonen

Trockene Sommer und milde Winter zeichnen den über 2000 km breiten Klimagürtel zwischen Tropen und gemäßigter Zone aus. Er wird durch eine Vielzahl kleinerer Vegetationszonen mit wechselnden Regen- und Trockenzeiten bestimmt. In den Subtropen findet man Wüsten und Steppen ebenso wie Feuchtwälder.

Regenwald

Der tropische Regenwald dehnt sich beiderseits des Äquators in der Zone der immerfeuchten Tropen aus. Das ganze Jahr über erfolgen Niederschläge, die im Frühjahr und Herbst in den Regenzeiten ihren Höhepunkt erreichen. Die Temperatur liegt am Tag bei maximal 35° C. Die Temperaturschwankungen sind sehr gering. Der Regenwald ist durch großen Artenreichtum und einen meist dreistöckigen Aufbau gekennzeichnet. Im Waldinneren ist die Luft fast feuchtigkeitsgesättigt. Der Regenwald beeinflusst den Kohlenstoff-, Sauerstoff- und Stickstoffkreislauf der Erde und ist somit ein wichtiger Klimaregulator.

Gebirge

Nach ihrer Höhenlage werden Mittelgebirge und Hochgebirge unterschieden. Ferner unterteilt man auch nach der Gipfelform (Kamm- und Kettengebirge) und nach der Entstehung (vulkanisches und Erosionsgebirge). Die erdgeschichtlich älteren Mittelgebirge besitzen abgerundete Kuppen und Rücken, die fast stets bis in die oberen Höhen bewaldet sind. Schroffe Formen weisen die später durch Auffaltung entstandenen Hochgebirge mit ihren hoch aufragenden Gipfeln und tief eingeschnittenen Tälern auf. Sie besitzen in der Höhenregion keine Vegetation, und ihre Gipfel sind meist mit Schnee und Eis bedeckt. Das mächtigste und höchste Gebirge der Erde ist der Himalaya zwischen der nordindischen Tiefebene und dem Hochland von Tibet, ein riesiger, nach Süden geschwungener Bogen von 2400 km Länge und 150 bis 280 km Breite, dessen höchste Gipfel der Mount Everest (8850 m) und der Kanchenjunga (8586 m) sind. Die Gipfel der Faltengebirge wachsen aufgrund der anhaltenden Plattenbewegung unaufhörlich weiter.

Europa

Genau betrachtet ist Europa lediglich der westliche Ausläufer des Großkontinents Eurasien. Ural, Kaukasus und Schwarzes Meer bilden eine einigermaßen deutliche naturräumliche Grenze zu Asien. Das Relief des europäischen Kontinents ist sehr kleinteilig und unruhig, sodass sich der mit etwa 10,5 Mio. km² relativ kleine Kontinent in eine Vielzahl einzelner Naturlandschaften unterteilen lässt: Höhenzüge und Becken, Mittelgebirge und Tiefländer sowie stark zerfranste Küstenlinien mit zahlreichen kleineren und größeren Inseln wechseln sich ab. Die Landschaften Nordeuropas wurden vor allem während der Eiszeiten geformt. Daran schließt

sich Mitteleuropa mit seinem Tiefland, den Mittelgebirgen sowie den Alpen und den Karpaten an. Alpen und Pyrenäen sind die natürlichen Grenzen Westeuropas. Am Nordrand des Mittelmeers liegen die südeuropäischen Halbinseln (Iberische Halbinsel, Apenninenhalbinsel, Balkan).

Die 4478 m hohe Pyramide des Matterhorns besteht aus hartem kristallinen Gestein. Der Berg ist einer der imposantesten Gipfel der Schweizer Alpen.

50° Hb 40° Ja 30° Jb 20° Ka 10° Kb 0° La 10° Lb 20° 286 30° Mb 40° Na 50° Nb 60° Oa 70° Ob 80° Pa
03
60°
04
50°
16
05
40°
06
30°
07
20°
08
Kb 0° La 10° Lb 162 20° Ma 30° Mb
Grönland
Kong Christian X Land
Kong Frederik VIII Land
Kong Christian IX Land
Nördlicher Polarkreis
Dänemarkstraße
Island
Reykjavík
Grímsvötn 1719
Grönlandsee
Grönlandbecken
3069
Jan Mayen
Norwegische See
3188
Lofotenbecken
Lofoten
Spitzbergen
1717
Nordaustlandet
Edgøya
Bäreninseln
Nordkap
Barentssee
380
Novaja Zemlja
1547
Karasee
p-ov Jamal
Gydanskij p-ov
West-sibirisches Tiefland
Pečorskoe more
1894
Ob'
Timanskij krjaž
Ural
Murmansk
Halbinsel Kola
Weißes Meer
Kebnekaise 2111
Lappland
Skandinavien
Oulu
Umeå
Bottnischer Meerbusen
Finnische Seenplatte
Karelien
Helsinki Helsingfors
Onegasee
Ladogasee
ST. PETERSBURG
Nordrussisches Tiefland
Syktyvkar
1569
JEKATERINBURG
PERM'
Severnye uvaly
UFA
KAZAN'
NIŽNIJ NOVGOROD
SAMARA
Oral
Wolgaplatte
Wolga
832
Islandbecken
Norwegisches Becken
465
Färöer
ATLANTISCHER OZEAN
Rockallplateau
Rockallrinne
Shetlandinseln
Orkneyinseln
Hebriden
Ben Nevis 1343
Edinburgh
Pennines
Irland
Dublin
Cork
BIRMINGHAM
Keltische See
Land's End
LONDON
Großbritannien
Nordsee
240
Bergen
Jotunheimen 2472
Oslo
Stockholm
Vänern
459
Göteborg
Gotland
Riga
Peipussee
MOSKAU
Mittelrussische Platte
Orel
Jütland
Kopenhagen
Ostsee
Bornholm
Danzig
Baltischer Landrücken
MINSK
HAMBURG
Amsterdam
Norddeutsches Tiefland
BERLIN
WARSCHAU
Weichsel
Pripjatsümpfe
EUROPA
Don
WOLGOGRAD
Kaspische Senke
Der Kanal
BRÜSSEL
KÖLN
Deutsche Mittelgebirge
Elbe
Sudeten
PRAG
Krakau
L'viv
KIEW
Dnjepr
DNIPROPETROVS'K
ROSTOW
Manytschniederung
Kaspisches Meer
Normandie
Bretagne
PARIS
Rhein
MÜNCHEN
Beskiden
Dnister
Ostkarpaten
5465
Golf von Biscaya
Burgund
Loire
Bern
WIEN
BUDAPEST
Alföld
2100
ODESSA
g.Elbrus 5642
KAUKASUS
TIFLIS
Krim
Zentral-massiv 1885
Lyon
Mt.Blanc 4807
ALPEN
3797
MAILAND
Zagreb
Südkarpaten 2544
BUKAREST
Schwarzes Meer
JEREWAN
Trabzon
Ararat 5137
A Coruña
Cabo Fisterra
Gijón
Bordeaux
Rhône
Provence
Po
Dinarisches Gebirge
Dalmatien
BELGRAD
Donau
Varna
2180
Vansee
Van
Porto
Kantabrisches Gebirge
Pyrenäen 3404
Pico d'Aneto
Iberisches Randgeb.
Ebro
Marseille
Apenninen
Adriatisches Meer
Balkan
SOFIA
Bosporus
Pontisches Gebirge
LISSABON
Tejo
Kast. Scheidegeb.
MADRID
BARCELONA
Korsika
2622
2914
ROM
Straße von Otranto
Tirana
Rhodopen
İSTANBUL
ANKARA
Tigris
Sierra Morena
Sevilla
Valéncia
Palma d.M.
Balearen
NEAPEL
Vesuv 1281
Olymp 2917
Ägäisches Meer
Anatolien
Tuz Gölü
ADANA
ALEPPO
MOSUL
Cabo de São Vicente
Betische Kord.
Granada 3481
Straße von Gibraltar
Sardinien
1834
2784
Tyrrhenisches Meer
1955
Pindos
ATHEN
İZMIR
Taurus 3524
Euphrat
Tanger
Palermo
Ätna 3323
Ionisches Meer
Peloponnes
Rhodos
Zypern
RABAT
Rif
Oran
ALGIER
2305
Tellatlas
TUNIS
Constantine
Sizilien
5054
BEIRUT
DAMASKUS
CASABLANCA
Fès
2456
Kreta
2427
MARRAKECH
Hoher Atlas
Atlas
Saharaatlas
Sfax
MITTELMEER
Levantisches Becken
Jerusalem
AMMAN
Al Widyan
Béchar
Djerba
Port Said
TRIPOLIS
Bengasi
882
Tubruq
ALEXANDRIA
Suezkanal
El Aqaba
Nefud
Hamada du Drâa
Großer Westlicher Erg
El Ménia
Große Syrte
Cyrenaika
Sinai
KAIRO
2285
Erg Iguidi
Großer Östlicher Erg
Tripolitanien
Syrte
-134
Kattarasenke
1207
Hedschas
Plateau du Tademaït
Hamada de Tinrhert
Jufra-Oasen
Libysche Wüste
Großer Sandsee
Westliche Wüste
Östliche Wüste
Nil
Erg Chech
AFRIKA
Awbari Sahra
Luxor
Rotes Meer
2300
Rås Banas
Nördlicher Wendekreis
Asedjrad
Tassili n'Ajjer 2158
Adrar
Fezzan
Ramlat Rabyanah
Kufra-Oasen
Assuan
Djebel Musbih 1445
Taoudenni
Tanezrouft
SAHARA
Tahat 2918
Hoggar
Sarir Tibesti
Nasserstausee
Nubische Wüste
Port Sudan
1893 Djebel Al Awaynat
Nubien
Djebel Timétrine
Tassili du Hoggar
Ténéré du Tafassasset
Pic Tousside 3315
3376 Tarso Emissi
Tibesti
Erdi

Maßstab 1:22 000 000

0 250 500 750 Kilometer
0 250 500 Miles

Island: Zwischen den gigantischen Vulkangletschern Langjökull und Hofsjökull liegt Hveravellir: Hier bietet der Ausbruch geothermischer heißer Quellen ein beeindruckendes Schauspiel. Die heißen Quellen sind nur eines der zahlreichen postvulkanischen Phänomene Islands. Die Insel im nördlichen Atlantik ist vulkanischen Ursprungs und verfügt über eine faszinierende Naturlandschaft aus zum Teil noch tätigen Vulkanen, heißen Quellen, Gletschern und Fjorden.

Island

Die zweitgrößte Insel Europas liegt im nördlichen Atlantik südlich des Polarkreises. Die Insel ist vulkanischen Ursprungs, und etwa 30 der mehr als 140 Vulkane sind heute noch aktiv, so etwa **Hekla** und **Askja**. Indikatoren des andauernden Vulkanismus sind Geysire und Solfataren, die besonders auf der Westhälfte anzutreffen sind. Neben den Vulkanen waren die Gletscher und Schmelzwasserströme für die Prägung der Landschaft verantwortlich; noch heute sind 11 800 km² der Insel vergletschert. An den Küsten im Westen, Norden und Nordosten ragen immense Basaltdecken bis zu 1000 m aus dem Meer. Im Süden und Südosten ist die Küste dagegen flach. Die daran anschließenden Schotterfelder sind ebenso eine Folge der eiszeitlichen Vergletscherung wie die Trogtäler, Fjorde, Kare und Sander. Die 300 bis 1200 m hohe **Fjellhochfläche** geht in das 1200 bis 2000 m hohe obere Plateau über. Das Hochland bricht oft mit bis zu 500 m hohen Steilwänden ab. Höchste Erhebung ist der **Hvannadalshnúkur** (2119 m), der größte Gletscher ist der **Vatnajökull** (8410 km²).

Skandinavische Halbinsel

Die größte Halbinsel Europas umfasst mit ihren 750 000 km² das heutige Schweden, Norwegen und im weiteren Sinne auch Dänemark und Finnland. Die Nordseeküste **Jütlands** besteht im Norden aus einer Ausgleichsküste mit Strandseen und Dünen und im Süden aus Watt- und Marschgebieten. Im Norden wird die Landschaft dominiert von den **Skanden**, dem **Skandinavischen Gebirge**. Eine Vielzahl von Flüssen durchschneidet das Gebirge **Norrlands**. In **Svealand** befinden sich zahlreiche große Seen. Im Süden schließt sich das ebenfalls seenreiche hügelige **Götaland** an. Die unzähligen **Fjorde** sind eine Folge der Eiszeit.
Die **Schärenküste** ist aus der pleistozänen Vergletscherung entstanden. Die Skanden mit den weiten Hochflächen (Fjells) und den vielen Gletscherplateaus ziehen sich an der gesamten Nordküste der Halbinsel entlang und fallen im Westen zum Europäischen Nordmeer hin ab. Das nördlich des Polarkreises gelegene **Lappland** ist eine Ebene mit einzelnen Bergen, an das sich das seenreiche Hügelland des **Mittelfinnischen Rückens** anschließt.

Lappland

Das ursprüngliche Weide- und Wohngebiet der Lappen umfasst Ostschweden, Ostnorwegen, Nordfinnland und Teile der Halbinsel **Kola**. Die Landschaft ist geprägt von weiten, mit Tundra und Mooren bedeckten Hochflächen mit einzelnen Bergkuppen.

Finnmark

Im äußersten Nordosten Norwegens ist die Schneegrenze weit nach Norden gedrängt. So wächst beispielsweise im Nationalpark Stabbursdalen am 70. Breitenkreis nördlicher Breite der nördlichste Kiefernwald der Erde.

Skandinavisches Gebirge: Blick auf den Geirangerfjord in Norwegen

Skandinavisches Gebirge

Die **Skanden** oder das **Norwegisch-Schwedische Gebirge** ziehen sich über die gesamte Skandinavische Halbinsel. Obwohl es einige Berge mit Gipfelhöhen über 2000 m gibt – so der Glittertind mit 2472 m oder der Kebnekaise mit 2111 m –, hat das Gebirge vorwiegend Mittelgebirgscharakter. Typisch sind die steil zum Meer abfallenden Rumpfflächen im Westen, deren tiefe Täler die **Fjorde** bilden.

Finnische Seenplatte

Etwa 55 000 Seen zählt die **Finnische Seenplatte**, die in der letzten Eiszeit entstand. Die wichtigsten Seen sind **Saimaa** und **Päijänne**.

Britische Inseln

Die auf dem nordwesteuropäischen Kontinentalschelf aufsitzende Inselgruppe besteht aus den Hauptinseln **Großbritannien** und **Irland**, den **Shetland-** und **Orkneyinseln**, den **Hebriden**, den Inseln **Man, Anglesey, Wight** und zahlreichen weiteren kleineren Inseln.
Großbritannien ist in zwei geografische Großräume geteilt, die **Highlands** im Norden und Westen und die **Midlands** und **Lowlands** im Südosten. An die schottischen Hochlandgebiete schließen sich südlich der Mittelschottischen Senke die **Southern Uplands** an. Die **Cheviot Hills** bilden die Grenze zwischen Schottland und England. In Nord-Süd-Richtung folgt die **Pennische Kette**, westlich davon befinden sich die **Cumbrian Mountains**. Im äußersten Südwesten liegt die gebirgige Halbinsel **Cornwall**.
Niederbritannien besteht aus einem flachen Schichtstufenland. Die Midlands und Lowlands markieren den Übergang von Hochland- zu Niederbritannien. **Südengland** wird von Höhenzügen, dem Londoner Becken und dem Becken von Hampshire geprägt. **East Anglia** und **The Fens** im Osten sind völlig flach und liegen zum Teil unter Meeresniveau. Fjordartige Buchten wie **Firth of Forth** und **Moray Firth** charakterisieren die Küsten Schottlands. Die markanten Kliffs der **Kanalküste** entstanden durch die Aufwölbung von Kreideschichten, wie etwa die weiße Kreidesteilküste bei Dover.

Irland

Die Insel besteht zum größten Teil aus dem maximal 100 m hohen Irischen Tiefland mit seinen zahlreichen Mooren und Seen. Im Nordwesten steigt das Gelände zu den Mittelgebirgen des **Kaledonischen Berglands** an. Höchste Erhebungen sind hier der **Nephin** (806 m) und der **Errigal** (752 m). Im Süden begrenzt das **Armorikanische Bergland** das Irische Tiefland. Hier liegt auch der höchste Berg Irlands, der 1038 m hohe **Carrauntoohill**. Die bis zu 924 m hohen **Wicklow Mountains** sind zentraler Bestandteil der Mittelgebirgskette von Leinster. Die Küsten bestehen zumeist aus stark zerschnittenen Felsenküsten mit tief ins Land reichenden Buchten.

Shetland- und Orkneyinseln

Die größten der über 100 **Shetlandinseln** sind, neben der Hauptinsel Mainland, Sanday, Westray und South Ronaldsay. Zu den größeren Inseln gehören Yell, Unst, Fetlar, Bressai und Whalsay. Der **Pentland Firth** trennt Schottland von den rund 70 Inseln umfassenden Orkney Islands. Die Küsten sind buchtenreich und zeichnen sich durch hohe Klippen aus.

Schottische Highlands

Die schottischen **Highlands** werden durch den etwa 100 km langen Grabenbruch des **Glen More** in die bis zu 1183 m hohen **Northern Highlands** und die **Grampians** mit dem 1344 m hohen **Ben Nevis** geteilt. In diesem Längstal befinden sich viele Seen, so auch der bis zu 229 m tiefe **Loch Ness**.
Die westlichen Highlands enden in einer stark zergliederten Steilküste. Größter See der britischen Inseln ist der **Loch Lomond** (70 km²) südlich der Grampian Mountains.

Pennines

Der paläozoische Mittelgebirgszug erstreckt sich von Nord nach Süd und bildet die Wasserscheide Englands. Mit 893 m ist der **Cross Fell** seine höchste Erhebung. Westlich der Pennines schließen sich die **Cumbrian Mountains** an, deren Schluchten- und Seenlandschaften als **Lake District** bezeichnet werden.

Wales/Cambrian Mountains

Wales besteht vorwiegend aus waldlosem Bergland. Die höchste Erhebung der **Cambrian Mountains** ist das eiszeitlich überformte **Snowdon-Massiv**, das 1085 m Meereshöhe erreicht. Besonders eindrucksvoll sind die bis zu 90 m hohen Kliffs, an die sich von Weideland eingenommene Plateaus anschließen.

Cornwall

Im äußersten Südwesten der britischen Hauptinsel ragt die Halbinsel **Cornwall** mit ihren schroffen Steilküsten weit in den Atlantik hinein. Die flachgipfelige Landschaft des Hinterlands ist von engen Tälern durchzogen. Die sich stufenartig erhebenden Bergrücken sind von Heide und Moor bedeckt.

Europäisches Tiefland

Das Europäische Tiefland zieht sich vom Atlantik entlang der Nord- und Ostseeküste bis nach Russland. Die **Geest** charakterisieren trockene, sandige und daher wenig fruchtbare Ablagerungen der Eiszeit. Ursprünglich war sie mit Laubmischwald bedeckt, heute ist sie zum Teil mit Zwergstrauch- und Kiefernheide bewachsen. Die Endmoränen Nie-

*Giant's Causeway: Der sagenumwobene »Damm des Riesen« an der Nordküste **Irlands** ist bis zu 60 m breit und erstreckt sich auf etwa 5 km Länge. Diese Landzunge in der Nähe des Fischerorts Ballycastle setzt sich aus etwa 40 000 Basaltsäulen zusammen, deren größte bis zu 6 m Höhe erreichen. Entstanden sind die regelmäßig geformten, größtenteils sechseckigen Säulen durch Kristallisierung beim raschen Erkalten ausfließender Lava im Meer.*

dersachsens weisen trockene, lehmig-sandige Böden und nur wenig Baumbestand auf.
Zu den mächtigen Moränenbögen des Warthe-Vorstoßes gehören **Lüneburger Heide**, **Hamburger Berge** und **Fläming**. Der südliche Landrücken zieht sich vom Emsland über den Fläming bis ins niederschlesische Katzengebirge. Die Moränen des **Baltischen Landrückens** umrahmen die Ostsee von **Nordjütland** bis ins einstige **Ostpreußen**. Die **Nordseeküste** mit ihrem Dünenwall und dem Wattenmeer beginnt bei Calais und reicht im Nordosten bis nach Nordschleswig. Ins Landesinnere folgen die sandigen Ebenen der Marschen.

Französisches Tiefland, Bretagne und Normandie

Die fruchtbaren Kulturlandschaften des **Pariser Beckens** wechseln sich mit bewaldeten Sandgebieten ab. Im Nordwesten grenzen **Bretagne** und **Normandie** an das Pariser Becken. Die kristallinen Gesteine an der Küste wurden durch die Brandung in steile Kliffs und zahllose Inseln aufgelöst.
Die Bretagne ist ein Rumpfgebirge und in den **Monts d'Arrée** 384 m hoch. Heide, Moore, Wälder und die typischen wallartigen Bocage-Hecken bestimmen das Bild der Vegetation.
Über die Schwelle von Poitiers ist das Pariser Becken mit dem **Garonnebecken** verbunden. Die weiten Kiefernwälder südlich von Bordeaux und die geradlinige Ausgleichsküste mit einer Vielzahl von Strandseen und einem mächtigen Dünengürtel prägen diese Landschaft. Deutlich mediterranen Charakter hat bereits die **Rhône-Saône-Senke** zwischen **Cevennen** und **Alpen**. Zu ihr gehören die Schwemmlandebene des **Languedoc**, das **Rhônedelta**, die **Riviera** und die **Provence**.

Nordseeküste/Watt

Die belgische **Nordseeküste** ist eine flache Ausgleichsküste, der keine Inseln vorgelagert sind. Hinter einem bis zu 30 m hohen Dünenwall und hinter Deichen erstreckt sich ein Stück baumloses, von Abzugsgräben durchzogenes Marschland, an das sich die Geestflächen **Flanderns** anschließen. Strandwälle und ein nur in den Mündungsgebieten von **Rhein** und **Maas** unterbrochener Dünengürtel kennzeichnen die Nordseeküste der Niederlande.
Die ursprünglichen Moor- und Schlicklandschaften wurden durch Polderung in weite, baumlose Weideflächen verwandelt. Die gesamte deutsche Nordseeküste ist flach und durch Deiche vor den Fluten geschützt. Aus dem **Wattenmeer** ragen knapp die **Ostfriesischen** und die **Nordfriesischen Inseln** empor. Eine Besonderheit sind die **Halligen**, flache Marschinseln, deren künstlich angelegte Warften Menschen und Nutzvieh Zuflucht bei Sturmfluten bieten. Zwischen diesen Inseln und den Deichen dehnt sich das Watt aus, das bei Niedrigwasser trockenfällt.

1

2

3

Zentraleuropäisches Mittelgebirge

Das **Mittelgebirge Zentraleuropas** ist ein Bruchschollen- und Stufenland, das sich im Westen mit dem westeuropäischen Schollen and fortsetzt, im Süden durch die Alpen und Karpaten begrenzt ist und im Osten in den Kreideplatten von Lublin allmählich in die russische Tafel übergeht. Die Rumpfgebirge entstanden in der variskischen Gebirgsfaltungsperiode, ihre einzelnen Schollen sind entweder an Brüchen horstartig oder als flache Wölbungen hervorgehoben. Die meisten Mittelgebirge sind Waldbergländer, wobei der ursprüngliche Wald oftmals durch Fichtenmonokulturen ersetzt wurde.

4

Vogesen, Schwarzwald

Die linksrheinischen **Vogesen** reichen von der Burgundischen Pforte bis zur Zaberner Steige. Die **Südvogesen** sind ein waldreiches Kamm- und Kettengebirge mit stark zerschnittenem, kuppigem Relief. Die ebenfalls sehr bewaldeten **Nordvogesen** bestehen aus mächtigen Buntsandsteintafeln, erreichen im Großen Wintersberg aber nur eine Höhe von 581 m. Höchster Berg der Vogesen ist der Grand Ballon (1426 m).
Auf der rechten Rheinseite erstreckt sich der **Schwarzwald**. Er

1 In rötliches Licht sind die schottischen Highlands am Buachaille Etive Mór in der Morgendämmerung getaucht.

2 Land's End ist der äußerste Zipfel von Cornwall, der Halbinsel im Südwesten Englands. Die malerische Felsküste ist Englands westlichster Punkt.

3 An der Westküste von Irland liegt die Bucht von Galway.

4 St. David's Head, die felsige Landzunge im äußersten Westen von Wales, reicht weit in den Atlantik hinein. Während die Südküste relativ ruhig ist, tost an der Nordküste zumeist eine heftige Brandung.

Entlang der niederländischen, deutschen und dänischen Nordseeküste (großes Bild) erstreckt sich ein rund 450 km langes und etwa 10 km breites Biotop, das so artenreich wie der tropische Regenwald ist: das Nordsee-Wattenmeer, das weltgrößte zusammenhängende Areal seiner Art. Dieser Naturraum ist vor rund 10 000 Jahren entstanden und bildet sich noch heute weiter aus. Schon damals ließ die noch junge Nordsee den flachen Meeresboden periodisch trockenfallen. Die oberste »Wattkrume« wurde von meist landwärts gerichteten Winden auf Inseln, Sandflächen und Strandwälle geblasen. Durch Seegatts – Durchlässe zwischen den Inseln – strömte das Nordseewasser mit jedem Tidengang ins geschützte Watt und lagerte feines Sediment ab.

*Die Mittelmeerinseln **Sardinien** und **Korsika** werden durch die Straße von Bonifacio voneinander getrennt. Beide Inseln sind vorwiegend gebirgig. Während auf Korsika zahlreiche Gipfel über 2000 m Meereshöhe erreichen, misst die höchste Erhebung Sardiniens nur 1834 m.*

ist 160 km lang und zwischen 20 und 60 km breit. Besonders reizvoll sind seine romantischen Täler und Bergseen. Auf tektonische Störungen gehen die zahlreichen Mineral- und Thermalquellen zurück, etwa in Baden-Baden. Im Schwarzwald befindet sich der höchste Wasserfall Deutschlands, der Triberger Wasserfall (162 m) .

Deutsche Mittelgebirge

Das **Rheinische Schiefergebirge** befindet sich im Westen der Mittelgebirgsschwelle. Linksrheinisch erhebt sich nördlich der **Mosel** die vulkanische **Eifel** mit ihren Kraterseen. Südlich der Mosel erstreckt sich der **Hunsrück**, der auf der rechten Rheinseite im **Taunus** ein Gegenstück findet. Der **Westerwald** besteht größtenteils aus mit Wiesen bedecktem Basaltgrund. Nach Norden schließen sich **Bergisches Land** und **Sauerland** an. Weiter östlich folgen die waldbestandenen Buntsandsteinhochflächen des **Weser-** und **Leinebergland**s. Südlich schließen sich das **Hessische Berg- und Hügelland**, die **Rhön** und der **Vogelsberg** an. Der 100 km lange und 35 km breite **Harz** liegt als isolierte Gebirgsscholle südöstlich von Hannover. **Frankenwald** und **Thüringer Wald** haben ihren einstigen Baumbestand eingebüßt. Stattliche Wälder weist hingegen das **Fichtelgebirge** auf, dessen Granitberge ein 600 m hoch liegendes welliges Becken umschließen. Weiter östlich folgen **Elstergebirge, Erzgebirge, Elbsandsteingebirge** und **Lausitzer Gebirge**. Die Randgebirge der **Oberrheinischen Tiefebene** sind **Spessart, Odenwald, Pfälzer Wald** und **Schwarzwald**. Es folgt das Süddeutsche Schichtstufenland mit der **Schwäbischen** und der **Fränkischen Alb**. Östlich der Alb leitet das Naabbecken zu den ostbayerischen Grenzgebirgen, zum **Oberpfälzer Wald, Bayerischen Wald** und **Böhmerwald** über.

Bayerischer Wald, Böhmerwald, Sudeten

Der **Böhmerwald** ist durch die Cham-Further Senke vom **Oberpfälzer Wald** getrennt. Im Südosten teilt eine breite Längssenke den Vorderen und Hinteren Wald. Der Vordere Wald, der auch als **Bayerischer Wald** bekannt ist, liegt zwischen Donau und Regen und erhebt sich im Einödriegel bis auf 1121 m Meereshöhe.
Der Hintere Wald erreicht im **Großen Arber** 1456 m Meereshöhe. Die **Sudeten** erstrecken sich über 300 km Länge und 30 bis 60 km Breite zwischen der Lausitzer Neiße und der Mährischen Pforte. Die **Westsudeten** bestehen aus dem **Riesengebirge**, dem Isergebirge und dem Bober-Katzbach-Gebirge. Es schließt sich das **Glatzer Becken** mit dem Glatzer Schneegebirge an. Die **Ostsudeten** setzen sich aus dem Altvatergebirge und dem Niederen Gesenke zusammen. Höchster Berg ist die **Schneekoppe** im Riesengebirge mit 1602 m Meereshöhe.

Zentralmassiv

Der französische **Massif Central** ist mit etwa 85 000 km² der größte zusammenhängende Gebirgsblock des Landes. Er wird durch das **Garonnebecken**, das **Pariser Becken** und die **Rhône-Saône-Senke** begrenzt. Die **Auvergne** in seinem Zentrum ist eines der eindrucksvollsten Vulkangebiete Europas. Im Vulkangebirge der Chaîne des Puys liegt die höchste Erhebung des Zentralmassivs, der 1885 m hohe **Puy de Sancy** im Mont Dore. In den verkarsteten Hochflächen der **Causses** im Süden haben sich Flüsse wie der Tarn tiefe Täler geschnitten.

Steilhänge säumen die Ufer des mittleren Rheins in Deutschland.

Alpen

Das mächtigste und höchste Gebirge Europas erstreckt sich in einem Halbbogen über 1200 km im Süden des europäischen Festlands (siehe Seite 35).

Pyrenäen

Das Hochgebirge zwischen Mittelmeer und Biskaya trennt die **Iberische Halbinsel** vom übrigen Festlandeuropa und markiert die Grenze zwischen Frankreich und Spanien.
Die **Pyrenäen** erreichen bei einer Länge von 435 km nur eine maximale Breite von etwa 100 km. Die höchste Erhebung ist der 3408 m hohe **Pico de Aneto**. Zwischen den Pässen **Col de Somport** im Westen und dem 1915 m hohen **Col de Puymorens** erstrecken sich die Zentralpyrenäen, die in der Gegend um Andorra Höhen von etwa 2900 m und in der Monte-Perdido- und Maladeta-Gruppe von 3355 m erreichen.
Die Ostpyrenäen verlaufen in der **Albères-Kette** Richtung Mittelmeer. Die höchste Erhebung ist hier der **Carlitte** (2921 m). Die wichtigsten Hochtäler sind Capcir, Cerdagne und Vallespir. Obwohl der **Pic d'Anie** 2504 m hoch ist, erinnern die Westpyrenäen zwischen dem Tal des **Irati** und dem 1632 m hohen **Somport-Pass** eher an Mittelgebirge, da sie zur baskischen Küste hin immer weiter abfallen.

Iberische Halbinsel

Die westlichste und größte der drei südeuropäischen Halbinseln wird im Norden von den Pyrenäen, im Übrigen vom Mittelmeer und Atlantik begrenzt.
Das Kerngebiet ist eine nahezu kreisförmige Hochebene (**Meseta**), durch die sich in westöstlicher Richtung ein Gebirge zieht. Das **Kastilische Scheidegebirge** unterteilt das Hochland in die kleinere, bis 800 m hohe Nordmeseta und die etwa 600 m hohe Südmeseta.
An den Rändern wird die Meseta von hohen Gebirgszügen umschlossen: im Norden vom **Kantabrischen Gebirge**, im Osten vom **Iberischen Randgebirge** (Sistema Ibérico, maximal 2313 m hoch) und im Süden von der **Sierra Morena**. Nach Westen fällt das Tafelland allmählich über die **Estremadura** zum Atlantik hin ab. Der **Ebro** bildet zwischen Pyrenäen und dem Iberischen Randgebirge das nach ihm benannte Becken, und der **Guadalquivír** im Süden schuf das **Andalusische Becken**, das in Richtung Atlantik in eine weite Tiefebene übergeht.

Kantabrisches Gebirge

Das **Kantabrische Gebirge** erstreckt sich an der nordspanischen Küste zwischen Pyrenäen und **Galizischem Bergland**. Nur 30 km vom Meer entfernt gipfelt der Gebirgszug in den bis 2648 m hohen **Picos de Europa**.

Kastilisches Scheidegebirge

Das Kastilische Scheidegebirge, auch **Iberisches Scheidegebirge** oder **Cordillera Central** genannt, teilt das zentrale Hochland Spaniens. Es besteht aus mehreren Höhenzügen, die in der **Sierra de Gredos** bis zu 2592 m hoch sind. Das Gebirge gliedert die Meseta in die vom **Duero** durchflossene Nordmeseta und die Südmeseta, auch **La Mancha** genannt.

Betisches Gebirge

Die **Cordilleras Béticas** oder Sistemas Béticas sind Teil der alpidischen Faltung und verlaufen von der **Straße von Gibraltar** in nordöstlicher Richtung parallel zur Küste zum **Cabo de la Nao**. Das Gebirgssystem setzt sich auf den **Balearen** fort. Hauptzug der Betischen Kordillere ist die etwa 90 km lange **Sierra Nevada** in Andalusien. Einer ihrer Gipfel, der **Mulhacén**, ist mit 3481 m Meereshöhe der höchste Berg der Iberischen Halbinsel.

Rhein

Der Rhein ist 1320 km lang und eine der wichtigsten Verkehrsadern Europas. Er entspringt im Schweizer Kanton Graubünden. Vorderrhein und Hinterrhein vereinen sich zum Alpenrhein, der westlich von Bregenz in den Bodensee mündet. Diesen verlässt er als Hochrhein und überwindet dann die 20 m hohen Wasserfälle bei Schaffhausen. Links und rechts münden Thur und Aare sowie die Wutach ein. Der Rhein durchfließt dann die Oberrheinische Tiefebene bis Bingen und nimmt Neckar und Main auf. Im Abschnitt vom Binger Loch durchbricht er das Rheinische Schiefergebirge. Durch eingeschnittene Täler fließen Nahe, Mosel, Ahr, Lahn und Sieg zu. Dann windet er sich durch die Niederrheinische Bucht in die Niederlande und fließt schließlich mit seinen Hauptmündungsarmen Waal und Lek Ijssel in die Nordsee.

Donau

Der zweitlängste Fluss Europas (2850 km) entspringt mit seinen Quellflüssen Breg und Brigach im östlichen Schwarzwald. Er fließt weiter vorbei am Bayerischen Wald ins Wiener Becken und von dort aus durch das Ungarische Tiefland. In einem von vielen Mündungsarmen durchzogenen Delta mündet er ins Schwarze Meer.

Der höchste Vulkan Europas ist mit 3323 m Meereshöhe der ***Ätna*** *an der Ostküste* ***Siziliens.*** *Der aktive Vulkan mit einem Haupt- und weit über 200 aus Aschen und Schlacken aufgebauten Nebenkratern ist im Lauf der Geschichte bereits über 100-mal ausgebrochen. So erinnert die Rauchfahne des Ätna an seine unverminderte vulkanische Tätigkeit – und an seine Unberechenbarkeit.*

Sierra Morena

Das »braune Gebirge« bildet den niederschlagsreichen Südrand der innerspanischen Hochfläche. Beinahe unmerklich steigen die Hochflächen bis auf 1323 m Seehöhe an. Beeindruckend ist der 400 km lange Steilabhang zur Guadalquivír-Niederung.

Balearen

Die Inselgruppe der **Islas Baleares** liegt im westlichen Mittelmeer und besteht aus der Hauptinsel **Mallorca**, dem kleineren Eiland **Menorca**, den Pityusen (**Ibiza und Formentera**) sowie mehreren kleinen Felseninseln. Die Inseln sind die nordöstliche Fortsetzung der **Betischen Kordillere**. Höchster Berg ist der 1445 m hohe **Puig Mayor** auf Mallorca.

Apenninen-Halbinsel

Die **Apenninen-Halbinsel** ist in drei Großräume gegliedert. Im Norden riegeln die **Alpen** den »Stiefel« gegen das übrige Europa ab. Südlich der Alpen schließt sich die **Poebene** zur **Adria** hin an. In der Eiszeit wurde diese ehemalige Meeresbucht durch Schuttmassen der Alpen- und Apenninflüsse aufgeschüttet. Bei Vicenza und Padua ragen die beiden erloschenen Vulkane **Monti Berici** und **Colli Euganei** empor, wo heiße Schwefelquellen, die Abano Terme, an die Oberfläche treten. Der **Apennin** reicht im Nordwesten fast unmittelbar an die schmale Bruchküste der **Riviera** heran.
In einem weiten, nach Westen geöffneten Bogen umschließt das Gebirge ein Berg- und Hügelland, zu dem das **toskanische Hügelland** und die Beckenlandschaft Umbriens gehören. Südlich des Monte Amiata folgt das Latium mit seinen bewaldeten erloschenen Vulkanen und malerischen Kraterseen. Zwischen den Vulkanerhebungen liegen baumarme Tuffplateaus, denen ausgedehnte, größtenteils jedoch trockengelegte Sümpfe vorgelagert sind.
Die **Adriaküste** ist hafenarm und flach, während die Westküste viele Buchten und zahlreiche vorgelagerte Inseln aufweist.

Apenninen

Die **Apenninen** durchziehen die Halbinsel im Anschluss an die Alpen bis in den Norden **Siziliens** auf 1100 km Länge. Die höchsten Erhebungen sind im mittleren Abschnitt, den verkarsteten Kalkstöcken der **Abruzzen**, zu finden. Höchster Berg ist hier der **Gran Sasso d'Italia** (2912 m).
Der Südapennin besteht aus einem unruhigen Bergland ohne geschlossene Ketten. In Kalabrien folgen die kristallinen Massive **La Sila** und **Aspromonte**.

Korsika

Die 8681 km² große Mittelmeerinsel erstreckt sich über 185 km von Norden nach Süden und ist maximal 85 km breit. Das Inselinnere wird von einem wilden, von zahlreichen Tälern durchzogenen Gebirgsland geprägt. Die höchste Erhebung ist der 2706 m hohe **Monte Cinto**. Die westlichen Berge bestehen aus Granit und Porphyr, die östlichen vornehmlich aus geologisch jüngeren Schiefern, die mit Macchia und Buchen- und Nadelwäldern bedeckt sind. Während an der Westküste viele Naturhäfen liegen, wird die Ostküste von Sümpfen und Strandseen gesäumt.

Sardinien

Das Innere der mit Nebeninseln 23 813 km² großen Insel besteht aus einem plateauartigen, im Nordosten wild zerklüfteten und von Macchia geprägten Gebirgsland.
Die Senke des **Campidano**, ein breiter Grabenbruch, trennt im Südwesten das Bergland Iglesiente ab. Höchste Erhebung ist der **Gennargentu** (1834 m).

Sizilien

Die **Straße von Messina** trennt die mit 25 426 km² größte Insel des Mittelmeers vom italienischen Festland. Im Westen setzt sich der **Apenninbogen** in den 1279 m hohen **Monti Peloritani**, den 1847 m hohen **Monti Nebro-**

1 Bizarre Kalksteinmauern und ungewöhnlich geformte Gipfel erheben sich in den südlichen Ausläufern der Pyrenäen.

2 Schon weithin sichtbar ist an der Ostküste Siziliens der allmählich ansteigenden Vulkankegel des Ätna mit seiner schneebedeckten Krone.

3 Steile Felsen säumen die Bucht von Cala Santanyi im Südosten Mallorcas, der größten Baleareninsel; im Bild die Felsformation »Es Pontas«.

4 Eine ungewöhnliche Felsformation sind die Dentelles de Montmirail in der Provence am Ende des Westalpenbogens.

Die Alpen

Die Alpen entstanden in erdgeschichtlich jüngerer Zeit, in der Kreide und im Tertiär (Paläogen). Ihre heutige Form hat sich allerdings erst im Quartär (Neogen) ausgebildet. Die vom Bodensee im Norden und vom Comer See im Süden tief in das Hochgebirge eingreifenden Längstäler trennen die Westalpen von den Ostalpen.

Das höchste europäische Gebirge ist rund 1200 km lang und zwischen 150 und 250 km breit. Im Süden gilt der Passo dei Giovi in der Nähe von Genua als Grenze zum Apennin. Im Norden reichen die Alpen bis zum Genfer See und brechen im Westen zum Rhônetal ab. Im Nordosten schieben sie sich bis zur Donau bei Wien vor und im Süden bis zur Poebene.

Die Westalpen mit zahlreichen Viertausendern teilen sich in die aus kristallinen und metamorphen Gesteinen bestehende Südkette und die aus Kalken aufgebaute Nordkette, die durch eine Längstalzone voneinander getrennt sind. Die französischen Kalkalpen gehen ab dem 4807 m hohen Montblanc, dem höchsten Berg Europas, in kristalline Gebirgsteile über.

Bei Nizza beginnt diese kristalline Zone mit der Meeralpenkette, die mit 3297 m im Cima d'Argentera ihre größte Höhe erreicht. Nach Norden reichen die kristallinen Massive bis zum Montblanc und setzen sich dann in west-östlicher Richtung fort.

Die Zentralalpen umfassen die Walliser Alpen, das Berner Oberland, das Gotthardmassiv, die Berninagruppe, die Silvrettagruppe, die Ötztaler und Zillertaler Alpen, die Hohen und die Niederen Tauern sowie die Ortler- und die Adamellogruppe. Das Matterhorn mit seinem imposanten 4478 m hohen Gipfel ist der mächtigste Berg der Walliser Alpen. Die Grenze zu den Ostalpen markiert die Linie Bodensee – Rheintal – Splügen – Comer See. Die Ostalpen sind zwar doppelt so breit wie die Westalpen, aber mit Gipfelhöhen von maximal 4000 m deutlich niedriger.

Die kristallinen Zentralalpen werden im Norden und Süden von Kalkzonen flankiert. Die mineralische Beschaffenheit dieses Kalk- und Dolomitgesteins ist ausschlaggebend für die besonders schroffe und bizarre Gestalt der Felslandschaften. Sie kommen auf der Südseite am schönsten in den Dolomiten und im Norden am eindrucksvollsten im 2962 m hohen Zugspitzmassiv zur Geltung. Die in den Randzonen liegenden Kalkgebirge erreichen bei weitem nicht die Gipfelhöhen der Zentralalpen und sind im Mittel nur 2000 m hoch. Zu den Nördlichen Kalkalpen zählt das stark verkarstete Dachsteinmassiv in Österreich.

Die Landschaftsgestalt des sehr formenreichen alpinen Reliefs ist sowohl durch die Verschiedenartigkeit der Gesteine als auch durch die Hebungen nach Abschluss der Faltungs- und Deckenüberschiebungsvorgänge im Jungtertiär (Neogen) bedingt. Auch die massiven eiszeitlichen Umgestaltungen haben ihren Beitrag zur Ausformung des Reliefs geleistet. Die gigantischen urzeitlichen Gletscher schufen die Täler und Pässe, die tiefen Talseen wie Bodensee, Genfer See, Vierwaldstättersee oder die oberitalienischen Alpenrandseen. Typisch sind die engen Klammen, breiten Becken und der Stufenbau der Hochtäler sowie Wasserfälle, Kare und kleinere Seen im Gipfelbereich.

Heute liegen nur noch die höchsten Regionen oberhalb der Schneegrenze. Hier befinden sich die Plateaugletscher von Montblanc, Walliser Alpen und Bernina. Teils reichen noch einige Gletscher bis tief in die Täler hinab. In ihren Nährgebieten taut über das Jahr weniger Firnschnee auf, als Neuschnee fällt. In den Zehrgebieten, d. h. unterhalb der Schneegrenze, ist das Verhältnis umgekehrt. Die hier abtauenden Gletscherzungen speisen in Form von Bergbächen die zahlreichen, über enge Schluchten hinabströmenden Flüsse. So entspringen in den Alpen Rhein, Rhône, Po, Inn, Drau und Save. Die Schneegrenze wechselt je nach Längen- und Breitengrad zwischen 2500 und 3400 m. Darunter befindet sich die alpine Stufe mit ausgedehnten Matten und Almen, die teils bis auf 1600 m Höhe hinabreicht. Dann folgen die Nadelwaldzone, die Laubwälder und als letzte Stufe die diversen Kulturlandschaften.

Großes Bild oben: Ahornspitze in den Zillertaler Alpen.
Kleines Bild: Blick vom Jungfraujoch auf das Band des Aletschgletschers.
Großes Bild links: Satellitenfoto der vergletscherten Berner Alpen mit dem Großen Aletschgletscher, den drei mächtige Firnfelder speisen.

*Die **Insel Pag** im Adriatischen Meer nördlich von Zadar ist etwa 60 km lang, bis zu 348 m hoch, rund 290 km² groß und durch eine Brücke mit dem Festland verbunden. Sie gehört zu den mehr als 600 Inseln, die entlang der dalmatinischen Küstenebene der **Balkan-Halbinsel** vorgelagert sind. Die Inseln entstanden, als lange, parallel verlaufende Gebirgsfalten überflutet wurden.*

Dinarisches Gebirge: Wasserfälle verbinden die Plitvicer Seen.

di und den 1979 m hohen **Madonie** fort. Die steilen Hänge sind mit Macchia und Resten von Eichen- und Buchenwäldern bewachsen. Südlich der Kalkberge von Palermo schließen sich Schichtkämme und Tafellandschaften an, die in ein weithin baumloses Berg- und Hügelland übergehen. Der landschaftliche Höhepunkt Siziliens ist der mit 3323 m höchste Vulkan Europas, der **Ätna**. Auf den **Liparischen Inseln** ist ein weiterer Vulkan, der **Stromboli**, aktiv.

Balkan-Halbinsel

Die östlichste Mittelmeerhalbinsel beginnt im Nordwesten bei den **Dinarischen Alpen**, die sich im Süden in die bis etwa 2700 m hohen **Albanischen Alpen** fortsetzen. Diesen folgt ein stark zergliedertes Kettengebirgsland.

Wolga

Der mit 3530 km längste und wasserreichste Strom Europas entspringt in den Waldaihöhen und fließt zunächst in nördlicher Richtung. Im Unterlauf wendet er sich nach Süden. Unterhalb von Wolschskij zweigt der Mündungsarm Achtuba ab, der mit der Wolga eine etwa 25 km breite Talaue bildet und dann ins Kaspische Meer übergeht.

Zur **Adria** hin fällt die Hochzone steil ab und lässt nur Raum für einen sehr schmalen Küstenstreifen, dem zahlreiche verkarstete gebirgige Inseln vorgelagert sind. Den nördlichen Rand der Balkan-Halbinsel bilden **Donau** und **Save**. **»Donaubulgarien«** ist ein leicht gewelltes Plattenland, das sich in einer Steilstufe etwa 150 m über der Donau erhebt. Tiefe Täler mit steilen Hängen zerschneiden das lössbedeckte Plattenland. Daran schließt sich der **Vorbalkan** an, der allmählich zum **Balkangebirge** aufsteigt. Südlich des **Hohen Balkan** erstreckt sich das parallel verlaufende **Bulgarische Mittelgebirge**, die **Sredna Gora**, an die sich das von der **Marica** durchströmte **Rumelische Tief-** und **Hügelland** anschließt. Die **Thrakische Masse** differenziert sich in die Gebirge **Rila**, **Pirin** und **Rhodopen**. Im Südteil der Balkan-Halbinsel zergliedern viele Buchten und Landvorsprünge die Küsten. Das Landesinnere ist gebirgig. **Epirus** ist eine baumlose, verkarstete Berglandschaft mit nur wenigen Senken. Die östlich davon gelegene Beckenlandschaft **Thessaliens** wird im Nordosten von dem 2917 m hohen **Olymp** überragt. Das griechische Makedonien besteht aus unwegsamen Gebirgen mit kleineren Becken.

Dnjepr

Der drittgrößte Strom Europas (2200 km) entspringt im Norden des mittelrussischen Landrückens, durchbricht die Ukrainische Schwelle in neun Stromschnellen und mündet unterhalb von Cherson in das Schwarze Meer.

Östlich der dreifingrigen, felsigen Halbinsel **Chalkidiki** schließt sich das wellige Hügelland **Thrakiens** an. Das Kernstück Mittelgriechenlands ist die Halbinsel **Attika** mit ihren Bergvorsprüngen an der Küste und den fruchtbaren Becken und Senken. Der **Isthmus von Korinth** trennt Mittelgriechenland vom **Peloponnes**, der gemeinsam mit den vielen **Ägäisinseln** zu Südgriechenland gezählt wird.

Balkangebirge, Rhodopen

Das **Balkangebirge** erstreckt sich über 600 km Länge und eine Breite von 20 bis 50 km in parallelen Ketten von der **Donau** bis zum **Schwarzen Meer**. Es erreicht nur im **Hohen Balkan** alpine Berghöhen. Der **Westbalkan** besteht aus Trias- und Juragestein und ist maximal 2168 m hoch. Der **Kleine Balkan** im Osten fällt zum **Kap Emine** immer weiter ab.
Die **Rhodopen** liegen zwischen der Marica-Ebene im Norden, der ägäischen Küste im Süden, dem Mesta-Tal im Westen und der bulgarisch-griechischen Grenze im Osten. Der höchste Berg ist der 2191 m hohe **Perelik**.

Pindos

Der **Pindos** ist ein Teil des jungen dinarisch-hellenischen Faltengebirgssystems, das parallel zur Küste des **Ionischen Meeres** verläuft. Das stark zerklüftete Gebirge erreicht Höhen zwischen 2200 m und über 2600 m. Die höchste Erhebung ist mit 2637 m der **Smolikas Oros**.

Peloponnes

Das Innere der durch den Golf von **Patras** und den Golf von **Korinth** vom übrigen Festland abgeteilten Halbinsel besteht aus einer stark zerklüfteten, gerodeten Kalkberglandschaft, die im **Taygetos** bis auf 2407 m aufsteigt. **Arkadien** ist ein durchschnittlich 1000 m hohes recht raues Hochland.

Ägäische Inseln, Kreta

Thamos, Samothrake, Lemnos, Lesbos, Chios, Samos, die **Kykladen** und die **Sporaden** sind die wichtigsten der Inseln im **Ägäischen Meer**. Die größte und südlichste der Inseln ist das überwiegend gebirgige **Kreta**. Seine stark verkarsteten Höhenzüge erreichen im **Ida** 2456 m Meereshöhe. Die Gebirgszüge fallen im Süden steil zur Küste ab und gehen im Norden in ein bis 1500 m hoch gelegenes Hügelland über.

Karpaten

Die **Karpaten** erstrecken sich auf 1300 km in Form eines Bogens im Norden und Osten um das **Pannonische Becken**. Das Gebirge hat trotz einer maximalen Höhe von 2655 m eher Mittelgebirgscharakter. Beckeneinbrüche und tiefe Täler gliedern das Gebirge in die **Westkarpaten** bis zum Hernadtal, die **Waldkarpaten** bis zum Quellgebiet der Theiß, die waldreichen **Ostkarpaten** mit ihren Thermalquellen bis zum Abbruch der walachischen Ebene und die **Südkarpaten**.

Osteuropäisches Tiefland

An das mitteleuropäische Tiefland schließt sich im Osten das **Osteuropäische Tiefland** an, das durch den **Kaukasus** im Süden und den **Ural** im Osten begrenzt ist.

Baltischer Landrücken, Osteuropäisches Tiefland

Der **Baltische Landrücken** ist ein im Westen und Süden der **Ostsee** gelegener Höhenzug, der sich mit dem Tumberg in Pommerellen bis zu 329 m hoch erhebt. Östlich des mitteleuropäischen Tieflandsaums beginnt die **Russische Ebene**, die sich bis zu den **Karpaten**, dem **Krimgebirge** und dem **Kaukasus** erstreckt. Der gesamte Großraum liegt auf einem aus Gneisen, Graniten und kristallinen Schiefern aufgebauten Grundgebirgssockel, der unter dem Kaspischen Becken bis zu 10 000 m in die Tiefe und in der **Donezplatte**, der **Wolynisch-Podolischen Platte** in Karelien und auf der Halbinsel **Kola** bis an die Oberfläche reicht. In Karelien und auf der Kola-Halbinsel haben Gletscher kahle Hügelrücken und tiefe Seen hinterlassen. Östlich und südöstlich folgt ein sanft gewelltes Jungmoränenland mit eingelagerten Seenplatten.
Die **Waldaihöhen** und das nördliche Weißrussland sind charakterisiert durch wellige Grundmoränenplatten und kiefernbewachsene Sandfelder. Die Smolensk-Moskauer Höhen und die **Uwali** sind Altmoränenlandschaften, die sich als flachkuppige Höhenrücken zeigen. Im Süden folgen in den Niederungen der mäandrierenden Flüsse ausgedehnte Sumpfgebiete. Am bekanntesten sind die **Polesje**, die sich am **Pripjat** bis zum mittleren **Dnjepr** ausdehnen. Weitflächige Sumpflandniederungen haben sich auch am Mittellauf der **Oka** und an den Zuflüssen des **Desnaz** gebildet.
In den Landschaften Süd- und Mittelrusslands sorgen zahlreiche Flüsse für eine starke Zertalung. Südlich der Plattenlandschaften schließt sich ein Steppengürtel an, der den Niederungen des **Kaspischen** und des **Schwarzen Meeres** folgt.

Russische Plattenlandschaften

Die Plattenlandschaften Süd- und Mittelrusslands sind Teil des Osteuropäischen Tieflands und übersteigen nur selten 300 m Seehöhe. Die höheren Plattenlandschaften, die sich in den Niederungen der großen Ströme erstrecken, weisen regelmäßige Reliefformen auf. Auf der westlichen Seite steigen sie aus einer breiten Flussniederung langsam an und fallen nach Osten hin steil ab. Dazwischen erheben sich weite Plateaus mit ausgeglichenen Hügelreliefs. An den Rändern sorgen eng verzweigte Flussnetze für starke Zertalung. In der **Donez-** und der **Wolynisch-Podolischen**

*Die griechische Insel **Santorin**, südlichste der **Kykladen**, ist der Rest eines Vulkankegels, der bei einer gewaltigen Explosion vor fast 3500 Jahren gesprengt worden war. So bestehen die Strände dieser besonderen Insel aus schwarzgrauem Lavasand, und auch das Inselinnere ist von Vulkangestein geprägt. Zuletzt war Santorin bei einem Erdbeben 1956 schwer verwüstet worden.*

Platte tritt ein mächtiger Grundgebirgssockel an die Oberfläche, der das Fundament des osteuropäischen Tieflandes bildet.

Ural

Der **Ural** trennt das osteuropäische vom westsibirischen Tiefland und bildet die geografische Grenze zwischen Europa und Asien. Er zieht sich in einer Breite von 40 bis 150 km über 2000 km entlang des 60. Längengrades von den Tundren der **Karaseeküste** bis zu den Steppen **Kasachstans**.

Der **polare** und **subpolare Ural** erstreckt sich zwischen Konstantinow (492 m) im Norden und dem Sablja (1425 m) im Süden. Der nördliche Ural besteht aus einer Reihe von Bergmassiven mit abgerundeten Gipfelformen und erreicht eine Höhe von etwa 1000 m. Er endet südlich des 1331 m hohen **Ischerimberges** an der oberen Wischera.

Bis zum 1002 m hohen Jurma folgt die 300 bis 700 m hohe flachwellige Rumpflandschaft des **Mittleren Urals**. Sein höchster Gipfel ist mit 1569 m der **Konschakowskij Kamen**. Hier löst sich das Gebirge fächerartig in mehrere relativ hohe Gebirgsrücken auf und geht in baumlose Steppengebiete über. Die höchste Erhebung im südlichen Ural ist der 1638 m hohe **Gora Jamantau**. Südlich der Bjelaja folgt eine stark zertalte, gewellte Hochebene, die zum **Uralfluss** hin immer weiter abfällt. Im noch niedrigeren **Mugodschary-Bergland** geht der Ural allmählich in die Hügellandschaften und Ebenen Kasachstans über.

Kaspische Senke, Kaspisches Meer

Die **Kaspische Senke** ist ein zwischen –28 m und 149 m hoch gelegenes Tiefland nördlich des **Kaspischen Meeres** und bedeckt eine Fläche von 200 000 km². Das Kaspische Meer ist der größte Binnensee der Erde und erstreckt sich über 371 800 km².

Schwarzes Meer, Krim

Das **Schwarze Meer** ist ein Nebenmeer des europäischen **Mittelmeeres**. In der Bucht von Odessa und im Westteil weist das insgesamt 423 000 km² große Schwarze Meer ausgedehnte Schelfzonen und Tiefen unter 100 m auf.

Die 25 600 km² große Halbinsel **Krim** ist durch die 8 km breite Landenge von Perekop mit dem Festland verbunden. Im Westen verengt sich die Krim zur Halbinsel **Tarchankut**, im Osten zur Halbinsel **Kertsch**. Den Norden charakterisiert flaches, trockenes Steppenland mit vereinzelten Salzseen. Im Süden steigt im Roman Kosch das **Krimgebirge** zum **Jaila-Gebirge** hin bis auf 1545 m Seehöhe an. Die Nordhänge sind teils bewaldet, und der Südabfall zum Schwarzen Meer sowie der schmale Küstenstreifen zeichnen sich durch eine mediterrane Vegetation aus.

Kaukasus

Die Landbrücke zwischen Schwarzem und Kaspischem Meer wird durch eine ausgedehnte Gebirgslandschaft mit abwechslungsreichem Relief eingenommen. Aus den ebenen Steppen des **Kaukasusvorlandes** erhebt sich auf 1500 km Länge und 30 bis 180 km Breite der **Große Kaukasus**. Seine Hauptachse gliedert sich von Westen nach Osten in fünf Regionen. Der **Schwarzmeer-** oder **Pontische Kaukasus** weist an der Küste mediterrane Vegetation und in den Höhen Laubwälder auf. Die **Abchasischen Alpen** steigen mit dem teils vergletscherten Dombaj-Ulgen bis auf 4046 m Höhe an. Im **Zentralen Kaukasus** zwischen den beiden erloschenen Vulkanen **Elbrus** (5642 m) und **Kasbek** (5033 m) erreicht der Gebirgskamm seine größten Höhen. Insgesamt 15 Gipfel sind hier über 4800 m hoch. Im **Kaspischen Kaukasus** fällt das Hochgebirge im Tal des Sumgait in ein sanftes, unbewaldetes Mittelgebirge aus. Im Süden bricht der Große Kaukasus schroff zur Transkaukasischen Niederung hin ab. Weiter südlich erhebt sich der **Kleine Kaukasus**. Diese nördlichen Randketten des **Ararat-Hochlands** erreichen mit dem Gamysch eine Höhe von 3725 m. Im inneren Teil liegen in 1500 bis 2000 m Höhe weite Lavaplateaus.

1 **Die durch die Meteora-Klöster auf ihren Gipfeln berühmten Felsnadeln in Thessalien sind die verwitterten Vorposten des Pindosgebirges.**

2 **In der Bucht Kolpos Mirabello im Osten Kretas, der größten Insel Griechenlands, bricht sich die Brandung.**

3 **Naxos ist die größte der Kykladeninseln. Das gebirgige Eiland ist im Osten schroff, der Westteil sehr fruchtbar.**

4 **Im Ohridsee entspringt der Fluss Drin, der die umgebenden Kalksteinformationen südlich der Albanischen Alpen in tiefen Schluchten durchschneidet.**

Nordskandinavien

N O R D P O L A R M E E R
Spitzbergen (Nor.)
Nordvest-Spitsbergen nasjonalpark
Forlandet nasjonalpark
Sør-Spitsbergen nasjonalpark
Nordaustlandet
Nordaust-Svalbard naturreservat
Nordøst-Svalbard naturreservat
Søraust-Svalbard naturreservat
Spitsbergen
Barentsøya
Edgeøya
Kvitøya
Kong Karls Land
Barentssee
Longyearbyen
Barentsburg
Ny-Ålesund
Hopen
Maßstab 1:4 500 000
50 Kilometer
50 Miles
NORWEGEN
SCHWEDEN
Norwegische See
Vesterålen
Lofoten
Vestfjorden
Tromsø
Narvik
Harstad
Bodø
Mo i Rana
Mosjøen
Sandnessjøen
Svolvær
Andenes
Sortland
Finnsnes
Kiruna
Abisko
Jokkmokk
Gällivare
Malmberget
Arjeplog
Sorsele
Lappland
Sjaunja naturreservat
Stora Sjöfallet nationalpark
Sarek nationalpark
Padjelanta nationalpark
Muddus nationalpark
Pieljekaise nationalpark
Abisko n.p.
Vadvetjåkka n.p.
Saltfjellet-Svartisen nasjonalpark
Rago nasjonalpark
Ånderdalen nasjonalpark
Øvre Dividal nasjonalpark
Kebnekaise

Maßstab 1:2 250 000

0 25 50 75 Kilometer
0 25 50 Miles

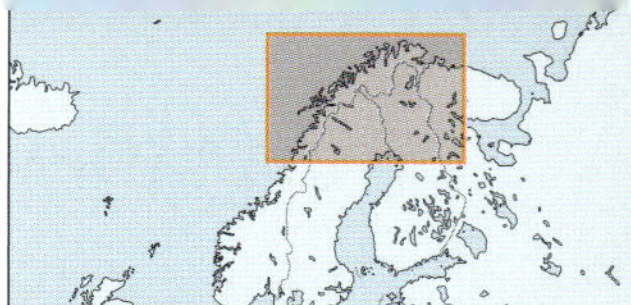

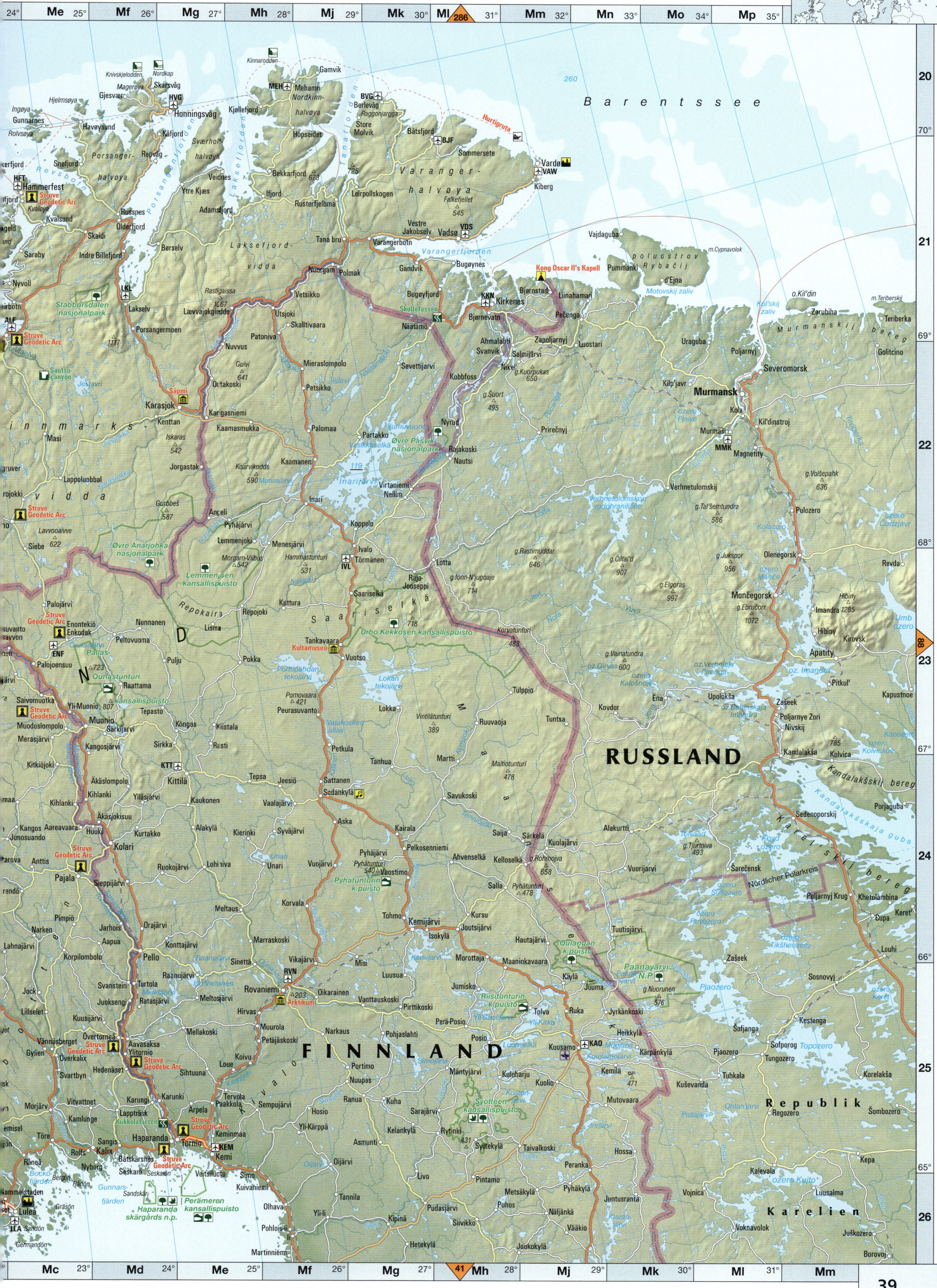

Mittelskandinavien

Norwegische
See
NORWEGEN
Halten Bank
Frohavet
Trondheim
Kristiansund
Molde
Ålesund
Bergen
Lillehammer
Hamar
Røros
Namsos
Steinkjer
Levanger
Verdalsøra
Stjørdal
Orkanger
Oppdal
Sunndalsøra
Åndalsnes
Ørsta
Volda
Førde
Florø
Måløy
Sogndal
Voss
Otta
Dombås
Gjøvik
Fagernes
Mosjøen
Brønnøysund
Sandnessjøen
Dovrefjell Sunndalsfjella nasjonalpark
Jotunheimen nasjonalpark
Rondane n.p.
Hardangervidda nasjonalpark
Femundsmarka nasjonalpark
Hurtigruta
Atlanterhavsparken
Ld
Le
Lf
Lg
Lh
Lj
Lk
Ll
Lm
Ln
Lo
25
26
27
28
30
31
32
65°
64°
63°
62°
61°
60°

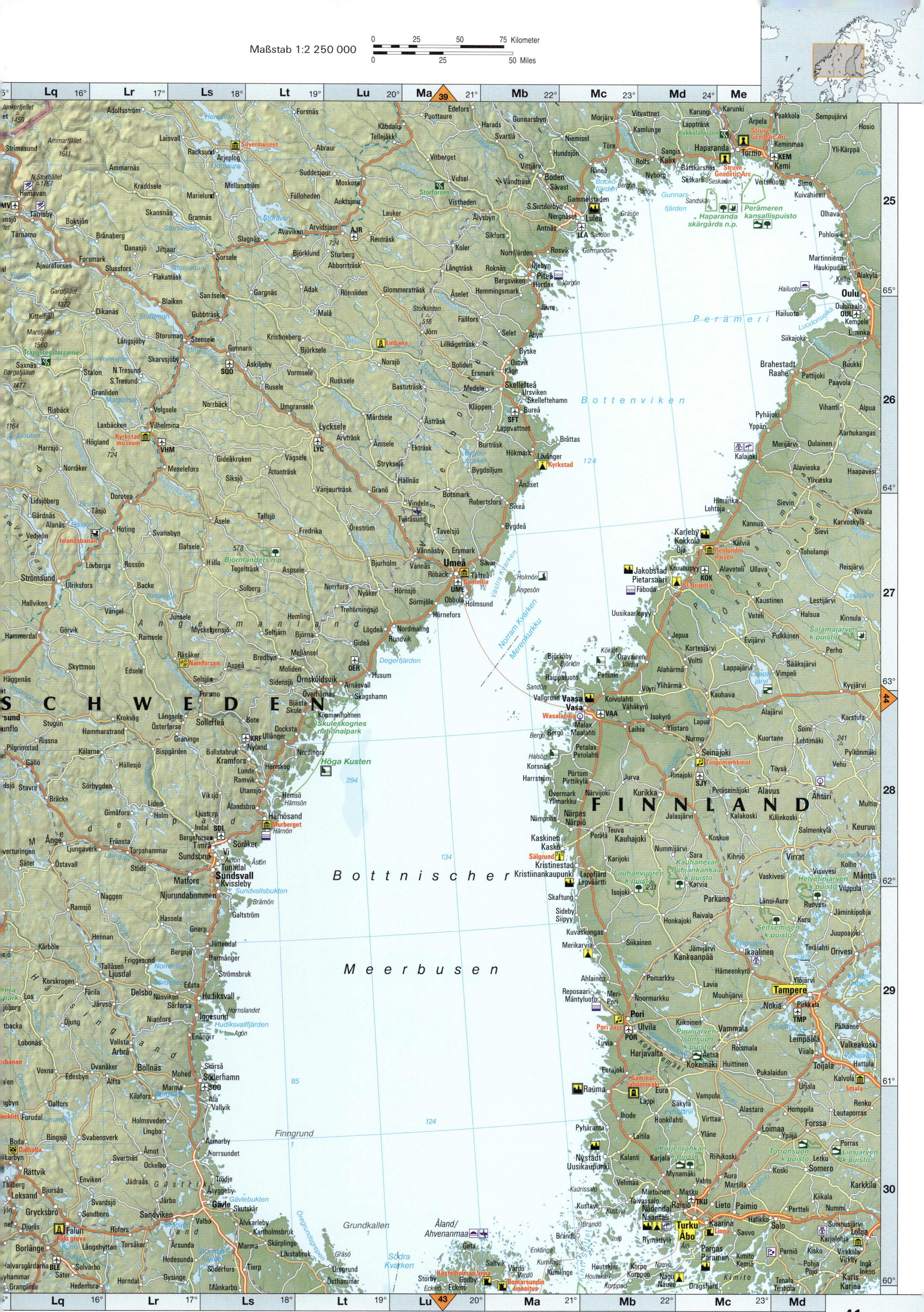
Maßstab 1:2 250 000
0 25 50 75 Kilometer
0 25 50 Miles
Lq 16° Lr 17° Ls 18° Lt 19° Lu 20° Ma 39 21° Mb 22° Mc 23° Md 24° Me
25
26
27
28
29
30
65°
64°
63°
62°
61°
60°
44
43
SCHWEDEN
FINNLAND
Bottenviken
Perämeri
Bottnischer Meerbusen
Höga Kusten
Skuleskogens nationalpark
Haparanda skärgårds n.p.
Perämeren kansallispuisto
Björnlandets n.p.
Finngrund
Grundkallen
Åland/ Ahvenanmaa
Södra Kvarken
Norra Kvarken Merenkurkku
Västra Kvarken
Haparanda
Tornio
Kemi
Luleå
Piteå
Skellefteå
Umeå
Oulu
Raahe
Kokkola
Jakobstad Pietarsaari
Vaasa Vasa
Kaskinen Kaskö
Kristinestad Kristiinankaupunki
Pori
Rauma
Uusikaupunki
Turku Åbo
Tampere
Seinäjoki
Örnsköldsvik
Härnösand
Sundsvall
Hudiksvall
Söderhamn
Gävle
Falun
Borlänge
Sollefteå
Kramfors
Lycksele
Vilhelmina
Arvidsjaur
Boden
Kalix
Ähtäri
Forssa
Salo
Loimaa
Valkeakoski
Toijala
Nokia
Parkano
Kauhajoki
Kauhava
Lapua
Alavus
Kurikka
Närpes
Ylivieska
Haapavesi
Nivala
Jämsä

Ld
Le
Lf
Lg
Lh
Lj
Lk
Ll
Lm
Ln
40
26
58
30
31
32
33
34
35
36
60°
59°
58°
57°
56°
55°
N O R W E G E N
D Ä N E M A R K
N O R D -
S E E
Skagerrak
Norske renne
Kattegat
Hardangervidda
Bergen
Haugesund
Stavanger
Egersund
Flekkefjord
Mandal
Kristiansand
Arendal
Grimstad
Lillesand
Risør
Kragerø
Larvik
Porsgrunn
Skien
Tønsberg
Sandefjord
Horten
Drammen
Kongsberg
Notodden
Rjukan
OSLO
Hønefoss
Moss
Fredrikstad
Sarpsborg
Halden
Strömstad
Uddevalla
Trollhättan
Vänersborg
Göteborg
Kungsbacka
Varberg
Falkenberg
Halmstad
Helsingborg
Helsingør
Hillerød
KØBENHAVN
(KOPENHAGEN)
Roskilde
Køge
Næstved
Slagelse
Nyborg
Odense
Svendborg
Faaborg
Middelfart
Fredericia
Kolding
Vejle
Horsens
Århus
Randers
Viborg
Skive
Holstebro
Herning
Silkeborg
Ringkøbing
Esbjerg
Ribe
Tønder
Haderslev
Aabenraa
Sønderborg
Flensburg
Aalborg
Hjørring
Frederikshavn
Skagen
Hirtshals
Hanstholm
Thisted
Grenaa
Nakskov
Lolland
Falster
Nykøbing F
Jylland Bank
Jammerbugten
Sjælland
Fünen
Jütland
Nordfriesische Inseln

Maßstab 1:2 250 000

0 25 50 75 Kilometer

0 25 50 Miles

Südfinnland, Baltikum

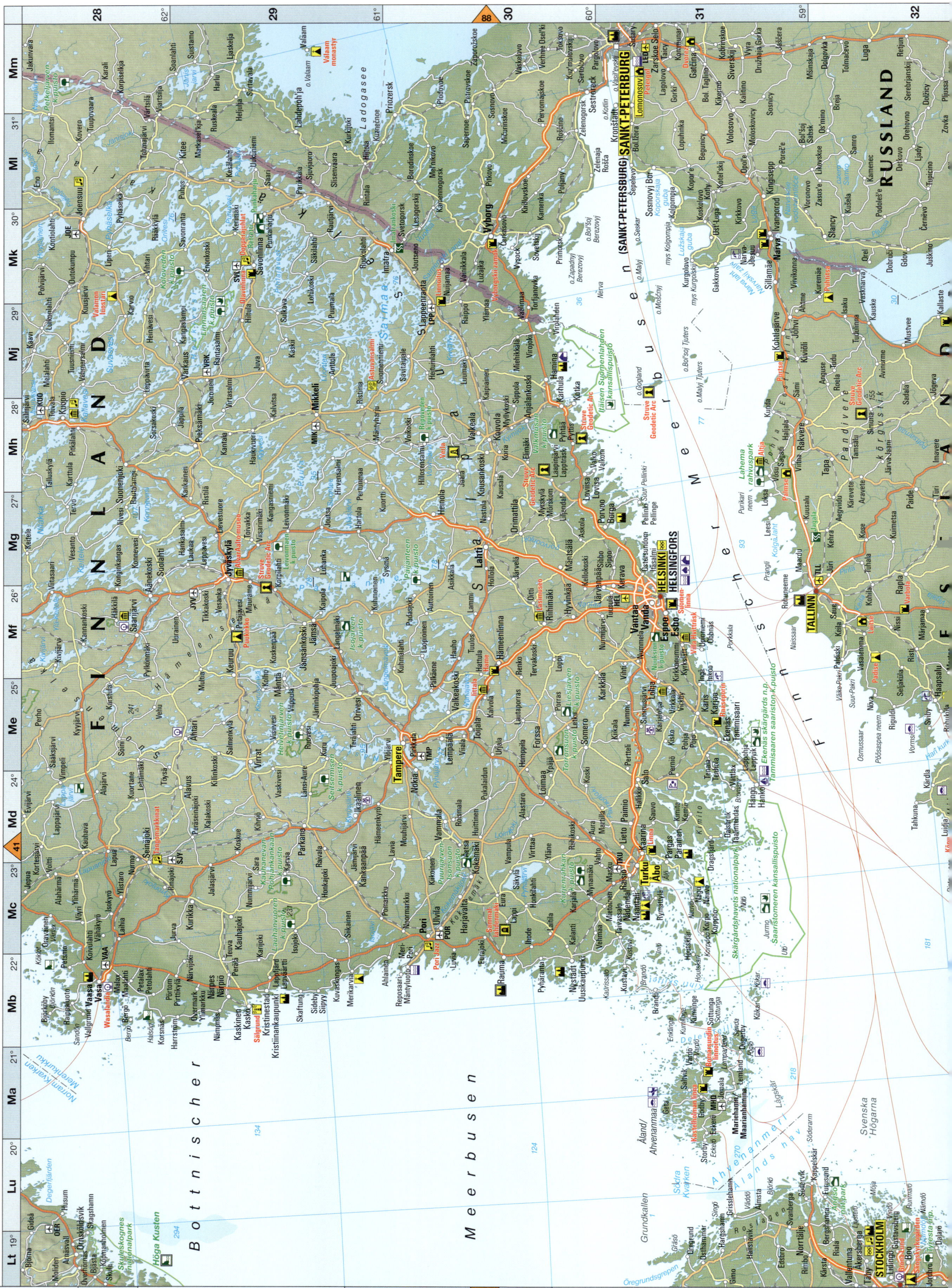
FINNLAND
RUSSLAND
Bottnischer Meerbusen
Finnischer Meerbusen
Ladogasee
Åland/Ahvenanmaa
SANKT-PETERBURG
HELSINKI
HELSINGFORS
TALLINN
STOCKHOLM
Tampere
Turku
Åbo
Vaasa
Vasa
Pori
Lahti
Jyväskylä
Mikkeli
Kouvola
Lappeenranta
Imatra
Vyborg
Narva
Kotka
Hamina
Porvoo
Espoo
Vantaa
Hämeenlinna
Rauma
Joensuu
Savonlinna
Varkaus
Kuopio
Seinäjoki
Mariehamn
Rakvere
Paide
Haapsalu

Maßstab 1:2 250 000

0 25 50 75 Kilometer
0 25 50 Miles

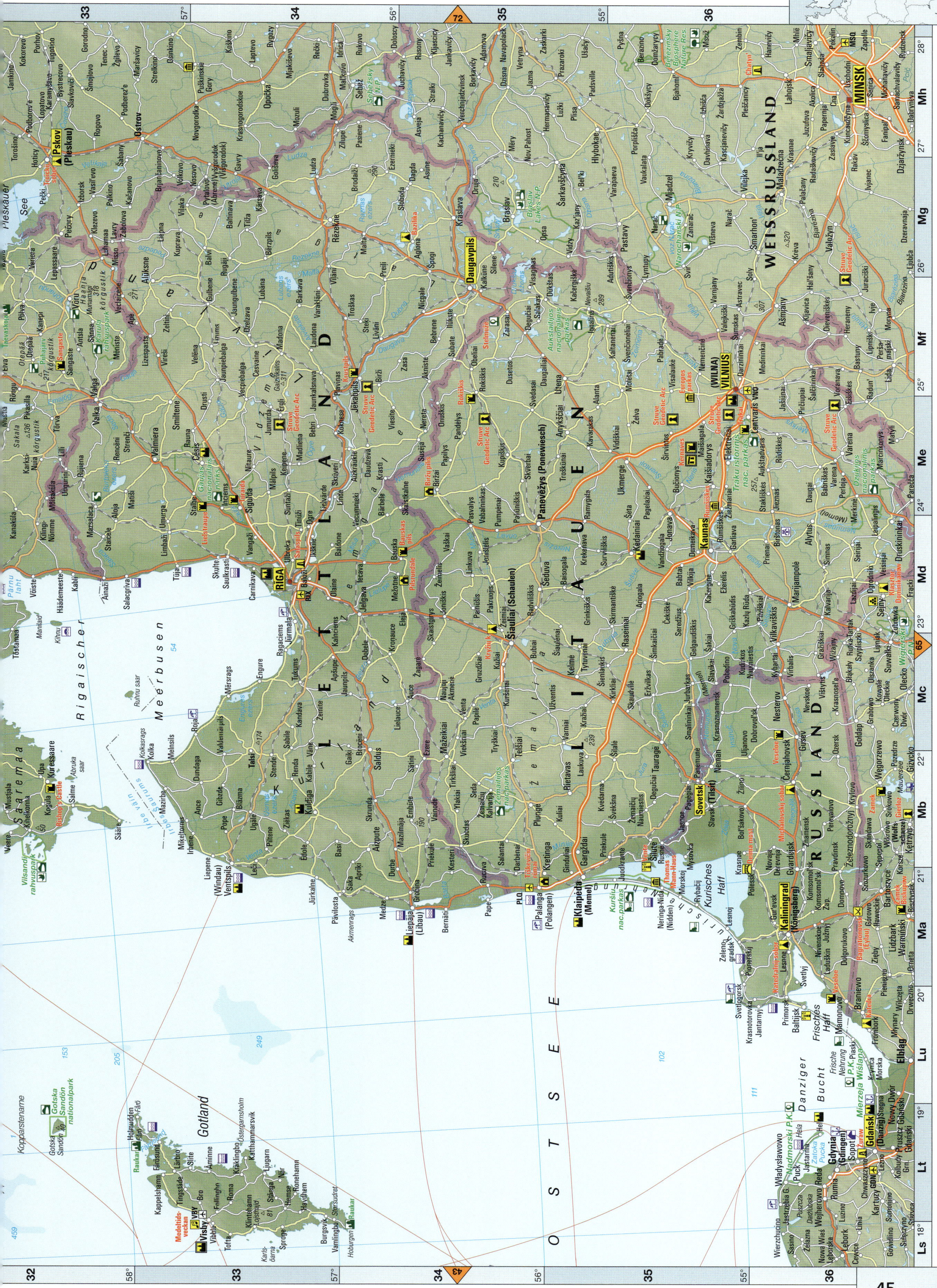

Island/Irland

Jo 26° Jp 25° Jq 24° Jr 23° Js 22° Jt 21° Ju 20° Ka 19° Kb 18° Kc 17° Kd
24
25
26
27
28
29
66°
65°
64°
63°
62°
Dänemarkstraße
ISLAND
Island
Atlantischer Ozean
Breiðafjörður
Faxaflói
Húnaflói
Skagafjörður
Eyjafjörður
Skjálfandi
Öxarfjörður
Þistilfjörður
Bakkaflói
Vopnafjörður
Héraðsflói
Eyrarbakkabugur
Eyjafjalladjúp
Skeiðarársandur
Vatnajökull
Hofsjökull
Langjökull
Mýrdalsjökull
Drangajökull
Eiríksjökull
Ódáðahraun
Kjölur
Sprengisandur
Straumnes
Vestfirðir
Hornbjarg
Suðureyri
Bolungarvík
Ísafjörður
Súðavík
Þingeyri
Patreksfjörður
Bíldudalur
Hrafnseyri
Látrabjarg
Breiðavík
Bjargtangar
Dynjandifoss (Fjallfoss)
Glámа
Reykjanes
Hólmavík
Drangsnes
Flatey
Reykhólar
Króksfjarðarnes
Stykkishólmur
Grundarfjörður
Ólafsvík
Hellissandur
Öndverðarnes
Þjóðgarðurinn Snæfellsjökull
Hellnar
Búðir
Malarrif
Búðardalur
Borðeyri
Brú
Staðarskáli
Hvammstangi
Blönduós
Skagaströnd
Sauðárkrókur
Varmahlíð
Hólar
Hofsós
Siglufjörður
Ólafsfjörður
Dalvík
Hrísey
Grenivík
Akureyri
Hrafnagil
Húsavík
Ásbyrgi
Kópasker
Raufarhöfn
Þórshöfn
Langanes
Fontur
Bakkafjörður
Vopnafjörður
Grímsstaðir
Reykjahlíð
Mývatn
Krafla
Dettifoss
Goðafoss
Aldeyjarfoss
Askja
Herðubreið
Egilsstaðir
Fellabær
Seyðisfjörður
Neskaupstaður
Eskifjörður
Reyðarfjörður
Fáskrúðsfjörður
Stöðvarfjörður
Breiðdalsvík
Djúpivogur
Papey
Höfn
Stokksnes
Hvalnes
Skaftafell
Svartifoss
Hvannadalshnúkur 2119
Fagurhólsmýri
Ingólfshöfði
Kirkjubæjarklaustur
Vík
Dyrhólaey
Skógar
Vestmannaeyjar
Heimaey
Surtsey
Hvolsvöllur
Hella
Selfoss
Hveragerði
Eyrarbakki
Stokkseyri
Þorlákshöfn
Grindavík
Reykjavík
Hafnarfjörður
Kópavogur
Mosfellsbær
Keflavík
Sandgerði
Garður
Akranes
Borgarnes
Reykholt
Húsafell
Þingvellir
Laugarvatn
Geysir
Gullfoss
Flúðir
Hekla 1491
Landmannalaugar
Þórsmörk
Laki
Eldgjá
Grímsvötn
Bárðarbunga 2009
Kverkfjöll 1929
Nýidalur
Hveravellir
Grímsey
Fä348röer (Dän.)
Färöer
Tórshavn
Klaksvík
Eiði
Vestmanna
Sørvágur
Kvívík
Kirkjubøur
Skálavík
Sandoy
Skúvoy
Stóra Dímun
Lítla Dímun
Suðuroy
Vágur
Akraberg
Flesjarnar
Eysturoy
Streymoy
Vágar
Mykines
Borðoy
Viðoy
Svínoy
Fugloy
Nólsoy
Kn 7° Ko 6° Kp 5°
19° Kb 18° Kc 17° Kd 16° Ke 15° Kf

Maßstab 1:2 250 000

0 25 50 75 Kilometer
0 25 50 Miles

Großbritannien

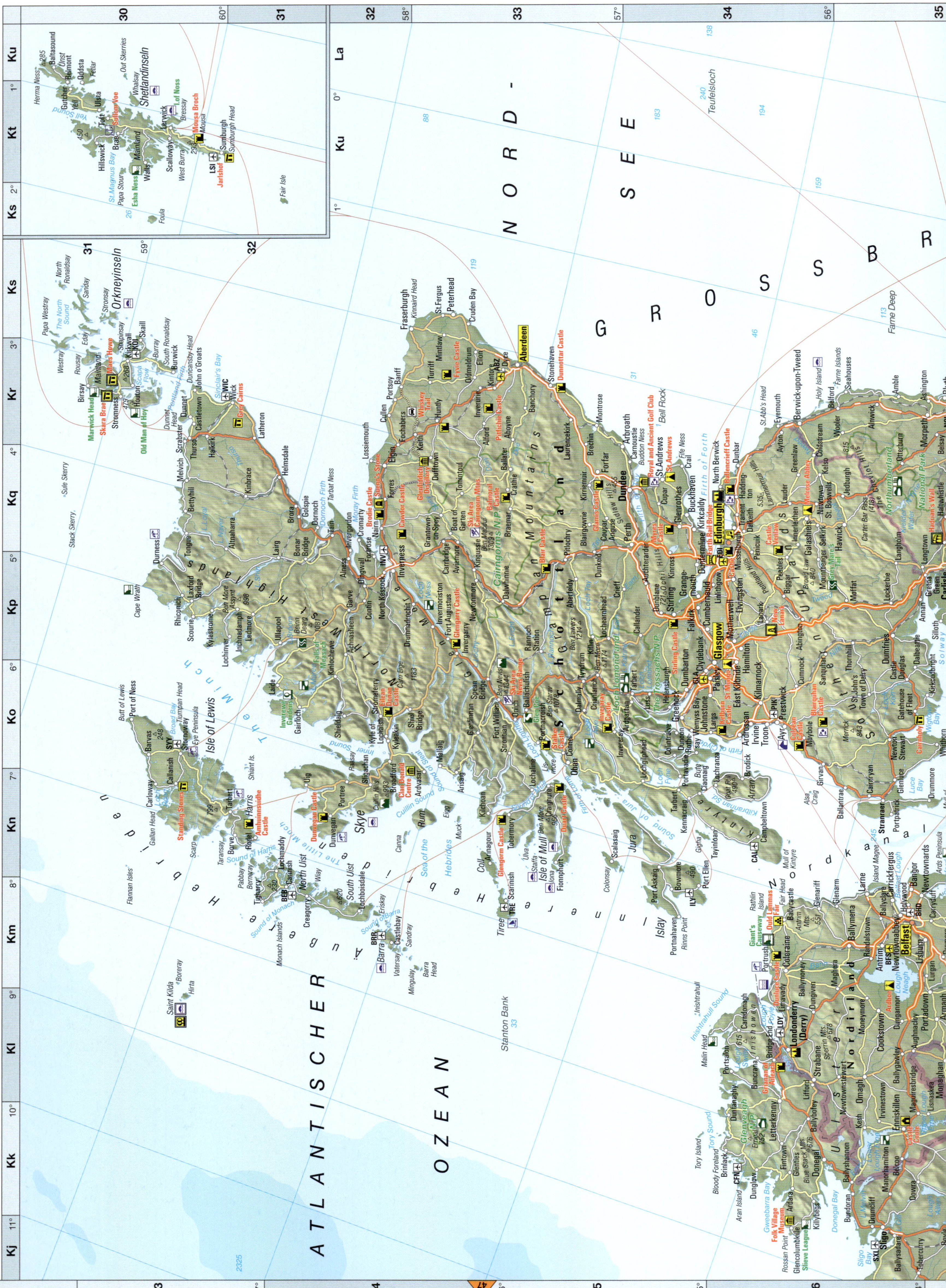

Shetlandinseln
Orkneyinseln
NORD - SEE
GROSSBR
ATLANTISCHER OZEAN
Hebriden
Äußere Hebriden
Innere Hebriden
The Minch
Isle of Lewis
Harris
North Uist
South Uist
Skye
Barra
Rum
Eigg
Coll
Tiree
Isle of Mull
Jura
Islay
Kintyre
Arran
Saint Kilda
Flannan Isles
Fair Isle
Foula
Mainland
Lerwick
Sumburgh
Kirkwall
Stromness
Thurso
Wick
John o'Groats
Ullapool
Inverness
Nairn
Elgin
Fraserburgh
Peterhead
Aberdeen
Stonehaven
Montrose
Arbroath
Dundee
Perth
St.Andrews
Kirkcaldy
Edinburgh
Dunbar
Glasgow
Paisley
Greenock
Stirling
Falkirk
Fort William
Oban
Kyle of Lochalsh
Portree
Stornoway
Campbeltown
Ayr
Kilmarnock
Dumfries
Stranraer
Berwick-upon-Tweed
Hawick
Galashiels
Morpeth
Cairngorms N.P.
Grampian Mountains
Highlands
Schottland
Southern Uplands
Loch Ness
Loch Lomond
Nordirland
Belfast
Londonderry (Derry)
Coleraine
Larne
Bangor
Lisburn
Armagh
Omagh
Enniskillen
Donegal
Sligo
Letterkenny
Strabane
Ballymena
Antrim
Lough Neagh
Teufelsloch
Farne Deep
Stanton Bank

Maßstab 1:2 250 000

0 25 50 75 Kilometer
0 25 50 Miles

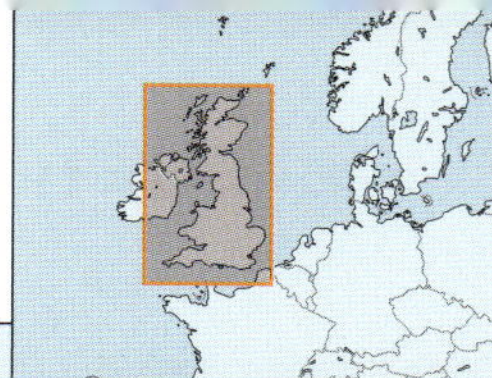

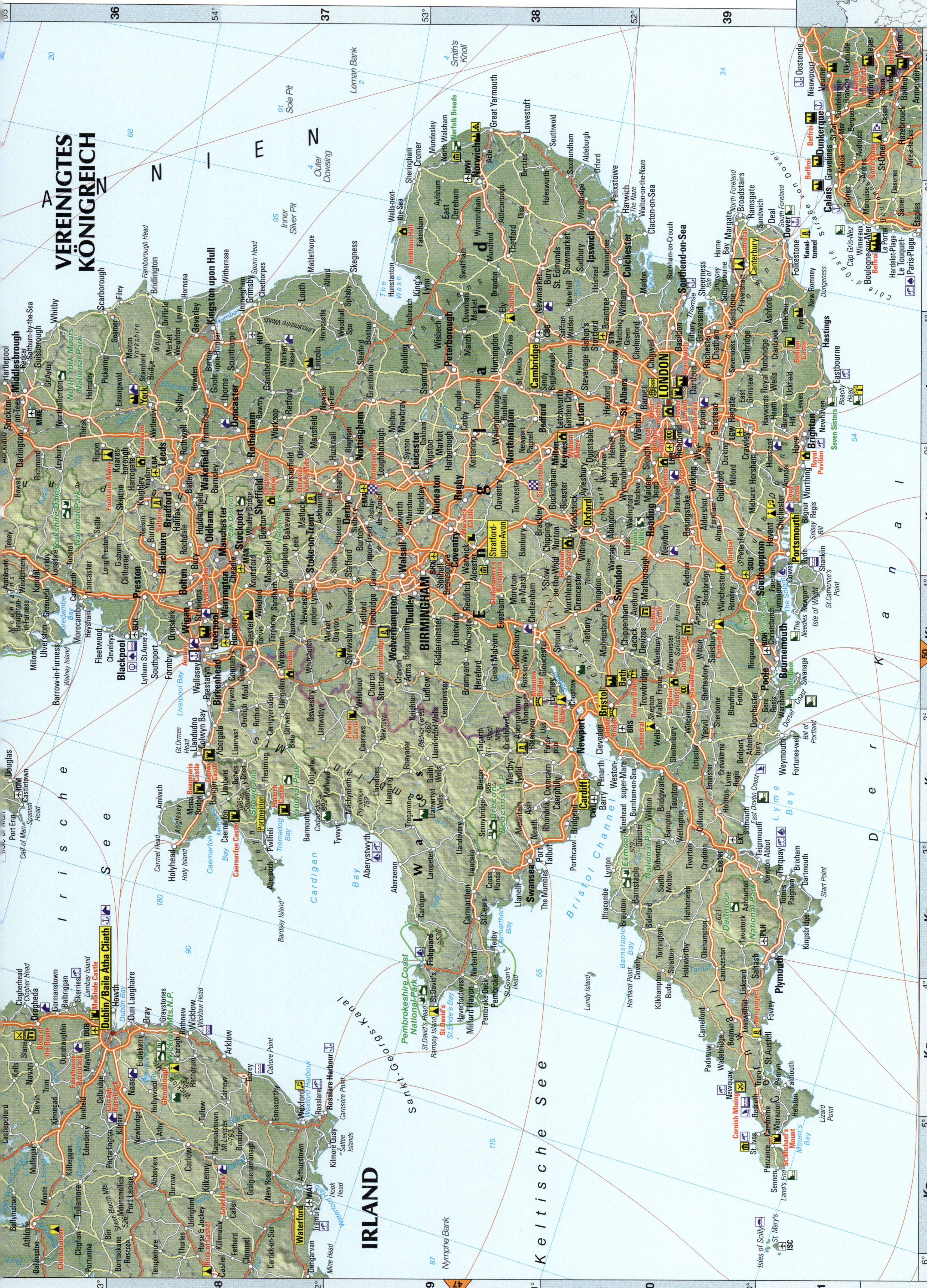

Nordfrankreich, Benelux

Kn
Ko
Kp
Kq
Kr
Ks
Kt
Ku
La
47
49
26
52
38
39
40
41
42
43
44
Irische See
Cardigan Bay
IRLAND
Sankt-Georgs-Kanal
Keltische See
Bristol Channel
Wales
England
Waterford
Wexford
Rosslare Harbour
Nymphe Bank
Pembrokeshire Coast National Park
Fishguard
Aberystwyth
Swansea
Cardiff
Newport
Bristol
Bath
Plymouth
Exeter
Dartmoor National Park
Exmoor National Park
Brecon Beacons N.P.
Snowdonia
Birmingham
Wolverhampton
Stoke-on-Trent
Sheffield
Nottingham
Derby
Leicester
Coventry
Northampton
Oxford
Reading
Swindon
Southampton
Portsmouth
Bournemouth
Poole
Brighton
Isles of Scilly
Lundy Island
Lyme Bay
Der Kanal
Kanalinseln (UK)
Guernsey
Jersey
Alderney
Sark
St.Peter Port
St.Helier
Cherbourg-Octeville
Baie de la Seine
Le Havre
Caen
Basse-Normandie
Golfe de Saint-Malo
St-Malo
Côte de Granit Rose
Brest
Quimper
Lorient
Vannes
Rennes
Bretagne
Nantes
Pays de la Loire
Angers
Le Mans
Laval
St-Nazaire
Belle-Île
Quiberon
ATLANTISCHER OZEAN
FRANKREICH

Maßstab 1:2 250 000

0 25 50 75 Kilometer
0 25 50 Miles

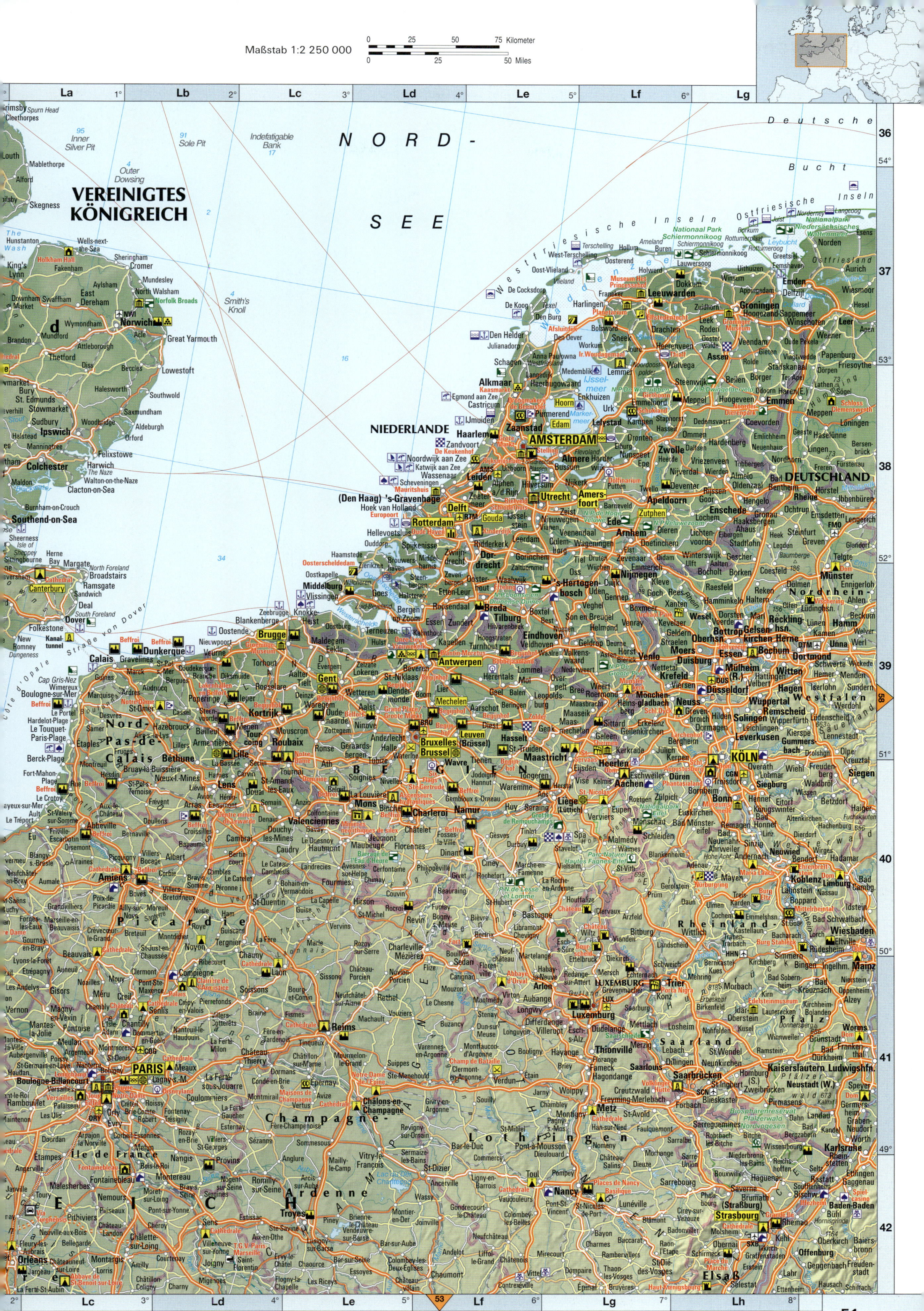

Südfrankreich

ATLANTISCHER OZEAN
Golf von Biscaya
Costa Vasca
Pays de la Loire
Poitou-Charentes
FRANKREICH
Aquitaine
Midi-Pyrénées
SPANIEN
Aragón
Navarra
La Rioja
Kantabrien
Baskenland
Iberisches Randgebirge
Katalonien
Limousin
Nantes
Angers
St-Nazaire
La Rochelle
Poitiers
Limoges
Bordeaux
Périgueux
Agen
Toulouse
Pau
Lourdes
Bayonne
Biarritz
Donostia/S.Sebastián
Bilbao/Bilbo
Santander
Vitoria/Gasteiz
Pamplona (Iruñea)
Logroño
Zaragoza
Andorra la Vella
Sarlat-la-Canéda
Rocamadour
Tours
Kp
Kq
Kr
Ks
Kt
Ku
La
Lb
Lc
44
45
46
47
48
49
50
54
56
5°
4°
3°
2°
1°
0°
41°
42°
43°
44°
45°
46°

Maßstab 1:2 250 000

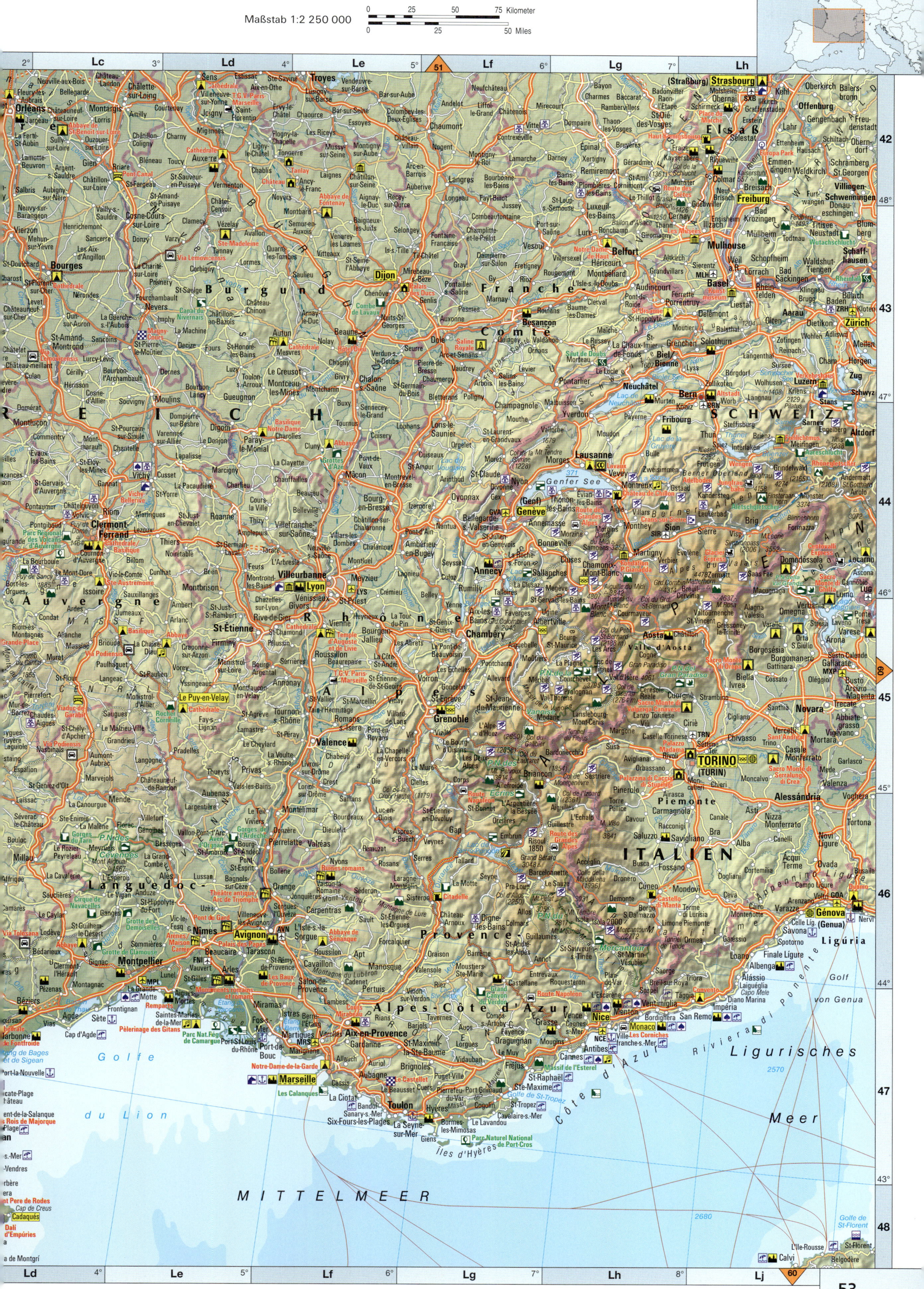
0 25 50 75 Kilometer
0 25 50 Miles
Lc Ld Le Lf Lg Lh
Lj
42 43 44 45 46 47 48
Orléans
Bourges
Dijon
Besançon
Strasbourg
Freiburg
Mulhouse
Basel
Zürich
Bern
Lausanne
Genève
Lyon
Villeurbanne
St-Étienne
Clermont-Ferrand
Grenoble
Valence
Avignon
Nîmes
Montpellier
Marseille
Toulon
Nice
Monaco
TORINO
Genova
Burgund
Franche-Comté
Elsaß
SCHWEIZ
Auvergne
Rhône-Alpes
Languedoc-
Provence
Alpes-Côte d'Azur
Piemonte
Ligúria
ITALIEN
Golfe du Lion
MITTELMEER
Ligurisches Meer
Golf von Genua
Côte d'Azur
Riviera di Ponente
Îles d'Hyères
Genfer See
Lac de Neuchâtel
Corse
Calvi

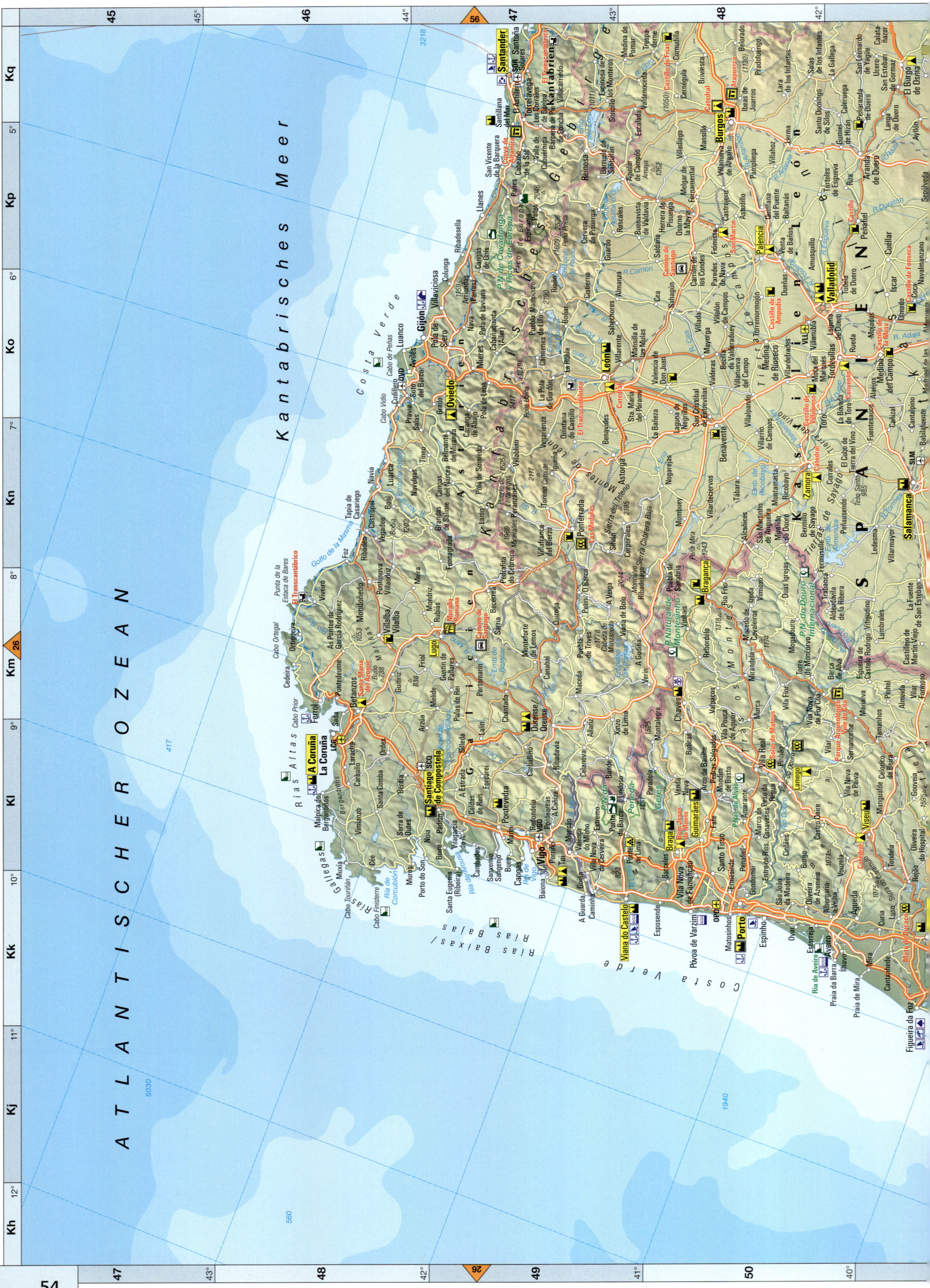
ATLANTISCHER OZEAN
Kantabrisches Meer
Costa Verde
Rías Altas
Rías Baixas / Rías Bajas
Kantabrien
Santander
Gijón
Oviedo
León
Burgos
Palencia
Valladolid
Zamora
Salamanca
Bragança
Lugo
A Coruña
La Coruña
Ferrol
Santiago de Compostela
Pontevedra
Vigo
Ourense
Braga
Guimarães
Porto
Viana do Castelo
Aveiro
Viseu
Lamego
Chaves
Ponferrada
Astorga
Benavente
Figueira da Foz

Maßstab 1:2 250 000

0 25 50 75 Kilometer

0 25 50 Miles

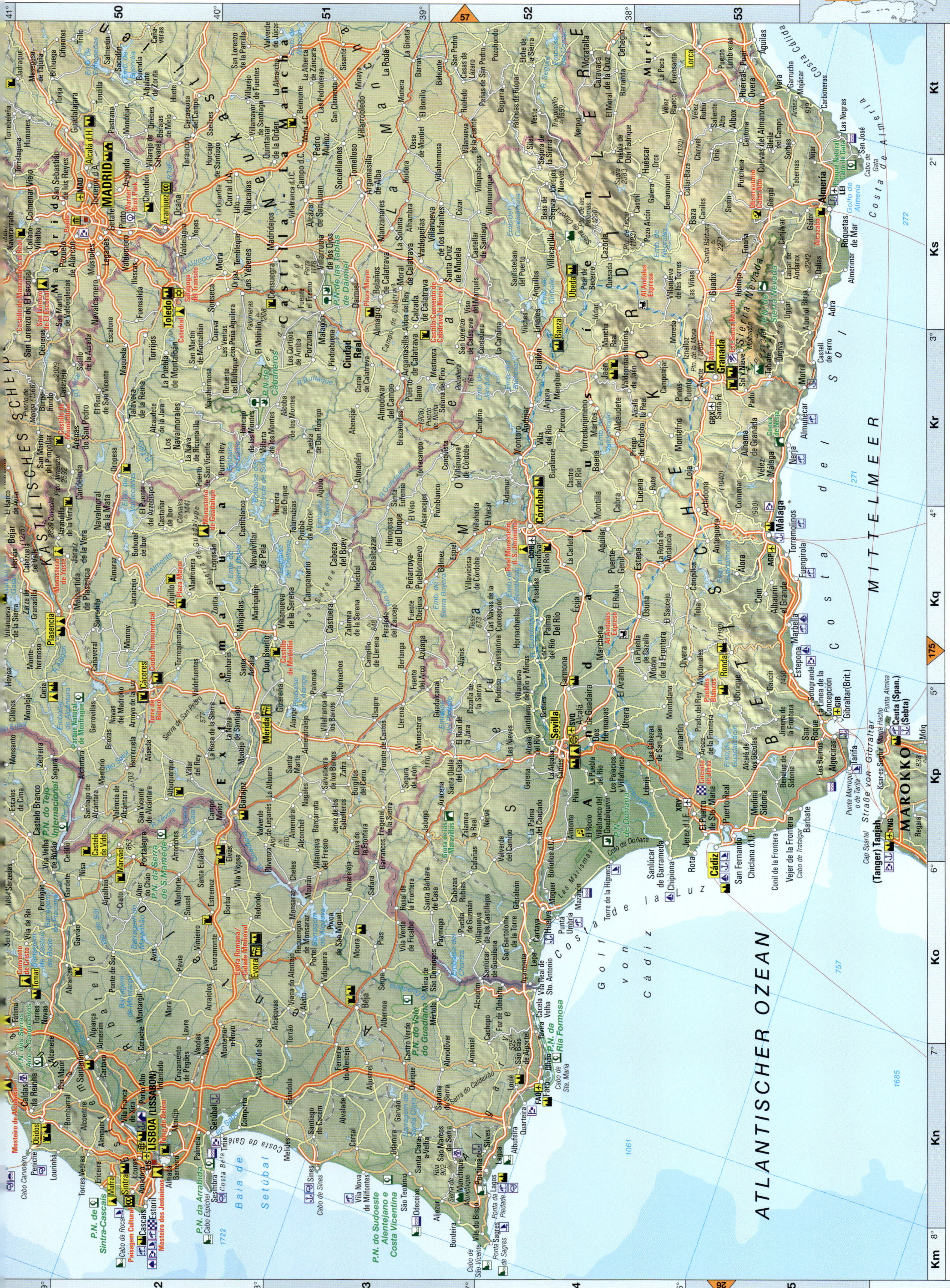

ATLANTISCHER OZEAN
Kantabrisches Meer
Golf von Biscaya
Golfe du Lion
FRANKREICH
Auvergne
Limousin
Poitou
Charente
Aquitaine
Midi-Pyrénées
Roussillon
Baskenland
Navarra
La Rioja
Kastilien-León
Kantabrien
Bordeaux
Toulouse
Limoges
Poitiers
Clermont-Ferrand
Bayonne
Biarritz
Pau
Lourdes
Perpignan
Narbonne
Carcassonne
Andorra la Vella
ANDORRA
Pamplona (Iruña)
Donostia/S.Sebastián
Bilbao/Bilbo
Vitoria/Gasteiz
Logroño
Santander
Burgos
Soria
La Rochelle
Angoulême
Périgueux
Agen
Montauban
Albi
Rodez
Béziers
Tarbes
Arcachon
Rochefort
Royan
Huesca
Tudela
Tarazona

Maßstab 1:2 250 000

0 25 50 75 Kilometer

0 25 50 Miles

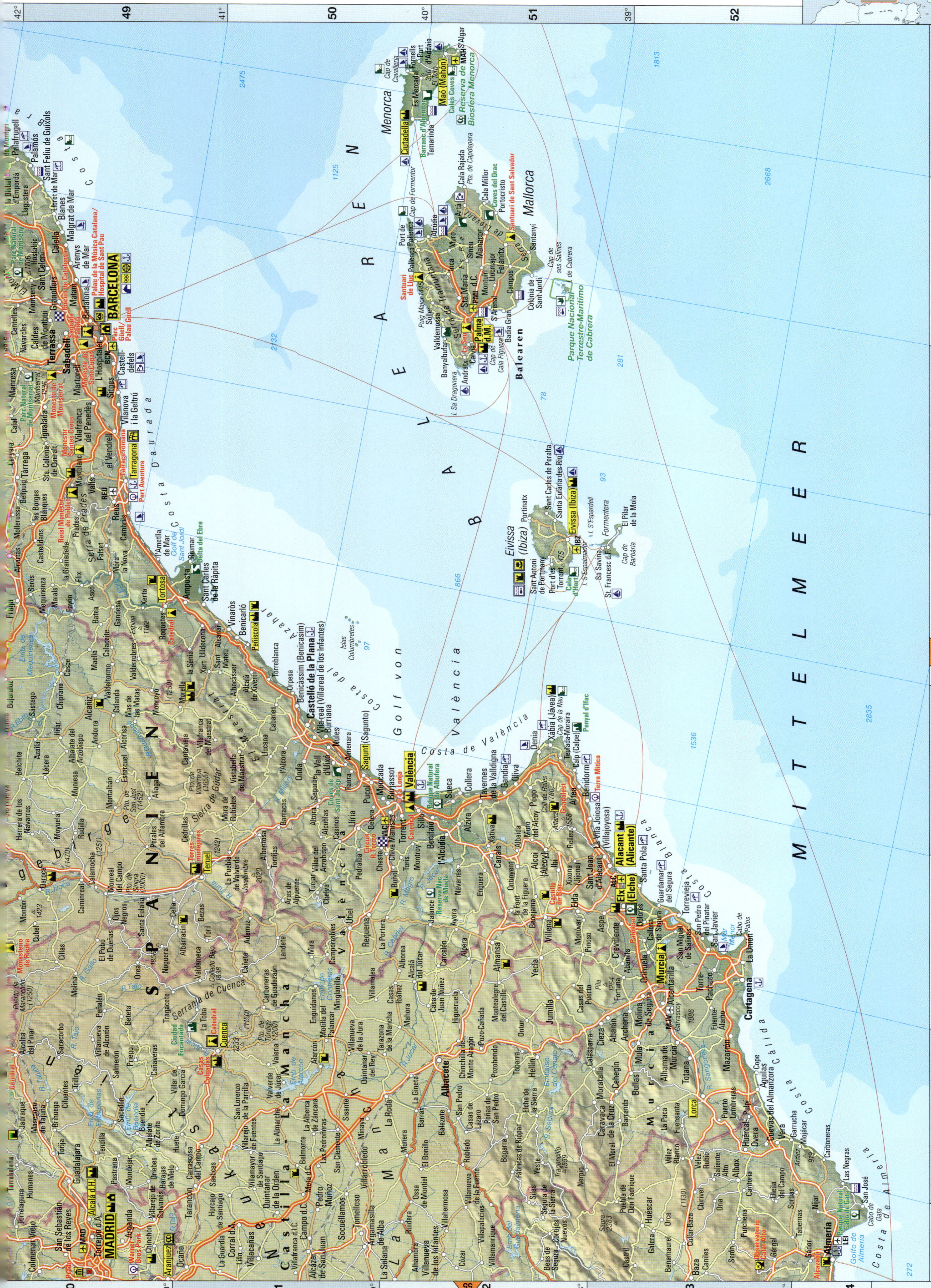

Deutschland

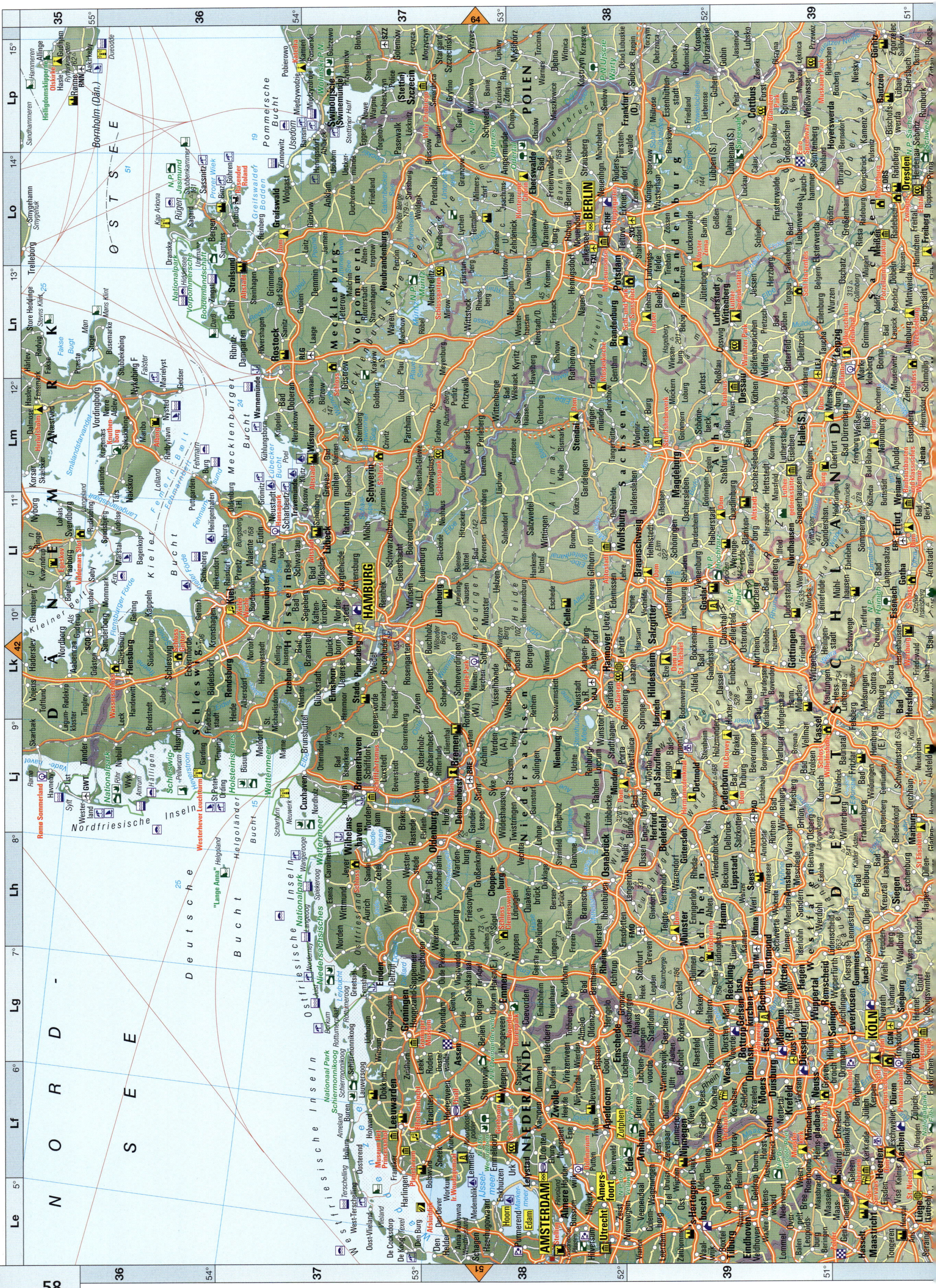
NORDSEE
OSTSEE
DÄNEMARK
POLEN
NIEDERLANDE
DEUTSCHLAND
HAMBURG
BERLIN
AMSTERDAM
KÖLN
Kiel
Lübeck
Rostock
Stralsund
Schwerin
Bremen
Hannover
Braunschweig
Magdeburg
Potsdam
Leipzig
Dresden
Kassel
Erfurt
Bielefeld
Osnabrück
Münster
Dortmund
Düsseldorf
Essen
Groningen
Bornholm (Dän.)
Nordfriesische Inseln
Ostfriesische Inseln
Westfriesische Inseln
Deutsche Bucht
Mecklenburger Bucht
Pommersche Bucht
Kieler Bucht

Maßstab 1:2 250 000

0 25 50 75 Kilometer
0 25 50 Miles

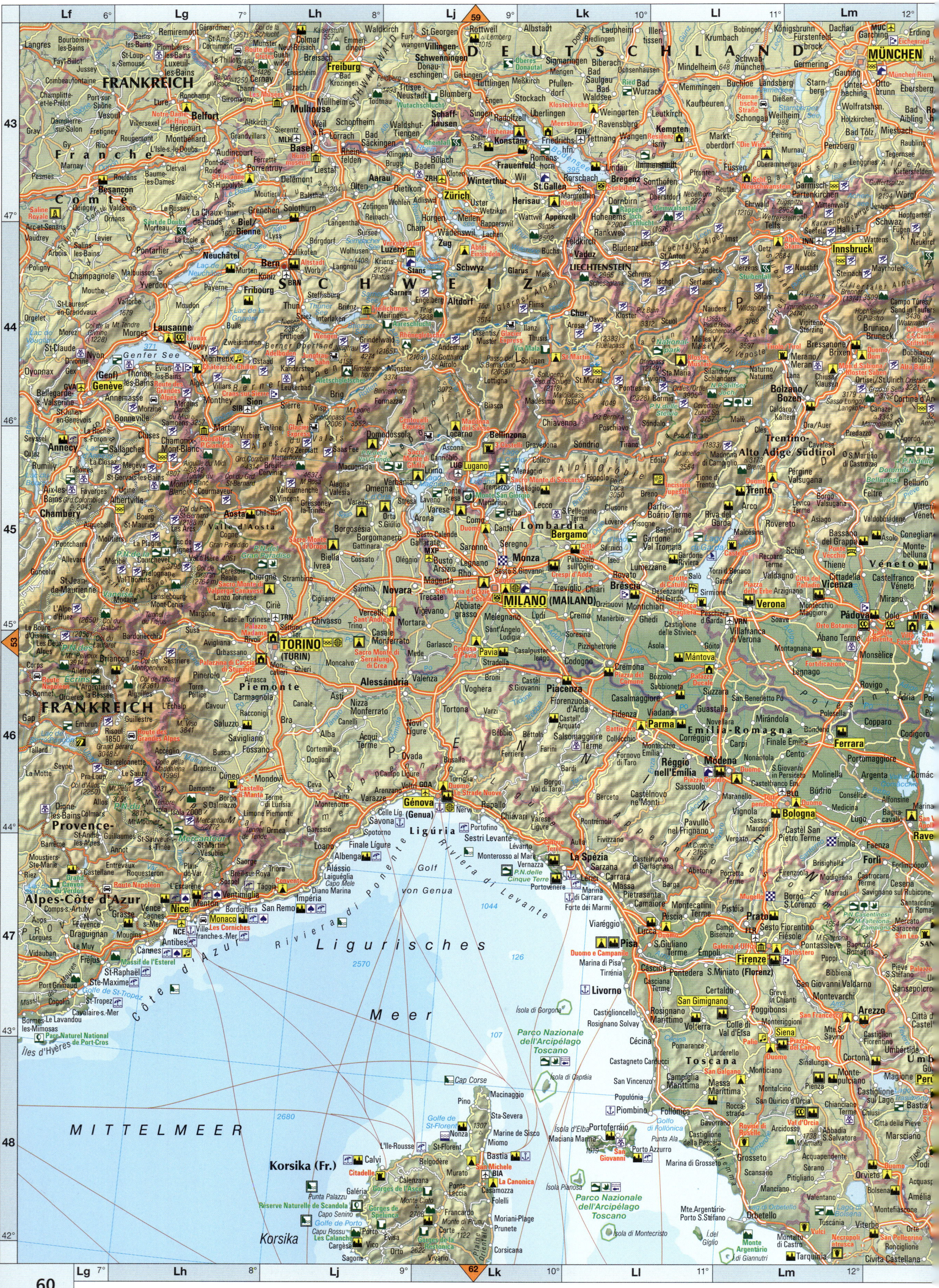
Lf
Lg
Lh
Lj
Lk
Ll
Lm
59
62
53
FRANKREICH
DEUTSCHLAND
SCHWEIZ
LIECHTENSTEIN
Franche-Comté
MÜNCHEN
Innsbruck
Zürich
Bern
Genève
Lausanne
MILANO (MAILAND)
TORINO (TURIN)
Genova (Genua)
Bologna
Firenze
Verona
Bergamo
Trento
Bolzano/Bozen
Nice
Monaco
Pisa
Livorno
Siena
Parma
Modena
Piemonte
Lombardia
Emilia-Romagna
Toscana
Ligúria
Trentino-Alto Adige/Südtirol
Provence-Alpes-Côte d'Azur
Korsika (Fr.)
Ligurisches Meer
MITTELMEER
Golf von Genua
Riviera di Ponente
Riviera di Levante
Côte d'Azur
Parco Nazionale dell'Arcipélago Toscano

Maßstab 1:2 250 000

0 25 50 75 Kilometer
0 25 50 Miles

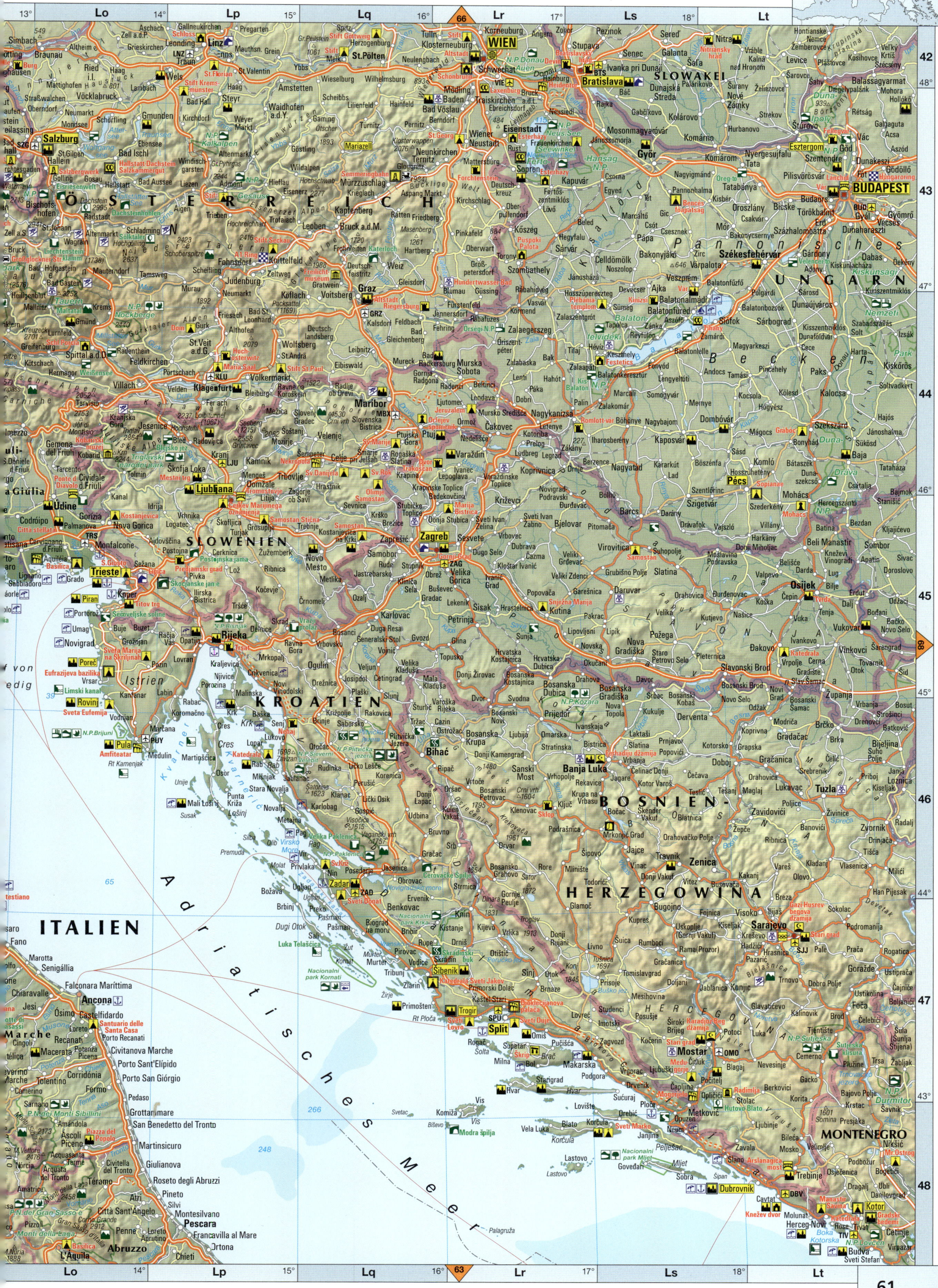

Lh
Lj
Lk
Ll
60
Lm
Ln
Lo
Korsika (Fr.)
Korsika
Ajaccio
Bastia
Corte
Porto Vecchio
Bonifacio
Sardinien (I)
Sardinien
Sàssari
Olbia
Alghero
Porto Tòrres
Nùoro
Oristano
Cágliari
Iglésias
Carbónia
ITALIEN
ROMA
(ROM)
Lázio
Latina
Fiumicino
Civitavécchia
Tarquinia
Viterbo
Frascati
Tívoli
Terracina
Gaeta
Tyrrhenisches Meer
Golfo di Orosei
Golfo di Cágliari
MITTELMEER
Palermo
Trápani
Marsala
Mazara del Vallo
Castelvetrano
Agrigento
Sciacca
Pantelleria
TUNESIEN
Tunis
Bizerte
Béja
Jendouba
Nabeul
Hammamet
Kelibia
El Kef
Canal de la Galite
Golfe de Tunis
Golfe de Hammamet
176

Maßstab 1:2 250 000

0 25 50 75 Kilometer
0 25 50 Miles

Polen

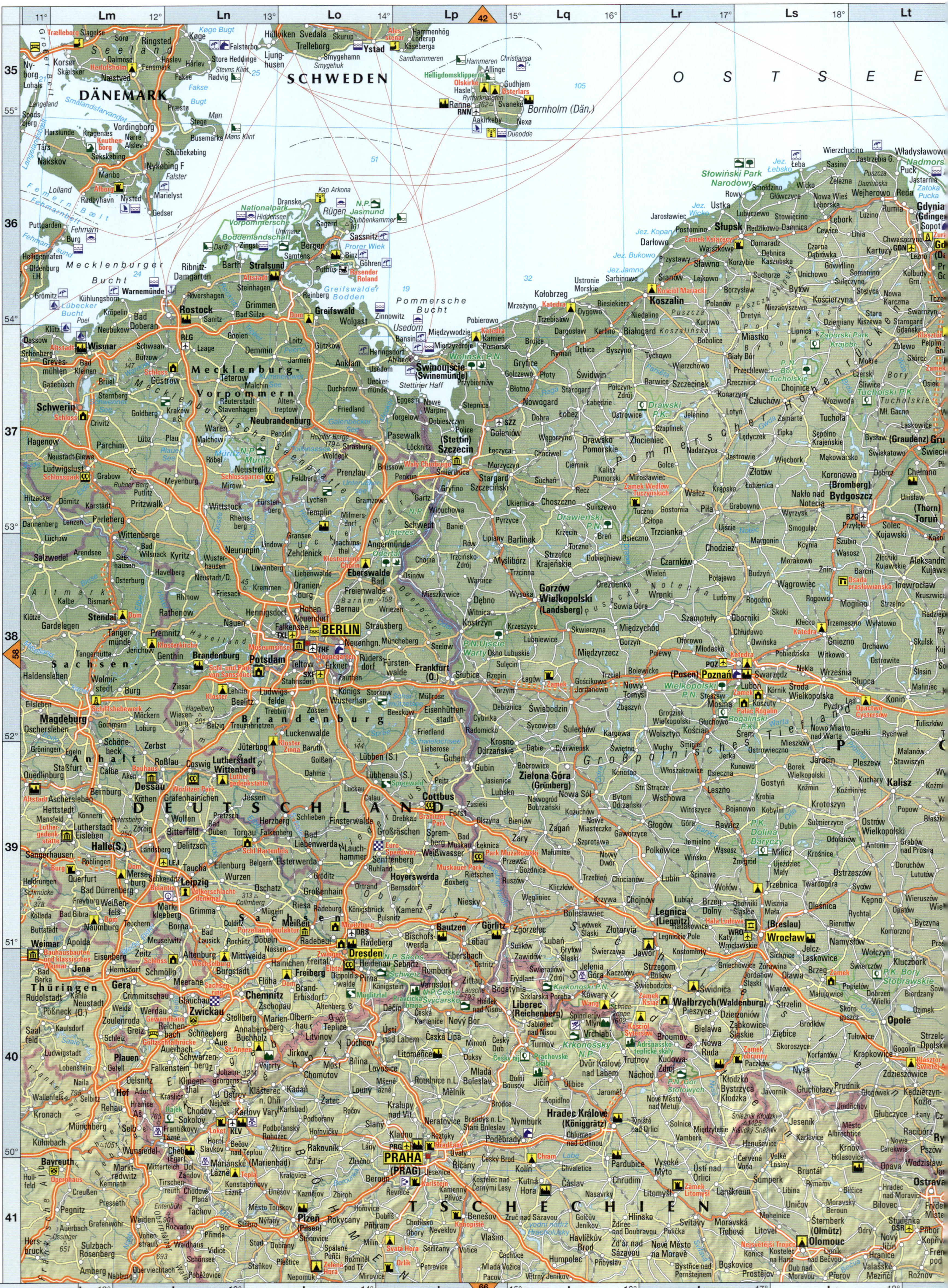

SCHWEDEN
DÄNEMARK
DEUTSCHLAND
TSCHECHIEN
OSTSEE
Bornholm (Dän.)
Pommersche Bucht
Mecklenburger Bucht
Mecklenburg-Vorpommern
Brandenburg
Sachsen
Anhalt
Thüringen
Pommersche Seenplatte
Großpolnisches Tiefland
BERLIN
PRAHA (PRAG)
Rostock
Schwerin
Stralsund
Greifswald
Neubrandenburg
Szczecin (Stettin)
Świnoujście (Swinemünde)
Koszalin
Słupsk
Gdynia
Bydgoszcz
Toruń
Gorzów Wielkopolski (Landsberg)
Poznań (Posen)
Zielona Góra (Grünberg)
Frankfurt (O.)
Potsdam
Magdeburg
Dessau
Leipzig
Halle (S.)
Cottbus
Dresden
Chemnitz
Zwickau
Görlitz
Legnica (Liegnitz)
Wrocław (Breslau)
Wałbrzych (Waldenburg)
Liberec (Reichenberg)
Hradec Králové (Königgrätz)
Plzeň (Pilsen)
Olomouc
Opole
Kalisz
Ystad
Trelleborg
Sassnitz
Lp
42
58
66

Maßstab 1:2 250 000

0 25 50 75 Kilometer
0 25 50 Miles

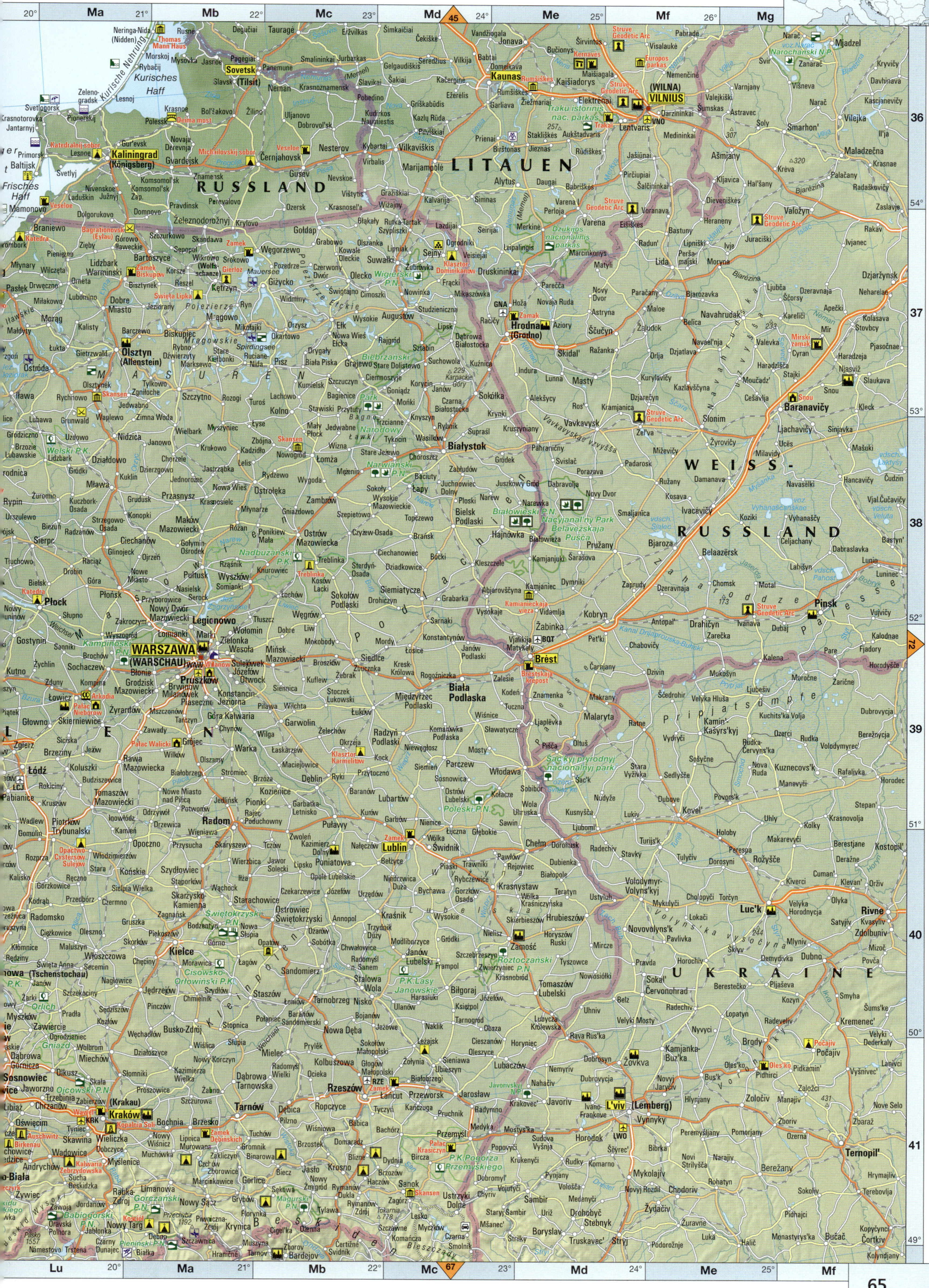

Tschechische Republik, Slowakei, Slowenien, Ungarn

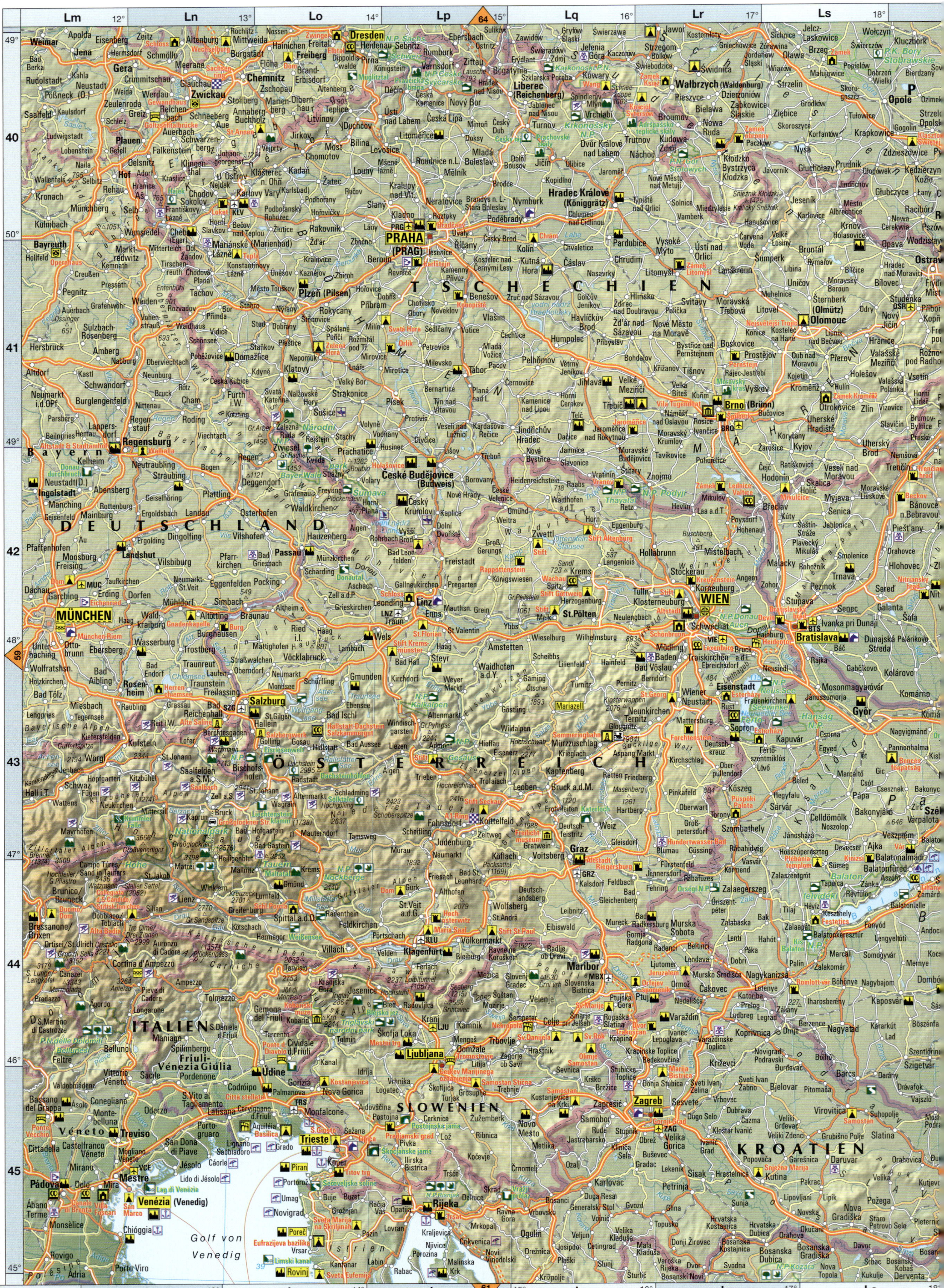

Maßstab 1:2 250 000

0 25 50 75 Kilometer
0 25 50 Miles

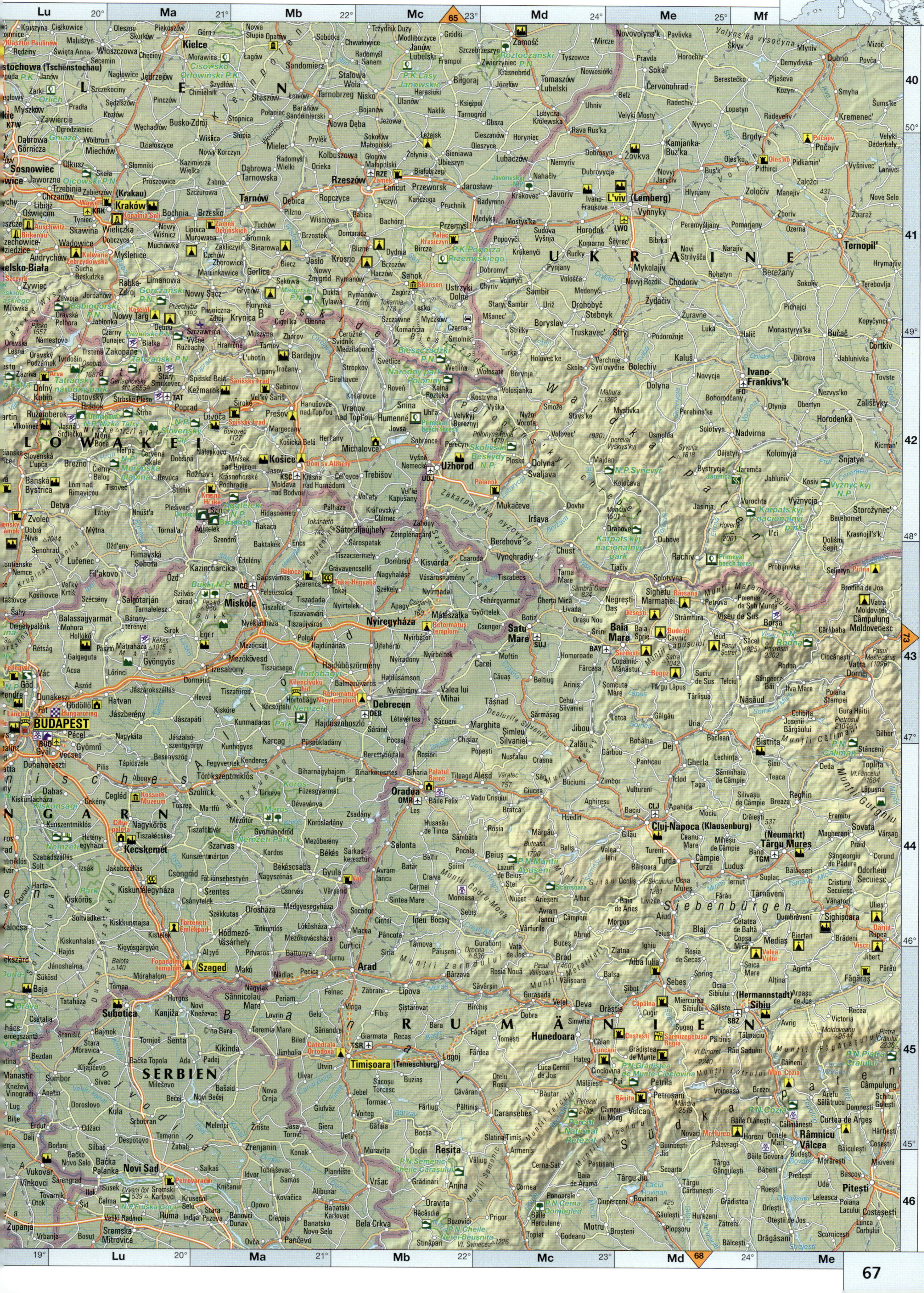

Ls
Lt
Lu
Ma
Mb
Mc
Md
67
70
63
U N G A R N
K R O A T I E N
B O S N I E N -
H E R Z E G O W I N A
S E R B I E N
K O S O V O
M O N T E N E G R O
A L B A N I E N
M A Z E D O N I E N
G R I E C H E N L A N D
I T A L I E N
Vojvodina
Adriatisches Meer
Straße von Otranto
Thermaischer Golf
BEOGRAD (BELGRAD)
SOFIJA (SOFIA)
Sarajevo
Podgorica
Skopje
Tiranë (Tirana)
Priština
Novi Sad
Osijek
Pécs
Szeged
Subotica
Timișoara (Temeschburg)
Arad
Hunedoara
Craiova
Niš
Mostar
Dubrovnik
Kotor
Ohrid
Bitola
Thessaloniki
Brindisi
Lecce
Skutarisee
Donau

Maßstab 1:2 250 000

0 25 50 75 Kilometer
0 25 50 Miles

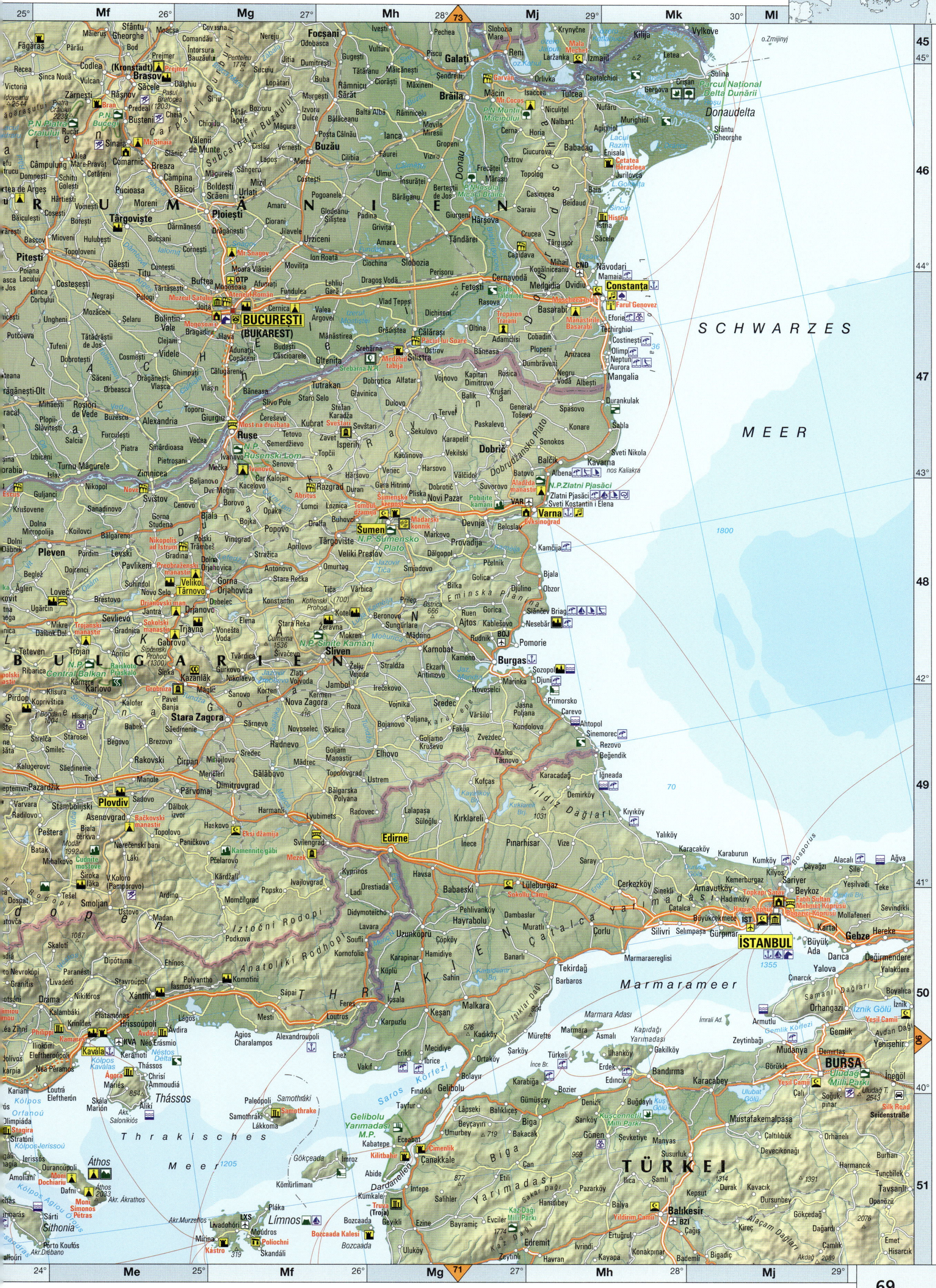

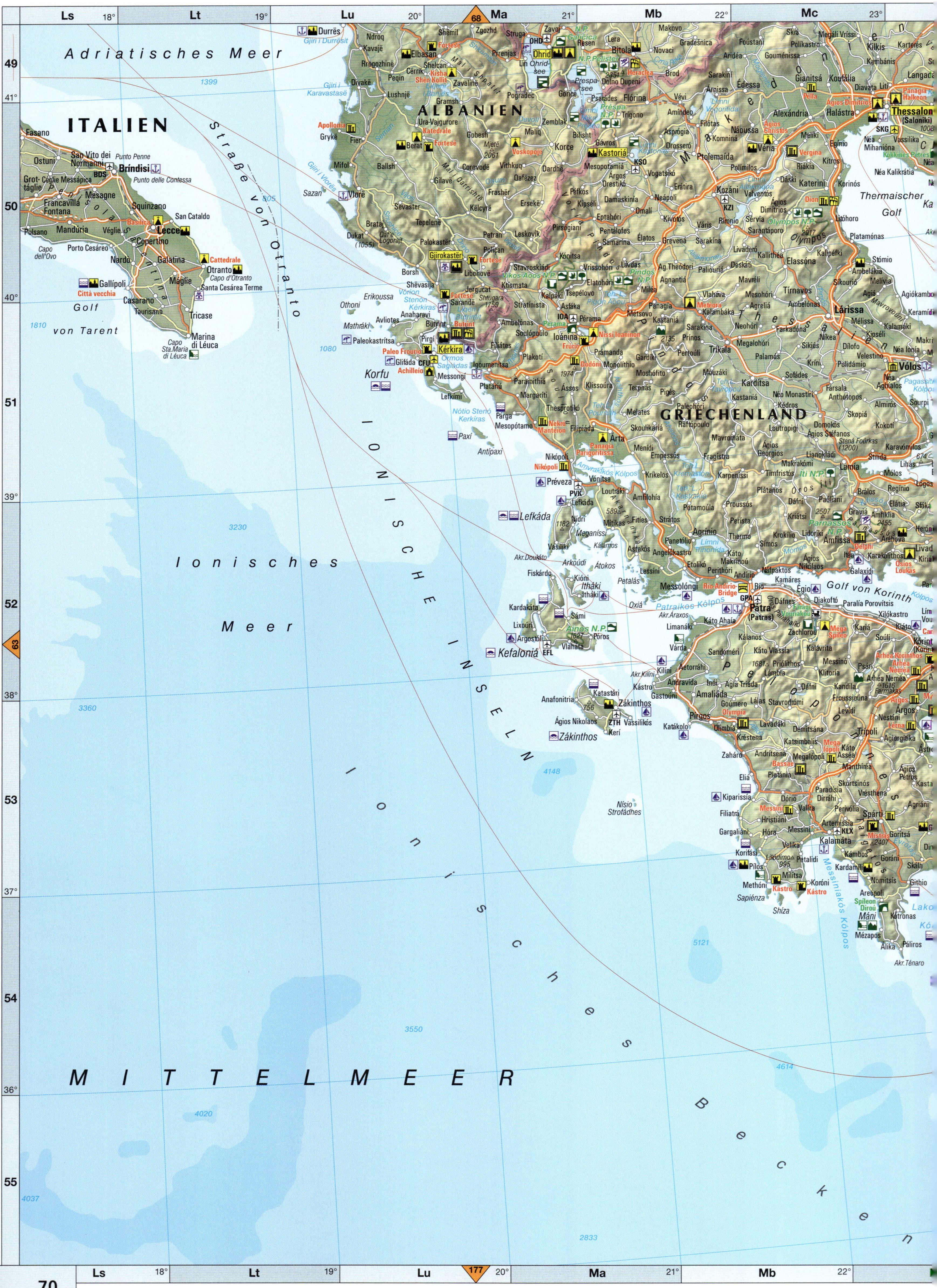
Ls
18°
Lt
19°
Lu
20°
Ma
21°
Mb
22°
Mc
23°
68
177
63
49
50
51
52
53
54
55
41°
40°
39°
38°
37°
36°
Adriatisches Meer
ITALIEN
Straße von Otranto
ALBANIEN
GRIECHENLAND
Golf von Tarent
Ionisches Meer
IONISCHE INSELN
Ionisches Becken
MITTELMEER
Thermaischer Golf
Golf von Korinth
Durrës
Elbasan
Vlorë
Berat
Gjirokastër
Sarandë
Korfu
Kérkira
Ohrid
Bitola
Flórina
Kastoriá
Kozáni
Véria
Thessaloníki
Lárissa
Vólos
Trikala
Ioánnina
Préveza
Lefkáda
Ithaki
Kefaloniá
Zákinthos
Patra
Pirgos
Tripoli
Kalamáta
Lamía
Messolóngi
Brindisi
Lecce
Otranto
Gallipoli
Taranto
Fasano
Ostuni
Maglie
Tricase
Marina di Léuca
Arta
Parga
Paxí
Antípaxi
Lamía
Sparti
Olympos
Méthóni
Pilos
Kiparissia
1399
1810
1080
3230
3360
4148
3550
4020
4037
2833
5121
4614

Maßstab 1:2 250 000

0 25 50 75 Kilometer

0 25 50 Miles

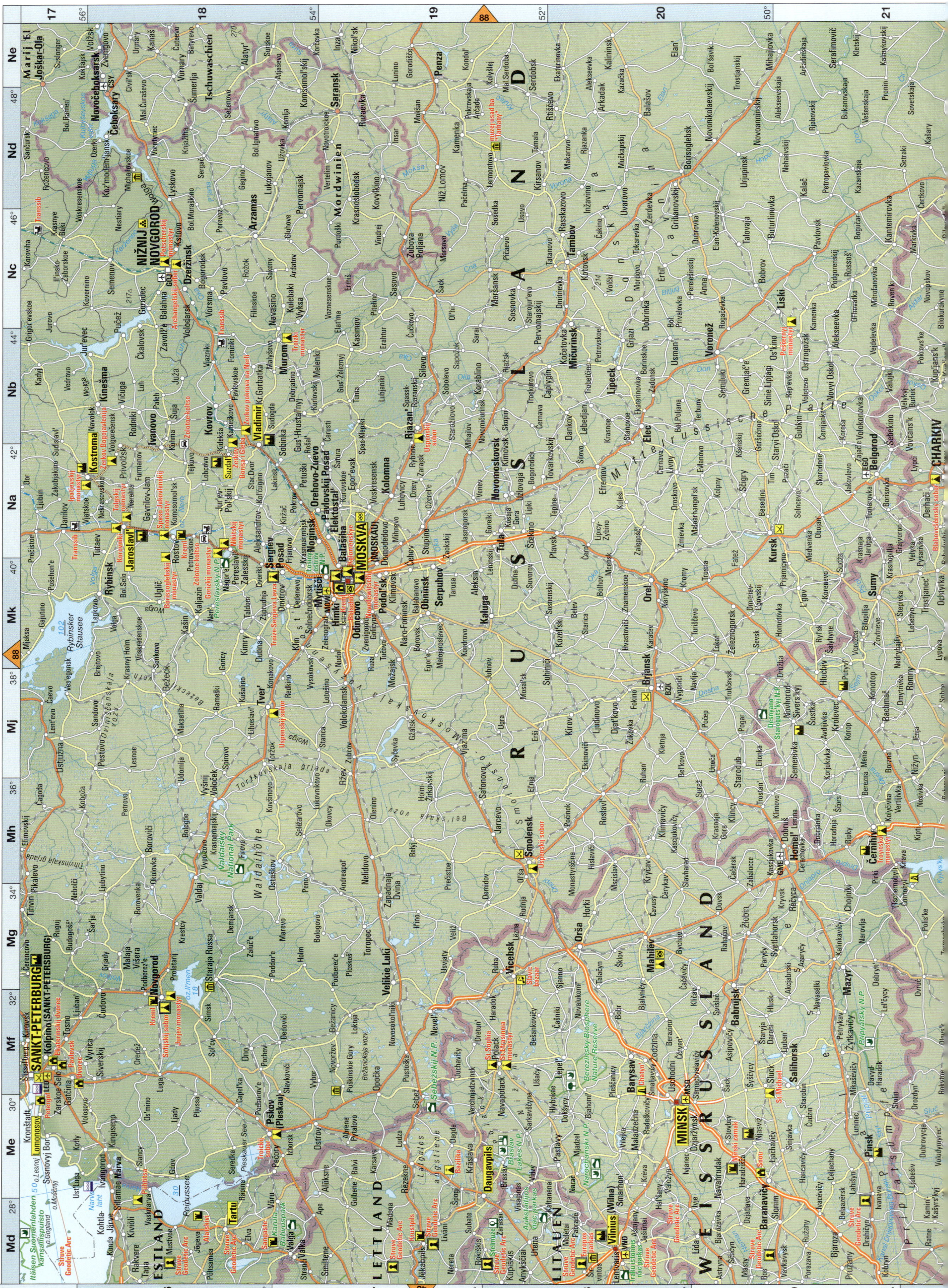
MOSKVA
SANKT-PETERBURG
MINSK
CHARKIV
NIŽNIJ NOVGOROD
VILNIUS
ESTLAND
LETTLAND
LITAUEN
WEISSRUSSLAND
RUSSLAND
Tver'
Jaroslavl'
Kostroma
Vladimir
Rjazan'
Tula
Kaluga
Smolensk
Brjansk
Orel
Kursk
Voronež
Lipeck
Tambov
Penza
Saransk
Čeboksary
Pskov
Novgorod
Tartu
Daugavpils
Vicebsk
Mahilëv
Homel'
Babrujsk
Pinsk
Sumy
Belgorod
Černihiv
Rybinsker Stausee
Peipussee
Mordwinien
Tschuwaschien
Waldaihöhe
Mittelrussische Platte

Maßstab 1:4 500 000

0 50 100 150 Kilometer
0 50 100 Miles

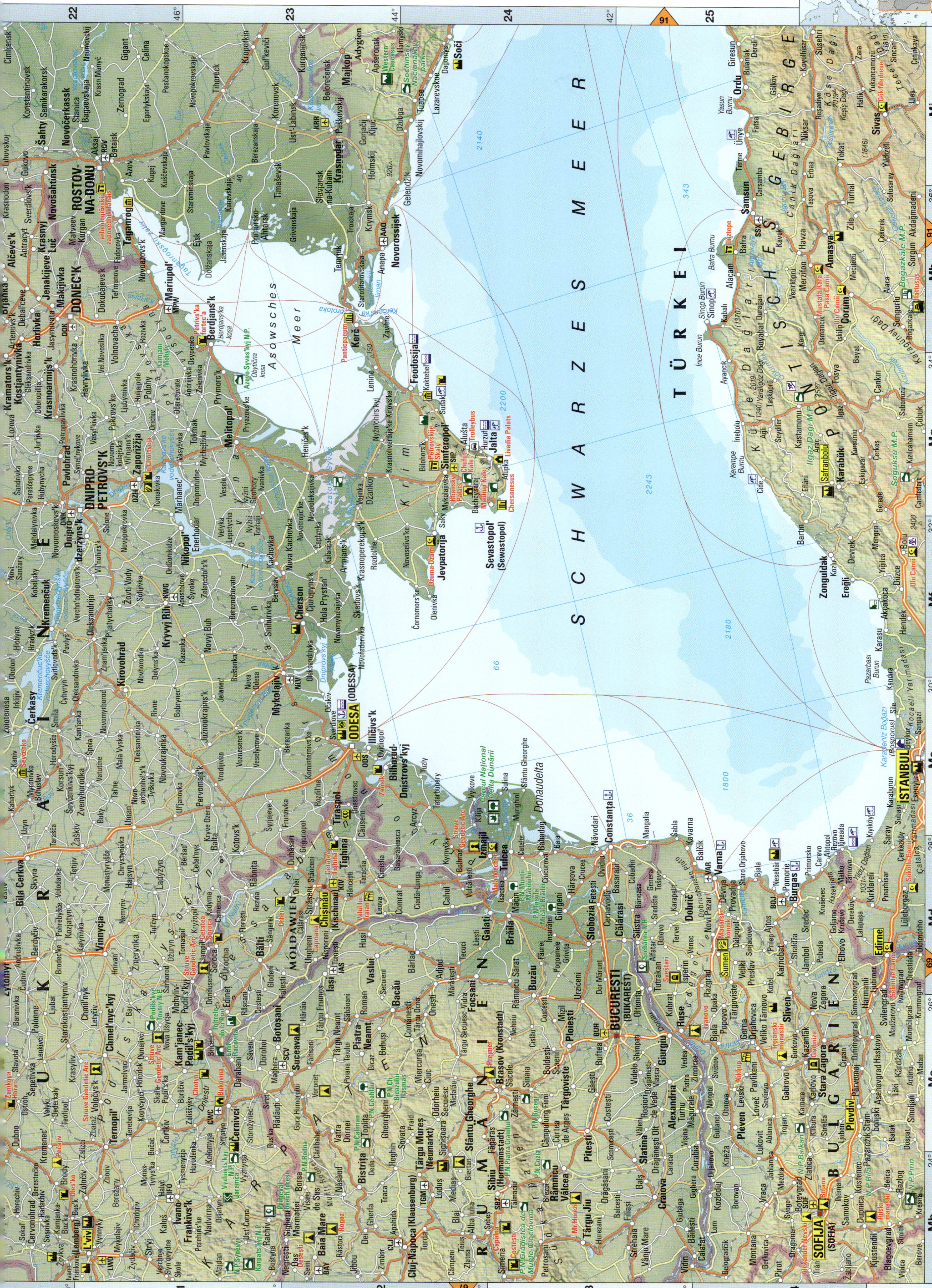

Asien

Asien ist der größte Kontinent der Erde. Seine sehr unterschiedlichen Großlandschaften reichen von der Arabischen Halbinsel über die sibirischen Tiefländer oder die Achttausender des Himalaya bis hin zu den tropischen Karstlandschaften und Regenwäldern Südostasiens. Gebirgsländer, Hochebenen, Beckenlandschaften und Tiefländer scheinen sich ohne erkennbare Ordnung abzuwechseln. Viele Großlandschaften sind durch Plattentektonik bedingt – so der Himalaya, der sich vor etwa 25 Mio. Jahren auffaltete, als der indische Subkontinent auf den eurasiatischen Großkontinent stieß. Auch die Gebirgs- und Insel-

welt entlang der Pazifikküste ist durch die Tektonik gekennzeichnet: Hier schieben sich Pazifische und Philippinen-Platte entlang des sogenannten Zirkumpazifischen Feuerrings unter die Eurasiatische Platte und sorgen so für vermehrte vulkanische Aktivität.

Im Wuyi-Gebirge in der chinesischen Provinz Fujian windet sich ein Pilgerweg einen Berg hinauf. Oft liegen die Täler noch in Wolken, während die Gipfel der bizarren Felsformationen bereits in der Sonne erstrahlen.

Asien

ATLANTISCHER OZEAN
Grönland
Dänemarkstraße
Reykjavík
Island
Kap Brewster
Jan Mayen
Grönlandsee
Ellesmere-Insel
Königin-Elisabeth-Inseln
Kanadisches Becken
NORDPOLARMEER
Kap Morris Jesup
Nordpol
Lomonossow-(Harris-rücken)
Spitzbergen
Franz-Joseph-Land
Norwegisches Becken
Norwegische See
Färöer
Irland
Dublin
Glasgow
Großbritannien
Nordsee
LONDON
PARIS
AMSTERDAM
BRÜSSEL
KOPENHAGEN
Oslo
Skandinavien
Stockholm
Bottnischer Meerbusen
Helsinki
Kola-Halbinsel
Nordkap
Barentssee
Nowaja Semlja
Karasee
Sewernaja Semlja
Taimyr-Halbinsel
Laptewsee
Lena Delta
Neusibirische Inseln
Ostsibirische See
Tschuktschensee
Wrangel-Insel
Cape Lisburne
Point Barrow
Brooks Range
Alaska Range
Mt.McKinley 6194
Anchorage
Kenai Peninsula
Kodiak Island
Yukon
Bethel
Beringstraße
Nunivak Island
Saint Lawrence Island
Anadyr'
Anadyrgebirge
Beringmeer
Aléuten
Aléutenbecken
mys Navarin
mys Oljutorskij
Korjakengebirge
Kolyma-Tiefebene
Indigirka
Tscherskigebirge
Ojmjakon
Kolymagebirge
Werchojansker Gebirge
Magadan
vlk. Ključevskaja Sopka 4750
Kamtschatka
vlk. Korjakskaja Sopka 3456
Petropavlovsk-Kamčatskij
mys Lopatka
Ochotskisches Meer
Sachalin
Tatarensund
Kurilen
Kurilengraben
Hokkaido
Japangraben
Honshu
TOKIO
3776
Izu-Inseln
Shikoku
Kyushu
Kyushu-Palau-Rücken
Japanisches Meer
Wladiwostok
Sichote Alin
Amur
Habarovsk
Stanowoigebirge
Aldan
Amga
Lena
Nordsibirisches Tiefland
1701 plato Putorana
Mittelsibirisches Bergland
SIBIRIEN
Jenissej
Westsibirisches Tiefland
Ob'
Obbusen
Gydanskij p-ov
p-ov Jamal
Nördlicher Polarkreis
URAL
JEKATERINBURG
Irtysch
Turgai-plateau
Östlicher Sajan
Irkutsk
Baikalsee
Jablonowyjgebirge
Kleiner Chingan
Großer Chingan
Mandschurei
ASIEN
ALTAI
4506
Mongolischer Altai
Gobialtai
GOBI
ULAN-BATOR
PYONGYANG
SEOUL
PEKING
Gelbes Meer
Ostchinesisches Meer
SHANGHAI
Große Ebene
Huang He
XI'AN
WUHAN
Jangtsekiang
Ryukyu-Inseln
Ryukyugraben
TAIPEI
Formosa
Südchinesisches Bergland
KANTON
HONGKONG
MACAO
Perlfluß
Luzon-Straße
Luzon
2234
Philippinensee
MANILA
2462
Philippinengraben
Mindoro
Panay
Negros
Palawan
Sulusee
2956 Mt.Apo
Davao
Mindanao
Hainan
Golf von Tonking
HANOI
2452
Südchinesisches Meer
Mekong
Phnom Penh
HO CHI MINH-STADT
Golf von Thailand
BANGKOK
RANGUN
Salween
KUNMING
Gongga Shan 7556
Brahmaputra
Qiljan Shan
Qaidambecken
Altun Shan
KUNLUN SHAN
HOCHLAND VON TIBET
Transhimalaya
HIMALAYA
Mt. Everest 8850
TARIMBECKEN
Takla Makan
TIAN SHAN
Turfansenke
-154
Dsungarei
Bischkek
Balchaschsee
Hungersteppe
Kasachische Schwelle
Kasachische Steppe
TASCHKENT
Duschanbe
Pamir
Karakorum
Nanga Parbat 8125
HINDUKUSCH
KABUL
Indus
DELHI
JAIPUR
Ganges
Wüste Tharr
Vindhya Range
Satpura Range
DHAKA
KALKUTTA
Dekkan
Ostghats
Westghats
Krishna
BOMBAY
MADRAS
Golf von Bengalen
Andamanen
Andamanensee
Nikobaren
Ceylon
COLOMBO
2243
Adam's Peak
Malediven
Arabisches Meer
Tschagos-Lakkadiven-Plateau
Zentralindisches Becken
Bengalischer Rücken
Malayische Halbinsel
KUALA LUMPUR
SINGAPUR
Malakkastraße
Sumatra
G.Leuser 3404
Mentawai-Inseln
G.Kerinci 3800
Sundagraben
GROSSE SUNDAINSELN
Kalimantan (Borneo)
G.Kinabalu 4095
Celebessee
Sulawesi (Celebes)
Molukken
Molukkensee
Halmahera
Bandasee
Javasee
JAKARTA
Java
G.Merapi 3332
Bali
Kleine Sundainseln
Sumbawa
Flores
Sumba
Timor
Timorsee
Kimberle Plateau
Broome
Große Sandwüste
AUSTRALIEN
Pilbara 1132
Hamersley Range
Nordwestaustralisches Becken
Kokos-Inseln
INDISCHER OZEAN
Zentralindischer Rücken
Tschagos-Inseln
Seychellen-Mauritius-Plateau
Maskarenenbecken
Maskarenenrücken
Mauritius
Port Louis
Réunion
Saint-Denis
Madagaskar
Antananarivo
Antsiranana
T.Babaomby
2876 Maromokotro
2643
Tôlanaro
Seychellen
Amiranten
Aldabra Islands
Somalibecken
Äquator
Südlicher Wendekreis
Mogadischu
Belet Uen
Ogaden
Raas Gabbac
Garoowe
Raas Xaafuun
Sokotra
Raas Guardafui
1510
Golf von Aden
Dschibuti
Aden
Al Mukalla
Hadramaut
Djebel Manar 3355
1365
2202
Dhofar
SANAA
Ar Rub' al Khali (Große Arabische Wüste)
Maskat
Golf v. Oman
Nördlicher Wendekreis
Arabische Halbinsel
Najd
Asir
Tihama
Rotes Meer
Hedschas
JIDDAH
MEKKA
RIAD
Al Hufuf
Doha
Al Manama
ABU DHABI
Persischer Golf
Kuwait
Al Basra
Nefud
El Aqaba
Jerusalem
AMMAN
Syrische Wüste
Mesopotamien
Euphrat
Tigris
BAGDAD
MOSUL
DAMASKUS
BEIRUT
ALEPPO
Nikosia
Zypern
Vansee
Urmiasee
TÄBRIS
Ararat 5137
TIFLIS
Elbrus 5642
Kaukasus
Kaspisches Meer
Kaspische Senke
Elburs
5601
TEHERAN
Große Salzwüste
Zagrosgebirge
Wüste Lut
Belutschistan
MESCHHED
Kopet-dag
Turkmenbashi
Karakum
Amudarja
Syrdarja
Tiefland von Turan
Ustjurt-plateau
Aralsee
Ural
Wolga
SAMARA
Krim
Schwarzes Meer
Pontisches Gebirge
Taurus
ANKARA
ISTANBUL
IZMIR
ATHEN
Ägäisches Meer
Heraklion
SOFIA
Balkan
Skopje
Tirana
BUKAREST
ODESSA
Dnjepr
KIEW
Mittelrussische Platte
MOSKAU
MINSK
Rybinsk
Rybinsker Stausee
Onegasee
Ladogasee
SANKT-PETERSBURG
Peipussee
Wilna
Ostsee
WARSCHAU
BERLIN
PRAG
WIEN
BUDAPEST
Zagreb
Sarajevo
BELGRAD
MAILAND
Alpen
ROM
Adriatisches Meer
EUROPA
286
17
26
Nb
Oa
Ob
Pa
Pb
Qa
Qb
Ra
05
06
07
08
09
10
11
12

Maßstab 1:44 000 000
0 500 1000 1500 Kilometer
0 500 1000 Miles
ATLANTISCHER
OZEAN
Grönland
(Dän.)
Dänemarkstraße
NORDPOLAR-
MEER
Nordpol
K A N A D A
Ellesmere-
Insel
A l a s k a
(USA)
Anchorage
Yukon
Kotzebue
Bethel
Alëuten
Beringstraße
Tschuktschen-
see
Wrangel-Insel
Bering-
meer
Anadyr'
ISLAND
Reykjavík
Jan Mayen
(Nor.)
Färöer (Dän.)
Norwegische
See
Grönland-
see
Spitzbergen (Nor.)
Franz-Joseph-Land
Nowaja Semlja
Karasee
Sewernaja Semlja
Laptewsee
Neusibirische
Inseln
Ostsibirische
See
IRLAND
Dublin
Glasgow
VEREINIGTES
KÖNIGREICH
LONDON
Nord-
see
NORWEGEN
Oslo
SCHWEDEN
Stockholm
FINNLAND
Helsinki
Karelien
Petrozavodsk
FRANK-
REICH
PARIS
BRÜSSEL
AMSTERDAM
NIEDERL.
DÄNEMARK
KOPENHAGEN
DEUTSCH-
LAND
BERLIN
Bern
SCHWEIZ
PRAG
POLEN
WARSCHAU
Riga
ESTLAND
Tallinn
LETTLAND
LITAUEN
Wilna
SANKT-
PETERSBURG
MAILAND
ITALIEN
ROM
TSCHECH.REP.
ÖSTERR.
WIEN
Zagreb
BUDAPEST
UNGARN
MINSK
WEISS-
RUSSLAND
KROATIEN
BOSNIEN-
HERZEG.
Sarajevo
MONTE-
NEGRO
BELGRAD
SERBIEN
MOLDAWIEN
Kischinau
RUMÄNIEN
Skopje
SOFIA
BUKAREST
KIEW
UKRAINE
ODESSA
Tirana
MAZED.
BULGARIEN
GRIECHEN-
LAND
Ägäisches
Meer
ATHEN
Heraklion
İSTANBUL
İZMIR
ANKARA
TÜRKEI
Nikosia
ZYPERN
LIBANON
BEIRUT
SYRIEN
DAMASKUS
ISRAEL
Jerusalem
AMMAN
JORDANIEN
KAIRO
ÄGYPTEN
BAGDAD
IRAK
GEORGIEN
TIFLIS
ARMENIEN
JEREWAN
BAKU
ASER-
BAIDSCHAN
Adygien
Majkop
MOSKAU
Republik
der Komi
Syktyvkar
Marij-El
Joškar-Ola
Tschuwaschien
Čeboksary
Mordwinien
Saransk
Udmurtien
Iževsk
KAZAN
Tatarstan
UFA
Baschkortostan
SAMARA
JEKATERINBURG
Čerkessk
Karatschai-Tscherkessien
Elista
Kalmückien
Nal'čik
Kabardino-Balkarien
Vladikavkaz
Nordossetien
Nazran
Inguschetien
Groznyj
Tschetschenien
Machačkala
Dagestan
R U S S L A N D
Republik Sacha
(Jakutien)
Jakutsk
Magadan
Kamtschatka
Petropavlovsk-
Kamčatskij
Ochotskisches
Meer
Sachalin
Habarovsk
Chakassien
Abakan
Gorno-Altajsk
Altai
Autonomer Kreis der
Ust-Orda-Burjaten
Ust'-Ordynskij
Irkutsk
Kyzyl
Tuwa
Burjatien
Baikalsee
Ulan-Ude
Autonomer
Kreis der
Aginer-Burjaten
Aginskoe
Astana
KASACHSTAN
Aralsee
Balchaschsee
USBEKISTAN
TURKMENISTAN
Aschchabad
TASCHKENT
Bischkek
ALMA-ATA
KIRGISISTAN
Duschanbe
TADSCHIKISTAN
TEHERAN
IRAN
AFGHANISTAN
KABUL
Islamabad
PAKISTAN
KARACHI
KUWAIT
Kuwait
Persischer
Golf
BAHRAIN
Al Manama
KATAR
Doha
ABU DHABI
VEREINIGTE
ARABISCHE EMIRATE
Maskat
OMAN
SAUDI-
ARABIEN
MEKKA
RIAD
JIDDAH
ERITREA
SANAA
JEMEN
DSCHIBUTI
Dschibuti
Golf von Aden
Raas Guardafui
Sokotra
ÄTHIOPIEN
SOMALIA
Mogadischu
MONGOLEI
ULAN-BATOR
ÜRÜMQI
Singkiang
Innere Mongolei
Heilongjiang
HARBIN
Wladiwostok
CHANGCHUN
Jilin
SHENYANG
Liaoning
NORDKOREA
PYONGYANG
SEOUL
SÜDKOREA
Japanisches
Meer
Hokkaido
Honshu
TOKIO
JAPAN
OSAKA
Hohot
PEKING
TIANJIN
Hebei
Shijiazhuang
TAIYUAN
Shanxi
JINAN
Shandong
Gansu
Yinchuan
Ningxia
Huizu
Zizhiqu
LANZHOU
Xining
Qinghai
ZHENGZHOU
Henan
XI'AN
Shaanxi
Jiangsu
NANKING
Anhui
SHANGHAI
HANGZHOU
Zhejiang
Ostchinesisches
Meer
Hefei
WUHAN
Hubei
NANCHANG
Jiangxi
CHANGSHA
Hunan
FUZHOU
Fujian
TAIPEI
TAIWAN
Formosa
C H I N A
Tibet
CHENGDU
Sichuan
Chong-
qing
CHONGQING
Guizhou
GUIYANG
Lhasa
KUNMING
Yunnan
Guangxi Zhuang
Nanning
Guangdong
KANTON
HONGKONG
MACAO
Haikou
Hainan
Srinagar
Jammu
und Kaschmir
Punjab
Chandigarh
Himachal
Pradesh
Shimla
Haryana
Uttaranchal
DELHI
Rajasthan
JAIPUR
Uttar
Pradesh
NEPAL
Kathmandu
Sikkim
BHUTAN
Thimphu
Arunachal
Pradesh
Itanagar
Assam
Dispur
Nagaland
Kohima
Shillong
Manipur
Imphal
Mizoram
Aizawl
LUCKNOW
Bihar
PATNA
DHAKA
BANGLA-
DESCH
Gandhinagar
Gujarat
BHOPAL
Madhya Pradesh
Jharkhand
Ranchi
West
Bengalen
KALKUTTA
Raipur
Chhattis-
garh
Orissa
Bhubaneswar
I N D I E N
Maharashtra
MUMBAI
(BOMBAY)
HYDERABAD
Andhra
Pradesh
Panaji
Goa
Karnataka
BANGALORE
CHENNAI
(MADRAS)
Pondicherry
Tamil
Nadu
Kerala
Lakshadweep
Kavaratti
THIRUVANANTHAPURAM
COLOMBO
SRI LANKA
Ceylon
MALEDIVEN
Male
MYANMAR
Naypyidaw
RANGUN
Golf von
Bengalen
Andamanen
Andaman- und
Nikobar-Inseln
(Indien)
Port Blair
Andamanen-
see
Nikobaren
HANOI
LAOS
Vientiane
THAILAND
BANGKOK
VIETNAM
KAMBODSCHA
Phnom Penh
HO CHI MINH-STADT
Golf von
Thailand
Südchinesisches
Meer
Luzon-Straße
Luzon
MANILA
PHILIPPINEN
Philippinen-
see
Mindoro
Panay
Negros
Palawan
Sulusee
Davao
Kota Kinabalu
BRUNEI
Bandar Seri Begawan
M A L A Y S I A
KUALA LUMPUR
SINGAPUR
Kalimantan
(Borneo)
Celebessee
Halmahera
Molukken
Molukken-
see
Sulawesi
(Celebes)
Banda-
see
Mentawai-
Inseln
GROSSE SUNDAINSELN
I N D O N E S I E N
Javasee
Bandar Lampung
JAKARTA
SURABAYA
Dili
OSTTIMOR
Timorsee
Victoria
SEYCHELLEN
Aldabra
Islands
Amiranten
Antsiranana
MADAGASKAR
Antananarivo
Tschagos-
Inseln (Brit.)
I N D I S C H E R
O Z E A N
Kokos-Inseln
(Austr.)
Réunion (Fr.)
Saint-Denis
MAURITIUS
Port Louis
Tôlanaro
Maskarenen
Broome
AUSTRALIEN
Western Australia

*Der **Aralsee** war einst der viertgrößte See der Erde. Der Prozess der Verlandung des einst fischreichen und nur schwach salzigen Sees an der Grenze von Kasachstan und Usbekistan hat vor allem zwei Ursachen: Einerseits wird dem See bei geringen Niederschlägen und starker Verdunstung Wasser entzogen, andererseits leidet das Gewässer darunter, dass seinen beiden Zuflüssen Amudarja und Syrdarja Wasser zu Bewässerungszwecken entnommen wird.*

Westsibirisches und Nordsibirisches Tiefland

Zwischen Ural und Jenissei breitet sich als eines der größten Tiefländer der Erde das 2,6 Mio. km² große, sehr fruchtbare **Westsibirische Tiefland** aus, das sich nördlich des Mittelsibirischen Berglands im weitgehend vermoorten Nordsibirischen Tiefland fortsetzt. Durch die beiden Tiefländer fließen die großen Ströme Ob, Irtysch, Jenissei, Lena, Aldan und Kolyma.
Die Abfolge der Vegetationszonen ist im **Westsibirischen Tiefland** besonders ausgeprägt: Der Tundra im äußersten Norden folgen Taiga, schließlich Waldsteppe und im Süden Steppe.

Mittelsibirisches Bergland

Das flach gewellte Plateau, das sich zwischen **Jenissei** und **Lena** erhebt, wird im Norden vom Nordsibirischen Tiefland und im Süden vom **Östlichen Sajan** begrenzt. Es umfasst eine Fläche von ungefähr 3,5 Mio. km². Das durchschnittlich 700 m hohe und seenreiche Hochland steigt im nordwestlichen **Putoranagebirge** bis auf 1701 m Meereshöhe an.

Euphrat, Tigris

Der (mit dem Murat) 3380 km lange Euphrat entsteht aus den im Hochland Ostanatoliens entspringenden Quellflüssen Karasu und Murat, die im Keban-Stausee zusammenfließen. Als Fremdlingsfluss durchquert der Strom das syrisch-irakische Hochland, bevor er ab seinem Mittellauf gemeinsam mit dem Tigris im Tiefland von Mesopotamien Seitenarme bildet. Als Schatt el-Arab münden die beiden Flüsse in den Persischen Golf. Der 1950 km lange Tigris entspringt im Ost-Taurus und fließt in südöstlicher Richtung durch den Irak. Von Osten strömen ihm größere Nebenflüsse zu. Bei Kut zweigt der Nebenarm Schatt el-Hai nach Süden ab. Bei Amara bildet der Tigris das große Sumpfgebiet des Hor, dessen Wasser wieder zusammenfließen, bevor der Strom sich mit dem Euphrat zum Schatt el-Arab vereint.

Baikalsee

Mit 32 500 km² Fläche ist der vor 60 Mio. Jahren im Alttertiär (Paläogen) entstandene **Baikalsee** der größte Gebirgssee Asiens, zudem einer der wasser- und fischreichsten Süßwasserseen der Erde mit zahlreichen endemischen Arten.
Der fast 650 km lange und 80 km breite See in der Nähe von Irkutsk wird von waldreichen Gebirgen umgeben: dem **Baikalgebirge** im Westen, dem **Chamar-Daban-Gebirge** im Süden und dem **Bargusingebirge** im Osten. Der Wasserspiegel liegt 455 m über dem Meeresspiegel, die größte Tiefe beträgt 1620 m; damit ist er der tiefste See der Erde. 336 Zuflüsse speisen den See, dessen einziger Abfluss der **Angara** ist. Die einzige größere Insel im See ist **Olchon** mit einer Ausdehnung von 730 km² Fläche. In den Uferregionen entspringen aus Erdspalten zahlreiche mineralische Quellen.

Ostsibirische Gebirge

Östlich der mittleren und unteren Lena erstrecken sich in einem weiten Bogen die Ketten der **Nordostsibirischen Gebirge**. Der mächtige Bogen des Werchojansker und des Kolymagebirges umschließt die weitgehend vermoorten und von Seen durchsetzten Kolyma- und Jana-Indigirka-Tiefebenen.
Das Innere des Gebirgsbogens wird von Hochgebirgen wie dem **Tschersker Gebirge** und Mittelgebirgen wie dem **Oimjakon-Bergland** eingenommen. An der Pazifikküste geht das **Korjakengebirge** (mit Höhen bis 2562 m) fast nahtlos in die Gebirge der Kamtschatka-Halbinsel über. Das **Sichote-Alin-System** begleitet die Küste am Japanischen Meer.

Werchojansker Gebirge

Das **Werchojansker Gebirge** im unwirtlichen Jakutien im äußersten Nordosten Russlands erstreckt sich in einem breiten Bogen über rund 1100 km parallel und östlich der Lena bis zur Laptewsee. Das durchschnittlich 1000 m hohe, stark gegliederte Faltengebirge, das bis zu einer Meereshöhe von 2389 m aufsteigt, ist von Tundravegetation wie Moosen und Flechten bedeckt und praktisch unbewohnt.

Tschersker Gebirge

Das Gebirge im Nordosten Sibiriens erstreckt sich über 1500 km vom Unterlauf des Jana bis zum Oberlauf des **Kolyma** und erreicht im **Pobeda** (3147 m) die größte Höhe. Die Ketten des stark gegliederten Faltengebirges sind vorwiegend aus metamorphen Gesteinen und Sandstein aufgebaut, in die zahlreiche Flüsse tiefe Täler eingegraben haben. Das Gebirge ist nur teilweise stark vergletschert. In den unteren Höhenlagen finden sich Lärchenwälder.

Kolymagebirge

Der Gebirgszug im Nordosten Sibiriens setzt sich in seiner gesamten Länge von rund 1300 km aus isolierten Kämmen und Bergrücken zusammen. Das **Kolymagebirge** ist die Wasserscheide zwischen dem **Nordpolarmeer** (Kolyma) und dem **Pazifik**. In den unteren Lagen gedeihen Lärchenwälder, die oberen Lagen, die bis auf 1962 m Höhe aufsteigen, sind geprägt von Gebirgstundra.

Kamtschatka-Halbinsel

Die 1200 km lange Halbinsel zwischen Beringsee und Ochotskischem Meer gehört zu den bedeutenden Vulkanregionen dieser Erde. Eine stark gegliederte Westkette durchzieht **Kamtschatka** in Längsrichtung und gipfelt im Vulkan **Itschinskaja Sopka** (3621 m). Im mittleren, bis zu 450 km breiten Teil der Halbinsel verläuft parallel die Ostkette, die von 160 Vulkanen

Der Baikalsee ist mit 1620 m Tiefe der tiefste und außerdem einer der wasser- und fischreichsten Seen der Erde.

Lena, Ob, Irtysch, Jenissei

Die **Lena** entspringt im Baikalgebirge und fließt durch ein tiefes Tal, das sich langsam erweitert. Nach 1450 km mündet der Vitim ein. Nach dem Eintritt der Lena in das Tiefland von Jakut fließt der Aldan zu. Nach rund 4400 km mündet der Strom in einem 30 000 km² großen Delta in die Laptewsee.
Der **Ob**, Hauptstrom des Westsibirischen Tieflandes, entsteht durch den Zusammenfluss von Katun und Bija, die aus dem Altai kommen. Im Unterlauf teilt sich der Ob in Großen und Kleinen Ob, die sich nach rund 460 km wieder vereinigen. Nach 3650 km (incl. des wichtigsten Zuflusses, des Schwarzen Irtyschs, sind es sogar 5400 km) mündet der Ob im nur kurzzeitig eisfreien, 900 km langen, 30 bis 90 km breiten Ob-Busen in die Karasee. Das fruchtbare Becken des Ob nimmt etwa 85% des Westsibirischen Tieflandes ein, sein Einzugsgebiet ist mit Zu- und Nebenflüssen etwa 2,975 Mio. km² groß.
Der **Irtysch** entspringt in den Gletschern am Südwestabhang des Altai und fließt westwärts durch den Saissansee, um nach 4250 km nahe Chanty-Mansijsk in den Ob zu münden.
Der **Jenissei** bildet sich aus den Quellflüssen Großer und Kleiner Jenissei, die nahe der mongolischen Grenze entspringen, und fließt in nördlicher Richtung. Nach 4130 km mündet der Jenissei im 435 km langen Jenissei-Busen in die Karasee. Da alle Flüsse jährlich fünf bis acht Monate lang zugefroren sind, erfolgt der Abfluss zu 80 % in den Sommermonaten.

*Das **Tote Meer**, ein abflussloser See an der Grenze von Israel und Jordanien, weist mit 28 % einen sehr hohen Salzgehalt auf. Hier können nur bestimmte Algenarten und Mirkoorganismen leben. Die Wasseroberfläche des Toten Meers liegt rund 400 m unter dem Meeresspiegel, damit ist es die tiefste Depression der Erde. Bewässerungsmaßnahmen im Umland haben dazu geführt, dass die Frischwasserzufuhr abgenommen hat und der Wasserspiegel gesunken ist.*

umrahmt wird. Der höchste der 29 aktiven Vulkane ist der **Kljutschewskaja Sopka** (4750 m). Zwischen den beiden teils vergletscherten Ketten liegt das von Steilabfällen und Bruchlinien begrenzte **Kamtschatka-Tal**, das vom Kamtschatka entwässert wird. Das Tal ist von Baumtaiga geprägt. Im Osten fällt das Gebirge zu vermoorten Küstenebenen ab.

Sichote-Alin

Das 1200 km lange und 250 km breite Gebirgssystem verläuft parallel zur Küste von der **Amurmündung** im Norden bis zum **Peter-der-Große-Sund** im Süden. Das durchschnittlich 800 m hohe Gebirge aus mehreren durch tiefe Täler voneinander getrennten Mittelgebirgsketten, die aus Sandsteinen, Schiefern und Basaltdecken aufgebaut sind, erhebt sich bis auf 2077 m (Tardoki-Jani) und fällt zum Japanischen Meer hin steil ab.

Kleinasien

Die zwischen Schwarzem Meer und Mittelmeer sich vorschiebende Vorderasiatische Halbinsel ist durch das **Marmarameer** und den schmalen **Bosporus** vom europäischen Festland getrennt. Randketten des **Taurus** und des **Pontischen Gebirges** umrahmen das **Anatolische Hochland**, das in das **Armenische Hochland** übergeht. Dieses wird im Norden vom **Kleinen Kaukasus**, der sich im **Elbursgebirge** fortsetzt, und im Süden vom **Armenischen Taurus** begrenzt. Südlich davon bewässern Euphrat und Tigris eine fruchtbare Senke. Im Osten wird diese vom **Zagrosgebirge** begleitet, das zum wüstenhaften **Iran-Hochland** im Osten abfällt.

Anatolien

Das Hochplateau wird entlang der Schwarzmeerküste vom **Pontischen Gebirge** und parallel zur Mittelmeerküste vom **Taurus** umrahmt, der nach Osten hin ansteigt. Seine Ausläufer gehen zur Küste hin in fruchtbare Ebenen über. Der **Ararat** ist mit 5165 m die größte Erhebung.
Die Hochebene Anatoliens wird von zahlreichen Flüssen (Euphrat, Tigris) durchzogen und weist vor allem in den Tälern des Taurus viele, teilweise abflusslose Seen auf, so den in 1646 m Höhe gelegenen **Van-See**.

Taurus

Das Gebirgssystem des **Taurus** gehört zum tertiären Faltengebirgsgürtel Vorderasiens und besteht vorwiegend aus Kalken und metamorphen Gesteinen, die zum Teil unter jungvulkanischen Decken verschwinden. Im schroffen Mitteltaurus erreicht das Gebirge mit dem **Buzul Dagı** (4168 m) seine größte Höhe. Aus den vulkanischen Auswurfmassen des **Erciyas Dagı** (3917 m) entstanden die bizarr geformten Tuffwände und -kegel des **Göreme**.

Mesopotamien

Das »Land zwischen den Strömen« breitet sich am mittleren und unteren **Euphrat** und **Tigris** aus und bildet ein fruchtbares Becken, das durch die zahlreichen Seiten- und Nebenarme der beiden Flüsse bewässert wird. Das stark versumpfte und verschilfte Gebiet ist von Seen durchzogen.

Arabische Halbinsel

Die größte Halbinsel Asiens bedeckt 3,5 Mio. km² Fläche und besteht aus wüstenhaften, bis auf 3000 m ansteigendem Tafelland, das von Wadis durchzogen wird. Das **Rote Meer** trennt die Arabische Halbinsel vom afrikanischen Kontinent; im Osten bildet die lang gestreckte Senkungszone von **Mesopotamien** und Persischem Golf die Grenze zu den nordiranischen Faltengebirgen (**Zagros**), die sich im Jabal Akhdar (3018 m) fortsetzen.
Der Kontinentalblock Arabiens hat im Südwesten seine größte Erhebung (Jabal an Nabi Shu'ayb, 3760 m), zum Roten Meer hin bricht er dann steil ab, während er zum Nordosten hin in ein sogenanntes Schichtstufenland abfällt. Die großen Senken im Inneren sind weite Sandwüsten mit Dünenfeldern.

Nedjd

Das vorwiegend von Stein- und Sandwüsten bedeckte Hochplateau im Nordosten der **Arabischen Halbinsel** wird von den Bruchstufen des **Jabal Tuwaik** und des **Jabal Shammar** eingerahmt, an denen das Land im Osten zur Sandwüste abfällt. Im Zentrum erhebt sich das Al-Aramah-Plateau. Die 600 bis 1000 m hoch gelegene Hochfläche des **Nedjd** ist der Hauptlebensraum der Halbinsel und weist an den bisweilen Wasser führenden Wadis Oasen auf.

Rub al-Khali

Die **Große Arabische Wüste** bedeckt 780 000 km² und ist damit die größte zusammenhängende Sandfläche der Erde. Die 1500 km

1

2

3

1 In Kappadokien ist im Tal von Göreme durch stetige Erosion weicheren Tuffgesteins unter Brocken von härterem Gestein eine eindrucksvolle Landschaft aus bizarren Kegeln und Kaminen entstanden.

2 Heiße Quellen fließen im Taurus über die Kalksinterterrassen von Pamukkale zu Tal. Ablagerungen des mineralhaltigen Wassers haben stufenförmige Bassins entstehen lassen.

3 Der kleine Ort Shaharah im Nordjemen liegt auf 2450 m Höhe. Hier erreichen die Ausläufer der arabischen Küstengebirge Gipfelhöhen von über 3000 m.

Der Himalaya

Von Süden gesehen wirkt der Himalaya wie ein gigantischer Bogen. Das steil aufragende Gebirgssystem, in dessen Zentrum sich die höchsten Gipfel der Erde konzentrieren, ist seit Jahrhunderten Bestandteil der Mythen und Legenden der Völker, die in seinem Schatten leben. »Schneewohnung« lautet denn auch die Übersetzung seines altindischen Namens.

Der Himalaya besteht streng genommen aus vier Gebirgsketten, die sich parallel zueinander erstrecken und von der Siwalikette im Süden über den Vorderen Himalaya bis zum Großen Himalaya reichen. Letzteren trennt ein gewaltiges Längstal, das vom Brahmaputra durchflossen wird, vom nördlichsten Zug, dem immer noch bis auf 7000 m Meereshöhe aufsteigenden Transhimalaya. Gewaltige Schneefelder und Gletscher bedecken etwa 17 % des Gebirges und reichen bis in die unteren Täler, wo sie die Quellgebiete der größten Ströme Asiens, Brahmaputra, Ganges und Indus, speisen. Einige der 19 Flüsse, die das Himalayasystem entwässern, verlassen in tiefen Durchbruchstälern, deren Steilränder bis zu 5 km in die Höhe ragen, die Gebirgsketten nach Süden.
Gleichzeitig ist der Himalaya dank seiner gewaltigen Massenerhebung eine Klima- und Vegetationsscheide drastischen Ausmaßes: Wie eine Wand blockiert er im Winter die vom Norden des Kontinents kommende Kaltluft, die sonst den Süden des Indischen Subkontinents erreichen würde. Gleichzeitig hält diese Wand die immensen Niederschläge der Sommermonsune zurück, die bereits an den südlichen Flanken abregnen, sodass das nördlich gelegene Hochland von Tibet zu den trockeneren Regionen der Erde gehört. Die Südflanke des Himalaya wird daher von üppigen Regen- und Nebelwäldern überzogen, während an den Nordflanken wintertrockene alpine Steppen vorherrschen. In den höheren Regionen geht das alpine Klima allmählich in Polarklima über. Hier fegen orkanartige Ausgleichswinde über die Gletscher.
Es ist nur schwer vorstellbar, dass das höchste Gebirge der Erde im Erdaltertum einmal Sedimentschicht eines Meeresbodens war. Dennoch: Versteinerte Muschelschalen und fossile Meerestiere, die man selbst in mehreren Kilometern Höhe gefunden hat, belegen dies. Der Himalaya gehört zu den vergleichsweise jungen alpiden Faltengebirgen dieser Erde: Erst seit 60 Mio. Jahren schiebt sich die Indische Kontinentalplatte mit einer Driftgeschwindigkeit von mehreren Zentimetern im Jahr unter die Eurasiatische Platte. Vor 55 bis 40 Mio. Jahren riss an dieser Kollisionsstelle in der kontinentalen Kruste der Indischen Platte eine Bruchfläche auf. Dabei schob sich die Kruste unterhalb der im Norden einfallenden Bruchflächen weiterhin nach Norden und tauchte ab, während die abgescherte Krustenschicht nach Süden auf den Indischen Subkontinent verschoben wurde. Vor etwa 30 Mio. Jahren bildete sich in noch größerer Krustentiefe eine neue

Bruchfläche, deren abgeschliffene Krustenschicht ebenfalls auf den Indischen Subkontinent geschoben wurde. Der Himalaya begann sich zu bilden, und er wächst noch heute jährlich um einige Millimeter. Dieser Auffaltungsprozess ist also noch längst nicht abgeschlossen und wird von regelmäßigen Erdrutschen und starken Erdbeben begleitet.
Es sind genau diese beträchtlichen Erosionskräfte, die die gezackten und spitzen Gipfelsilhouetten entstehen lassen und dem Bergpanorama seinen besonderen Reiz verleihen.
Nach Überzeugung der einheimischen Bevölkerung dienen die steilen Gipfel im ewigen Schnee den Göttern als Wohnsitz. Seit Beginn des 20. Jh. versuchen sich auch Bergsteiger an den Gipfeln in der einst entlegenen Bergregion, von der es bis dahin kaum Karten gab. Erst in den 50er-Jahren gingen Nachrichten von Erstbesteigungen um die Welt. Dank verbesserter Ausrüstungen bezwang 1950 eine französische Expedition als ersten Achttausender den Annapurna I. Dann wurden Jahr für Jahr neue Gipfel erklommen. Selbst auf dem höchsten Punkt des Kanchenjunga, der noch heute als besonders schwieriger Berg gilt, standen 1955 die ersten Menschen. Als Letzter fiel der Sisha Pangma: Erst 1964 fand eine chinesische Expedition den Weg zu seinem Gipfel.
Dünne Luft, eisige Kälte und plötzliche Wetterumschwünge gefährden das Leben der Bergsteiger bis heute, auch wenn sich Infrastruktur und technische Ausrüstung inzwischen erheblich verbessert haben. Seit der Erstbesteigung durch Edmund Hillary und Tensing Norgay 1953 haben Tausende von Menschen den Mount Everest bezwungen (in den letzten Jahrzehnten ist die Besteigung des Bergs so etwas wie alpiner Volkssport geworden), doch etwa jeder 15. ist nicht lebend zurückgekehrt. 1976 wurde im Khumbu-Himal in Nepal der Sagarmatha-Nationalpark ausgewiesen, um die einzigartige Natur des Mount-Everest-Gebiets vor den Auswirkungen des Bergtourismus zu schützen.

Viele der berühmt-berüchtigten »Achttausender« liegen in der Faltengebirgsregion des Himalaya und von ihm ausgehender Gebirgszüge: Mount Everest (8850 m), Kanchenjunga (8586 m), Lhotse (8516 m), Makalu (8463 m), Cho Oyu (8201 m), Dhaulagiri (8167 m) und Manaslu (8163 m).

Kleines Bild: Mount Everest, der höchste Berg der Welt
Großes Bild: Gut zu erkennen ist auf dieser Satellitenaufnahme, wie eine Kette Sieben- und Achttausender, darunter Cho Oyu, Mount Everest, Lhotse und Makalu hufeisenförmig einige fast schneefreie Täler umschließt.

*Der **Mongolische Altai**, das höchste Gebirge der Mongolei und eine der schönsten Natursehenswürdigkeiten des Landes, ist rund 1000 km lang und bis zu 4374 m hoch. Er ist mit dem Russischen und dem Gobi-Altai Teil eines gewaltigen Gebirgssystems. Der rund 500 km lange und bis zu 4000 m hohe wüstenhafte Gobi-Altai bildet die südöstliche Fortsetzung des Mongolischen Altai.*

breite Vollwüste wird von bis zu 300 m hohen Dünen durchzogen. In dem extrem ariden Klima gibt es kaum Oasen.

Elburs-Gebirge

Das südlich des **Kaspischen Meeres** verlaufende Faltengebirge im Nordiran trennt als Klima- und Vegetationsscheide das von Wüsten geprägte **Iran-Hochland** von den kaspischen Küstenlandschaften. Auf der Südseite des Gebirges, das mit dem **Demawend** eine Höhe von 5670 m erreicht, erstreckt sich eine trockene Bergsteppe, die feuchte Nordseite bedecken Bergwälder und Grasflächen.

Iran-Hochland

Das Hochland und seine Randgebirge sind Teile des alpiden Gebirgsgürtels, der Europa und Asien durchläuft und sich hier in das nördliche **Elburs-** und das südliche **Zagros-Gebirge** teilt. Das Innere des Hochlandes wird von abflusslosen Becken eingenommen, die von Gebirgszügen unterbrochen sind. Auch gewaltige Binnenwüsten wie die **Wüste Lut** und die **Große Salzwüste** sind hier zu finden.
Basaltgebirge und Vulkankegel im Norden und Westen sowie häufig auftretende schwere Erdbeben zeugen von anhaltender tektonischer Tätigkeit.

Zagros-Gebirge

Das junge alpide Faltengebirge trennt das iranische Binnenhochland von der südlichen Senkungszone des Euphrat-Tigris-Tieflandes. Der rund 1200 km lange Gebirgszug verläuft vom armenischen Gebirgsknoten bis zum **Golf von Oman**. Die bis über 4500 m hoch aufragenden Gipfel und Massive sind von ausgedehnten Hochbecken unterbrochen.

»Dach der Welt«

Der weit gedehnte Bogen des mächtigsten und höchsten Gebirgssystems der Erde erstreckt sich über eine Breite von mehr als 2500 km und trennt als gewaltige Klima- und Vegetationsscheide den **Indischen Subkontinent** vom **Tibet-Hochland**. Auf engstem Raum trifft man hier auf die höchsten Gipfel der Erde.
Der **Himalaya** gehört zu den jungen alpiden Faltengebirgen der Erde. Er erhebt sich am Nordrand der Indischen Kontinentalplatte, die sich seit etwa 60 Mio. Jahren mit einer Geschwindigkeit von einigen Zentimetern im Jahr unter die Eurasiatische Platte schiebt. An einer vor ungefähr 25 Mio. Jahren entstandenen Hauptbruchstörung begann der Himalaya zu wachsen. Auch die sich im Nordwesten anschließenden Hochgebirge **Hindukusch, Karakorum** und **Pamir** gehören zu diesem System.

Pamir, Hindukusch, Karakorum

Der höchste Berg des **Pamir**, dessen steil aufgefaltete Gebirgsketten im Inneren von weiten Hochbecken, den wüstenhaften Pamiren, beherrscht sind, ist der **Kongur** (7719 m).
Im stark vergletscherten Hauptkamm des rund 700 km langen **Hindukusch** gibt es mehr als 20 Siebentausender; der höchste ist der 7707 m hohe **Tirich Mir**.
Das Gebirgssystem des **Karakorum** weist unter seinen vier Achttausendern mit dem **K2** (8611 m) den zweithöchsten Gipfel der Erde auf. Mehr als ein Drittel der Gebirgsfläche sind von mächtigen Gletschern bedeckt, von denen einige wie der **Siachen** oder der **Baltoro** zu den größten Eisströmen außerhalb der Polargebiete zählen.

Himalaya

Die höchste der vier steil aufgefalteten Ketten im Hauptsystem des **Himalaya**, die eine Nord-Süd-Ausdehnung von bis zu 250 km erreichen, ist der **Große Himalaya**, in dem sich allein neun der 14 Gipfel über 8000 m finden. Südlich davon liegt der **Vorder-Himalaya** mit Höhen von lediglich 4000 m, dem breite Senken vorgelagert sind. Daran schließen sich die **Siwaliketten** an, die zum Industiefland hin abfallen.
Nördlich davon trennt die vom **Brahmaputra** durchquerte Längstalzone den Großen Himalaya vom Transhimalaya (siehe auch Seite 80/81).

Transhimalaya

Der Gebirgszug ist über 1000 km lang und bis zu 7114 m (**Nyainqentanglha Feng**) hoch. Mit der **Kaifas-Kette** reicht der **Transhimalaya** nur im Westen an den **Großen Himalaya** heran.
Das Gebiet ist niederschlagsarm und daher weitgehend von Steppen bedeckt. Starke Vergletscherung findet sich nur im Süden des Gebirges, die sanft abfallende Nordabdachung hat Wüstencharakter.

Ruinen des Puntsoling-Klosters in Zentraltibet

Tibet-Hochland

Das mit 2 Mio. km² ausgedehnteste und bei einer mittleren Höhe von 4500 m am höchsten gelegene Plateau der Erde wird allseitig von 7000 bis 8000 m hohen Gebirgsbarrieren eingefasst. Das trockene und unwirtliche Hochland gliedern einige wenige Gebirgsketten, zwischen denen sich mit Schuttablagerungen oder Salzseen bedeckte Becken ausdehnen. Es überwiegen Schutt- und Geröllwüsten im Norden und Westen, während sich im Osten Hoch- und Baumsteppen befinden. Entlang der südtibetischen Längsfurche südlich des **Transhimalaya**, einer nur 3600 m hohen Grabenzone, liegt der Hauptlebensraum der Tibeter.

Tarimbecken

Das tektonisch angelegte, abflusslose Becken wird von den Gebirgssystemen **Tian Shan, Kunlun Shan, Altun Shan** und **Pamir** gerahmt. Es erstreckt sich von Westen nach Osten über eine Länge von 1500 km, erreicht eine Breite von bis zu 650 km und fällt von 1400 m im Westen auf rund 800 m im Osten ab. An der tiefsten Stelle (780 m) liegt der **Lop Nur**, ein ausgetrockneter Salzsee mit einer Fläche von 25 000 km².
Den Großteil des **Tarimbeckens** (272 000 km²), in dem ein arides, streng kontinentales Klima vorherrscht, nimmt die Wüste **Takla-Makan** mit ihren gewaltigen Sanddünen ein, in deren Saumbereich die aus den Randgebirgen kommenden Zuflüsse versickern oder in Salzseen enden. Der **Tarim** bewässert lediglich im Norden der Wüste einige Oasen.

Kunlun Shan, Tian Shan, Nan Shan

Das variske Faltengebirgssystem des **Kunlun Shan** erstreckt sich über 3000 km und bildet den nördlichen Abschluss des Tibet-Hochlandes.
Der Westliche Kunlun schließt an den Pamir an und wird bis zu 7546 m (**Muztagata**) hoch, bevor er sich im Osten in zwei Ketten teilt. Zum Mittleren Kunlun gehören der stark vergletscherte **Arkatag** (**Ulug Muztag**, 6973 m) und das **Burhan-Budai-Gebirge** (7720 m). In den Gebirgstälern finden sich zahlreiche abflusslose Salzseen. Tektonische Längstäler trennen die Kämme des Östlichen Kunlun, der im **Qin Ling** östlich langsam abdacht.

Das Gebirgssystem des **Tian Shan** erstreckt sich über 2500 km und wird an allen Seiten von Wüsten und Halbwüsten (**Kysylkum, Gobi, Dsungarei**) begrenzt. Das durch Ketten und intramontane Becken (**Turpan-Senke**, 154 m unter dem Meeresspiegel) stark gegliederte Bruchschollengebirge ist aus präkambrischen und paläozoischen Gesteinen aufgebaut und erreicht im **Pobedy** mit 7439 m die größte Höhe.
Der **Nan Shan** besteht aus einer Reihe stark zertalter, hochalpin ausgebildeter Ketten, die eine Vielzahl abflussloser Senken mit Salzseen und -sümpfen umfassen.

Gobi

Die gewaltige innerasiatische Beckenlandschaft, die bei einer Längsausdehnung von 2000 km rund 1,3 Mio. km² umfasst, ist auf allen Seiten von Gebirgen umgeben. Die niedrigeren Ausläufer des **Mongolischen Altai** ziehen sich weit in die rund 1000 m hoch gelegene **Gobi** hinein. Reine Sandwüsten finden sich nur im Südwesten (**Badainjaran**, 47 000 km²; **Tenger**, 36 000 km²), der übrige Teil besteht aus reinen Steppengebieten. Der Nordosten wird nur zeitweise durch den **Kerulen** zum **Amur** entwässert. Der wichtigste Flusslauf ist der **Edsin Gol**, der in dem abflusslosen Becken Oasen bildet.

Mongolei

Die im Zentrum Ostasiens gelegene Großlandschaft wird im Westen vom **Altaigebirge** mit Höhen von bis zu 4374 m und dem **Changaigebirge** (über 3500 m) beherrscht. 1000 bis 1500 m hoch gelegene Hochländer nehmen den Osten des Landes ein. Im Nordosten sind sie von Taigavegetation geprägt. Die das restliche Gebiet beherrschende Gebirgswüsten- und Steppenvegetation geht im Süden in die Wüste **Gobi** über. Vier Fünftel der Region bestehen aus Steppe mit Weideland. Die wichtigsten Gewässer sind die Flüsse **Selenga** und **Kobolo**.

Dsungarei

Die tektonische Senke zwischen dem **Mongolischen Altai** und dem östlichen **Tian Shan** geht im

Der Pazifische Feuergürtel

Als Antriebsmotor der kontinentalen Plattenbewegungen gilt der Mittelozeanische Rücken, aus dem in der Tiefsee Magma seitlich ausströmt. Dieses verhärtet sich und drängt die angrenzenden Platten mit Geschwindigkeiten zwischen 2 cm im Südatlantik und bis zu 18 cm im Südpazifik Jahr für Jahr auseinander.

Das austretende Magma bildet jedes Jahr etwa 2,5 bis 3 km^3 neue ozeanische Kruste. Auf der anderen Seite wird etwa die gleiche Menge ozeanischer Kruste in den großen Tiefseegräben an den Rändern der Kontinentalplatten wieder in den Untergrund gezogen und eingeschmolzen.
In der Nähe dieser sogenannten Subduktionsstellen kann es geschehen, dass das verflüssigte Gestein plötzlich durch die Erdkruste hervorbricht und einen Vulkan absetzt. Die Anordnung der Vulkane auf der Erde ist also keinesfalls zufällig: Allein um die Pazifische Platte herum befinden sich etwa zwei Drittel der rund 500 heute oder einst aktiven Vulkane der Erde. Ein 32 500 km langer Feuergürtel (»Ring of Fire«) aus vulkanischen Inselreihen und Vulkanketten säumt den Pazifischen Ozean: Er reicht im Osten von der Antarktischen Halbinsel über Feuerland bis zu den gewaltigen Vulkanreihen der süd- und mittelamerikanischen Kordilleren. Der von den Vulkanen Alaskas ausgehende Inselbogen der Aleuten markiert den nördlichen Rand der Pazifischen Platte. Dieser Inselbogen wird mit der sibirischen Halbinsel Kamtschatka und den Kurilen fortgeführt. Hier schiebt sich die Pazifische Platte unter die Eurasiatische. Die Reihe setzt sich fort mit einem weiteren Inselbogen, der von Japan bis nach Taiwan reicht und südlich in den Marianen ausläuft. Er markiert den Rand der Pazifischen Platte an der Grenze zur relativ kleinen Philippinenplatte, die ihrerseits an drei weitere Platten stößt und so an ihren Rändern die besonders aktiven Vulkanreihen Indonesiens und der Philippinen bedingt. Den Abschluss bilden die Vulkanketten entlang der Indisch-Australischen Platte, die sich über Melanesien und Fidschi bis hinunter nach Neuseeland und zu einigen subantarktischen Inseln ziehen. In diesem gewaltigen Feuergürtel um den Pazifik erwachen nicht nur Vulkane, die seit Jahrhunderten erloschen zu sein scheinen, immer wieder zum Leben; auch 95 % der weltweiten Erdbeben haben hier ihren Ursprung.

Großes Bild: Gewaltige Eruptionen ereignen sich regelmäßig auf der Halbinsel Kamtschatka in Ostsibirien.
Kleines Bild oben: Nicht mehr aktiv ist hingegen Japans berühmtester Vulkan Fujisan.
Kleines Bild unten: Von der Vulkaninsel White Island (im Bild) bis zum Mount Ruapehu erstreckt sich in Neuseeland eine Kette aktiver Vulkane.

*Der **Jangtsekiang**, auch Chang Jiang, »langer Fluss«, genannt, entspringt im Hochland von Tibet und mündet nach 6400 km bei Shanghai ins Meer. Über weite Strecken ist dieser für China wirtschaftlich bedeutende Fluss schiffbar.*

Zu den faszinierendsten Landschaften dieses Flusses zählen die Drei Großen Schluchten in den Provinzen Sichuan und Hubei. Die abgebildete Schlucht des Tigersprungs befindet sich an der Grenze zwischen Tibet und Yunnan.

Osten in die Wüste **Gobi** über, im Westen wird sie von einzelnen Gebirgsketten (**Dsungarischer Alatau**) begrenzt. Das Innere bedecken vorwiegend Sandwüsten, die an den Rändern in Salzsteppen und Salzseen (**Ulungur, Ebinur, Sayram**) übergehen. Der einzige Abfluss der Dsungarei ist der **Irtysch**.

Altai

Das Gebirgssystem gliedert sich in den Russischen, den Mongolischen und den Gobi-Altai. Das paläozoische Rumpfgebirge des **Russischen Altai** erhebt sich im Zentrum und im Osten zu vergletscherten Hochgebirgen, die bis zu 4506 m hoch werden. Ansonsten herrschen Hochflächen und Mittelgebirgszüge sowie weite Steppenbecken vor. Am Gebirgsstock des **Tabyn-Bogdo-Ola** zweigt der 1000 km lange **Mongolische Altai** ab. Der etwa 500 km lange **Gobi-Altai**, der bis auf 3957 m (**Ich-Bogdo-Ola**) ansteigt, bildet seine südöstliche Fortsetzung.

Changai

Der etwa 700 km lange, von durchschnittlich 2500 m bis auf 4031 m Meereshöhe (**Otchon-Tengri**) ansteigende Gebirgszug ist aus Graniten, Schiefern und Sandsteinen aufgebaut. Die höheren Lagen sind nahezu vegetationslos, während die südlichen Täler und Hänge von Steppen und der Norden von Wäldern bedeckt sind.

Jangtsekiang, Huang He

Der **Jangtsekiang**, der drittlängste Fluss der Erde, entspringt in mehreren Quellflüssen im Hochland von Qinghai auf 5600 m Höhe. Zunächst schießt er durch Hochgebirgsketten nach Südosten. Auf eine Breite von 500 m angeschwollen, durchquert er den Ostteil des Roten Beckens und durchbricht dann zwischen Chongqing und Yichang auf einer Länge von 650 km das Yunnan-Guizhou-Plateau. Dann tritt er in die Große Ebene ein, durch die er in östlicher Richtung mäandert. Bei Nanjing bildet der »Lange Fluss« ein gewaltiges Delta und mündet nach 6400 km in zwei Armen bei Shanghai in das Ostchinesische Meer.
Von seiner Quelle im Hochland von Qinghai strömt der **Huang He** in großen Windungen am Südrand der Wüste Gobi und um das Ordos-Plateau herum in die Große Ebene und mündet nach 4845 km nordwestlich der Shandong-Halbinsel in das Gelbe Meer.

Nordostchinesisches Tiefland

Dieses wirtschaftlich intensiv genutzte und dicht bevölkerte Gebiet erstreckt sich entlang der Pazifikküste von der vom Unterlauf des **Huang He** durchströmten fruchtbaren Großen Ebene, die in die **Shandong-Halbinsel** übergeht, bis zum Tiefland am Mittel- und Unterlauf des **Jangtsekiang**.
In der Ebene des unteren Jangtsekiang haben die Wasser dieses Stromes und seiner Nebenflüsse eine Reihe von natürlichen Seen aufgestaut.

Shandong-Halbinsel

Die **Shandong-Halbinsel** trennt die **Bo-Hai-Bucht** im Norden vom Gelben Meer im Süden. Die durch kleine Buchten reich gegliederte Halbinsel hat im Westen noch Anteil an der Schwemmlandebene des unteren **Huang He**, bevor sie im Inneren zu Hügel-, später zu Bergland aufsteigt.

Seengebiet (Dongting Hu, Poyang Hu, Tai Hu)

Der **Dongting Hu**, einer der größten Süßwasserseen Chinas, bildet ein natürliches Staubecken, sodass Wasser in den **Jangtsekiang** abfließen kann und eine gleichmäßige Wasserführung des Stroms garantiert. Durch die Zuführung großer Schlammmassen verkleinert sich das Volumen des Sees, der eine Fläche zwischen 3600 und 4700 km² bedeckt, zusehends.
Der relativ seichte See **Poyang Hu** wird vom **Gan Jiang** durchflossen; er dient ebenfalls als Rückhaltebecken, das durch die unterschiedliche Wasserführung seine Fläche stark verändert (3700 bis 5070 km²).
Der **Tai Hu** wird von einem Labyrinth von Wasserläufen umflossen und gespeist, die über den **Huangpu-Fluss** und weitere Kanäle mit dem **Jangtsekiang** verbunden sind.

Jangtsekiang-Delta

Bei Nanjing geht der **Jangtsekiang** in ein ungefähr 350 km langes und bis zu 80 km breites **Delta** über, das eine Fläche von mehr als 80 000 km² einnimmt. Hier befördert der Jangtsekiang Jahr für Jahr rund 300 Mio. Tonnen Schlick und Schlamm ins Meer. Die Umgebung des fruchtbaren Deltas gehört zu den am dichtesten besiedelten Regionen Chinas.

Die Gobi umfasst den gesamten Südteil der Mongolei. Nomaden leben in dieser unwirtlichen Landschaft.

Mittelchinesische Gebirge

Die **Mittelchinesischen Gebirge** trennen das nordostchinesische Tiefland vom subtropisch geprägten Südchina und bestehen hauptsächlich aus älteren Rumpfschollen, die von größeren Granitstöcken durchsetzt sind.

Qin Ling

Das Gebirgssystem bildet auf einer Länge von 1550 km die Klimascheide zwischen dem gemäßigten Nord- und dem subtropisch geprägten Südchina und ist auch die Wasserscheide zwischen den Flusssystemen des **Huang He** und des **Jangtsekiang**. Das variske Faltengebirge, das aus Graniten, Kalken und Sandsteinen aufgebaut ist, wird im **Taibai Shan** bis zu 3767 m hoch.

Chingan

Die beiden Gebirgszüge des Chingan erstrecken sich vom **Amur** bis in das Gebiet nördlich von Beijing und bilden so den nördlichen Rahmen der zentralen Tiefebene der Mandschurei. Der **Große Chingan** trennt diese vom mongolischen Plateau im Westen und ist vorwiegend aus Graniten und Basalten aufgebaut. Durchschnittlich etwa 1200 m hoch gelegen, bestimmt dicht bewaldetes Bergland bis auf über 2000 m Höhe das Bild.
Der nordöstlich gelegene Mittelgebirgsrücken des **Kleinen Chingan**, der bis auf etwa 1200 m ansteigt, wird im Nordosten in einer tiefen Talschlucht vom **Amur** umflossen.

Sichuan

Den Ostteil der Großlandschaft von **Sichuan** nimmt das etwa 220 000 km² große Sichuan-Becken am Mittellauf des **Jangtsekiang** ein, das wegen des hier verbreiteten roten Sandsteins auch **Rotes Becken** genannt wird. Das etwa 400 bis 800 m hoch gelegene fruchtbare Hügelland, das durch eingesenkte Ebenen unterbrochen wird, ist allseitig von bis zu 3000 m hohen Gebirgen umgeben und wird im Süden durch das Hunan-Guizhou-Plateau begrenzt. Dieses 1800 bis 2000 m hohe Plateau, das vorwiegend aus Kalksteinen aufgebaut ist, beherrscht den Westen Sichuans sowie den zentralen Teil Hunans und wird im Westen von den **Sinotibetischen Gebirgen** und dem **Qinghai-Hochland** eingerahmt. Das Sinotibetische Gebirge erreicht im **Daxue Shan**, der 7556 m hoch aufragt, seine höchste Erhebung.

Südostchinesische Mittelgebirge

Die stark gekammerten südostchinesischen Bergländer teilen sich in die Systeme des **Nan Ling** und des **Wuyi Shan**. Sie trennen den **südchinesischen Tieflandstreifen** vom nördlich gelegenen **Jangtsekiang-Tiefland**. Die 200 bis 1100 m hohen Gebirgszüge, in denen enge Täler und weite Becken einander ablösen, gehören zu den reizvollsten Landschaften Chinas.
Die gesamte Region lag lange Zeit unter dem Meeresspiegel und ist erst seit dem Tertiär Festland. Die gewaltigen Kalkablagerungen, die Schichten von durchschnittlich 1100 m Dicke auf dem Granituntergrund bilden, haben sich durch Erdbewegungen verschoben und angehoben; durch Erosion sind großartige Karstlandschaften entstanden. Die bizarr verkarsteten Kalksteintürme der Region von **Guilin** am **Lijiang** zählen zu den schönsten Landschaften der Erde.

Nan Ling

Das **Nan-Ling-Gebirgssystem**, ein Ostausläufer des **Altun Shan**, besteht aus einer Reihe von versetzten Bergketten, die die Wasserscheide zwischen **Jangtse-**

*Zwischen den Gebirgen Tianshan, Dsungarischer Alatau, Russischer und Mongolischer Altai liegt die **Dsungarei**, eine Beckenlandschaft mit Wüsten, Steppen und Grasländern. Weite Teile sind Geröllwüste, fast nur die Ränder am Fuße der Gebirge werden von Flüssen durchflossen. Dort haben sich auch bizarr anmutende Landschaftsformen mit abgeschliffenen Felsen (rechts) herausgebildet. Die östliche Fortsetzung der Dsungarei ist die Wüste Gobi.*

kiang und dem südlichen **Zhujiang** bilden. Die Hauptgipfel erreichen Höhen von über 1500 m; die höchste Erhebung beträgt 1902 m. Im Süden geht das Gebirgssystem in ein Hügelland über.

Wuyi Shan

Das Gebirgssystem besteht aus einer Reihe von Ketten, die die Grenze zwischen Fujian und Jiangxi markieren. Es weist Gipfel von bis zu 1800 m Meereshöhe auf.
Den Süden des Gebirgszuges nimmt die **Shanling-Kette** ein, in deren dicht bewaldeten Hängen sich viele Höhlen finden. Im Nordosten geht das Gebirgsland in das von dichten Bambuswäldern bedeckte **Xianxia-Gebirge** über. Der **Wuyi Shan** verdankt seinen Namen einer seiner reizvollen Felslandschaften, die sich durch bizarr geformte Gipfel und begrünte Schluchten auszeichnet.

Taiwan

Die durch die 160 km breite **Formosastraße** vom chinesischen Festland getrennte Insel hat eine Fläche von 36 000 km² und ist von einem zentralen jungen **Faltengebirge** geprägt, das die Insel von Norden nach Süden durchzieht und rund zwei Drittel der Inselfläche einnimmt. Das stark zerklüftete und von Regenwald überwucherte Gebirge weist mehr als 60 Gipfel auf, die Höhen von über 3000 m erreichen, und steigt im **Yu Shan** bis auf 3997 m Meereshöhe an. Nach Osten hin fällt der Gebirgszug steil ab, während er im Westen nach terrassenförmigen Abstufungen in einer 8 bis 40 km breiten fruchtbaren Ebene mit einer Ausgleichsküste ausläuft.
Im Norden der Insel erhebt sich über dem **Becken von Taipeh** eine Gruppe erloschener Vulkane, die noch zum Vulkanbogen der **Nansei-Inseln** gezählt wird. Aufgrund der Lage an der Kontaktzone zwischen der Pazifischen und der Philippinenplatte und den damit einhergehenden Krustenbewegungen ist Taiwan häufigen Erdbeben ausgesetzt.

Japan

Der rund 2600 km lange Inselbogen, der die vulkanische Gipfelreihe einer unterseeischen Gebirgskette darstellt, besteht aus etwa 4100 Inseln. An die Hauptinseln **Kyushu** (36 554 km²), **Shikoku** (18 260 km²), **Honshu** (227 414 km²) und **Hokkaido** (83 511 km²) schließen sich im Norden die **Sachalin-Insel** und die **Kurilen-Kette** an. Die **Nansei-Inseln** mit **Okinawa** führen diese Inselkette nach Süden weiter.
Die durch Meeresbuchten und Halbinseln reich gegliederten Hauptinseln bestehen zu 75 % aus bewaldetem, stark zertaltem Mittelgebirge mit steilen Hängen, die von intramontanen Becken und durch Hebung entstandenen Terrassen- und Plateauländern durchsetzt sind. Selbst die zwei größeren Becken und acht von Flüssen durchzogene und zum Meer hin offene Ebenen sind vertikal in Etagen gegliedert. Sie stellen den Hauptlebensraum des Landes dar.
Die seit dem Jungtertiär (Neogen) bis heute tektonisch sehr aktive Inselkette weist Hunderte von Vulkanen auf, von denen noch rund 40 tätig sind, darunter der 1592 m hohe **Asosan**.

Honshu

Die größte der japanischen Hauptinseln wird von teils vulkanischen, teils granitischen Gebirgsketten durchzogen, denen schmale Küstenvorländer und größere Halbinseln vorgelagert sind (**Kii, Izu, Noto**) – zum Teil Ausläufer der Gebirgsketten. Dazu gehören die Nordost-, die Südwest- und die **Shichito-Mariana-Berge** wie auch die **Japanischen Alpen**, die sich aus den Akaishi-, Kiso- und Hidaketten zusammensetzen und in Mitteljapan Höhen von bis zu 3192 m erreichen. Der **Fujisan**, mit 3776 m höchster Berg des Landes, gehört zu einer Vulkankette, die sich über die **Izu-Halbinsel** bis zum Japanischen Meer zieht. Die größte Ebene Honshus neben der 32 000 km² großen **Kantô-Ebene** um Tokio ist das Gebiet von Kansai westlich der Alpen, in dem sich mit dem rund 675 km² großen **Biwa-See**, der in einer tektonischen

1

2

3

1 Wo die Vegetation der Hochebenen sich lediglich zur Herdenhaltung eignet, bestimmen die Jurten der Nomaden das Bild der Mongolei.

2 Weidegrün, so weit das Auge reicht: Die Landschaften in der chinesischen Autonomen Region Xinjiang Uygur, die auch als Sinkiang oder Ostturkestan bezeichnet wird, bieten nomadischen Steppenvölkern den nötigen Lebensraum.

3 Fast unvermittelt ragen die Karstfelsen der Berge am Lijiang in der südchinesischen Region Guilin auf.

*Landschaftlich reizvoll ist der Küstenstreifen der **Bucht von Halong**, gut 150 km östlich der vietnamesischen Hauptstadt Hanoi. Die märchenhafte Kegelkarstlandschaft ist nach einem nacheiszeitlichen Anstieg des Meeresspiegels entstanden. Fantastische Felsformationen wie Türme und Nadeln sind das Resultat starker Verwitterung im Laufe mehrerer Hunderttausend Jahre.*

Hohlfläche entstand, der größte See Japans befindet. Doch auch **Kansai** ist keine reine Ebene, sondern durch Hochflächen, Gebirgszüge und Beckenlandschaften reich gegliedert. Im Südwesten steigen die Gebirge zu einer schmalen Halbinsel an, die sich an der **Inlandsee** – eine mit Meerwasser gefüllte Depression, die Honshu von Shikoku teilt – entlangzieht und an der Kammon-Straße endet.

Sachalin

Die zwischen dem Tatarensund und dem **Ochotskischen Meer** gelegene 76 400 km² große Insel hat eine Länge von 950 km und eine Breite von etwa 160 km. Nur im Norden finden sich Gebirgsketten, im **Lopatin** (1609 m) erreichen sie ihre größte Höhe. Die Insel ist von Tundra und im Süden von Mischlaubwäldern bedeckt.

Indischer Subkontinent

Der Indische Subkontinent, dessen Halbinselspitze in den Indischen Ozean ragt, wird im Westen durch das **Arabische Meer** und im Osten durch den **Golf von Bengalen** begrenzt. Im Norden hat der Subkontinent Anteil am **Himalaya-System**. Südöstlich des Himalaya erstreckt sich die **Ganges-Brahmaputra-Ebene**, südwestlich des Himalaya liegt das **Indus-Tiefland** (Pandschab), das nach Süden in die Trockenlandschaft des **Tharr** übergeht.

Die Halbinsel **Vorderindien** wird vom Hochland des **Dekhan** bedeckt, das von einzelnen, bis zu 1722 m hohen Gebirgszügen, die sich während der Himalaya-Faltung hoben (**Aravalli, Vindhya, Satpura**), überragt wird.

An den Rändern wölbt sich der Dekhan zu den küstenbegleitenden Gebirgen der **Westghats** und der **Ostghats**. Im Westen ist dem Gebirgszug eine schmale Küstenebene vorgelagert, während in Osten, Norden und Süden breitere Tieflandgebiete das Hochland säumen. **Ganges** und **Indus** bilden gewaltige Deltas.

Tharr

Das rund 250 000 km² große Trockengebiet erstreckt sich zwischen **Aravalli** und **Pandschab**. Es ist weitgehend von Steppenvegetation bedeckt, die von bis zu 150 m hohen Dünen durchzogen wird. Das kaum besiedelte Gebiet wird nur durch wenige Kanäle bewässert. Rund 15 000 km² nimmt eine durch menschliche Einwirkung entstandene Wüste ein.

Ganges-Ebene

Bei Haridwar tritt der **Ganges** in eine weite Ebene ein, die eine Fläche von über 1 Mio. km² umfasst und ein Viertel des Subkontinents entwässert. Diese Ebene durchfließt der Ganges mit lediglich geringem Gefälle in stark gewundenem Lauf in östlicher Richtung. Dabei nimmt er mehrere Nebenflüsse wie **Ghaghara** und **Gandak** sowie **Yamuna** und **Son** auf, die hier ein umfangreiches, breit gefächertes Gewässersystem bilden und einen sehr fruchtbaren und daher dicht besiedelten Lebensraum geschaffen haben.

Indonesien: Der höchste Vulkan der Insel Bali ist der Gunung Agung (3014 m)

Ghats

Die **Westghats** begleiten auf einer Länge von etwa 1500 km die Westküste Indiens, an der sie in einer stark zerschnittenen Bruchstufe steil zu den Küstenebenen am Arabischen Meer abfallen. Im Süden steigen die Gebirge in den **Nilgiribergen** auf über 2000 m Meereshöhe an, um dann südlich in einzelne Berggruppen der **Südlichen Ghats** mit der höchsten Erhebung **Anai Mudi** (2695 m) zu zerfallen.

Die **Ostghats** gliedern sich in Hügel- und Bergketten, die sich von Norden nach Süden, wo sie mit 1628 m die größte Höhe erreichen, verschmälern und sich in den Nilgiribergen mit den Westghats vereinigen.

Sri Lanka

Sri Lanka ist durch die Palkstraße und den Golf von Mannar vom Indischen Subkontinent getrennt. Der größere Teil der 65 610 km² großen Insel wird von Tief- und Küstenebenen beherrscht; Letztere werden von zahlreichen Lagunen gesäumt.

Im Inselinneren weiter im Süden erhebt sich ein Gebirge, das im **Pidurutalagala** seine maximale Höhe von 2524 m erreicht. Mehrere Inselberge wie der **Sigiriya** sind dem Gebirge vorgelagert. Die Insel ist aus präkambrischen Gesteinen aufgebaut, nur der äußerste Nordwesten setzt sich aus tertiären Kalken zusammen und ist teilweise verkarstet.

Hinterindien

Im Süden und Osten durch das Südchinesische Meer begrenzt, ragt **Hinterindien** bis in die Ausläufer der **Osttibetischen Ketten** hinein, die sich entlang der Ostküste in den **Annamitischen Kordilleren** mit dem 2598 m hohen **Ngoc Linh** als höchster Erhebung fortsetzen. An der Westküste Hinterindiens gehen die Berge der **Bilauktaung-Kette** (2075 m) in die **Malayische Halbinsel** über.

Den steilen Gebirgszügen im Norden folgt im Zentrum von Hinterindien das weit gespannte **Khorat-Plateau**, das von weiteren Gebirgszügen wie dem **Phanom Dong Rak** (1328 m) und dem **Kardamom-Gebirge** gerahmt wird. Südlich davon breitet sich eine weite, von Flüssen aufgeschwemmte Ebene aus, die im Mekong-Delta endet.

Mekong-Becken

Bei Phnom Penh bildet der **Mekong** ein Delta, das eine Fläche von ungefähr 70 000 km² einnimmt. Das Wachstum dieser Flussmündung nach Südwesten ist durch die Meeresströmung bedingt. Die Wasserführung im Delta variiert entsprechend den monsunalen Regenfällen. Um die Kraft der Fluten zu bannen, wurde das Delta im **Tonle-Sab-See** gestaut.

Laotisches Gebirge

Den gesamten Norden Hinterindiens prägen stark zertalte Gebirge mit durchschnittlichen Kammhöhen von rund 2000 m sowie größere intramontane Hochplateaus wie das **Traminplateau**. Sie stellen Ausläufer der Osttibetischen Ketten dar. Den höchsten Punkt erreichen diese Gebirgszüge im **Phan Si Pan** (3143 m) im Nordosten.

Malakka-Halbinsel

Die Halbinsel zwischen dem Andamanischen Meer und dem Golf von Thailand, auch Malayische Halbinsel genannt, erstreckt sich über eine Länge von 1500 km in Nord-Süd-Richtung und hat ihre schmalste Stelle im **Isthmus von Kra** (40 km).

Die buchtenreiche Halbinsel wird von einem Gebirgssystem durchzogen, das im Norden geschlossen bleibt und sich im Süden in gegeneinander versetzte Züge auflöst (**Tahan**, 2187 m). Südlich vorgelagerte Hügel leiten in die weithin versumpften Küstenebenen über. Diese werden von Kegelkarsten (Buchten von **Halong** und **Phang Nga**) überragt. Tropischer Regenwald bedeckt den

Ganges, Indus

Der **Ganges** entspringt mit den Quellflüssen Bhagirathi und Alaknanda im Himalaya in 4600 m Höhe. Dann durchfließt er die nach ihm benannte Ebene und geht in das rund 56 000 km² große fruchtbare Delta über. Nach insgesamt 2700 km mündet der Ganges hier in den Golf von Bengalen. Der Indus entspringt in 5182 m Höhe im Transhimalaya und fließt zwischen Karakorum und Himalaya in nordwestlicher Richtung, bevor er nach Süden abbiegt und das Gebirge durchbricht. Nach Aufnahme des Kabul tritt der Indus in das nach ihm benannte Tiefland ein. In dessen trockenem Süden bewässert der Strom eine 150 km breite Oase. In einem rund 7800 km² großen Delta mündet der Indus nach etwa 3200 km ins Arabische Meer.

Mekong

Der **Mekong** entspringt in etwa 3000 m Höhe im Tibetischen Hochland und fließt in tief eingeschnittenen Schluchten nach Südosten durch die osttibetischen Randketten. Nördlich von Luang Prabang biegt er scharf nach Süden und folgt dann dem Nord- und Ostrand des Khorat-Plateaus, aus dem ihm der Mun zufließt. Auf diesem Abschnitt bildet der Mekong trotz des nur geringen Gefälles einige Stromschnellen aus, von denen die gewaltigen Khone-Fälle die bekanntesten sind. Rund 550 km vor der Mündung tritt der Mekong in eine Schwemmlandebene ein, die er zusammen mit anderen Flüssen bildet. Er biegt dann nach Süden ab und mündet schließlich nach 4500 km in einem weiten Delta ins Südchinesische Meer.

Neuguinea: *Die Gebirge der zweitgrößten Insel der Erde sind von Regenwald bedeckt. Neuguinea liegt am Ausläufer des indonesischen Inselbogens und gleichzeitig am Anfang der ozeanischen Inselwelt und befindet sich damit gewissermaßen auf der Grenzlinie zweier Kontinente. Wie viele andere Inseln zwischen Indischem und Pazifischem Ozean ist auch Neuguinea von zahlreichen Korallenriffen und vorgelagerten Koralleninseln umgeben.*

größten Teil der Halbinsel und geht an der Westküste in Mangroven über.

Malayischer Archipel

Der rund 5000 km lange Inselbogen des **Malayischen Archipels** befindet sich auf dem in nur 200 m Tiefe gelegenen Kontinentalsockel der Sundaplatte, um die sich an den Rändern der angrenzenden Indisch-Australischen und der Philippinenplatte seit dem Mesozoikum mehrere Gebirgszüge als magmatische Bögen aufgefaltet haben.

Diese Inseln, die im Kern aus Sand- und Kalksteinschichten bestehen, sind – mit Ausnahme Borneos – bis zum heutigen Tag durch starken Vulkanismus und tektonische Labilität gekennzeichnet und vulkanisch stark überformt. Unter den Hunderten Vulkanen, die zwischen Pazifik und Indischem Ozean die längste geschlossene Vulkanreihe der Erde bilden, gibt es rund 70 junge Vulkane, die seit 1600 ausgebrochen sind.

Unter den gebirgigen Inseln weisen nur die größeren wie **Luzon, Mindanao, Java, Sumatra** und **Borneo** größere Schwemmlandebenen auf. Einigen Inseln sind Korallenriffe vorgelagert.

Sumatra

Die westlichste, etwa 425 000 km^2 große Insel des Bogens ist durch die Malakkastraße von der Malakka-Halbinsel sowie durch die schmale Sundastraße von Java getrennt. Sie erstreckt sich etwa 1700 km in nordwestlich-südöstlicher Richtung und ist bis zu knapp 400 km breit.

Gleich mehrere, teils bis zu fast 4000 m hoch aufragende Gebirge bilden das Rückgrat der Insel, etwa ganz im Nordwesten das Pusat-Gayo- oder das Serbeulang-Gebirge. In der Mitte prägt das **Barisan-Gebirge** die Landschaft. Dieser dicht bewaldete Gebirgszug mit mehreren tätigen Vulkanen (**Kerinci**, 3800 m; **Merapi**, 2914 m) fällt zur Westküste hin jäh ab und geht im Osten in eine Vorgebirgszone über, die in einer flachwelligen Tieflandregion und schließlich einer versumpften Küstenebene mit Mangroven ausläuft. Im Inneren des Barisan-Gebirges haben sich durch Tuffablagerungen Hochflächen ausgebildet.

Java

Die 126 650 km^2 große Insel wird in ihrer gesamten Breite von einem vulkanischen Gebirgsland durchzogen, das im Gunung Semeru (einem der aktivsten Vulkane der Insel) bis auf 3676 m Meereshöhe ansteigt. Entlang der Küste zur Javasee fällt das Gebirge ab und geht in eine breite Ebene über.

Borneo

Die mit 743 000 km^2 Fläche drittgrößte Insel der Erde ist ein aus Schiefern und mesozoischen Gesteinen aufgebautes Gebirgsland, das mit dem **Kinabalu** bis auf 4095 m Meereshöhe ansteigt. Die Ausläufer des zentralen Gebirges umrahmen Beckenlandschaften mit zahlreichen Seen und Sümpfen. Die Küsten sind nur wenig gegliedert. Das einst vollständig von tropischem Regenwald bedeckte Innere der Insel wird heute größtenteils von Grasfluren eingenommen.

Philippinen-Archipel

Die Inselgruppe bildet den nordöstlichen Teil des **Malayischen Archipels** und setzt sich aus insgesamt mehr als 7100 Inseln zusammen. Dabei entfallen jedoch allein auf die Hauptinseln **Luzon** (108 772 km^2) und **Mindanao** (94 594 km^2) etwa zwei Drittel der Landmasse. Zahlreiche erloschene oder zum Teil noch tätige Vulkane (wie der Pinatubo oder der Mayon) prägen die weitgehend von dicht bewaldeten Gebirgsketten und Hügelländern bedeckten Inseln.

1 **Der 2463 m hohe Vulkan Mayon auf der philippinischen Insel Luzon ist noch aktiv.**

2 **Die Karstkegel in der Phang-Nga-Bucht nördlich der thailändischen Stadt Phuket sind wie die Bucht von Halong in Vietnam das Ergebnis jahrtausendelanger Erosion.**

3 **Der noch tätige Vulkan Bromo, 2329 m hoch, liegt auf Java im Bromo-Tengger-Semeru-Nationalpark. Er erhebt sich aus der Tengger-Caldera.**

4 **Die Berghänge der Philippinen wurden von den Ifugao in Reisterrassen und damit in eine Kulturlandschaft verwandelt.**

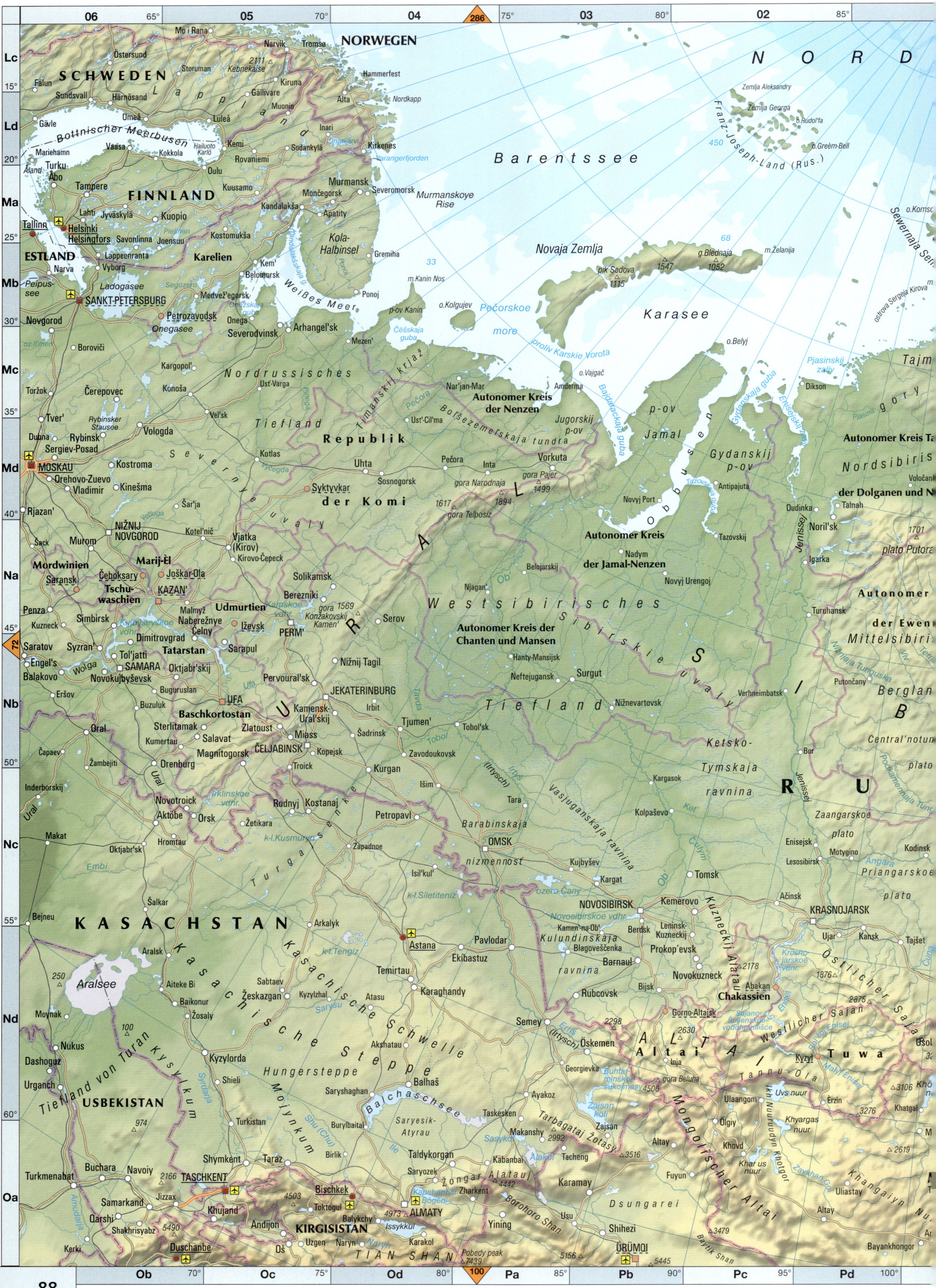
NORWEGEN
SCHWEDEN
FINNLAND
ESTLAND
Barentssee
Karasee
Franz-Joseph-Land (Rus.)
Novaja Zemlja
Kola-Halbinsel
Weißes Meer
Bottnischer Meerbusen
Ladogasee
Onegasee
Karelien
Pečorskoe more
Nordrussisches Tiefland
Republik der Komi
Autonomer Kreis der Nenzen
Autonomer Kreis der Jamal-Nenzen
Autonomer Kreis der Chanten und Mansen
Westsibirisches Tiefland
Sibirskie uvaly
Severnye uvaly
URAL
p-ov Jamal
Gydanskij p-ov
Obbusen
Nordsibirisches Tiefland
Mittelsibirisches Bergland
plato Putorana
SANKT-PETERSBURG
MOSKAU
NIŽNIJ NOVGOROD
KAZAN'
Tatarstan
Baschkortostan
Mordwinien
Tschuwaschien
Marij-Èl
Udmurtien
PERM'
UFA
SAMARA
JEKATERINBURG
ČELJABINSK
OMSK
NOVOSIBIRSK
KRASNOJARSK
Tomsk
Kemerovo
Novokuzneck
Barnaul
Chakassien
Altai
Tuwa
Westlicher Sajan
Östlicher Sajan
Tannu-Ola
Mongolischer Altai
Dsungarei
KASACHSTAN
Kasachische Schwelle
Kasachische Steppe
Turgaisenke
Hungersteppe
Mojynkum
Balchaschsee
Aralsee
Tiefland von Turan
Kysylkum
USBEKISTAN
KIRGISISTAN
Astana
Karaghandy
Pavlodar
Semey
ALMATY
TASCHKENT
Bischkek
Duschanbe
ÜRÜMQI
TIAN SHAN
Pobedy peak 7439
Kulundinskaja ravnina
Barabinskaja nizmennost
Vasjuganskaja ravnina
Ketsko-Tymskaja ravnina
Ob
Irtysch
Jenissej
Tobol
Ural
Wolga
Kama
Pečora
Samarkand
Buchara
Nukus
Urgench
Dashoguz
Turkmenabat
Orenburg
Oral
Aktobe
Kostanaj
Petropavl
Kurgan
Tjumen'
Surgut
Vorkuta
Murmansk
Arhangel'sk
Helsinki Helsingfors
Tallinn
Petrozavodsk
Vologda
Kirov
Syktyvkar
Nar'jan-Mar
Noril'sk
Dudinka
Igarka
Tajmyr

Maßstab 1:15 000 000

0 250 500 750 Kilometer
0 250 500 Miles
85° 02 80° 03 75° 286 04 70° 05 65°
Qb 110° Qc 115° Qd 120° Ra 125° 105 Rb 130° Rc 135° Rd 140° Sa 145°
160° Ud 165° Uc 170° Ub 175° Ua 180° Td 175° Tc 170° Tb 17 165° Ta 160° Sd 155° Sc 150° Sb
L A R M E E R
Tschuktschensee
Cape Lisburne
Wevok
Kotzebue Sound
Seward Peninsula
Alaska (USA)
Bethel
Nome
Alakanuk
Wales
Beringstraße
Uälen
Lavrentija
Northeast Cape
Saint Lawrence Island (USA)
Gambell
Providenija
Wrangel-Insel
Ušakovskoe
proliv Longa
Mys Šmidta
Koljučinskaja guba
Tschuktschen-Halbinsel
Anadyrgebirge
1887
Nördlicher Polarkreis
Egvekinot
Bering-meer
St.Matthew Island (USA)
Neusibirische Inseln
Ostsibirische See
Pevek
Čaunskaja guba
ostrov Ajon
Paljavaam
hrebet Pekulnej
Ugol'nye Kopi
Anadyr'
Nagornyj
m. Navarin
o.Novaja Sibir'
o.Kotel'nyj
Laptewsee
pr. Sannikova
o.Bol. Ljahovskij
pr. Dmitrija Lapteva
1775 Bilibino
Anadyr
Korjakengebirge
1651
Čerskij
Anjujskij hrebet
Autonomer Kreis der Tschuktschen
3795
1125
o.Bol.Begičev
Olenëkskij zaliv
Sagastyr
o.Arga-Muora-Sise
Lena Delta
Janskij zaliv
Jana-Indigirka-Tiefebene
Čekurdah
Kolyma-Tiefebene
Omolon
1797
Olojskij hrebet
g. Ledjanaja 2562
m.Buor-Haja
guba Buor-Haja
krjaž Čekanovskogo
Hajyr
Ust'-Kujga
Indigirka
Oloj
Omolon
1503
Kamenskoe
Apuka
m. Oljutorskij
Saskylah
Anabar
Deputatskij
Alazejskoe ploskogor'e
Jukagirskoe ploskogor'e
1613
Autonomer Kreis
Oljutorskij zaliv
Širšovarücken
Olenëk
Siktjah
Jana
Tscherskigebirge
1411
Sugoi
Kolyma
Zyrjanka
1483
Penžinskaja guba
Korf
der Korjaken
Karaginskij
2243
Momskij hrebet
2533
Honuu
1814
Werchojansker Gebirge
2247
Batagа
Lazo
2690
Sejmčan
1962
m. Tajgonos
Ossora
o.Karaginskij
zaliv
Olenëk
Menkerja
Janskoe ploskogor'e
zaliv Šelihova
Sredinnyj hrebet
m. Ozernoj
Republik Sacha
Muna
2081
Ust'-Nera
Susuman
Jagodnoe
Kolymagebirge
Ust'-Kamčatsk
Žigansk
Ojmjakon
Tomtor
Komandorskie o-va
m. Kamčatskij
Udačnyj (Jakutien)
Lena
Linde
2120
2959
hrebet Suntar-Hajata
Ust'-Omčug
m. Tolstoj
m. Južnyj
Magadan
4750
vlk. Ključevskaja Sopka
Viljujskoe plato
Morkoka
Central'nojakutskaja ravnina
Sangar
E
N
Handyga
m. Alevina
m.Kronockij
Viljujsk
Viljuj
hrebet Ulahan-Bom
2184
Kamčatka
3607
R
Njurba
I
Jakutsk
Kamtschatka
Nakanno
Mimyj
Viljujskoe vdhr.
Prilenskoe plato
Amga
Ust'-Maja
Amga
Kerdem
Aldan
Ohotsk
Maja
hrebet Džug-Džur
vlk. Korjakskaja Sopka
3456
Petropavlovsk-Kamčatskij
2460
L A N D
Ulu
Lensk
Olëkminsk
Ochotskisches Meer
Čagda
1906
m. Lopatka
1702
Patomskoe nagor'e
Aldanskoe nagor'e
Aldan
2243
1890
o. Paramušir
Schantar-Inseln
m. Elizavety
Čul'man
o. Onekotan
Olëkma
Nerjungri
2067
Čumikan
Nikolaevsk-na-Amure
Stanowoj-hochland
g.Skalistyj Golec 2467
Stanowojgebirge
2384
o. Siaškotan
Sachalin
2193
3067
Zejskoe vdhr.
Verhnezejskaja ravnina
Baikalsee
Barguzinskij hr.
2630
Olëkminskij Stanovik
hr. Tukuringra
Skovorodino
Zeja
Selemdža
hrebet Turana
Bureinskij hrebet
Amur
1609
Tatarensund
o. Rašua
Burjatien
Vitim
Jablonowyjgebirge
Mogoča
Amur
Mohe
Šimanovsk
Komsomol'sk-na-Amure
Poronajsk
m.Terpenija
o. Simušir
Kreis der Burjaten
Šilka
Yimuhe
Mangui
Kleiner Chingan
Zejsko-Bureinskaja ravnina
Bureja
Vanino
Uglegorsk
o. Urup
Ulan-Udè
Čita
Karymskoe
Ergun Zuoqi
Jagdaqi
Blagoveščensk
Birobidžan
Habarovsk
Sichote-Alin
Južno-Sahalinsk
Kurilen
Kurilengraben
Petrovsk-Zabajkal'skij
Aginskoe
Autonomer Kreis der Aginer-Burjaten
Borzja
Ergun Youqi
Jüdisches Autonomes Gebiet
Holmsk
o. Iturup
Sühbaatar
Manzhouli
Yakeshi
Großer Chingan
Yichun
La-Pérouse-Straße
o. Kunašir
Hailar
Hulun Nur
Zhalantun
Bei'an
Hegang
Bikin
Wakkanai
Abashiri
Choibalsan
CHINA
Jiamusi
Heilongjiang
Dal'nerečensk
Asahikawa
2290
Asahi dake
Kushiro
ULAN-BATOR
Kherlen Gol
Qiqihar
Mingshui
Suihua
Tonghe
Dal'negorsk
Rudnaja Pristan'
SAPPORO
HOKKAIDO
JAPAN
Obihiro
Öndörkhaan
Baruun Urt
Tailai
Anda
HARBIN
Jixi
Chanka-see
Spassk-Dal'nij
Tomakomai
Ulanhot
Shangzhi
Baicheng
Sanchahe
Mudanjiang
Ussurijsk
Hakodate

Naher Osten

SCHWARZES MEER
BULGARIEN
GRIECHENLAND
ÄGÄISCHES MEER
Südliche Sporaden
TÜRKEI
ANATOLIEN
PONTISCHES GEBIRGE
ORTA TOROSLAR
ZYPERN
Levantisches Becken
MITTELMEER
LIBANON
SYRIEN
ISRAEL
JORDANIEN
ÄGYPTEN
Nildelta
Syrische Wüste
ISTANBUL
ANKARA
İZMIR
BURSA
KONYA
ADANA
GAZIANTEP
Antalya
Alanya
Edirne
Eskişehir
Kütahya
Afyon
Isparta
Denizli
Aydın
Manisa
Balıkesir
Samsun
Sivas
Kayseri
Nevşehir
Niğde
Tarsus
İçel (Mersin)
İskenderun
Hatay (Antakya)
Kahramanmaraş
Zonguldak
Kastamonu
Çorum
Amasya
Kırıkkale
Kırşehir
Yozgat
Nikosia
Pafos (Paphos)
Lemesos (Limassol)
Larnaka
HALAB (ALEPPO)
Hama (Epiphania)
Homs (Emesa)
Al Ladhqiyah (Latakia)
Tartus
Trablous (Tripoli)
BEIRUT
Saida (Sidon)
Sur (Tyrus)
DIMASHQ (DAMASKUS)
AMMAN
Jerusalem
Tel Aviv
Netanya
Hefa (Haifa)
Akko (Acre)
Ashdod
Ashqelon
Zarqa
Irbid
EL ISKANDARIYA (ALEXANDRIA)
Damanhûr
El-Mansûra
Bûr Sa'îd (Port Said)
Rhodos
Kós
Sámos
Chíos
Lésvos
Kárpathos
Bodrum
Marmaris
Fethiye
Kemer
Side
Anamur
Marmarameer
Bosporus
Tuz Gölü
Kappadokien
Taurusgebirge
Silk Road (Seidenstraße)

Maßstab 1:4 500 000

0 50 100 150 Kilometer
0 50 100 Miles
38° Mk 40° Na 42° Nb 44° Nc 46° Nd 48° Ne
R U S S L A N D
K A U K A S U S
G E O R G I E N
ARMENIEN
ASERBAIDSCHAN
KASACHSTAN
K A S P I S C H E S M E E R
I R A N
I R A K
Soči
Sokhumi (Sochumi)
Batumi
Kutaisi
TBILISI (TIFLIS)
Trabzon
Erzurum
Gyumri
Vanadzor
YEREVAN (JEREWAN)
Gänzä
Xankendi (Stepanakert)
Naxçivan
BAKI (BAKU)
Sumqayit
Derbent
Mahačkala
Groznyj
Vladikavkaz
Nal'čik
Pjatigorsk
Kislovodsk
Čerkessk
Aktau
Van
Vansee
Urmiasee
Diyarbakır
Batman
Orumiyeh (Urmia)
TABRIZ (TÄBRIS)
Ardabil
Rasht
Zanjan
Qazvin
Karaj
TEHRAN (TEHERAN)
Qom
Kašan
Arak
Hamadan
Kermanshah
Sanandaj
Arbil
Kirkuk
As Sulaymaniyah
AL MAWSIL (MOSUL)
Tikrit
Samarra
Ar Ramadi
BAGHDAD (BAGDAD)
Al Kadhimiya
Baquba
Dahuk
Zakho
Al-Hasaka
Deir Al Zor
Khorramabad
Borujerd
Seidenstraße
91
93
23
24
25
26
27
28
29

Nördliche Arabische Halbinsel

Mf
Mg
Mh
Mj
Mk
Na
Nb
90
94
179
MITTELMEER
ÄGYPTEN
SINAI
JORDANIEN
ISRAEL
SAUDI
SUDAN
ROTES MEER
Nefud
Nubische Wüste
Nasserstausee
Golf von Suez
Golf von Aqaba
Nördlicher Wendekreis
EL-QAHIRA (KAIRO)
Jerusalem
AMMAN
Al Madinah
(Medina)
JEDDAH
(JIDDAH)
MAKKAH
(MEKKA)
Luxor
Aswân
Qena
Edfu
Kôm Ombo
Isna
Tanta
Damanhûr
El-Mansûra
Ismâilîya
El-Suwais
(Suez)
Port Said
Bûr Sa'îd
El Arîsh
Gaza
Tel Aviv
Zarqa
Al Aqaba
Elat
Tabuk
Tayma
Al 'Ula
Yanbu al Bahr
Rabigh
At Ta'if
Al Jawf
Sakakah
El Ghurdaqah
(Hurghada)
Safâga
Sharm-el-Sheikh
Marsa Alam
Berenice
Halaib
Dungunab
Pyramids of Gisa
Memphis
Monastery of St. Catherine
Madain Salah
Prophet's Mosque
Kaaba
Incense Route
(Weihrauchstraße)
Djebel Elba National Park
Râs Muhammad National Park

Maßstab 1:4 500 000

0 50 100 150 Kilometer
0 50 100 Miles

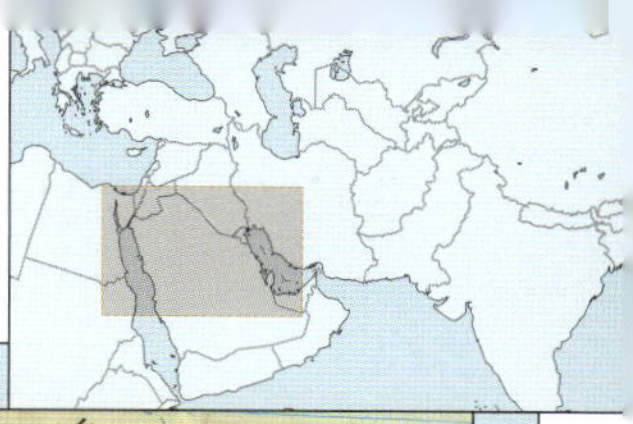

Südliche Arabische Halbinsel

SAUDI-ARABIEN
JEMEN
ERITREA
ÄTHIOPIEN
DSCHIBUTI
ROTES MEER
Golf von Aden
Ar Rub' al Khali
N a j d
Al Madinah (Medina)
MAKKAH (MEKKA)
AR RIYAD (RIAD)
SAN'A (SANAA)
'Adan (Aden)
Al Hudaydah
Ta'izz
Ibb
Dhamar
Ma'rib
Sa'dah
Najran
Abha
Khamis Mushayt
Jizan
Al Mukalla
Shibam
Tarim
Say'un
Zabid
Al Mukha (Mokka)
Aseb (Assab)
At Ta'if
Al Lith
Al Qunfudhah
Al Baha
Qal'at at Bishah
Tathlith
As Sulayyil
Al Kharj
Ad Dawadami
Afif
Halaban
Zalim
Ramlat as Sab'atayn
Hadramaut
Djol Plateau
Tihama
Harrat Rahat
Harrat al Kishb
Uruq Subay
Nafud ad Dahi
Djebel Tuwayq
Uruq ar Rumaylah
Incense Route (Weihrauchstraße)
Mk
Na
Nb
Nc
Nd
Ne
40°
42°
44°
46°
48°
24°
22°
20°
18°
16°
14°
33
34
35
36
37
38
39
92
185
192

Maßstab 1:4 500 000

0 50 100 150 Kilometer
0 50 100 Miles

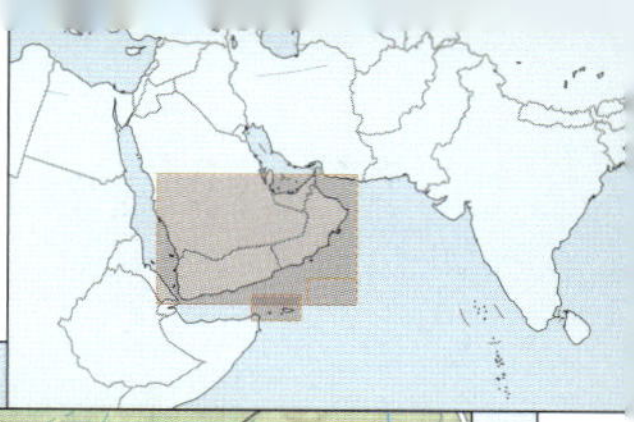

Mittelasien

KASPISCHES MEER
Aralsee
TURKMENISTAN
USBEKISTAN
IRAN
Karabogaz-Gol
Kazak shyghanaghy
Turkmenskiy zaliv
Aktau
Manghystau
Zhanaozen
Bejneu
Borankul
Shetpe
Kuryk
Fetisovo
Bekdash
Karabogazköl
Turkmenbashi
Balkanabat
Gumdag
Gyzylarbat
Baharden
Ashgabad
Nukus
Dashoguz
Urganch
Khiva
Kunya-Urgench
Mo'ynoq
Qo'ng'irot
Darvaza
Mary
Bayramaly
Tedzhen
Gorgan
Sari
Babol
Amol
TEHRAN
Semnan
Damghan
Shahrud
Sabzevar
Nei-sapur
MASHAD (MESCHHED)
Quchan
Bojnurd
Kashmar
Torbat-e Heydariyeh
Zaunguzskiye Karakumy
Tsentral'nyye Karakumy
Karakum
Ustjurt plato
Bozashchy tübegi
Kaplankyrskiy gosudarstvennyy zapovednik
Gasan-Kuli Reserve
Khazar Nature Reserve
Repetek Desert Reserve
Badkhyz Nature Reserve
Kopetdag
Silk Road (Seidenstraße)
Aralkum
Baikonur Cosmodrome
Baikonyr (Baikonur)
Uferlinie 1985
Uferlinie 1970
22
23
24
25
26
27
28
Nf
Ng
Nh
Nj
Nk
Oa
Ob
50°
52°
54°
56°
58°
60°
62°
46°
44°
42°
40°
38°
36°
88
91
98

Maßstab 1:4 500 000

0 50 100 150 Kilometer

0 50 100 Miles

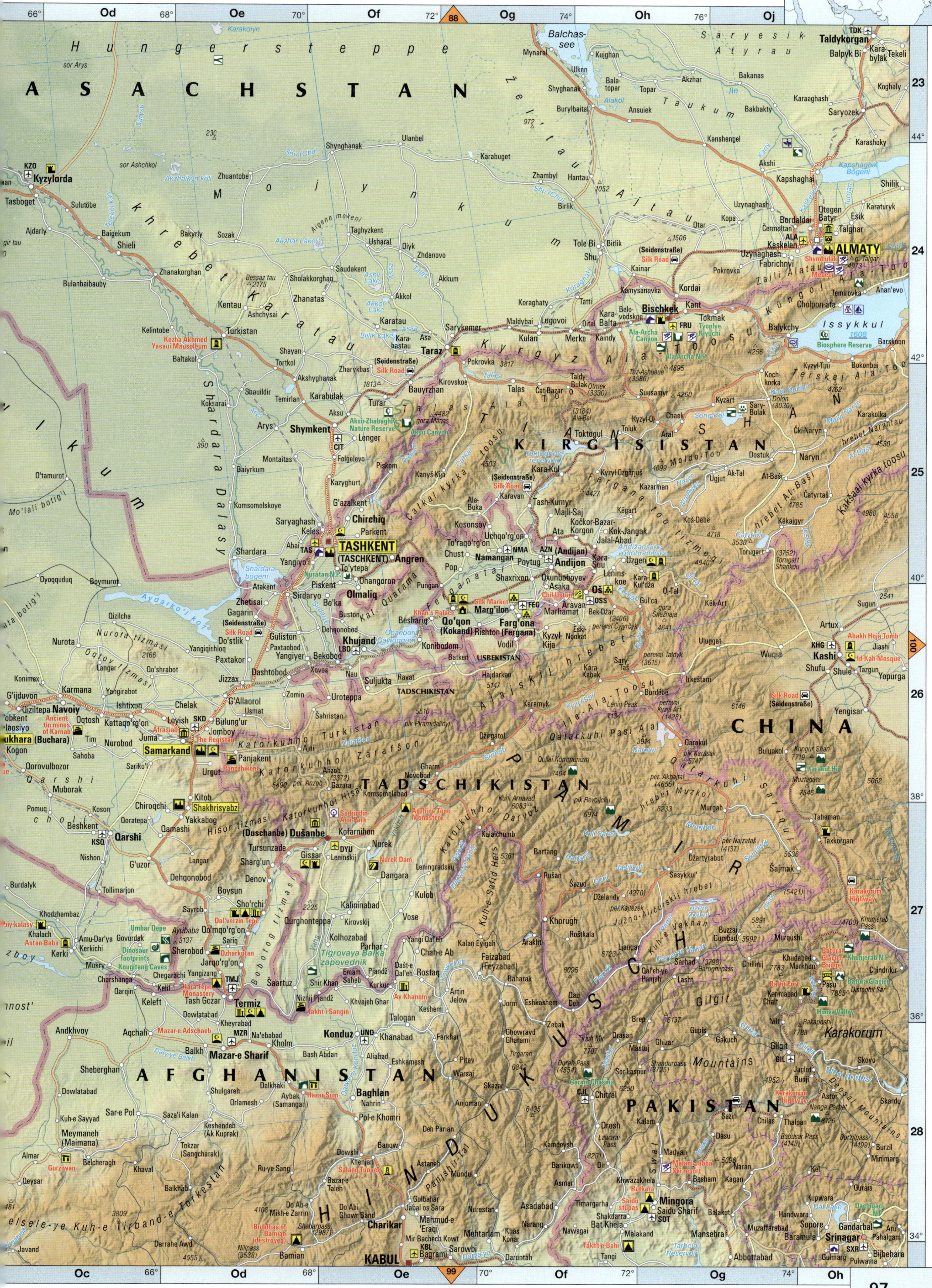

Ostiran, Südafghanistan, Mittel- und Südpakistan

Maßstab 1:4 500 000

0 50 100 150 Kilometer
0 50 100 Miles

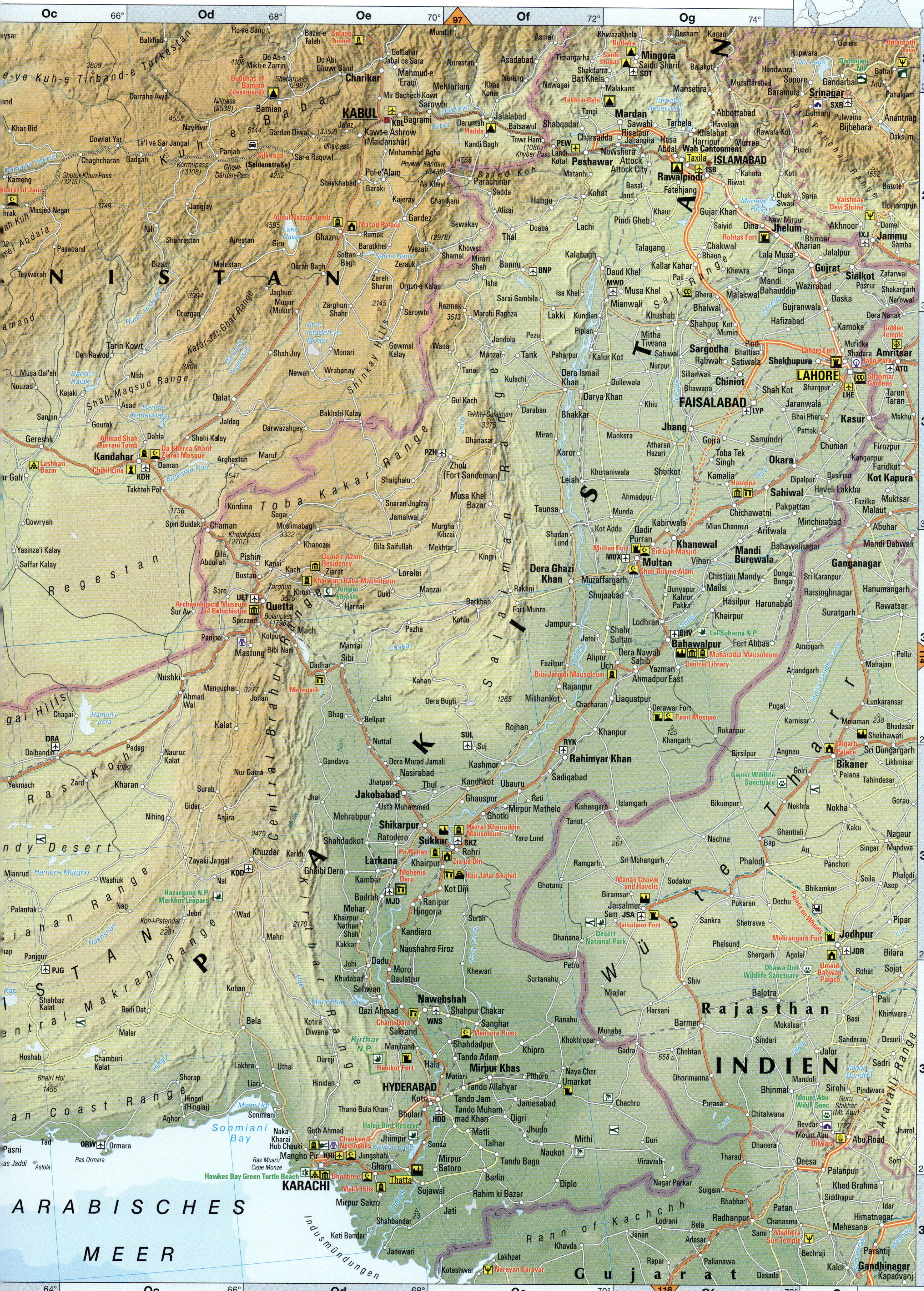

Ostkasachstan, Altai, Nördliches Sinkiang

Oe
Of
Og
Oh
88
Oj
Ok
Pa
70°
72°
74°
76°
78°
80°
22
23
24
25
26
27
46°
44°
42°
40°
38°
97
K A S A C H S T A N
Hungersteppe
Zhambyl
Bosaga
Akshatau
Akzhal
Mojynty
Aktoghai
Tatan
Zhorgha
Aiyrtas
Kyzyltas
Karauyl
Shar
Georgievka
Auezov
Zhanghyztobe
Boke
Zharma
Zharyk
Karghaly
Kyzylaghash
Kokpekti
Barsatas
Madeniyet
Ayakoz
Tarbaghatai
Shynkozha
Balhaš
Konyrat
BXH
Gulshat
Shashubai
Ortaderesin
Tabakkentatyr
Karaungir
Sayak
Karakum
Kopbirlik
Saryshaghan
Tomar
Balchaschsee
Aktoghai
Taskesken
Karabulat
Tarbagatai
Urzhar
Makanshy
Tacheng
Sasykol
Koskarkol
Rybachye
Bakty
Emel
Emin He
Yumin
Alakol
Kabanbai
Usharal
Kolbai
Koktuma
Toli
Shynghanak
Ulanbel
Karaoi
Mynaral
Ülken
Kujghan
Shyghanak
Burylbaital
Bala-topar
Topar
Ansuiek
Akzhar
Tulebaevo
Ljukkum
Lepsi
Matai
Zheltau
Karabuget
Saryesik Atyrau
Bakanas
Ushtobe
Molaly
Akzhar
Aksu
Zhansugirov
Sarkan
Oiyk
Zhdanovo
Akkum
Zhambyl
Hantau
Birlik
Taukum
TDK
Taldykorgan
Kyzylagash
Karabylak
Tekeli
Rudnichnyi
Žongar Alatauj
Dostyk
Alatau Shankou
Dzungarische Pforte
Anasenko
Miaoergou
Bole
Wenquan
Sayram Hu
Ebinur Hu
Jinghe
Shaquanzi
Asa
Sarykemer
Taraz
Pokrovka
Kirovskoe
Kulan
Lugovoi
Maldybai
Koraghaty
Tole Bi
Shu
Birlik
Ajtau
Kanshengel
Bakbakty
Karaaghash
Saryozek
Koghaly
Kojandytau
Akshi
Kapshaghai
Karashoky
Kapshaghai Bogeni
Silk Road (Seidenstraße)
Koktal
Korgas
Zharkent
Huocheng
Yining
YIN
Borohoro Shan
Merke
Tatti
Kainar
Otar
Kopa
Uzynaghash
Talas
Kamysanovka
Kaindy
Belovodskoe
Kordai
Bischkek
Kara-Balta
FRU
Kant
Ala-Archa Canyon
Tyoplye Klyuchi
Ala-Archa N.P.
Tokmak
Pokrovka
Čemolgan
Bordaldai
Otegen Batyr
ALA
Talghar
Esik
Karaturyk
Fabrichnyi
Kaskelen
ALMATY
Zaili Alatau
Shymbulak
Medeu
Shilik
Kokpek
Shazyn
Shonzhy
Nilka
Čat-Bazar
Taldy Bulak
Otmek
Suusamyr
Toktogul
Kyrgyz Alatau
Kungoi Alatau
Balykchy
Cholpon-ata
Temirovka
Saty
Zhalanash
Tuiyk
Kegen
Kalzhat
Ketmen
Zhaosu
Gongliu
Tekes
Xinyuan
Tash-Kumyr
Kara-Kul
Toluk
Kyzyl-Oj
Kyzyl-Dzegeiuš
Chaek
Kyzart
Kochkorka
Issykkul
Biosphere Reserve
Anan'evo
Prževal'sk pristany
Jeti-Oghuz
Karakol
Tüp
Dungan Mosque
Dzergalan
Teploključenka
Altyn-Arashan
Tekes
Narynkol
Sumbe
Xiatai
Majli-Saj
Ata
Kočkor-Bazar
Korgon
Pahtaabad
Ahunbabaev
Jalal-Abad
Kok-Jangak
Kazarman
Kara-Suu
Uzgen
Oš
OSS
KIRGISISTAN
Sary-Bulak
Aral
Kyzyl-Tuu
Bokonbai
Barskoon
Terskey Ala-too
Karakol
Palatka
Tien Shan
Ugjut
Ak-Tal
Naryn
Čki-Naryn
Dostuk
At-Baši
Kara-Saj
Ak-Syjak
Khan Tengri peak
Shymbulak
Inylchek Glacier
Jengish Chokusu (Pobedy peak)
Mozbacher Glacier
Halke Shan
Bayanbulak
Lenin-skoe
Kara-Kul'dža
Bek-Dzar
Koš-Döbö
Karakolka
Ystyk
Gul'ča
Oj-Tal
hrebet At-Baši
Kekajgyr
Čatyrtaš
Torugart
Kakšaal kyrka toosu
pik Dankova
Baicheng
Dalong Pit
Kyzyl-Art
Sary-Taš
Kёk-Art
Akqi
Wushi
Karayulgun
Subashi
Kizil Qianfo Dong
AKU
Aksu
Silk Road - North Road (Seidenstraße)
Xinhe
KCA
Kuqa
Luntai
Yeyungou
Uluggat
Irkeštam
pereval Kyzyl-Art
Artux
Sugun
Aqal
Xayar
Wuqia
Karakul
Kashi
KHG
Abakh Hoja Tomb
Id-Kah-Mosque
Shufu
Shule
Jiashi
Tazgun
Kaxgar He
Awat
Aral
Shangyou Yichang
Tarim He
Sanchakou
Bachu
Mazar Tag
Yopurga
Serikbuya
Yarkant He
Bulunkol
Silk Road (Seidenstraße)
Kongur Shan
Muztagata
Karakul Hu
Yengisar
Murgab
TADSCHIKISTAN
Markit
C H
Sinkiang
TARIMBECKEN
Takla Makan
Tahman
Taxkorgan
Sajmak
Shache (Yarkant)
Altyn-Mosque
Zepu
Yecheng (Kargilik)
Hotan He
Mazartag
Karakorum Highway
Khunjerab Pass
Markhun
Pasu
Pishan (Guma)
Sagan
Koxlax
Tongguzbasti
Mishaleyi
Akmeqit
Taturgou
PAKISTAN
Karakax He
76°
78°
80°
82°
84°
86°
102
Oj
Ok
Pa
Pb
Pc

Maßstab 1:4 500 000

0 50 100 150 Kilometer
0 50 100 Miles

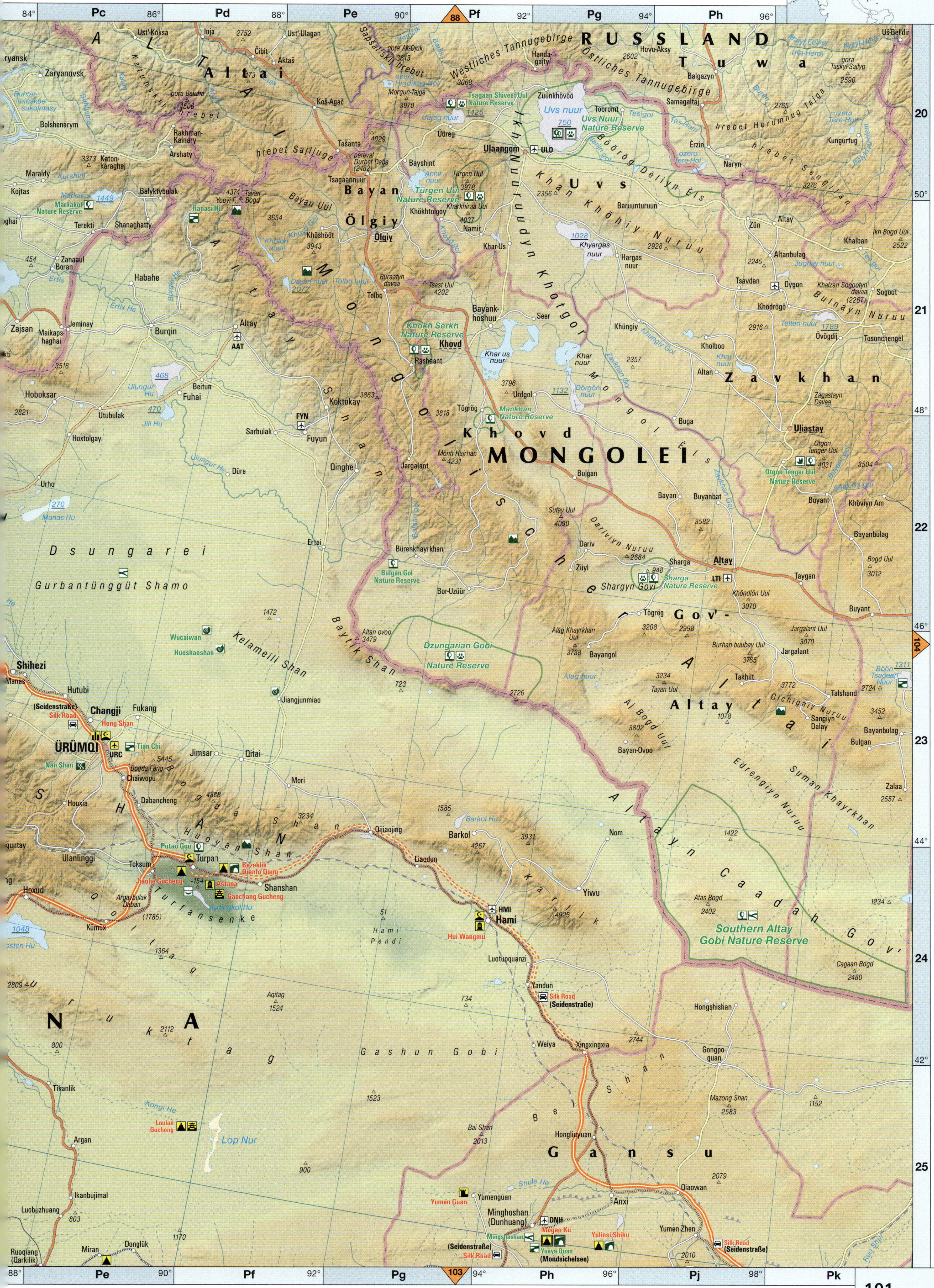

Hochland von Tibet

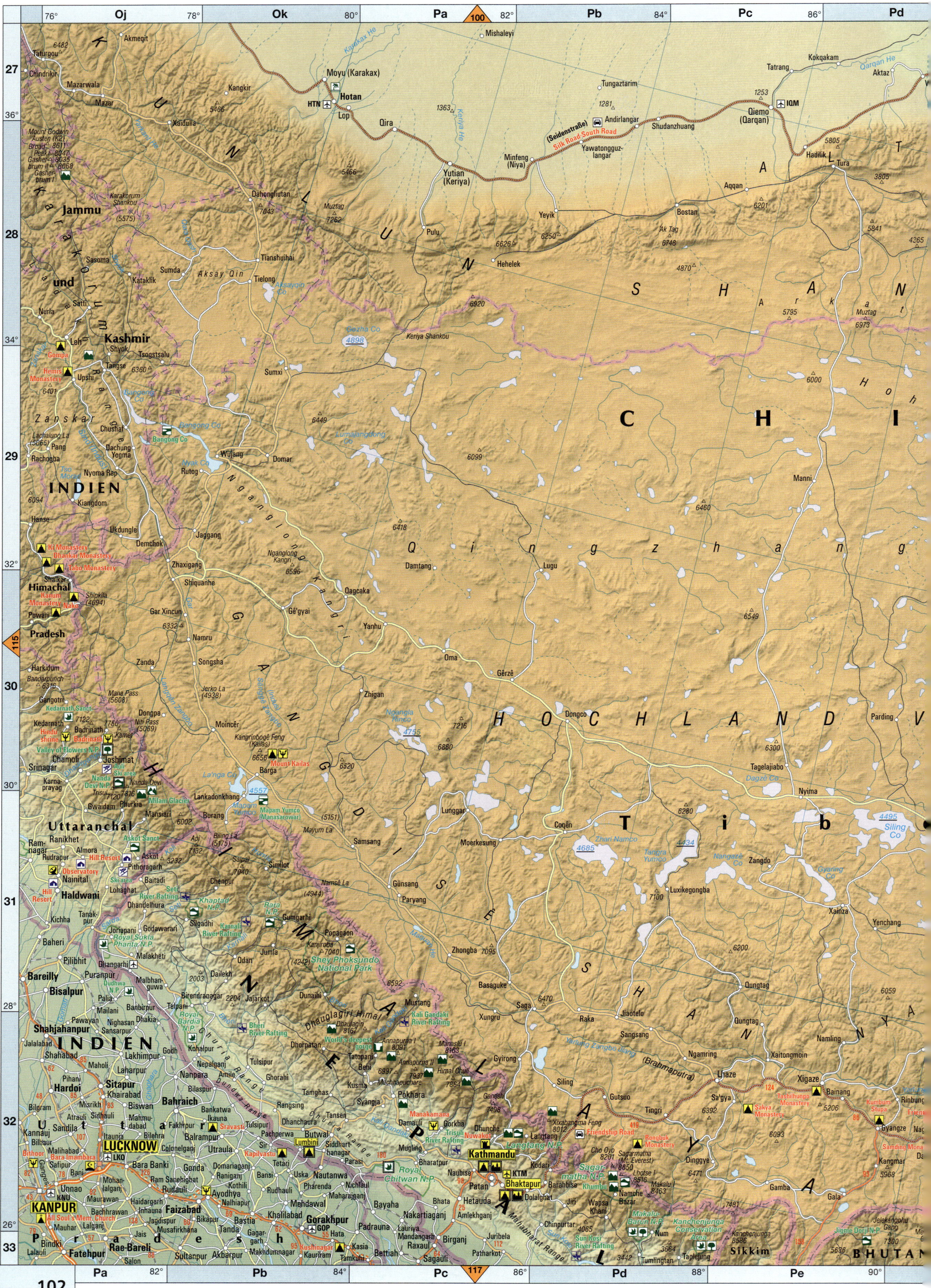

76°
Oj
78°
Ok
80°
Pa
100
82°
Pb
84°
Pc
86°
Pd
27
28
29
30
31
32
33
36°
34°
32°
30°
28°
26°
115
117
Pa
82°
Pb
84°
Pc
86°
Pd
88°
Pe
90°
K U N L U N S H A N
Karakorum
Jammu
und
Kashmir
Zanskar
INDIEN
Himachal Pradesh
Uttaranchal
Uttar Pradesh
INDIEN
CHINA
Hohe
Qingzhang
HOCHLAND VON Tibet
A L T
Qinghai
G A N G D I S E S H A N
H I M A L A Y A
N E P A L
Sikkim
BHUTAN
Akmeqit
Tatturgou
Chindirikin
Mazarwala
Mazar
Kangkir
Xaidulla
Mount Godwin Austen (K2) 8611
Broad Peak 8047
Gasherbrum II 8035
Gasherbrum I 8068
Karakorum Shankou (5575)
Moyu (Karakax)
Hotan
HTN
Lop
Qira
Mishaleyi
Keriya He
Karakax He
Yutian (Keriya)
Minfeng (Niya)
(Seidenstraße)
Silk Road South Road
Andirlangar
Yawatongguz-langar
Tungaztarim
Shudanzhuang
Qiemo (Qarqan)
IQM
Kokqakam
Tatrang
Aktaz
Qarqan He
Hadilik
Tura
Aqqan
Bostan
Ak Tag 6748
Yeyik
Pulu
Hehelek
Dahongliutan
Muztag 7282
Tianshuihai
Aksay Qin
Tielong
Sumda
Kataklik
Sasoma
Nubra
Leh
Gompa
Hemis Monastery
Shyok
Tsogstsalu
Tangse
Upshi
Sumxi
Bangong Co
Chushul
Pang
Dachung Yogma
Lachalung La 5059
Rachogba
Nyoma Rap
Kiamdom
Rutog
Wujiang
Domar
Nganglong Kangri
Keriya Shankou
Gozha Co
Lumajangdong Co
6449
6099
6418
6920
5795
Muztag 6973
6000
Manni
6480
Hanse
Ukdungle
Demchok
Ki Monastery
Dhankar Monastery
Tabo Monastery
Shalkar
Shipkila (4694)
Gar Xincun
Zhaxigang
Shiquanhe
Jaggang
Nganglong Kangri 6596
Damtang
Qagcaka
Gê'gyai
Yanhu
Lugu
6549
Oma
Gêrzê
Namru
Songsha
Zanda
Harkidum
Gangotri
Kedarnath
Badrinath
Joshimath
Srinagar
Karnaprayag
Nanda Devi
Trisul
Milam Glacier
Mana Pass (5608)
Niti Pass (5069)
Dongpa
Jarko La (4938)
Moincêr
Kangrinboqê Feng (Kailas) 6656
Mount Kailas
Barga
La'nga Co
Mapam Yumco
Lankadonkhang
Borang
Zhigan
Ngangla Ringco
7216
6880
6520
Dongco
Parding
6300
Tagelajiabo
Dagze Co
Nyima
Lunggar
Coqên
Moerkesung
Zhari Namco
Tangra Yumco
Nganglaring Co
Zangdo
Siling Co
Luxikegongba
Xainza
Yenchang
Ranikhet
Almora
Nainital
Haldwani
Pithoragarh
Askot
Baitadi
Dhandelhura
Hill Resort
Observatory
Simikot
Chenqur
Namsê La
Gunsang
Paryang
Mayum La
Sangsang
Raka
Saga
Zhongba
Basaguke
Xungru
Jiaotelo
Qungtag
Ngamring
Lhaze
Xaitongmoin
Namling
Xigazê
Bainang
Tingri
Sa'gya
Sakya Monastery
Gyirong
Siling
Gutsuo
Yarlung Zangbo Jiang (Brahmaputra)
Kathmandu
Bhaktapur
Patan
KTM
Langtang N.P.
Friendship Road
Sagarmatha N.P.
Cho Oyu 8201
Sagarmatha (Mt. Everest) 8850
Lhotse 8516
Makalu 8463
Makalu Barun N.P.
Kanchenjunga Conservation Area
Kangchenjunga 8586
Dinggyê
Gamba
Gala
Kangmar
Gyangze
Pokhara
Annapurna I 8091
Annapurna II 7937
Himal Chuli 7893
Manaslu 8163
Dhaulagiri 8167
Dhaulagiri Himal
Mustang
Kali Gandaki River Rafting
Jumla
Dunai
Shey Phoksundo National Park
Rara N.P.
Khaptad N.P.
Dailekh
Tulsipur
Nepalganj
Bheri River Rafting
Royal Bardia N.P.
Royal Sukla Phanta N.P.
Mahendranagar
Tanakpur
Pilibhit
Bareilly
Bisalpur
Shahjahanpur
Lakhimpur
Sitapur
Hardoi
Bahraich
Balrampur
Gonda
Faizabad
Ayodhya
LUCKNOW
LKO
KANPUR
KNU
Unnao
Rae-Bareli
Fatehpur
Sultanpur
Akbarpur
Basti
Gorakhpur
GOP
Butwal
Lumbini
Siddharthanagar
Royal Chitwan N.P.
Bharatpur
Hetauda
Birganj
Raxaul
Sagauli
Janakpur
Jiri
Namche Bazar
Tumlingtan
Taplejung
Jigme Dorji N.P.
Mahabharat Range
Siwalik Range
Churia Range

Maßstab 1:4 500 000

0 50 100 150 Kilometer
0 50 100 Miles

Südliche Baikalregion, Nordmongolei

Pj
Pk
Qa
Qb
Qc
Qd
Qe
Qf
98°
100°
102°
104°
106°
108°
110°
112°
89
101
106
19
20
21
22
23
24
52°
50°
48°
46°
44°
Östlicher Sajan
Autonomer Kreis der Ust-Orda-Burjaten
R U S S L A N D
Baikalsee
Burjatien
Ulan-Udė
Irkutsk
Angarsk
Usol'e-Sibirskoe
Čeremhovo
Zalari
Ust'-Ordynskij
Šelehov
Sljudjanka
Bajkal'sk
Kjahta
Gusinoozërsk
Petrovsk Zabajkal'skij
Hilok
Transib
Jablonovyj hrebet
Hrebet Ulan-Burgasy
Hamar-Daban
Malyj Hamar-Daban
Primorskij hrebet
Barguzin
Ulaan Taygaa
Darkhadyn Khotgor
Khövsgöl
Hövsgöl nuur
Hovsgol nuur N.P.
Mörön
Sükhbaatar
Selenge
Darkhan
Bulgan
Erdenet
Arkhangay
Tsetserleg
Changai-Gebirge
Orkhon Valley Cultural Landscape
Khar Balgasyn Tuur
Erdene Zuu Monastery
Kharkhorin
Shankh Monastery
Orkhon Waterfall
Amarbayasgalant Monastery
Khan Khenteyn Nature Reserve
Gorkhi-Terelj Nature Reserve
Gengis Khan Monument
Khentei
Khentiyn Nuruu
(ULAN-BATOR)
ULAANBAATAR
Zuunmod
Manzshir Monastery
Töv
Ondörkhaan
M O N G O L E I
Bayankhongor
Arvaykheer
Övör-khangay
Bajan-khongor
Gobi-Altai
Mandalgov'
Dundgov'
Ongiyn Monastery (ruins)
Saynshand
Dornogov'
Zamyn-Üüd
Dalanzadgad
Ömnögov'
Gurvan Saykhan N.P.
Gurvan Saykhan
Bayanzag (Dinosaur excavations)
Tsagaan-Tsavyn (Petrified Trees)
Borzongiin Gov'
Galbyn Gov'
C H I N A
GOBI

Maßstab 1:4 500 000

0 50 100 150 Kilometer
0 50 100 Miles

Nordchina

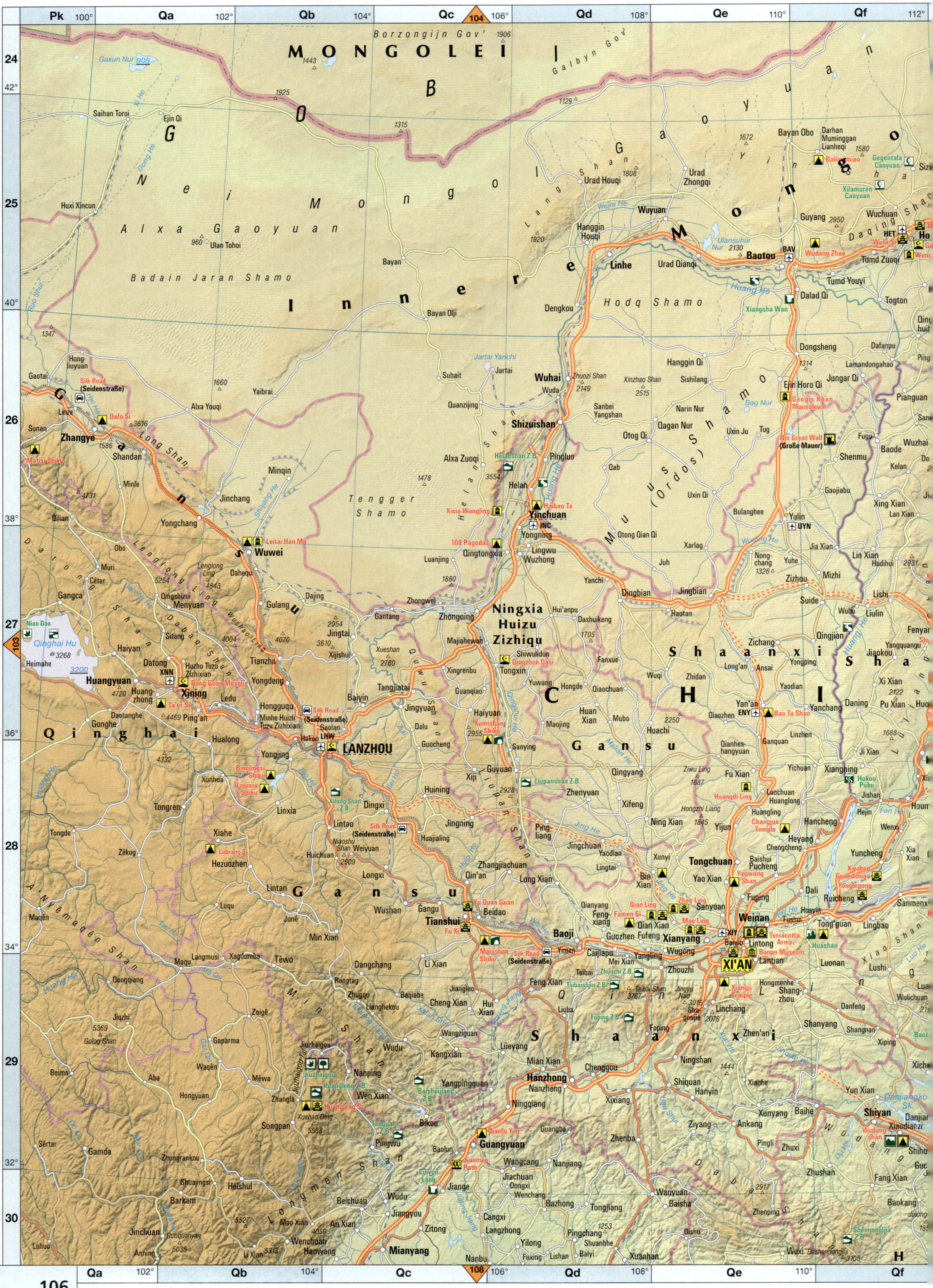
MONGOLEI
Inner Mongolei
Nei Mongol Gaoyuan
Alxa Gaoyuan
Badain Jaran Shamo
Tengger Shamo
Hodq Shamo
Mu Us Shamo (Ordos)
Ningxia Huizu Zizhiqu
CHINA
Gansu
Qinghai
Shaanxi
Shanxi
Qinghai Hu
LANZHOU
XI'AN
Xining
Yinchuan
Baotou
Hanzhong
Tianshui
Baoji
Xianyang
Weinan
Yan'an
Wuwei
Zhangye
Wuhai
Shizuishan
Guangyuan
Mianyang
Shiyan
Huangyuan
Linhe
Dongsheng
Yulin
Tongchuan
Huang He
Lang Shan
Helan Shan
Liupan Shan
Qilian Shan
Min Shan
Qin Ling
Daba Shan
Longmen Shan
Silk Road (Seidenstraße)
The Great Wall (Große Mauer)
Genghis Khan Mausoleum
Terracotta Army
Banpo Museum
Xixia Wangling
Jiuzhaigou
Labrang Si
Qian Ling
Famen Si
Mao Ling
Zhao Ling
Pk 100° Qa 102° Qb 104° Qc 106° Qd 108° Qe 110° Qf 112°
24 25 26 27 28 29 30
42° 40° 38° 36° 34° 32°
104 103 108

Maßstab 1:4 500 000

0 50 100 150 Kilometer
0 50 100 Miles

Südchina,Taiwan

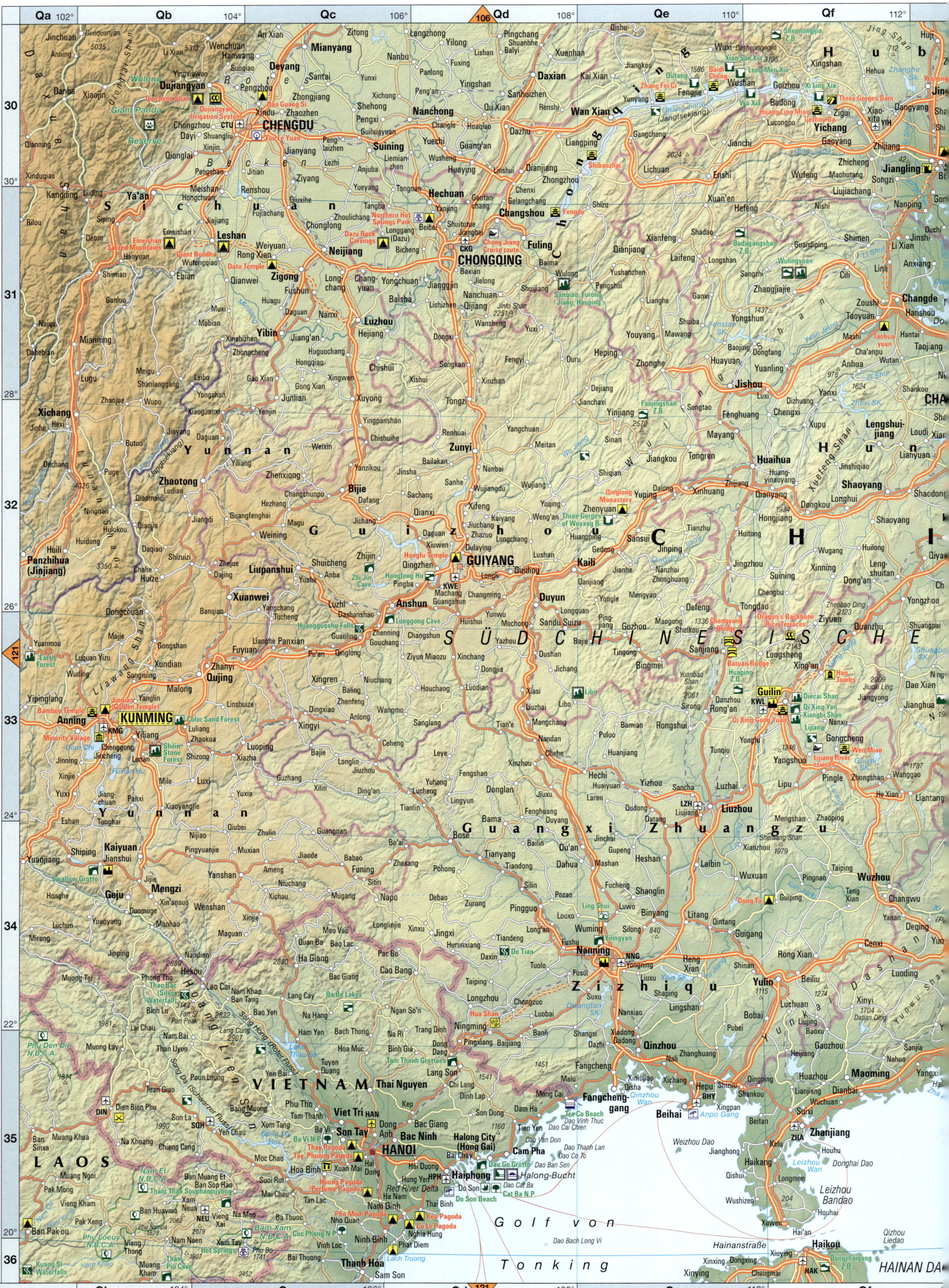

Qa
Qb
Qc
Qd
Qe
Qf
106
121
CHENGDU
CHONGQING
GUIYANG
KUNMING
HANOI
Nanning
Guilin
Liuzhou
Zhanjiang
Haikou
Haiphong
Wuzhou
Yulin
Qinzhou
Beihai
Fangchenggang
Chongzuo
Baise
Zunyi
Anshun
Kaili
Duyun
Qujing
Yuxi
Mengzi
Geju
Zhaotong
Xichang
Panzhihua (Jinjiang)
Leshan
Zigong
Yibin
Luzhou
Neijiang
Suining
Nanchong
Mianyang
Deyang
Ya'an
Dujiangyan
Fuling
Wan Xian
Yichang
Jiangling
Changde
Jishou
Huaihua
Shaoyang
Hechuan
Guang'an
Dazhou
Lichuan
Enshi
Wanxian
Sichuan
Yunnan
Guizhou
Guangxi Zhuangzu Zizhiqu
Hubei
Hunan
SÜDCHINESISCHE
VIETNAM
LAOS
Viet Tri
Thai Nguyen
Bac Ninh
Bac Giang
Nam Dinh
Ninh Binh
Thanh Hoa
Lao Cai
Dien Bien Phu
Son La
Lang Son
Cao Bang
Ha Giang
Halong City (Hong Gai)
Cam Pha
Golf von Tonking
Leizhou Bandao
Hainanstraße
HAINAN DA
Weizhou Dao
Chang Jiang (Jangtsekiang)
Three Gorges Dam
Giant Buddha
Emeishan
Stone Forest
Yangshuo
Halong-Bucht

Maßstab 1:4 500 000

0 50 100 150 Kilometer

0 50 100 Miles

Nordostchina, Nordjapan

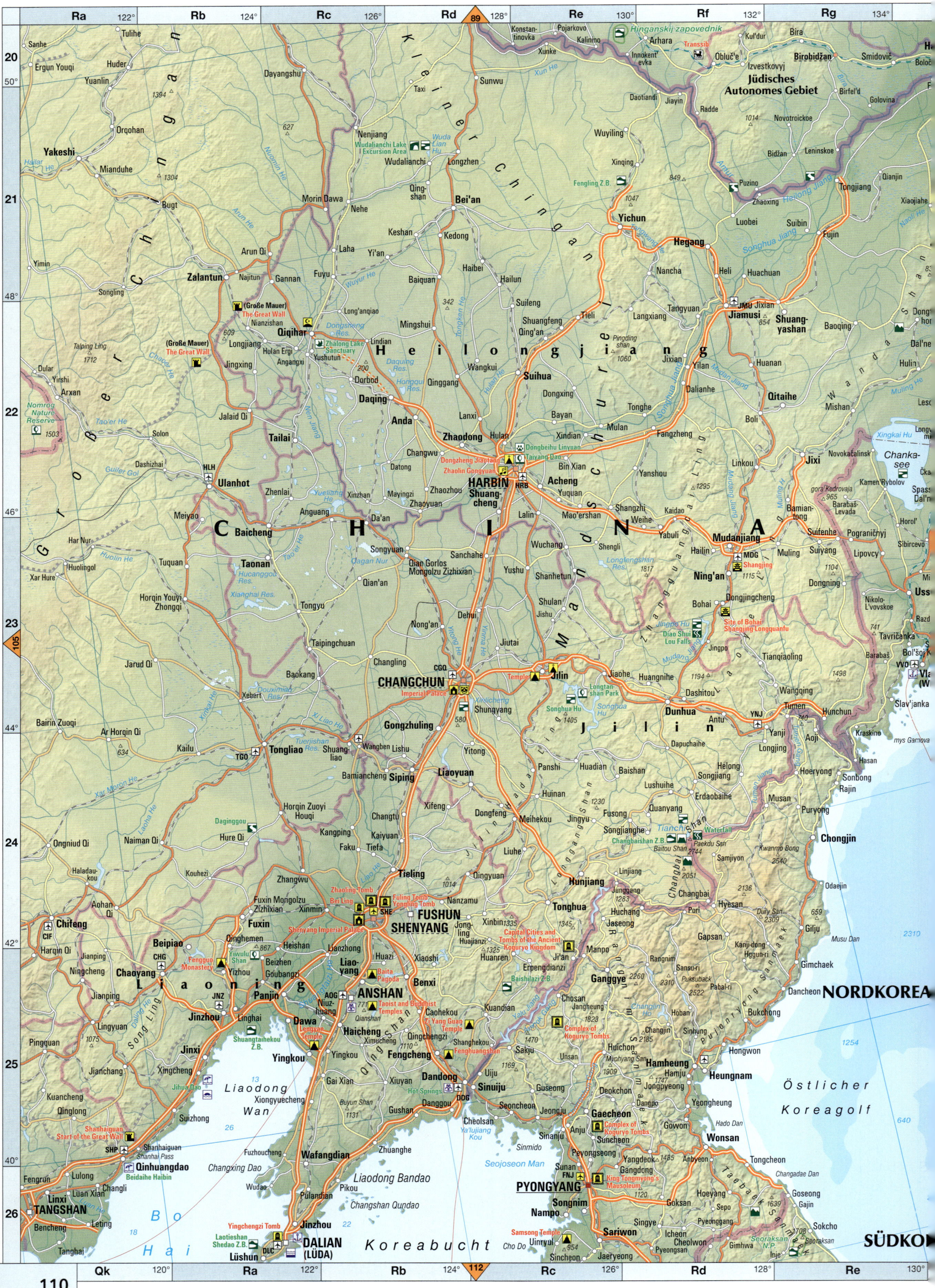

Ra
Rb
Rc
Rd
Re
Rf
Rg
89
105
112
20
21
22
23
24
25
26
Jüdisches Autonomes Gebiet
Birobidžan
Hinganskij zapovednik
Kleiner Chingan
Großer Chingan
Heilongjiang
CHINA
Mandschurei
Jilin
Liaoning
NORDKOREA
SÜDKO
Yakeshi
Zalantun
Qiqihar
Daqing
HARBIN
CHANGCHUN
Jilin
Siping
Tongliao
FUSHUN
SHENYANG
ANSHAN
Benxi
Dandong
Sinuiju
DALIAN (LÜDA)
Lüshun
Qinhuangdao
TANGSHAN
Jinzhou
Yingkou
Chifeng
Chaoyang
Fuxin
Tieling
Baicheng
Ulanhot
Taonan
Songyuan
Jiamusi
Hegang
Yichun
Shuangyashan
Jixi
Mudanjiang
Qitaihe
Yanji
Tumen
Chongjin
Hamheung
Wonsan
PYONGYANG
Nampo
Sariwon
Chankasee
Liaodong Wan
Liaodong Bandao
Koreabucht
Bo Hai
Östlicher Koreagolf
Qk
Ra
Rb
Rc
Rd
Re

Maßstab 1:4 500 000

0 50 100 150 Kilometer
0 50 100 Miles

Ostchina, Südkorea, Südjapan

Qj
Qk
Ra
Rb
Rc
Rd
110
109
107
Liaodong Wan
Liaodong Bandao
NORDKOREA
PYONGYANG
Koreabucht
Bohai Haixia
Bo Hai
BEIJING
(PEKING)
TANGSHAN
TIANJIN
(TIENTSIN)
Tianjin Shi
Qinhuangdao
DALIAN
(LÜDA)
Lüshun
(Port Arthur)
Yantai
Weihai
Penglai
Dongying
Laizhou Wan
Weifang
ZIBO
JINAN
QINGDAO
(TSINGTAU)
Shandong
Gelbes Meer
SEOUL
Incheon
Suwon
Gunsan
Mokpo
Jeju
Jeju Do
Lianyungang
Xuzhou
Jiangsu
CHINA
Huai'an
Yancheng
Bengbu
HUAINAN
Hefei
Anhui
NANJING
Zhenjiang
Yangzhou
Wuxi
Suzhou
SHANGHAI
Shanghai Shi
OSTCHINESISCH
MEER
Wuhu
Tongling
Anqing
HANGZHOU
Shaoxing
Ningbo
Zhejiang
Jiujiang
Jingdezhen
Quzhou
Jinhua
Taizhou
Nantong
Huzhou
Jiaxing

Maßstab 1:4 500 000

0 50 100 150 Kilometer

0 50 100 Miles

Pakistan, Nordindien, Nepal

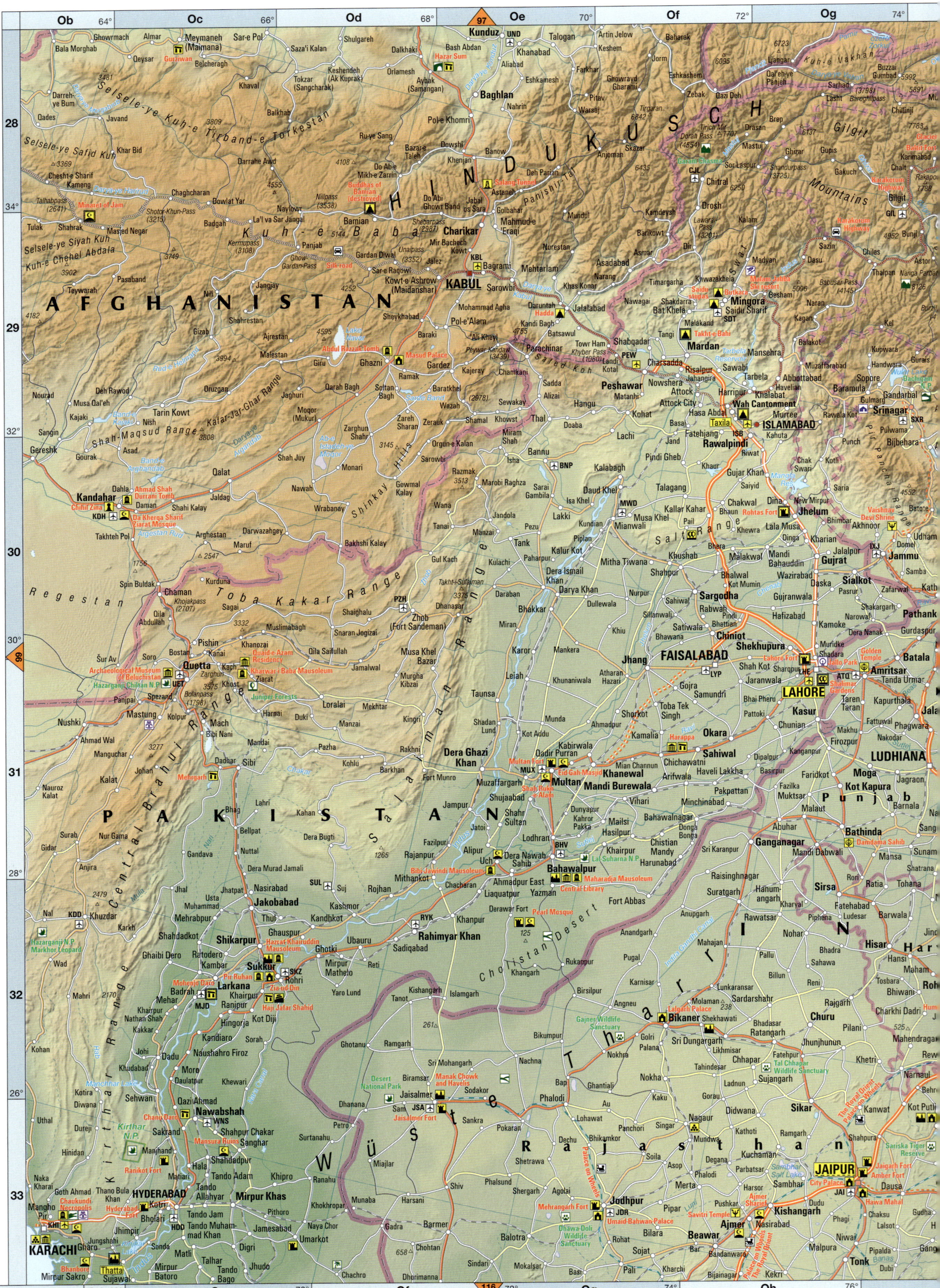

AFGHANISTAN
PAKISTAN
HINDUKUSCH
Kuh-e Baba
Regestan
Toba Kakar Range
Sulaiman Range
Kirthar Range
Central Brahui Range
Cholistan Desert
Wüste Thar
Rajasthan
Punjab
Gilgit Mountains
Salt Range
Shinkay Hills
Kabul
Islamabad
Rawalpindi
Lahore
Faisalabad
Multan
Quetta
Kandahar
Karachi
Hyderabad
Sukkur
Jacobabad
Larkana
Bahawalpur
Rahimyar Khan
Dera Ghazi Khan
Peshawar
Mardan
Jhelum
Gujrat
Sialkot
Sargodha
Jhang
Okara
Sahiwal
Kasur
Amritsar
Ludhiana
Jammu
Srinagar
Bikaner
Jodhpur
Jaipur
Ajmer
Sikar
Kunduz
Baghlan
Charikar
Chitral
Gilgit
Mingora
Ghazni
Zhob
Jalalabad
Firozpur
Bathinda
Hisar
Churu
Nawabshah
Mirpur Khas
Jaisalmer
28
29
30
31
32
33
34°
32°
30°
28°
26°
Ob
Oc
Od
Oe
Of
Og
Oh
64°
66°
68°
70°
72°
74°
76°
97
99
116

Maßstab 1:4 500 000

0 50 100 150 Kilometer
0 50 100 Miles

Mittelindien

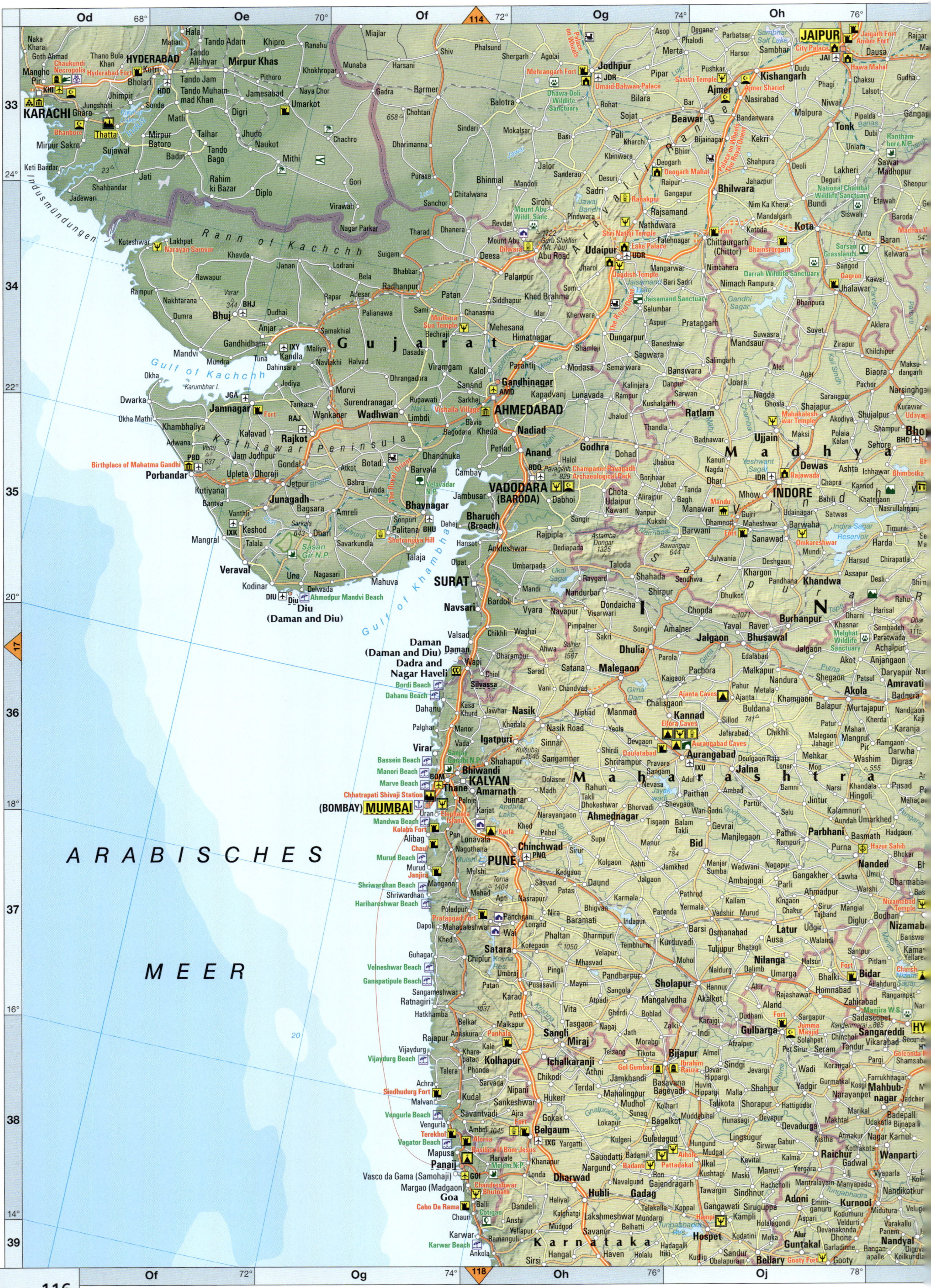
Od
Oe
Of
Og
Oh
68°
70°
72°
74°
76°
78°
114
118
17
33
34
35
36
37
38
39
24°
22°
20°
18°
16°
14°
ARABISCHES
MEER
Indusmündungen
Rann of Kachchh
Gulf of Kachchh
Gulf of Khambhat
Gujarat
Kathiawar Peninsula
Madhya
Maharashtra
Karnataka
Aravalli Range
KARACHI
HYDERABAD
Mirpur Khas
Tando Adam
Jodhpur
JAIPUR
Ajmer
Kishangarh
Udaipur
Kota
Bhuj
Kandla
Jamnagar
Rajkot
Porbandar
Junagadh
Bhavnagar
Diu
(Daman and Diu)
Daman
(Daman and Diu)
Dadra and
Nagar Haveli
Silvassa
AHMEDABAD
Gandhinagar
Nadiad
Anand
VADODARA
(BARODA)
Bharuch
(Broach)
SURAT
Navsari
Valsad
Ratlam
Ujjain
INDORE
Dewas
Khandwa
Burhanpur
Jalgaon
Bhusawal
Dhule
Malegaon
Nasik
Aurangabad
Jalna
Ahmednagar
(BOMBAY) MUMBAI
Thane
Bhiwandi
KALYAN
PUNE
Satara
Sangli
Miraj
Kolhapur
Ichalkaranji
Sholapur
Bijapur
Gulbarga
Bidar
Latur
Parbhani
Nanded
Akola
Amravati
Belgaum
Panaji
Margao (Madgaon)
Goa
Dharwad
Hubli
Gadag
Hospet
Bellary
Raichur
Kurnool
Adoni
Karwar
Birthplace of Mahatma Gandhi
Ellora Caves
Ajanta Caves
Aurangabad Caves
Elephanta Island
Chhatrapati Shivaji Station

Maßstab 1:4 500 000

0 50 100 150 Kilometer
0 50 100 Miles

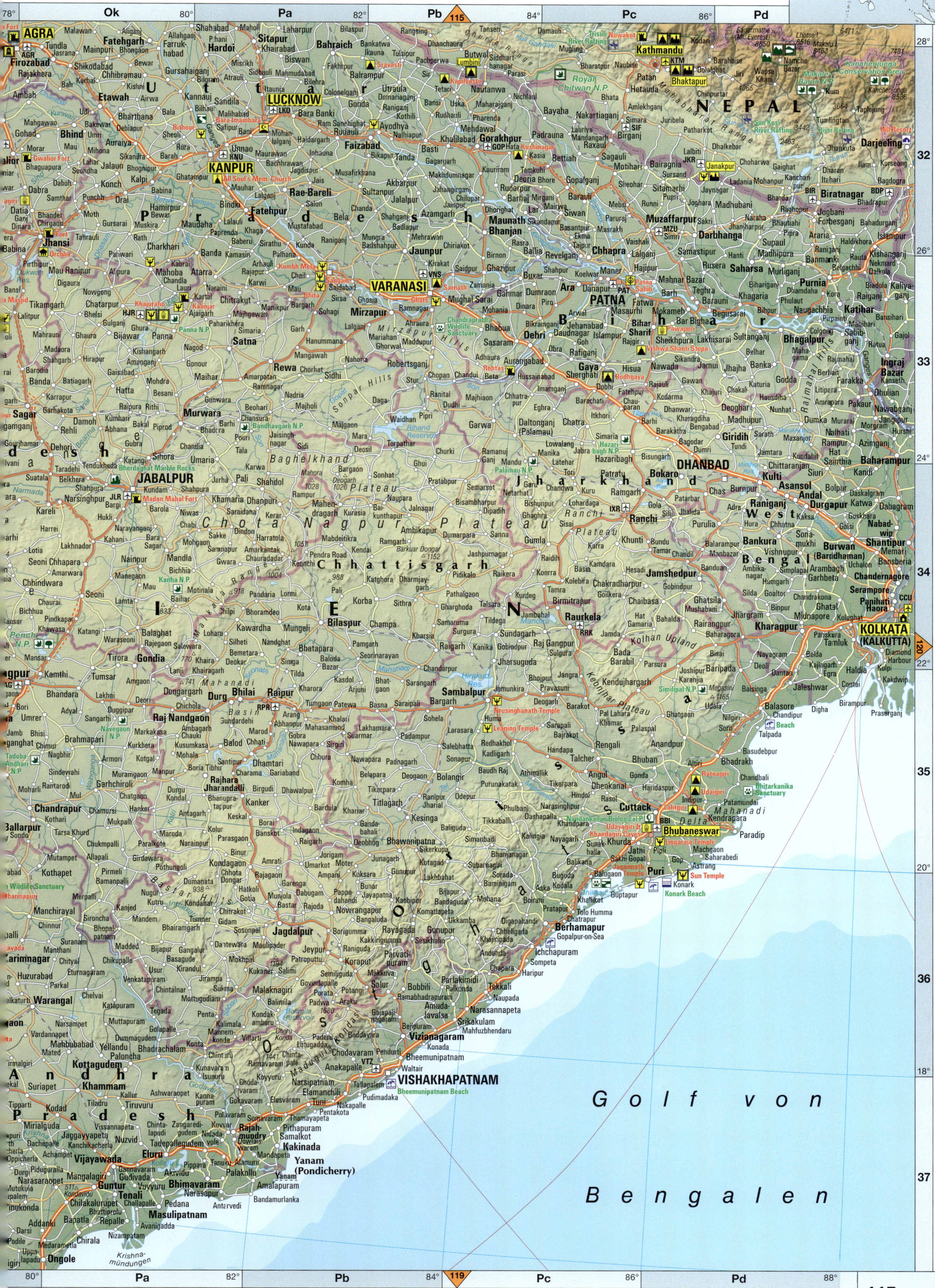

ARABISCHES
MEER
Lakkadiven
Amindivi Islands
Cannanore Islands
Lakshadweep
Nine Degree Channel
Eight Degree Channel
Lakshadweep
See
Malabarküste
Karnataka
Kerala
MALEDIVEN
Kavaratti
Minicoy I.
Kalpeni I.
Andrott I.
Bitra I.
Chetlat I.
Kiltan I.
Kadmath I.
Amini I.
Agatti I.
Bangaram I.
Suheli I.
Haa-Alifu Atoll
Haa-Dhaalu Atoll
Shaviyani Atoll
Noonu Atoll
Raa Atoll
Baa Atoll
Lhaviyani Atoll
North Male Atoll
South Male Atoll
Arie Atoll
Felidhoo Atoll
Faafu Atoll
Dhaalu Atoll
Meemu Atoll
Thaa Atoll
Laamu Atoll
Male
Hithadhoo
Veymandhoo
Kudahuvadhoo
Magoodhoo
Muli
Mahibadhoo
Eydhafushi
Ugoofaaru
Manadhoo
Farukolhu
Nolhivaranfaru
Dhidhdhoo
Makunudu Atoll
Karwar
Kumta
Honavar
Bhatkal
Kundapura
Udupi
Mangalore
Kasaragod
Kannur (Cannanore)
Thalasseri (Tellicherry)
Mahé (Pondicherry)
Kozhikode (Calicut)
KOCHI (COCHIN)
Alappuzha (Alleppey)
Kollam (Quilon)
THIRUVANANTHAPURAM (TRIVANDRUM)
Nagercoil
Cape Comorin
BANGALORE
Mysore
Mandya
Shimoga
Chitradurga
Davangere
Hospet
Bellary
Tumkur
Hassan
Chikmagalur
COIMBATORE
Erode
Tiruppur
Palakkad
Thrissur
Dindigul
Tirunelveli
Palayankottai
Tuticorin
MADURAI
Coonoor
Ooty
Oe
Of
Og
Oh
Oj
Ok
70°
72°
74°
76°
78°
12°
10°
8°
6°
4°
2°
39
40
41
42
43
44
45

Maßstab 1:4 500 000

0 50 100 150 Kilometer
0 50 100 Miles

Bangladesch, Nordmyanmar, Laos, Nordvietnam

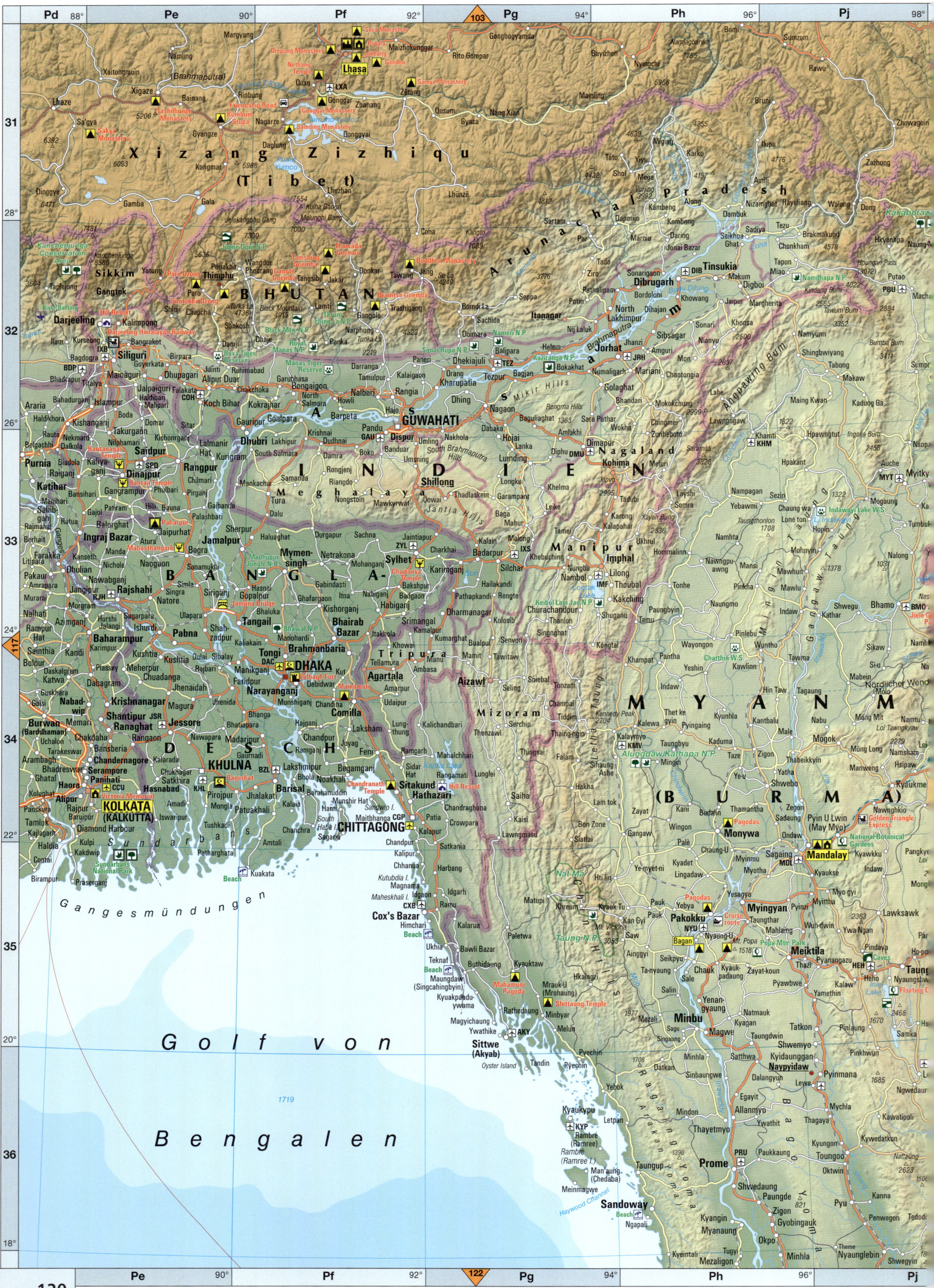
Pd
Pe
Pf
Pg
Ph
Pj
88°
90°
92°
94°
96°
98°
103
122
117
31
32
33
34
35
36
28°
26°
24°
22°
20°
18°
X i z a n g Z i z h i q u
(T i b e t)
Lhasa
Arunachal Pradesh
Sikkim
Gangtok
Darjeeling
Thimphu
B H U T A N
Siliguri
GUWAHATI
Dispur
Shillong
Meghalaya
I N D I E N
Nagaland
Kohima
Dibrugarh
Tinsukia
Jorhat
Manipur
Imphal
Mizoram
Aizawl
Tripura
Agartala
Silchar
Sylhet
B A N G L A - D E S C H
DHAKA
Mymensingh
Rajshahi
Rangpur
Dinajpur
Khulna
Jessore
Barisal
Comilla
Chittagong
Cox's Bazar
KOLKATA (KALKUTTA)
Sundarbans
Gangesmündungen
Golf von Bengalen
M Y A N M A R
(B U R M A)
Mandalay
Monywa
Bagan
Pakokku
Myingyan
Meiktila
Minbu
Magwe
Sittwe (Akyab)
Kyaukpyu
Sandoway
Prome
Naypyidaw
Pyinmana
Bhamo
Rakhine Yoma
Arakan Yoma
Chin Hills
Brahmaputra
Ganges
Xigaze
Gyangze
Tezpur
Nagaon
Tura
Purnia
Katihar
Malda
Bogra
Pabna
Tangail
Narayanganj
Chandpur
Feni
Noakhali
Rangamati
Tamu
Kalemyo
Kyaukse
Sagaing
Yamethin
Thayetmyo
Taungup
Gwa

Maßstab 1:4 500 000

0 50 100 150 Kilometer
0 50 100 Miles

Pg
Ph
Pj
Pk
Qa
94°
96°
98°
100°
120
126
18°
16°
14°
12°
10°
8°
6°
37
38
39
40
41
42
43
17
MYANMAR
(BURMA)
INDIEN
INDONESIEN
Andamanensee
Andamanen-
becken
Môktama Kwe
(Golf von Martaban)
Irrawaddymündungen
Andaman-
und
Nikobar-
Inseln
Zehn-Grad-Kanal
Großer Kanal
Mergui-Archipel
Andamanen
Nikobaren
SUMATRA
YANGON
(RANGUN)
Henzada
Puthein
(Bassein)
Thaton
Maulamyaing
(Moulmein)
Kyaikkami
(Amherst)
Tavoy
Mergui
Tanintharyi
(Tenasserim)
Kanchanaburi
Ratchaburi
Ayutthaya
Sukhothai
Phitsanulok
Nakhon Sawan
Phuket
Krabi
Surat Thani
Nakhon Si Thammarat
Georgetown
Port Blair
North Andaman
Middle Andaman
South Andaman
Little Andaman
Car Nicobar I.
Great Nicobar I.
Little Nicobar I.
Sabang
Banda Aceh
(Kutaradja)
Dawna Range
Bilauktaung Range
Isthmus von Kra
Chumphon
Ranong
Prachuap Khirikhan
Hua Hin
Cha-am
Pattaya
Bucht von Bangkok
Ko Samui
Koh Phangan
Ko Lanta
Trang
Satun

Maßstab 1:4 500 000

0 50 100 150 Kilometer
0 50 100 Miles

Philippinen

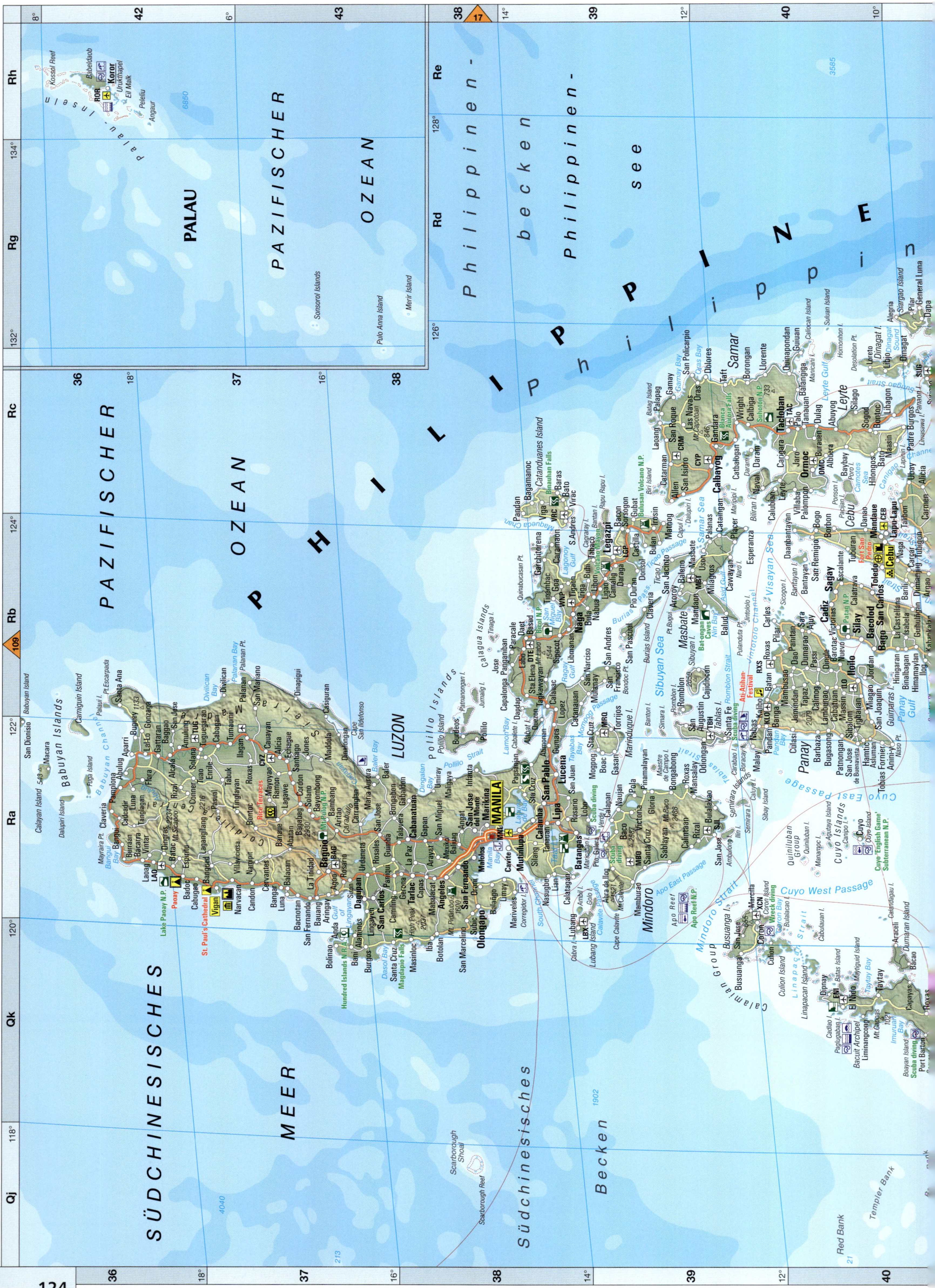
PHILIPPINEN
PAZIFISCHER OZEAN
SÜDCHINESISCHES MEER
PALAU
Philippinenbecken
Philippinensee
Südchinesisches Becken
LUZON
MANILA
Mindoro
Samar
Leyte
Panay
Cebu
Masbate
Babuyan Islands
Polillo Islands
Sibuyan Sea
Visayan Sea
Cuyo West Passage
Mindoro Strait

Maßstab 1:4 500 000

0 50 100 150 Kilometer
0 50 100 Miles

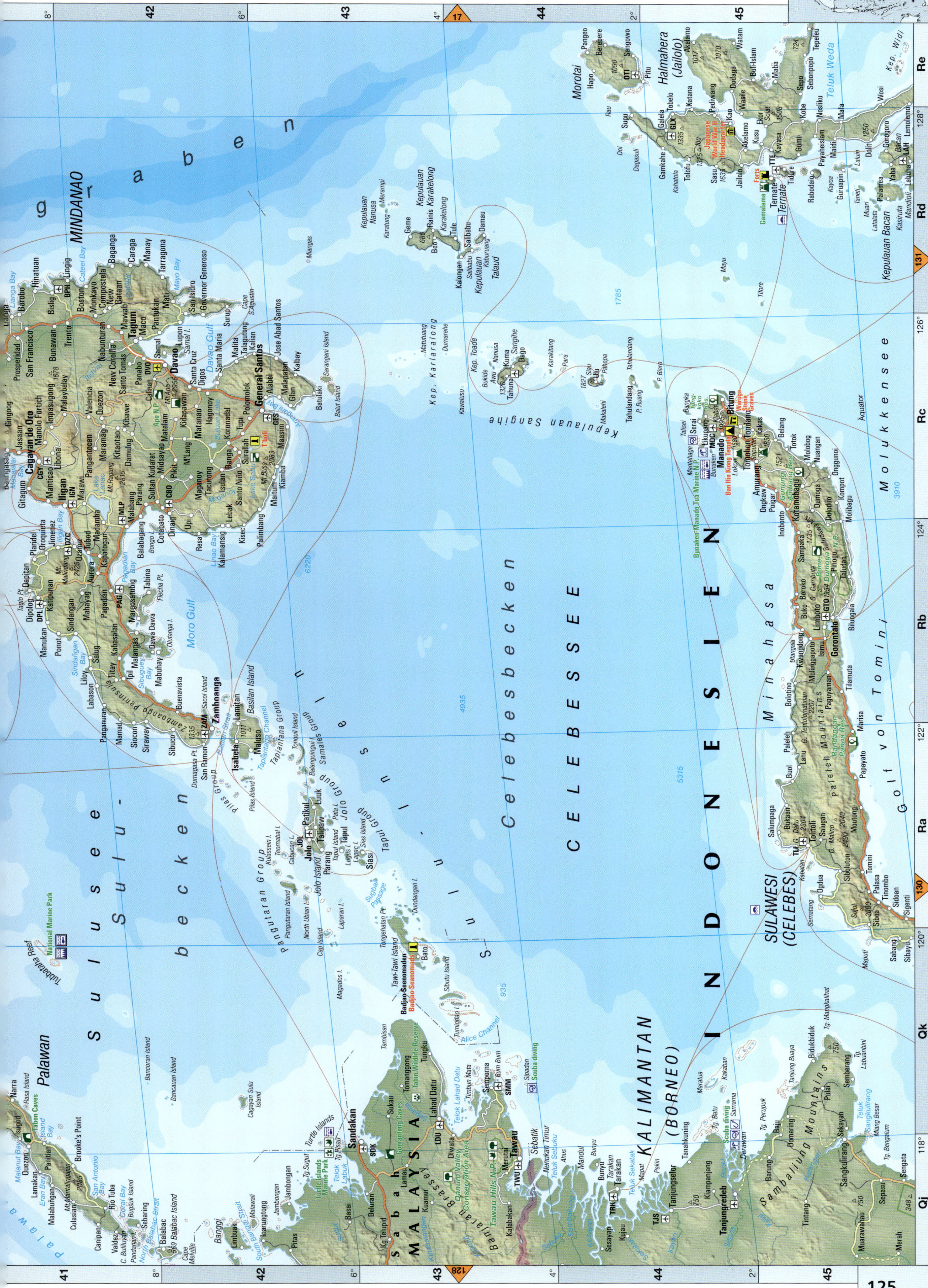

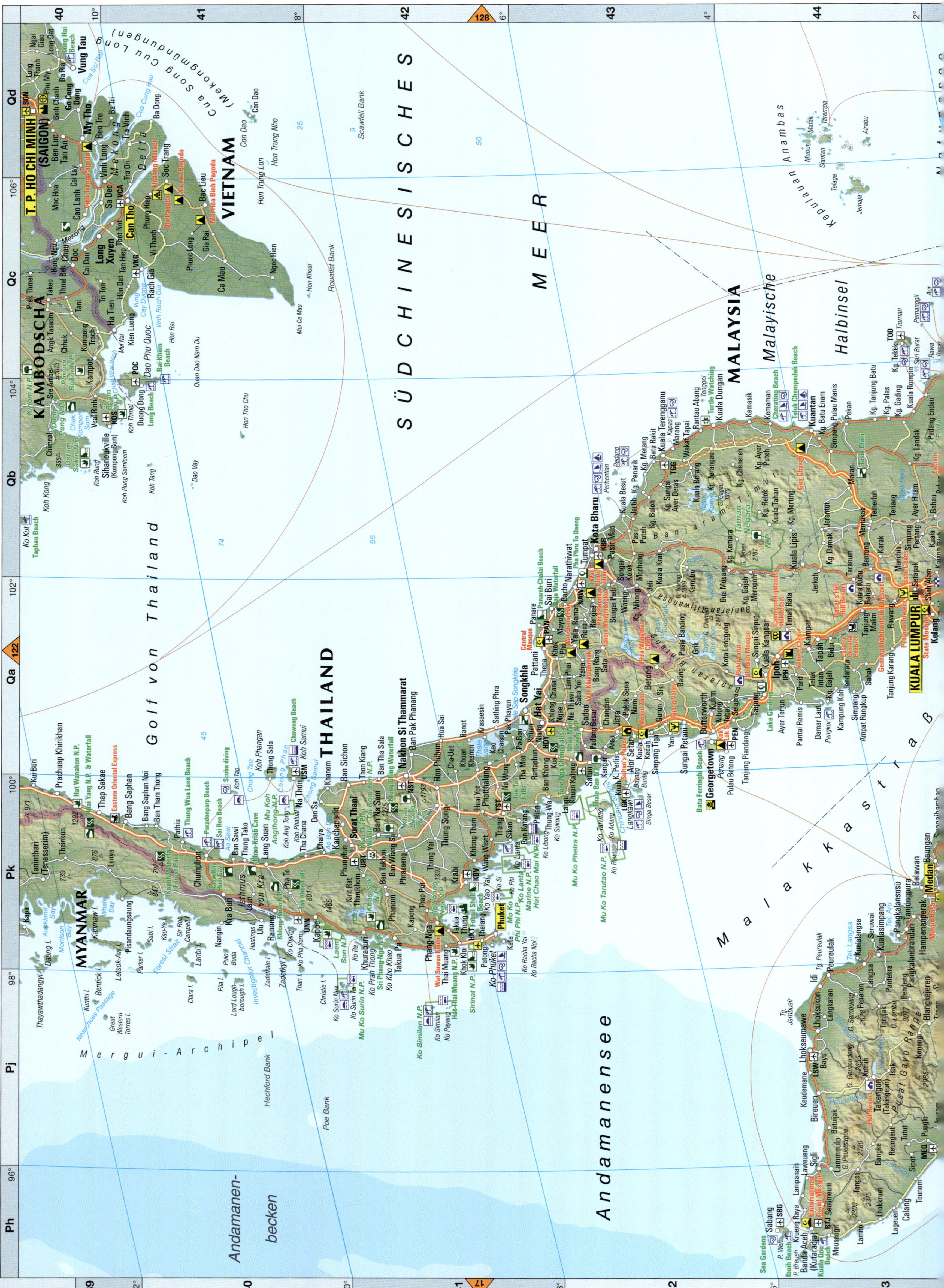
T. P. HO CHI MINH (SAIGON)
VIETNAM
KAMBODSCHA
THAILAND
MALAYSIA
MYANMAR
Golf von Thailand
SÜDCHINESISCHES MEER
Andamanensee
Andamanen-becken
Malakkastraße
Malayische Halbinsel
Mergui-Archipel
Kepulauan Anambas
KUALA LUMPUR
Can Tho
Kota Bharu
Georgetown
Ipoh
Songkhla
Hat Yai
Nakhon Si Thammarat
Surat Thani
Phuket
Medan
Banda Aceh
Vung Tau
Kuantan
Kuala Terengganu
Ca Mau
Rach Gia
Dao Phu Quoc
Sihanoukville
Chumphon
Krabi
Trang
Pattani
Alor Setar
Langkawi
Butterworth
Taiping
Teluk Intan
Kuala Lipis
Kuala Dungan
Prachuap Khirikhan
Ranong
Tanintharyi (Tenasserim)
Sabang
Lhokseumawe
Bireuen
Sigli
40
41
42
43
44
39
Ph
Pj
Pk
Qa
Qb
Qc
Qd
122
128
17

Maßstab 1:4 500 000

0 50 100 150 Kilometer

0 50 100 Miles

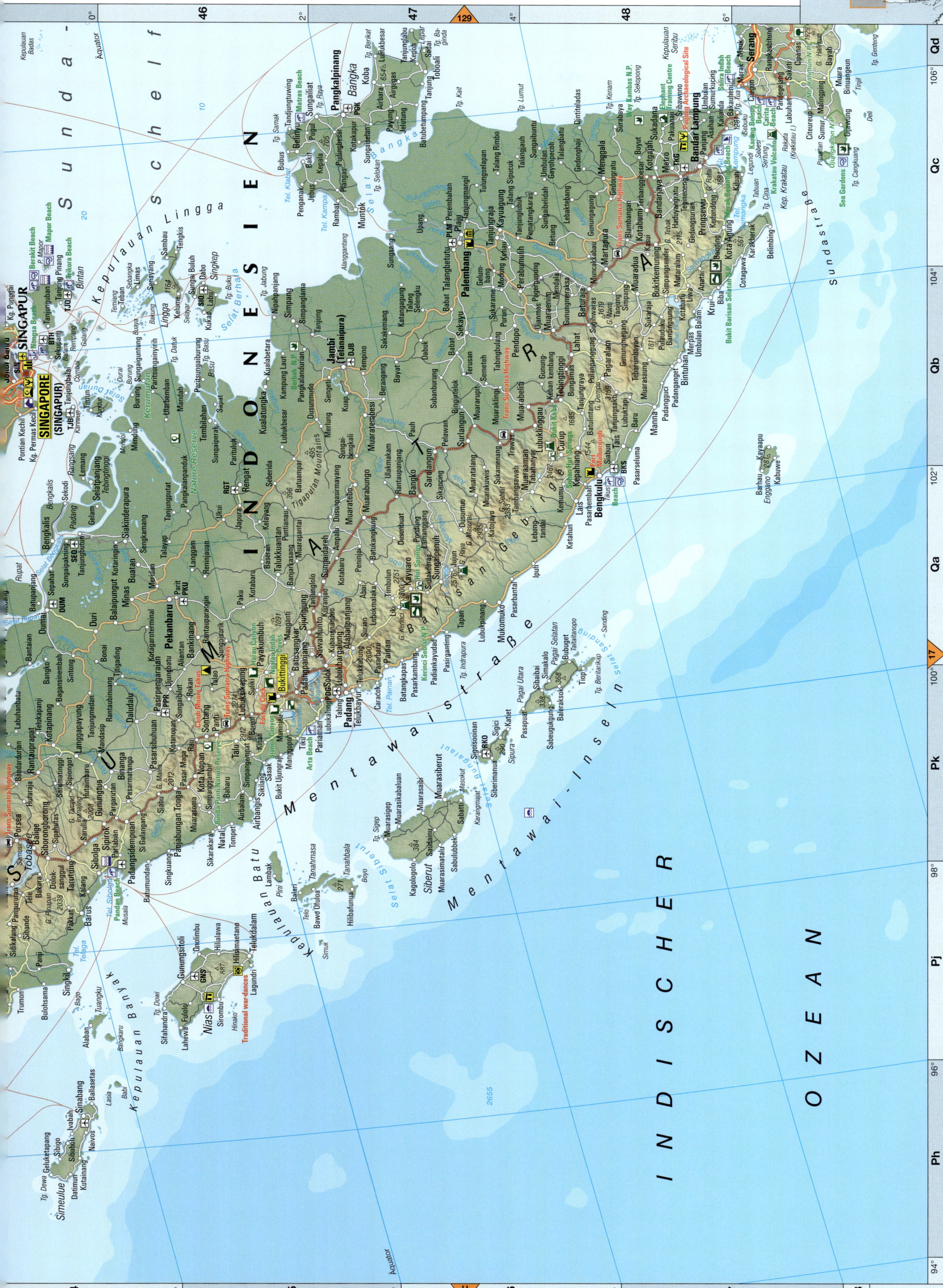

Kalimantan, Java, Bali

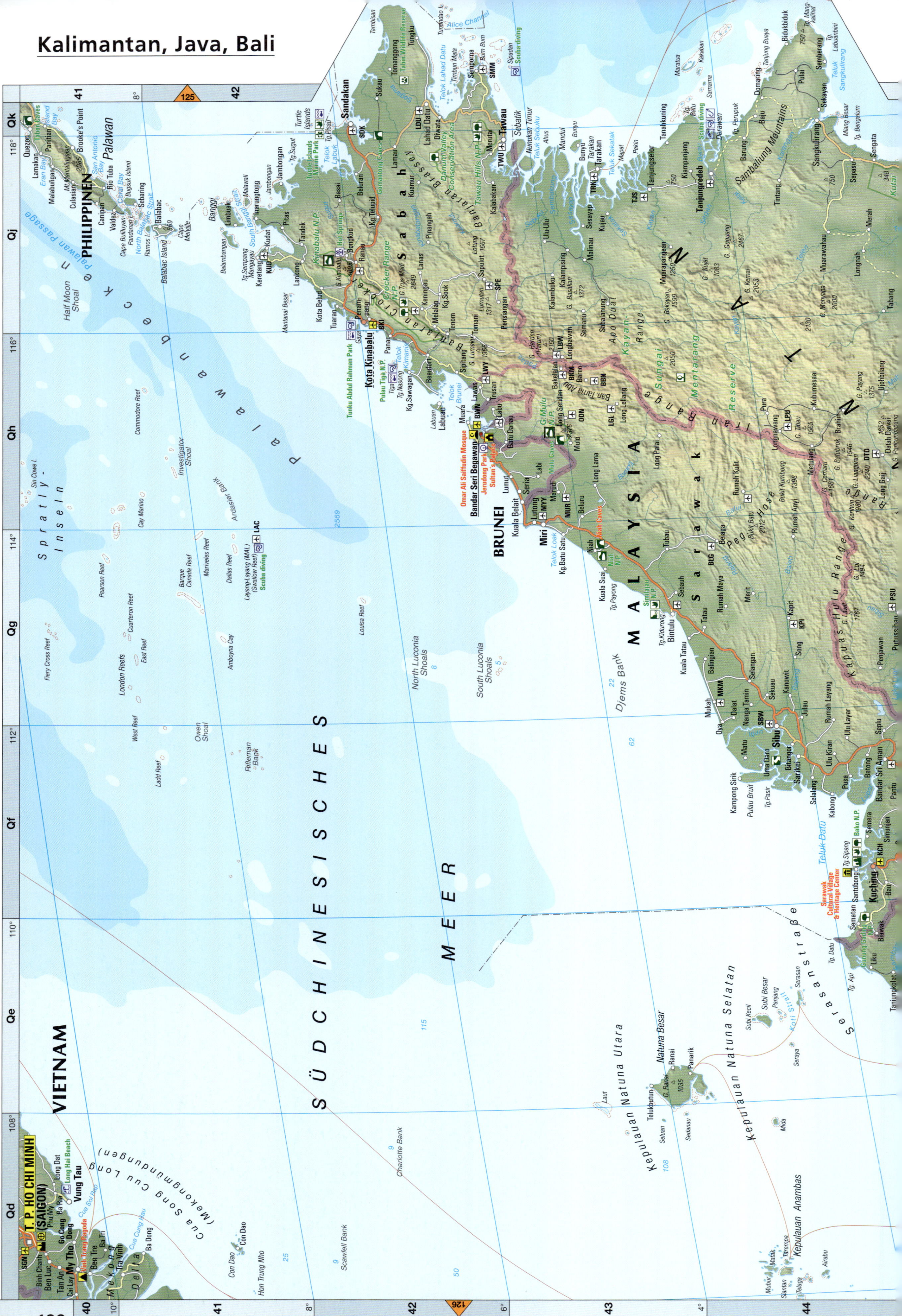

VIETNAM
PHILIPPINEN
Palawan
BRUNEI
MALAYSIA
Sabah
Sarawak
SÜDCHINESISCHES MEER
Spratly-Inseln
Palawan Passage
Palawanbecken
T. P. HO CHI MINH (SAIGON)
Vung Tau
Mekong-Delta
Cua Song Cuu Long (Mekongmündungen)
Con Dao
Kota Kinabalu
Sandakan
Tawau
Lahad Datu
Kudat
Bandar Seri Begawan
Miri
Bintulu
Sibu
Kuching
Labuan
Tarakan
Tanjungredeb
Sambaliung Mountains
Crocker Range
Iran Range
Kapuas Hulu Range
Kepulauan Natuna Utara
Kepulauan Natuna Selatan
Natuna Besar
Kepulauan Anambas
Serasanstraße
Teluk Datu
North Luconia Shoals
South Luconia Shoals
Louisa Reef
Charlotte Bank
Scawfell Bank
Djerns Bank

Maßstab 1:4 500 000

0 50 100 150 Kilometer

0 50 100 Miles

Kleine Sundainseln, Sulawesi, Timor

KALIMANTAN
(BORNEO)
MALAYSIA
Samarinda
Balikpapan
Banjarmasin
Palangkaraya
Martapura
Meratus Mountains
Makassarstraße
UJUNG PANDANG
(MAKASSAR)
Parepare
Palu
Poso
Masamba
Palopo
Rantepao
Watampone
Golf von Bone
Golf von Tomini
Selayar
JAVASEE
INDONESIEN
Floressee
Kepulauan Kangean
Madura
Balisee
Bali
Denpasar
Lombok
Mataram
Sumbawa
Bima
Flores
Ende
Komodo
Sumbastraße
Sumba
Waingapu
Sawusee
JAVA
Probolinggo
Jember
Banyuwangi
INDISCHER OZEAN
Qh
Qj
Qk
Ra
Qg
114°
116°
118°
120°
122°
125
17
129

Maßstab 1:4 500 000

0 50 100 150 Kilometer
0 50 100 Miles

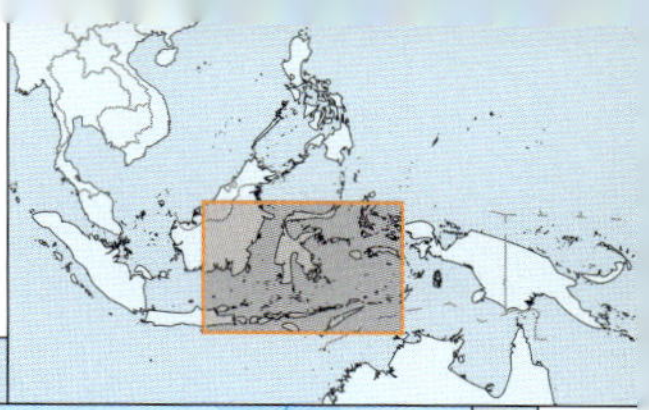

Australien / Ozeanien

Der kleinste der Kontinente besteht außer aus dem »Inselkontinent« Australien aus wenigen größeren – wie etwa Neuguinea oder der Doppelinsel Neuseeland – und rund 7000 kleineren Inseln, die über den Pazifik verstreut liegen. Australien lässt sich in drei große Zonen gliedern: Das westaustralische Tafelland nimmt etwa die Hälfte der Landesfläche ein. Das sich anschließende zentralaustralische Tiefland wird im Osten von der Great Dividing Range, dem großen Scheidegebirge, begrenzt. Zu Australien gehören außerdem die Insel Tasmanien und das Große Barriereriff vor der Nordostküste. Neuseeland ist

vorwiegend gebirgig, hier finden sich viele Wälder der subtropischen und gemäßigten Zonen. Die Inseln im Pazifik unterteilen sich in die Inselgruppen Melanesien, Mikronesien und Polynesien. Die größeren Inseln sind vulkanischen Ursprungs, die kleineren meist Atolle.

Die Karolinen sind die größte Inselgruppe Mikronesiens und bestehen aus 963 Inseln meist vulkanischen Ursprungs und Atollen. Archäologische Funde lassen auf eine frühe Besied!ung schließen.

Qb 120°
Ra 130°
Rb 140°
Sa 150°
17
Sb 160°
Ta 170°
Tb 180°
Ba 170°
30°
07
20°
08
10°
09
0°
10
10°
11
17
20°
12
30°
13
40°
14
50°
15
60°
16
90° Pb 100° Qa 110° Qb 120° Ra 130° Rb 140° Sa 150° Sb 160° Ta 170° 287 Tb 180° Ba 170° Bb 160° Ca 150° Cb 140° Da
WUHAN
HANGZHOU
ASIEN
Wuyi Shan
1870
FUZHOU
TAIPEI
Formosa
Ostchinesisches Meer
Ryukyu-Inseln
Satsunan-Inseln
Okinawa-Inseln
Ryukyugraben
Kyushu-Palau-Rücken
Bonin-Inseln
Boningraben
Nordwestpazifisches Becken
Marcus
Mittelpazifischer Rücken
Midway-Inseln
Hawaiirücken
Nördlicher Wendekreis
Luzon-Straße
Philippinen-becken
Okino Tori
Südchinesisches Meer
Luzon
Mt.Pinatubo 1600
Sierra Madre
MANILA
Philippinensee
Westliches Marianenbecken
Marianen
Saipan
Guam
Marianengraben
Challengertiefe
11034
Magellan-kuppen
PAZIFISCHER
Wake
Östliches Marianenbecken
Marshallinseln
Ratakgruppe
Ralikgruppe
Dalap-Uliga-Darrit
Zentral-pazifisches Becken
Mindoro
Mayon 2462
Samar
Panay
Leyte
Cebu
Palawan
Negros
Mindanao
Philippinengraben
2956 Mt.Apo
Davao
Sulusee
Sulu-Inseln
G.Kinabalu 4110
Yap Islands
Palau-Inseln
Koror
MIKRONESIEN
Caroline Seamounts
Truk Islands
Ponape Island
Karolinen
Westliches Karolinenbecken
Östliches Karolinenbecken
Celebessee
Manado
Kalimantan (Borneo)
Makassarstraße
Halmahera
Molukkensee
Molukken
Neuguinearinne
OZEAN
Gilbert-Inseln
Bairiki
Yaren
Sulawesi (Celebes)
Doberai Peninsula
Bomberai Peninsula
G.Binaja 3019
Jayapura
Admiralitäts-Inseln
MELANESIEN
Bismarck-Archipel
Neuirland
Große Sundainseln
G.Rantemario 3440
Buru
Seram (Ceram)
5030 Puncak Jaya
Maokegebirge
Mt. Wilhelm 4509
Neubritannien
Rabaul
Karolinen-Salomonen-Schwelle
Howland Is.
Baker I.
Äquator
Butung
Bandasee
Kep.Aru
Neuguinea
Irian Jaya
Salomonensee
Salomon-Inseln
Melanesien-becken
MAKASSAR
Floressee
Kleine Sundainseln
Kep.Tanimbar
Arafurasee
Port Moresby
Bali
Sumbawa
Lombok
Flores
Sumba
Timor
Dili
Timorgraben
Torresstraße
Cape York
Honiara
Phoenix-Inseln
Tuvalu-Inseln
6660
Timorsee
Darwin
Arnhem Land
C.Wessel
Carpentaria-golf
Kap York-Halbinsel
Korallenbecken
Sta.Cruz Islands
Wittazgraben
Vaiaku
POLYNESIEN
Tokelau-Inseln
Nordwest-australisches Becken
Kimberley Plateau
Barkly Tableland
Great Barrier Reef
Korallensee
Neuhebriden-becken
Neue Hebriden
Charlotte Bank
Exmouth-plateau
Broome
Fitzroy
Tanamiwüste
Tennant Creek
Flinders
Cairns
Port-Vila
West-Fidschi-Becken
Wallis und Futuna
Mata-Uta
Apia
Samoa-Inseln
Port Hedland
Große Sandwüste
Mount Isa
568 Black Mtn.
Great Dividing Range
Fidschi-Inseln
Vanua Levu
Neubritannien
North West Cape
Pilbara 1132
Hamersley Range
L.Mackay
Macdonnell Ranges
1524
Alice Springs
AUSTRALIEN
Rockhampton
Neukaledonien
Noumea
Iles Loyauté
Neuhebridengraben
Vitu Levu
Suva
Gibsonwüste
Ayers Rock 863
Simpsonwüste
Großes Artesisches Becken
Fraser Island
Lord-Howe-Rücken
Hunterrücken
Tonga-Inseln
Niue
Alofi
1105 Mt.Augustus
L.Carnegie
1435 Musgrave Ranges
Große Victoriawüste
Lake Eyre North
BRISBANE
Süd-Fidschi-Becken
Nuku'alofa
10025
10882
Tongagraben
Südlicher Wendekreis
L.Carey
L.Torrens
Flinders Ranges
Lake Frome
Darling
Coffs Harbour
Norfolk Island
Geraldton
Nullarborebene
Lake Gairdner
Lord Howe Island
Lord-Howe-Schwelle
Neukaledonische Rinne
Norfolkschwelle
Süd-Fidschi-Rücken
Perth
West-australisches Becken
Darling Range
Große Australische Bucht
Murray
Lachlan
SYDNEY
Adelaide
Kangaroo I.
2228
Canberra
Mt.Kosciuszko
Kermadec Islands
Kermadecrücken
Kermadecgraben
10045
Cape Leeuwin
Albany
Portland
MELBOURNE
North Cape
Tasmansee
Bass-Straße
Launceston
AUCKLAND
Südaustralisches Becken
Tasmanien
Hobart
Tasman-becken
East Cape
NEUSEELAND
Mt.Ruapehu 2797
Nordinsel
Cape Farewell
Wellington
South East Cape
Südinsel
Southern Alps
3764 Mt.Cook
Christchurch
Tasman-rücken
INDISCHER OZEAN
Dunedin
Chathamschwelle
Chatham-Inseln
Stewart-Insel
Bountysenke
Bounty-Inseln
Indisch-Antarktischer Rücken
Macquarieschwelle
Campbell-plateau
Auckland-Inseln
Antipoden-Inseln
Macquarie-Inseln
Campbell-Inseln
Südpazifisches Becken
Australisch-Antarktisches Becken
Südlicher Polarkreis
ANTARKTIS

Maßstab 1:36 000 000

0 500 1000 1500 Kilometer
0 500 1000 Miles

Die »Zwölf Apostel« an der Südostküste Australiens: Die steilen, bis zu 40 m hohen skulpturenartigen Felsblöcke zeigen auf eindrucksvolle Weise die Erosionskräfte von Wind und Wasser. Sie gehören zum Port-Campbell-Nationalpark.

Nordaustralische Gebirge

Das **westaustralische Tafelland**, das westlich der **Macdonnellkette** ansteigt und sich bis zur Westküste fortsetzt, umschließt wie ein Rahmen das mittelaustralische Tiefland. Seine höchsten Erhebungen findet das durchschnittlich 250–800 m hohe Tafelland in mehreren Gebirgszügen, die sich von der Westküste bis zum **Golf von Carpentaria** erstrecken. Es wird von zahlreichen Flüssen durchzogen, die jedoch nur in Küstennähe ganzjährig nennenswerte Mengen Wasser führen.
Das **Darlinghochland** (**Bluff Knoll**, 1109 m) birgt die ältesten Gesteinsmassen des Kontinents. In seinem Inneren geht das Plateau in eine weite, wüstenartige Trockenlandschaft mit zahlreichen Salzseen über, bevor es zum mittelaustralischen Tiefland abfällt.
Die sich nördlich anschließende **Hamersleykette** erreicht Höhen bis zu 1235 m (**Mount Bruce**). In dieser Gebirgsregion, deren Gestein durch den Eisengehalt rot gefärbt ist, liegt in der Kenneth Range der 1105 m hohe **Mount Augustus**. Die **King-Leopold-Kette** bildet die südliche Grenze des **Kimberley-Plateaus**. Dieses stark zerschnittene Bergland fällt im Norden zum **Arnhem-Land** ab. In seinem südlichen Teil schließt sich das aus Kalkstein bestehende **Barkley-Tafelland** an.

Kimberley-Hochland

Das Randgebirge des **Kimberley-Plateaus** erstreckt sich zwischen dem **Joseph-Bonaparte-Golf** im Norden, wo es in atemberaubenden Steilküsten abfällt, und der **Großen Sandwüste** im Süden.
Das stark zerklüftete Land, das eine Fläche von etwa 360 000 km² umfasst, erhebt sich bis auf eine Höhe von 937 m (**Mount Ord**). Bei mittleren Temperaturen von 38 °C ist hier savannentypische Vegetation bestimmend, die Rinder- und Schafzucht ermöglicht.
In den hier vorherrschenden Sandstein haben Flüsse eindrucksvolle Höhlen und bemerkenswerte Schluchten gegraben. Jahrmillionen der Erosion und Verwitterung ließen außergewöhnliche Felsformationen entstehen wie die erst im Jahr 1982 entdeckten bizarr geformten Kalksteingebilde im **Purnululu**.
Die Ausläufer der Kimberleys bilden zum Indischen Ozean hin reich gegliederte, hohe Steilküsten, denen ausgedehnte Brandungsplattformen aus Sandstein vorgelagert sind.
Der Küstenbereich zeichnet sich durch bedeutende Eisenerzvorkommen aus.

Arnhem-Land

Die Halbinsel zwischen der **Timorsee** und dem **Golf von Carpentaria** im Norden des **Northern Territory** umfasst eine Fläche von etwa 80 000 km².
An den stark gegliederten Küstensäumen im Tiefland zum Carpentaria-Golf prägen tropischer Regenwald und weite Mangroven- und Feuchtgebiete wie die **Wetlands** die Landschaft. Ihnen sind ausgedehnte Schlick- und Wattlandschaften sowie im Bereich der Flussmündungen Salzmarschen vorgelagert.
Auf das stark zerklüftete Bergland im Inneren der Halbinsel, in welches Wasserläufe sehr tiefe und steile Schluchten gegraben haben, folgen im Süden Savannen und Graslandschaften.

Kimberley: erodierte Kalksteinfelsen im Purnululu-Nationalpark

Zentralaustralische Wüsten

Rund 70 % der gesamten Landesfläche Australiens bestehen aus Wüste und Halbwüste, deren Geröllablagerungen und Sandgebiete sich über gewaltige Entfernungen vom westaustralischen Tafelland durch die mittelaustralische Senke bis zum Gebirgszug der Kordilleren erstrecken. Die **Große Sandwüste**, die **Tanamiwüste**, die **Gibsonwüste**, die **Große Victoriawüste** und die **Simpsonwüste** sind im Norden, Westen und Osten von Gebirgszügen und Hochplateaus eingerahmt. Im Inneren ragen vereinzelte Inselberge und Gebirgszüge empor, wie die **Musgravekette** und die **Macdonnellkette**. Zu den Inselbergen, die aus dem Sandsteinfundament herausragen, gehört neben dem **Uluru** (Ayers Rock) und den **Kata Tjuta** (Olgas) der 760 m hohe **Mount Conner**.
In dem abflusslosen Gebiet fließen Gewässer nur sporadisch oder episodisch nach sehr starken Regenfällen und verdunsten zumeist in großen Salzpfannen. So führen der **Eyresee**, der **Torrenssee** und der **Gardinersee** nur selten Wasser.
Unter den ausgedehnten Wüstengebieten Zentralaustraliens finden sich jedoch in großen Tiefen gewaltige unterirdische Wasserreservoire wie das **Große Artesische Becken**, in dessen mesozoischen Sedimenten die immensen Wassermassen der letzten Eiszeiten gespeichert sind.

Gibsonwüste

Die Steinwüste im zentralen Westaustralien zwischen der Großen Sandwüste und der Großen Victoriawüste nimmt eine Fläche von rund 330 000 km² ein. Die baumlose Ebene wird in weiten Teilen von jungem Ablagerungsschutt bedeckt, über dem sich dann größere Sanddünen mit einer kargen Strauchvegetation aufgebaut haben. Einzelne Inselberge und isolierte Bergketten, die Höhen bis zu 600 m erreichen, überragen die endlos erscheinende Ebene.
In dem abflusslosen Gebiet haben sich Salzpfannen und Salzseen wie der **Lake Disappointment** gebildet. Dort verdunsten die seltenen Niederschläge und lassen Salz zurück, sodass sich dessen Konzentration zunehmend erhöht.

Victoriawüste

Die **Große Victoriawüste** wird im Norden von der Musgravekette, im Westen vom Darling-Plateau und im Osten durch die Stuartkette begrenzt. Sand- und Geröllwüsten, die teilweise durch Strauchvegetation aufgelockert sind, bedecken das ausgedehnte baumlose Trockengebiet. In den östlichen und westlichen Randgebieten geht es in Salzmarschen über. Im Süden leitet die Kalktafel der **Nullarborebene**, in die unterirdische Wasserläufe Höhlen gegraben haben, zur Küste hin und bildet dort eine spektakuläre bis 200 m hohe zerklüftete Steilküste.

Große Sandwüste

Die größte der vier Wüsten des Kontinents befindet sich im Nordteil des westaustralischen Wüstengebietes und hat eine Ausdehnung von etwa 520 000 km². Sie breitet sich südlich des Kimberley-Plateaus aus, geht im Süden in die Gibsonwüste über und wird im Osten durch die Macdonnellkette begrenzt. Am **Eighty Mile Beach** reicht ein westlicher Ausläufer der Großen Sandwüste bis an die Küste des Indischen Ozeans und bildet hier ausgedehnte Dünengebiete. Die Große Sandwüste besteht vorwiegend aus großflächigen Ebenen mit parallel gestreckten Sanddünen, die mit Trockengräsern bewachsen sind. Nur vereinzelt überragen Inselberge wie der **Mount Cornish** (363 m) die weiten Ebenen.
Im Nordwesten hat die Wüste Anteil an den artesischen Wasservorkommen des **Desert-Beckens**, im Süden und Osten liegen ausgedehnte Salzpfannen.

Simpsonwüste

Die **Simpsonwüste** umfasst den Südosten des Northern Territory sowie Teile von South Australia und Queensland und hat eine Gesamtausdehnung von mehr als 250 000 km². Die nördliche Begrenzung bildet die Macdonnellkette, im Osten geht die Geröll- und Sandwüste, in der sich Dünen mit Höhen zwischen 30 und 60 m aufgebaut haben, in das **Große Artesische Becken** über.

Zentralaustralische Berge

Zu den Bergregionen, die die weiten Wüsten- und Steppengebiete Zentralaustraliens gliedern, gehört die **Macdonnellkette**, die als eines der ältesten Gebirge der Erde vor etwa 600 bis 900 Mio. Jahren entstand.
Die in Ost-West-Richtung parallel angeordneten Hügelketten aus Quarz und Sandstein erstrecken sich auf dem durchschnittlich 600 m hohen Untergrund des westaustralischen Tafellands über eine Länge von 380 km und erreichen ihre größte Höhe mit 1511 m im **Mount Zeil**. Der südlich gelegene 210 km lange Gebirgsbogen der **Musgravekette** setzt sich aus Granitformationen zusammen und wird vom **Mount Woodroffe** (1435 m) überragt. Die südöstlichen Ausläufer der Musgravekette bilden die 320 km lange **Petermannkette**.
Zu den eindrucksvollsten Naturwundern Australiens gehören die zahlreichen Inselberge, die isoliert aus den weiten Wüsten- und Steppenebenen emporragen. Die berühmtesten sind der seine Umge-

Darling

Der Darling, der mit 2740 km längste Fluss Australiens, entspringt mit seinen Quellflüssen in den Darling Downs in der Great Dividing Range. Hauptquellfluss ist der Macintyre River. Der Darling führt zwischen 340 Mio. m³ und 5,5 Mrd. m³ Wasser jährlich, in der Trockenzeit kann der Fluss jedoch teilweise auch völlig trockenfallen. Der Darling mündet nach Aufnahme zahlreicher aus der Great Dividing Range abfließender Nebenflüsse schließlich bei Wentworth in den Murray, der sich seinerseits in den Indischen Ozean ergießt.

Inselberge Australiens

Auf dem trockensten Kontinent der Erde hat die Erosion als gewaltige Naturkraft beeindruckende geologische Formationen hervorgebracht, zu denen auch einige der größten Inselberge der Erde gehören.

Schon immer war Australien ein Spielball der Naturelemente Wasser und Wind, die in Jahrmillionen imposante Naturwunder geschaffen haben, darunter einige spektakuläre Felsformationen, die heute als Inselberge aus der flachen Wüste aufragen. (Entgegen landläufiger Meinung handelt es sich nicht um Monolithen, sondern im die Kuppen unterirdischer Felsformationen.)
Der Uluru (früher Ayers Rock genannt) zieht den Betrachter in Bann, wenn seine mit Glimmer und Feldspat durchsetzten Sandsteinhänge im Schein der Sonne blutrot aufleuchten. Der 3,6 km lange und 2 km breite Felsen erhebt sich rund 350 m über das Plateau. Da der aus härterem Sandstein bestehende Felsen im Gegensatz zum umgebenden Gestein sehr viel langsamer verwitterte, ragt er heute als Inselberg aus der Ebene heraus. Die unteren Hänge sind stark erodiert, auf der plateauartigen Oberfläche haben Wind und Wasser Becken und Cañons geschaffen, in denen die Niederschläge der Regenzeit in gewaltigen Katarakten herunterrauschen. Für die Aborigines ist dieser Berg der Sitz der mythischen Regenbogenschlange.
Nur wenig entfernt liegen die Felskuppen der Kata Tjuta (auch als The Olgas bekannt). Die 36 fast kreisrund abgeschliffenen Felsformationen, die rund 500 m über der umliegenden Ebene aufragen, sind ebenfalls durch Jahrmillionen Erosion freigelegt worden. Auch die Kata Tjuta haben eine mythologische Bedeutung; sie gelten als versteinerte Köpfe menschenfressender Riesen.
Der Mount Conner östlich des Uluru, ein oben abgeflachter Felsblock mit einer Länge von 3 km und einer Breite von 1,2 km, setzt sich aus Sand- und Kalkstein zusammen. Seine unteren Hänge sind stark zerklüftet und mit Geröll bedeckt, während der obere Teil aus schroffen Kliffs besteht. Für die Aborigines ist er der Sitz des mythischen Eismannes.

Großes Bild: Die Kata Tjuta (The Olgas), eine Gruppe von 36 kleineren Inselbergen im Herzen Australiens, sind die aus der Erdoberfläche herausragenden Kuppen einer unterirdischen Felsformation.
Kleines Bild oben: Der Uluru (Ayers Rock) erscheint bei Sonnenauf- und -untergang als roter Riese. Für dieses Schauspiel sind Eisenoxide im Oberflächengestein verantwortlich.
Kleines Bild unten: Im Northern Territory liegen die etwa 1,5 Millionen Jahre alten »Devils Marbles«. Die von der Erosion rundgeschliffenen Granitbrocken ragen wie die Inselberge unvermittelt aus der weiten Ebene empor.

Im Morgen- und Abendlicht rostrot leuchtende gigantische Längsdünen (kleines Bild), die sich über 300 km nach Nordwesten erstrecken, sind das Kennzeichen der Simpsonwüste im gleichnamigen Nationalpark (großes Bild: Satellitenaufnahme). Die erst 1929 kartografisch erfasste Simpsonwüste war noch bis weit ins 20. Jahrhundert hinein Pionierland. Ohne motorisierte Fahrzeuge wurde sie erstmals 1973 durchquert (dies gilt zumindest für Nicht-Aborigines). Einst verlief hier der Oodnadatta Track, eine traditionelle Handelsroute der Aborigines, die sich über mehr als 600 km erstreckt und nach einer Aborigines-Siedlung im Südwesten der Wüste benannt wurde.

*Der **Mount Cook**, von den einheimischen Maori als »Aorangi« bezeichnet, liegt in den Neuseeländischen Alpen auf der Südinsel des Landes und ist mit 3764 m deren höchster Berg. Rund um den Berg wurde 1953 ein Nationalpark gegründet. Eindrucksvoll sind die zahlreichen Gletscher und die Seen dieser Gebirgslandschaft. Der längste Gletscher auf der Südhalbkugel ist der Tasmangletscher, der sich vom Mount Cook auf fast 30 km Länge ins Tal erstreckt.*

bung um 350 m überragende **Uluru** (Ayers Rock) mit einem Umfang von ungefähr 9 km sowie die mehr als 30 Sandsteinbuckel der **Kata Tjuta** (The Olgas), die eine Fläche von insgesamt 28 km² bedecken.

Great Dividing Range

Das Gebirgssystem der **Australischen Kordilleren** begleitet über rund 3000 km die pazifische Küste Australiens. Es nimmt seinen nördlichen Anfang auf der **Kap-York-Halbinsel**, erstreckt sich in Nord-Süd-Richtung bis zur Südküste bei Melbourne und findet seine Fortsetzung in der südlichen Insel **Tasmanien**.
Der überwiegend aus Mittelgebirgsketten bestehende Gebirgszug, der durch diverse Hochflächen gegliedert wird, erreicht im Norden mit dem **Bartle Frere** eine Höhe von 1611 m. In den südlichen Ausläufern der **Australischen Alpen** erhebt sich bei der Stadt Canberra der Mount **Kosciuszko**. Er ist mit 2228 m der höchste Berg des **Großen Scheidegebirges (Great Dividing Range)** und auch ganz Australiens.
Die Australischen Kordilleren bilden die Hauptwasserscheide des Kontinents. Sie wurden im Tertiär an bruchtektonischen Stellen aufgefaltet. Während sie nach Osten in einer steilen Pultscholle abfallen, dachen die Gebirgszüge zum Landesinneren hin in weite Ebenen ab.

Murray

Der Murray ist der Hauptfluss Australiens. Er entspringt in den Snowy Mountains und durchschneidet auf 320 km in seinem Oberlauf das Gebirge in tiefe Schluchten.
Sein Mittellauf durchfließt die Murray-Darling-Ebene im mittelaustralischen Tiefland, wo er mit seinem wichtigsten Nebenfluss Murrumbidgee durch Stauseen und die künstliche Zuführung von Wassern des Snowy River das ausgedehnteste Landwirtschaftsgebiet Australiens bewässert. Nach insgesamt 2570 km mündet der Murray in den Strandsee Lake Alexandrina und über die Encounter Bay schließlich in den Indischen Ozean.

Neuseeland: der Vulkankegel des Mount Taranaki (2518 m)

New South Wales

Der Bundesstaat **New South Wales** liegt im Südosten des Kontinents und bedeckt eine Fläche von insgesamt etwa 800 000 km². An einen schmalen Küstenstreifen mit tropischem Regenwald, weiten Sandstränden und ausgedehnten Dünengebieten schließen die Australischen Kordilleren an, die im Süden in den Australischen Alpen im Mount Kosciuszko mit 2228 m die größte Höhe erreichen. Im Norden läuft der Gebirgszug auf die **New-England-Kette** (**Round Mountain**, 1685 m) und die **Blue Mountains** (945 m) zu. Die Australischen Kordilleren dachen nach Westen hin allmählich ab und gehen in die westlichen Ebenen über, die zwei Drittel des Territoriums bedecken und von der **Gray-Kette** eingerahmt werden. In diesen Ebenen bilden der 2570 km lange **Murray** und sein in den Kordilleren entspringender wasserreicher Nebenfluss **Darling** das einzige größere Gewässersystem des australischen Kontinents, das ganzjährig Wasser führt.

Tasmanien

Die südlich vorgelagerte Insel **Tasmanien** war einst Teil des australischen Festlands und entstand erst, als sich vor 12 000 Jahren, am Ende der letzten Eiszeit, der Meeresspiegel hob und größere Teile des Landes überflutet wurden. Damals entstand die heutige **Bass-Straße**. Die 67 800 km² große Insel wird von einem zentralen Gebirgsplateau geprägt, das eine Fortsetzung der Australischen Kordilleren darstellt und im **Mount Ossa** (1617 m) seine größte Höhe erreicht. In südöstlicher Richtung fällt es ab. Ausgedehnteres Tiefland gibt es nur an den nördlichen Küsten. Die Insel zeigt zahlreiche eiszeitliche Formen, wasserreiche Flüsse und Gewässer durchziehen die weiten Regenwaldgebiete und stürzen in spektakulären Fällen wie den **Russell Falls** ab.

Neuseeland Nordinsel

Die 114 500 km² große Insel, durch die 38 km breite **Cook-Straße** von der Südinsel getrennt, weist eine ungewöhnliche landschaftliche Vielfalt auf: Das **Northland** und die vulkanische **Coromandel-Halbinsel** im Norden sind von langen Ausgleichsküsten mit weiten Sandstränden und von Dünengebieten geprägt, die durch imposante Steil- und Kliffküsten durchbrochen werden. Die vulkanische Region der Nordinsel erstreckt sich von **White Island** in der **Bay of Plenty**, einem sehr aktiven Vulkan, bis zum **Mount Egmont** im östlichen Gebiet von **Taranaki**.
Im Kern der Insel hat sich um die drei Vulkane im Gebiet von **Tongariro** eine Hochfläche gebildet. Nördlich des rund 600 km² großen **Tauposees** – auch er ein Krater, der nach einer gigantischen Vulkanexplosion entstanden ist – schließt sich die zentrale geothermische Region um den **Rotoruasee** an. Hier findet sich die gesamte Palette vulkanischer und postvulkanischer Erscheinungen: kleine Kraterseen, Geysire wie der **Pohutu** und kochende Seen mit bunt schillernden Mineralablagerungen und Sinterterrassen sowie schwefelige Schlammtöpfe. Der **Mount Tarawera** (1111 m) wird seit seinem letzten Ausbruch im Jahr 1886 von einem 19 km langen Riss durchzogen.
An der Ostküste erstrecken sich vom East Cape bis zur Südspitze die aufgefalteten Gebirgszüge der **Huiarau-**, **Ruahine-**, **Puketoi-** und **Tararuaketten**. Sie sind die nördlichen Ausläufer der **Südlichen Alpen** mit Höhen von bis zu 1700 m. Sie machen den stark hügeligen Charakter der südlichen Nordinsel aus, die von zahlreichen Flüssen wie dem **Manawatu** und dem **Wanganui** durchschnitten wird und in imposanten Steilküsten zur Cook-Straße abfällt.

Mount Egmont, Ruapehu

Der im Osten der Nordinsel aufragende **Mount Egmont** (2518 m), in der Maori-Sprache **Taranaki** genannt, ist ein ruhender Vulkan, der zuletzt 1775 ausbrach. Der schneebedeckte isolierte Vulkankegel steht im Zentrum einer fast kreisrunden Halbinsel mit einem Durchmesser von etwa 60 km, die durch seine Lavaablagerungen aufgebaut wurde.
Drei weitere Vulkankrater dominieren das Zentrum der Nordinsel und bilden das **Tongariro-Hochland**: der zuletzt sehr aktive **Mount Ruapehu**, mit 2797 m der höchste Berg der Nordinsel, der **Mount Ngauruhoe** (2287 m), der zuletzt 1975 ausbrach, sowie der bereits erloschene **Mount Tongariro** (1968 m). Die Gebirgsregion ist weitgehend vergletschert und durch steile Schluchten gegliedert. Bizarre Felsformationen kennzeichnen die Landschaft.

Neuseeland Südinsel

Der Norden der 150 700 km² großen **Südinsel** wird von Mittelgebirgen wie den **Tasman-Bergen** (**Mount Kendall**, 1762 m) und der malerischen Riasküste der **Marlborough Sounds** geprägt, einem System ertrunkener Flusstäler. Bestimmend für die Südinsel sind die **Südlichen Alpen** mit ihren zahlreichen Dreitausendern, gewaltigen Gletschern und schönen Hochgebirgslandschaften. Zum Westen hin fallen sie steil ab, während sie im Osten abdachen und in den weiten Schwemmlandebenen der **Canterbury Plains** auslaufen.
Im Südosten erhebt sich die bis zu 1200 m hohe Gebirgslandschaft von **Otago**, die von den breit angelegten Flusstälern des **Clutha** und des **Mataura** durchzogen wird. Auf der Otago-Halbinsel stürzt dieser Gebirgszug steil in den Pazifik. Im Südland strecken sich weite Ebenen bis zur Küste.
Das imposante **Fiordland** im Südwesten der Insel entstand während der Eiszeiten, als mächtige, zum Meer laufende Eisströme das aus Graniten und Schiefern aufgebaute Gebirge aushobelten und tiefe Fjorde sowie zahlreiche vorgelagerte Inseln in der Tasmanischen See ausbildeten. Die stark zerschluchtete Gebirgsregion erreicht ihre größten Höhen im **Mount Irene** (1879 m) und im **Mitre Peak** (1692 m). Die zahlreichen im Osten vorgelagerten Seen wie der **Te Anau** und der **Manapouri** bildeten sich ebenfalls gegen Ende der Eiszeit. Als die Eismassen abschmolzen, füllten sich die Becken mit Wasser.

Southern Alps

Die **Südlichen Alpen** sind das jüngste Gebirge Neuseelands; es begann sich erst vor etwa 10 Mio. Jahren aufzufalten. Über 450 km verläuft das Gebirge parallel zur Westküste von den nördlichen Ausläufern der **Marlboroughs** bis

*Die **Palau-Inseln** liegen am westlichen Rand Mikronesiens. Es handelt sich dabei um sogenannte Atollinseln, Überreste von Korallenbauten. Die insgesamt rund 300 Inseln sind großflächig von ausgedehnten Korallenriffen umgeben.*

zu den südlichen Ausläufern in den **Dunstan-** und **Garvie-Bergen**. Zu den 16 Gipfeln im Zentrum, die 3000 m übersteigen, gehören neben dem 3764 m hohen **Mount Cook**, dem höchsten Berg Neuseelands, der **Mount Tasman** (3497 m) und der **Mount Sefton** (3157 m). Über 360 Gletscherströme durchziehen das Gebirge, das im Südwesten noch einmal mit dem **Mount Aspiring** auf 3027 m ansteigt.
Der gewaltigste unter den Gletscherströmen ist der 29 km lange und bis zu 9 km breite **Tasman-Gletscher** am Mount Cook. Weitere auffallende Gletscherfelder bilden der **Hooker-Gletscher** sowie der **Mueller-Gletscher**.
Zum Westland hin fallen die Südlichen Alpen innerhalb eines nur 50 km breiten Streifens zur Küste hin ab, wo weitere imposante Eisriesen wie der **Franz-Josef-Gletscher** und der **Fox-Gletscher** von den höchsten Gebirgsregionen bis auf 300 m über dem Meeresspiegel hinabreichen.
Nach Osten dachen die Südlichen Alpen allmählich ab. Auf diesen sanft absteigenden Hochebenen speisen die alpinen Gletscher zahlreiche Gebirgsseen wie den **Wakatipu, Tekapo, Pukaki** und **Hawea**.

Canterbury Plains

Wie die ausgedehnten Ebenen des Südlandes sind auch die weiten Schwemmlandebenen der **Canterbury Plains** im Osten der Südinsel von eiszeitlichen Sedimenten bedeckt. Sie wurden von den zahlreichen Flussläufen, die sich aus den Südlichen Alpen speisen und zum Pazifik fließen, aufgebaut. Die Canterbury Plains stellen den Abtragungsschutt der Südalpen dar, der sich bis zu der im Tertiär entstandenen Banks-Halbinsel ausbreitete, diese ans neuseeländische Kernland anschloss und eine Landschaft schuf, die zu den fruchtbarsten Regionen des Staates gehört.
Die **Banks-Halbinsel** ist ein erloschener Vulkan, dessen heute mit Wasser gefüllter kreisrunder einstiger Krater einen idealen Naturhafen bildet.

Westland

Der Küstenstreifen an der Westküste der Südinsel erstreckt sich von den nördlichen Tasman-Bergen bis zum südlich anschließenden Gebirgsstock des Fiordlands und bildet einen etwa 30–50 km breiten Streifen im Schatten der Südlichen Alpen, der steil zur Küste abbricht.
Der frontal auf die Südalpen treffende vorherrschende Westwind sorgt dafür, dass die mitgeführten Wassermengen an den Westflanken der Alpen abregnen. Das **Westland** wird daher von großen Niederschlagsmengen getroffen, die zu reichen Regenwaldbeständen geführt haben. Im südlich anschließenden Fiordland speisen die Niederschläge, die hier bis zu 6000 mm im Jahr ausmachen, zahlreiche Wasserläufe und Bäche, die in gewaltigen Wasserfällen wie etwa den 580 m hohen **Sutherland Falls** die nackten Felsen herunterrauschen.

Neuguinea

Das rund 786 000 km² große **Neuguinea** wird in seiner gesamten Länge von mehreren parallelen, dicht bewaldeten Gebirgsketten durchzogen, die im Süden entlang von **Digul** und **Fly River** von einer 450 km breiten Schwemmlandebene gesäumt werden. Die durch Buchten und Halbinseln stark gegliederte Küste ist durch viele Mangrovensümpfe charakterisiert.

Neuguinea-Bergland

Die jungen Faltengebirgsketten, die Neuguinea der Länge nach durchziehen, vereinigen sich im Südosten zur **Owen Stanley Range**, die eine Halbinsel bildet und sich in den östlichen Inselgruppen fortsetzt. Im Westen läuft das Gebirge im mit dichtem Regenwald bewachsenen **Maoke-Bergland** aus. Das gletscherbedeckte **Zentralgebirge** erreicht im **Puncak Jaya** (5030 m) seine größte Höhe. Tektonische Aktivität gibt es vor allem im nördlichen Küstengebirge, aktiven Vulkanismus nur im Osten (**Mount Lamington**, 1680 m).

1 Milford Sound: Markant ragt der Mitre Peak in einem der schönsten Fjorde der Welt auf.

2 Die Insel Mooréa in Französisch-Polynesien ist der Überrest eines gewaltigen Vulkans. Deutlich zeichnet sich in der tiefblauen See der Ring der die Insel umgebenden Korallenriffe ab.

3 Bizarr geformte Berge und malerische Buchten wie die Baie de Cook und die Baie d'Opunohu machen Mooréa zum Inbegriff des irdischen Paradieses.

4 Im Vulkangebiet der Nordinsel Neuseelands liegt der Rotorua-See.

Nordwestaustralien

Qh
116°
Qj
118°
Qk
120°
Ra
122°
Rb
51
12°
52
14°
53
16°
54
17
18°
55
20°
56
22°
57
Qg
114°
144
Nordaustralisches Becken
INDISCHER OZEAN
Seringapatam Reef
Scott Reef
Adele Island
Buccaneer
Cape Leveque
Lombadina
Lombadina Pt.
Pender Bay Aborig.Land
Pender Bay
Emeriau Pt.
Lacepede Islands
Lacepede Channel
Beagle Bay
Beagle Bay Aborig.Land
Cape Baskerville
Rowley Shoals
Mermaid Reef
Clerke Reef
Imperieuse Reef
Kilto
Cable Beach
Broome Crocodile Park
Broome
BME
Roebuck Plains
Gantheaume Pt.
Roebuck Bay
Cape Latouche Treville
Lagrange Bay
Lagrange
Cape Bossut
Frazier Downs Aborig.Land
Nita Downs
Wallal Downs
Sandfire Flat
Cape Keraudren
Poissonnier Point
Larry Pt.
Great Northern Highway
De Grey
Port Hedland
PHE
Cape Thouin
Goldsworthy
Shay Gap
Yarrie
De Grey R.
Dampier Archipelago Nature Reserve
Legendre I.
Mundabullangana
Depuch I.
Dampier Archipelago
Trimouille Is.
Montebello Is.
Nickol Bay
Pt.Samson
Wickham
Whim Creek
Dampier
Karratha
KTA
Roebourne
Cape Dupuy
Cape Preston
Barrow I.
Mary Anne Passage
Mardie I.
Boodie I.
Mardie
Millstream-Chichester N.P.
Fortescue R.
Sherlock R.
Turner R.
Yule R.
Egínbah
Bamboo Creek
Lalla Rookh
Gillam
Marble Bar
MBB
Mt.Edgar 371
Marble Bar Road
Nullagine R.
Coongan R.
Hillside
Woodstock
Bamboo Springs
Nullagine
Bonney Downs
Lake Waukarlycarly
Gregory Range
Paterson Ra.
Telfer
Oakover R.
Davis R.
Throssell Range
Rudall R. National
Hanging Rock 536
Gro
W e
A u s
Mary Anne Group
Thevenard I.
Tambrey
Pannawonica
Mt.Elvire 673
Mt.Margaret 880
North West Coastal Highway
Long I.
Beadon Pt.
Onslow
Muiron Is.
North West Cape
Vlaming Head Lighthouse
Exmouth
Mt.Hollister 315
Exmouth Gulf
LEA
Learmonth
Cape Range N.P.
Minderoo
Robe R.
Red Hill
Pilbara
Hamersley Range
Hamersley Gorge
Wittenoom
Auski Roadhouse
Oxers Lookout
Weano Gorge
Mt.Brockman 1132
Mt.Bruce 1235
Fortescue Falls
Roy Hill
Balfour Downs
Ethel Creek
Cane R.
Duck Cr.
Mount Stuart
Ashburton R.
Beasley
Tom Price
Woodstock
Juna Downs
1253
Mt.Meharry
Karijini N.P.
Wyloo
Nanutarra
North West Basin
Yanrey
Giralia
Ningaloo
Point Cloates
Ningaloo Reef Marine Park
Point Maud
Coral Bay
Warroora
Südlicher Wendekreis
Kooline
Glen Florrie
Barlee Range Nature Reserve
Barradale
Towera
Mt.Palgrave 695
Ullawarra
Winning
Marconah
Lyndon R.
Lyndon
Ashburton Downs
Turee Cr.
Paraburdoo
Mt.Robinson 1157
Opthalmia Range
Great Northern Highway
ZNE
Newman
Prarie Downs
Capricorn Roadhouse
Fortescue R.
Billingnooka
Walagonya Aborig.Res.
Jiggalong
Jiggalong Aborig.Res.
Mundiwindi
Angelo R.
Turee Creek
Deadman Hill 731
Mt.Boggola 680
Ashburton R.
Bulloo Downs
Lofty Range
Kleine Sa
Lake Aerodrome
18
9
355
235
65
35

Maßstab 1:4 500 000

0 50 100 150 Kilometer
0 50 100 Miles

Südwestaustralien

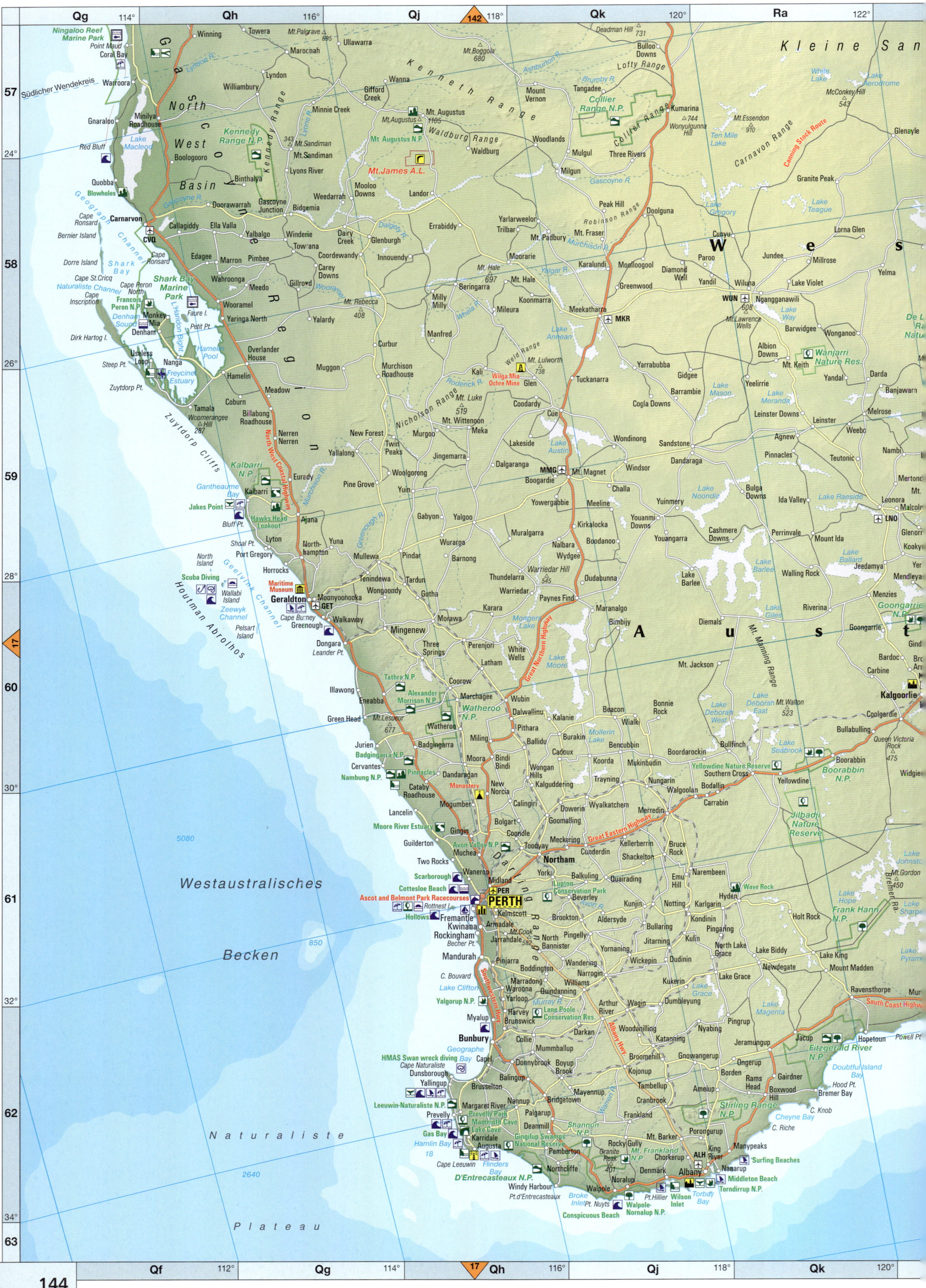

Qg 114°
Qh 116°
Qj 142 118°
Qk 120°
Ra 122°
57
58
59
60
61
62
63
24°
26°
28°
30°
32°
34°
17
Kleine San
North West Coastal Highway
Great Northern Highway
Great Eastern Highway
South Western Hwy
Albany Hwy
South Coast Highway
Canning Stock Route
Südlicher Wendekreis
Ningaloo Reef Marine Park
Point Maud
Coral Bay
Warroora
Gnaraloo
Minilya Roadhouse
Red Bluff
Quobba
Blowholes
Carnarvon
CVQ
Bernier Island
Dorre Island
Cape St.Cricq
Naturaliste Channel
Cape Inscription
Shark Bay
Shark Bay Marine Park
Francois Peron N.P.
Monkey Mia
Denham
Denham Sound
Dirk Hartog I.
Useless Loop
Steep Pt.
Zuytdorp Pt.
Zuytdorp Cliffs
Nanga
Hamelin Pool
Hamelin
Tamala
Kalbarri N.P.
Kalbarri
Gantheaume Bay
Jakes Point
Bluff Pt.
Hawks Head Lookout
Shoal Pt.
Port Gregory
North Island
Scuba Diving
Wallabi Island
Houtman Abrolhos
Geelvink Channel
Zeewyk Channel
Pelsart Island
Horrocks
Maritime Museum
Geraldton
GET
Cape Burney
Greenough
Dongara
Leander Pt.
Gascoyne
North West Basin
Kennedy Range N.P.
Kennedy Range
Winning
Towera
Williambury
Lyndon
Boologooro
Binthalya
Doorawarrah
Gascoyne Junction
Bidgemia
Callagiddy
Ella Valla
Yalbalgo
Edagee
Wahroonga
Wooramel
Yaringa North
Overlander House
Meadow
Coburn
Billabong Roadhouse
Nerren Nerren
Murchison Region
Ajana
Lyton
Northampton
Yuna
Mullewa
Tenindewa
Wongoondy
Walkaway
Mingenew
Three Springs
Morawa
Perenjori
Latham
Carnamah
Coorow
Marchagee
Eneabba
Illawong
Green Head
Mt.Lesueur
Jurien
Badgingarra N.P.
Badgingarra
Cervantes
Nambung N.P.
Pinnacles
Cataby Roadhouse
Dandaragan
Moora
Monastery
New Norcia
Lancelin
Moore River Estuary
Gingin
Guilderton
Two Rocks
Scarborough
Cottesloe Beach
Ascot and Belmont Park Racecourses
Rottnest
Hollows
Fremantle
Kwinana
Rockingham
Becher Pt.
Mandurah
C. Bouvard
Lake Clifton
Yalgorup N.P.
Myalup
Bunbury
Geographe Bay
HMAS Swan wreck diving
Cape Naturaliste
Dunsborough
Yallingup
Busselton
Leeuwin-Naturaliste N.P.
Margaret River
Prevelly
Gas Bay
Hamlin Bay
Augusta
Cape Leeuwin
Flinders Bay
D'Entrecasteaux N.P.
Windy Harbour
Pt.d'Entrecasteaux
Northcliffe
Pemberton
Walpole
Broke Inlet
Pt. Nuyts
Conspicuous Beach
Walpole-Nornalup N.P.
Denmark
Albany
ALH
Torndirrup N.P.
Middleton Beach
Surfing Beaches
Nanarup
Manypeaks
Wilson Inlet
Torbay Bay
Stirling Range N.P.
Porongurup
Mt. Barker
Cranbrook
Frankland
Kojonup
Katanning
Wagin
Narrogin
Williams
Collie
Donnybrook
Bridgetown
Manjimup
Boyup Brook
Harvey
Brunswick
Waroona
Pinjarra
Armadale
Kelmscott
Jarrahdale
Mt.Cook
North Bannister
Boddington
Brookton
Beverley
York
Northam
Toodyay
Midland
PER
PERTH
Wanneroo
Muchea
Avon Valley N.P.
Bolgart
Calingiri
Goomalling
Dowerin
Wyalkatchem
Koorda
Merredin
Southern Cross
Bodallin
Kellerberrin
Cunderdin
Meckering
Quairading
Bruce Rock
Corrigin
Kondinin
Kulin
Hyden
Wave Rock
Lake Grace
Newdegate
Lake King
Ravensthorpe
Hopetoun
Fitzgerald River N.P.
Jerramungup
Ongerup
Gairdner
Bremer Bay
Doubtful Island Bay
Hood Pt.
C. Knob
Cheyne Bay
C. Riche
Boxwood Hill
Rams Head
Borden
Gnowangerup
Nyabing
Pingrup
Lake Magenta
Dumbleyung
Kukerin
Frank Hann N.P.
Holt Rock
Mount Madden
Lake Biddy
Westaustralisches Becken
Naturaliste Plateau
5080
850
2640
Kenneth Range
Mt. Augustus
Mt Augustus N.P.
Waldburg Range
Mt.James A.L.
Landor
Mooloo Downs
Errabiddy
Glenburgh
Dairy Creek
Innouendy
Milly Milly
Manfred
Curbur
Murchison Roadhouse
Muggon
Kali
Wilga Mia Ochre Mine
Mt. Luke
Mt. Wittenoon
Meka
Murgoo
Twin Peaks
Yallalong
Woolgorong
Yuin
Pine Grove
Gabyon
Yalgoo
Wurarga
Barnong
Pindar
Tardun
Gutha
Karara
Warriedar
Paynes Find
Thundelarra
Dalgaranga
Boogardie
MMG
Mt. Magnet
Cue
Lakeside
Lake Austin
Coodardy
Tuckanarra
Meekatharra
MKR
Mt. Padbury
Mt. Fraser
Peak Hill
Doolgunna
Mulgul
Mount Vernon
Woodlands
Three Rivers
Collier Range N.P.
Kumarina
Bulloo Downs
Lofty Range
Carnavon Range
Granite Peak
Lake Teague
Lorna Glen
Millrose
Jundee
Wiluna
WUN
Ngangganawili
Lake Violet
Yelma
Paroo
Yandil
Barwidgee
Wongawol
Wanjarri Nature Res.
Mt. Keith
Yandal
Darda
Banjawarn
Albion Downs
Yeelirrie
Leinster Downs
Leinster
Agnew
Pinnacles
Teutonic
Weebo
Melrose
Nambi
Lake Raeside
Leonora
LNO
Ida Valley
Bulga Downs
Lake Noondie
Yuinmery
Dandaraga
Sandstone
Windsor
Challa
Meeline
Yowergabbie
Kirkalocka
Muralgarra
Nalbara
Wydgee
Boodanoo
Youanmi Downs
Youangarra
Cashmere Downs
Lake Barlee
Walling Rock
Perrinvale
Mount Ida
Lake Ballard
Jeedamya
Menzies
Riverina
Goongarrie N.P.
Goongarrie
Bardoc
Carbine
Kalgoorlie
Coolgardie
Bullabulling
Boorabbin
Boorabbin N.P.
Yellowdine
Jilbadji Nature Reserve
Lake Johnston
Yellowdine Nature Reserve
Bullfinch
Mt.Walton
Lake Deborah East
Lake Deborah West
Mt. Manning Range
Mt. Jackson
Diemals
Bonnie Rock
Beacon
Wialki
Mukinbudin
Bencubbin
Kalannie
Wubin
Dalwallinu
Pithara
Ballidu
Wongan Hills
Lake Moore
Monger Lake
Maranalgo
Bimbijy
Oudabunna
Westaustralien

Maßstab 1:4 500 000

0 50 100 150 Kilometer
0 50 100 Miles
Große Victoriawüste
South Australia
Nullarborebene
Eucla Basin
Große Australische Bucht
INDISCHER OZEAN
Südaustralisches Becken
Gibson Desert Nature Reserve
Central Reserve Aboriginal Land
Petermann Aboriginal Land
Uluru National Park
Ayers Rock (Uluru)
The Olgas (Kata Tjuta)
Katiti Aborig. Land
Mungilli Aborig. Land
Southern Central Reserve Aboriginal Land
Warburton Aborig. Land
Yapuparra Aborig. Land
Anangu Pitjantjatjara Aboriginal Land
Yeo Lake Nature Reserve
Neale Junction Natur Reserve
Unnamed Conservation Park
Tallaringa Conservation Park
Point Salvation Aboriginal Land
Maralinga Tjarutja Aboriginal Land
Great Victoria Desert Nature Reserve
Plumridge Lakes Natur Reserve
Queen Victoria Spring Nature Reserve
Yellabinna Regional Reserve
Nullarbor Regional Reserve
Coonana A.L.
Cundeelee A.L.
Nullarbor N.P.
Yalata A.L.
Dundas Nature Reserve
Wildlife Sanctuary
Cape Arid N.P.
Cape Le Grand N.P.
Great Central Road
Anne Beadell Highway
Connie Sue Highway
Eyre Highway
Indian Pacific
Gary Highway
The Ghan
Warburton
Giles Meteorological Station
Docker Creek
Yulara
Curtain Springs
Erldunda
Kulgera Roadhouse
Mulga Park
Amata
Pukatja
Agnes Creek
Iwantja
Mintable
Maralinga
Ooldea
Watson
Fisher
O'Malley
Cook
Denman
Hughes
Deakin
Forrest
Reid
Loongana
Nurina
Haig
Rawlinna
Naretha
Kitchener
Zanthus
Coonana
Cundeelee
Premier Downs
Seemore Downs
Eucla
Mundrabilla Motel
Madura
Cocklebiddy
Caiguna
Arubiddy
Balladonia Motel
Noondoonia
Nanambinia
Condingup
Orleans Farms
Israelite Bay
Travellers Village
Koonalda
Nullarbor
Yalata
Colona
Nundroo
Penong
Koonibba
Bookabie
Coorabie
Fowlers Bay
Cape Nuyts
Head of Bight
Cliffs of the Nullarbor
Telegraph Station Ruins
Wilson Bluff
Scorpion Bight
Twilight Cove
Pt. Dover
Pt. Culver
Perpendicular Cliffs
Russel Range
Pt. Malcolm
Cape Pasley
Sandy Bight
Cape Arid
Middle I.
Mondrian I.
Sallisbury I.
Archipelago of the Recherche
Petermann Ranges
Mann Ranges
Musgrave Range
Tomkinson Ranges
Everard Ranges
Warburton Range
Oldea Range
Lake Newell
Lake Christopher
Lake Breaden
Herbert Wash
Lake Baker
Lake Wells
Lake Throssel
Rason Lake
Jubilee Lake
Forrest Lakes
Serpentine Lakes
Wyola Lake
Lake Dey Dey
Lake Maurice
Wilkinson Lakes
Lake Minigwal
Lake Halbert
Yamarna
Neale Junction
Bartlet Bluff
Sykes Bluff 490
Everard Junction
Papulankutja
Warakurna
Pipalyatjara
Aparawatatja (Fregon)
Everard Park
Mimili
Cheeseman Peak 654
Tower Peak 595
Fraser Range
Mt. Madley 534
Mt. Ebenezer Roadhouse
Kulgera
124° 126° 128° 130° 132°
122° 124° 126° 128° 130° 132°
26° 28° 30° 32° 34° 36°
Rb Rc Rd Re Rf
58 59 60 61 62 63 64
143 148 150 17

Nordaustralien

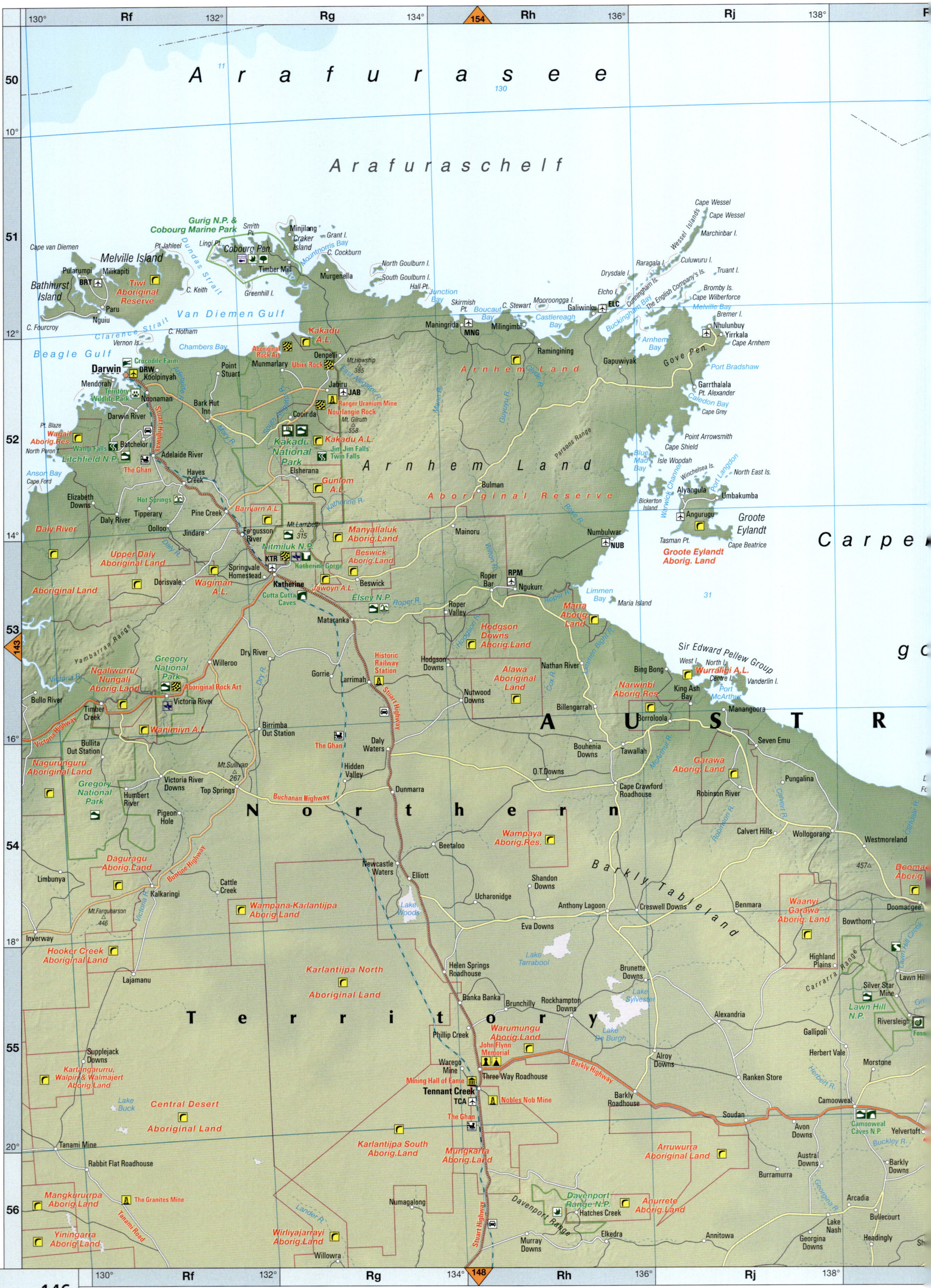

130°
Rf
132°
Rg
134°
154
Rh
136°
Rj
138°
50
51
52
53
54
55
56
143
148
Arafurasee
Arafuraschelf
Carpe
Gurig N.P. & Cobourg Marine Park
Smith Pt.
Minjilang
Craker Island
Grant I.
C. Cockburn
Mountnorris Bay
Cobourg Pen.
Timber Mill
Murgenella
Greenhill I.
Cape van Diemen
Pt. Jahleel
Lingi Pt.
Melville Island
Milikapiti
Pularumpi
BRT
Bathurst Island
Tiwi Aboriginal Reserve
Paru
Nguiu
C. Keith
Dundas Strait
Van Diemen Gulf
C. Fourcroy
Clarence Strait
C. Hotham
Vernon Is.
Chambers Bay
Beagle Gulf
Darwin
DRW
Crocodile Farm
Koolpinyah
Mendorah
Territory Wildlife Park
Noonaman
Darwin River
Point Stuart
Bark Hut Inn
Kakadu A.L.
Aboriginal Rock Art
Munmarlary
Ubirr Rock
Oenpelli
Jabiru
JAB
Ranger Uranium Mine
Nourlangie Rock
Cooinda
Kakadu National Park
Jim Jim Falls
Twin Falls
Elsherana
Gunlom A.L.
Pt. Blaze
Wagait Aborig.Res.
North Peron I.
Wangi Falls
Batchelor
Litchfield N.P.
Adelaide River
The Ghan
Anson Bay
Cape Ford
Hayes Creek
Elizabeth Downs
Hot Springs
Daly River
Tipperary
Oolloo
Pine Creek
Jindare
Barrarn A.L.
Mt.Lambell 315
Ferguson River
Nitmiluk N.P.
KTR
Katherine Gorge
Springvale Homestead
Katherine
Cutta Cutta Caves
Jawoyn A.L.
Manyallaluk Aborig.Land
Beswick Aborig.Land
Beswick
Elsey N.P.
Roper R.
Mataranka
Upper Daly Aboriginal Land
Aboriginal Land
Dorisvale
Wagiman A.L.
Yambarran Range
North Goulburn I.
South Goulburn I.
Hall Pt.
Junction Bay
Skirmish Pt.
Boucaut Bay
C. Stewart
Mooroongga I.
Castlereagh Bay
Maningrida
MNG
Milingimbi
Galiwinku
ELC
Ramingining
Arnhem Land
Arnhem Land Aboriginal Reserve
Bulman
Mainoru
Parsons Range
Cape Wessel
Marchinbar I.
Wessel Islands
Raragala I.
Culuwuru I.
Drysdale I.
Truant I.
Elcho I.
Cunningham Is.
The English Company's Is.
Bromby Is.
Cape Wilberforce
Melville Bay
Bremer I.
Buckingham Bay
Arnhem Bay
Gapuwiyak
Gove Pen.
Nhulunbuy
Yirrkala
Cape Arnhem
Port Bradshaw
Garrthalala
Pt. Alexander
Caledon Bay
Cape Grey
Point Arrowsmith
Cape Shield
Blue Mud Bay
Isle Woodah
Winchelsea Is.
Port Langdon
North East Is.
Alyangula
Umbakumba
Bickerton Island
Angurugu
Groote Eylandt
Tasman Pt.
Cape Beatrice
Groote Eylandt Aborig. Land
Numbulwar
NUB
Roper Bar
RPM
Ngukurr
Limmen Bay
Maria Island
Marra Aborig. Land
Roper Valley
Hodgson Downs Aborig.Land
Hodgson Downs
Alawa Aboriginal Land
Nutwood Downs
Nathan River
Sir Edward Pellew Group
West I.
North I.
Centre I.
Vanderlin I.
Wurralibi A.L.
Bing Bong
Narwinbi Aborig.Res.
King Ash Bay
Port McArthur
Borroloola
Manangoora
Billengarrah
Historic Railway Station
Larrimah
Gorrie
Dry River
Willeroo
Gregory National Park
Ngaliwurru/Nungali Aborig.Land
Aboriginal Rock Art
Victoria River
Bullo River
Timber Creek
Wanimiyn A.L.
Victoria Highway
Bullita Out Station
Birrimba Out Station
The Ghan
Daly Waters
Hidden Valley
Stuart Highway
Nagurunguru Aboriginal Land
Gregory National Park
Mt.Sullivan 267
Victoria River Downs
Top Springs
Humbert River
Pigeon Hole
Buchanan Highway
Dunmarra
Bouhenia Downs
Tawallah
O.T.Downs
Cape Crawford Roadhouse
Garawa Aborig. Land
Seven Emu
Pungalina
Robinson River
Calvert Hills
Wollogorang
Westmoreland
Northern Territory
AUSTR
Wampaya Aborig.Res.
Beetaloo
Newcastle Waters
Elliott
Shandon Downs
Barkly Tableland
Anthony Lagoon
Creswell Downs
Benmara
Waanyi Garawa Aborig. Land
Doomadgee
Bowthorn
Dagaragu Aborig.Land
Limbunya
Buntine Highway
Kalkaringi
Cattle Creek
Mt.Farquharson 446
Wampana-Karlantijpa Aborig.Land
Lake Woods
Uucharonidge
Eva Downs
Inverway
Hooker Creek Aboriginal Land
Lajamanu
Lake Tarrabool
Karlantijpa North Aboriginal Land
Helen Springs Roadhouse
Banka Banka
Brunchilly
Rockhampton Downs
Brunette Downs
Lake Sylvester
Highland Plains
Carrarra Range
Silver Star Mine
Lawn Hill N.P.
Riversleigh
Alexandria
Gallipoli
Herbert Vale
Morstone
Supplejack Downs
Kartangarurru, Walpiri & Walmajert Aborig.Land
Phillip Creek
Warumungu Aborig.Land
John Flynn Memorial
Lake De Burgh
Alroy Downs
Wauchope Mine
Mining Hall of Fame
Three Way Roadhouse
Barkly Highway
Tennant Creek
TCA
Nobles Nob Mine
The Ghan
Barkly Roadhouse
Ranken Store
Camooweal
Camooweal Caves N.P.
Soudan
Yelvertoft
Lake Buck
Central Desert Aboriginal Land
Tanami Mine
Rabbit Flat Roadhouse
Karlantijpa South Aborig.Land
Mungkarta Aborig.Land
Arruwurra Aboriginal Land
Avon Downs
Austral Downs
Burramurra
Barkly Downs
Mangkururrpa Aborig.Land
The Granites Mine
Tanami Road
Lander R.
Numagalong
Davenport Range N.P.
Hatches Creek
Davenport Range
Anurrete Aborig.Land
Arcadia
Lake Nash
Bulleecourt
Yiningarra Aborig.Land
Wirliyajarrayi Aborig.Land
Willowra
Elkedra
Murray Downs
Annitowa
Georgina Downs
Headingly

Maßstab 1:4 500 000

0 50 100 150 Kilometer
0 50 100 Miles

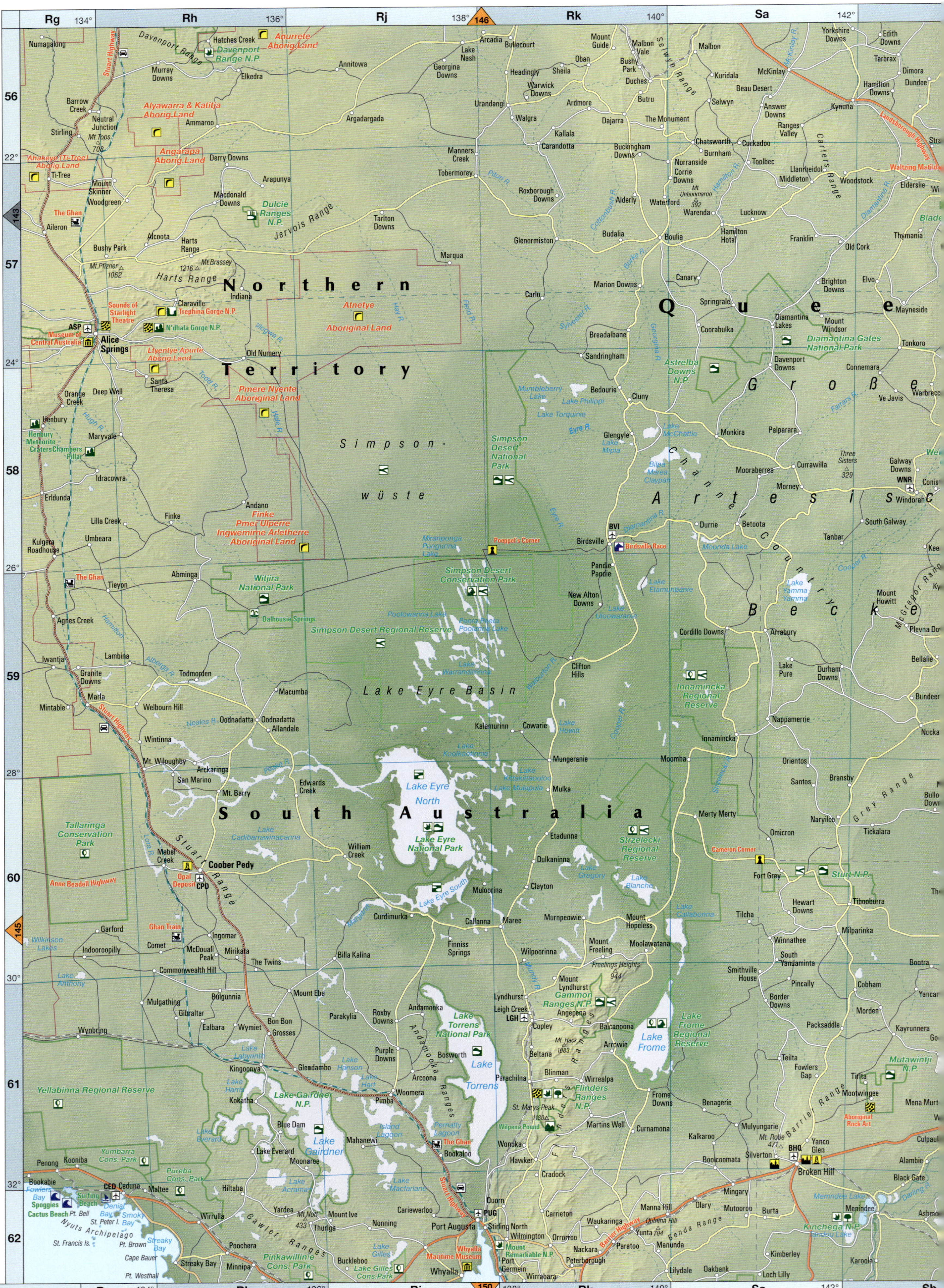
Rg
Rh
Rj
Rk
Sa
Sb
134°
136°
138°
140°
142°
146
150
143
145
56
57
58
59
60
61
62
22°
24°
26°
28°
30°
32°
Northern Territory
Queensland
South Australia
Simpson-wüste
Lake Eyre Basin
Große Artesische Becken
Channel Country
Alice Springs
Coober Pedy
Port Augusta
Whyalla
Broken Hill
Birdsville
Innamincka
Oodnadatta
Marla
Tennant Creek
Ti-Tree
Aileron
Barrow Creek
Finke
Kulgera Roadhouse
Hermannsburg
Andamooka
Roxby Downs
Woomera
Leigh Creek
Lyndhurst
Marree
Quorn
Hawker
Wilpena Pound
Ceduna
Streaky Bay
Kimba
Pimba
Tibooburra
Milparinka
White Cliffs
Boulia
Bedourie
Windorah
Mount Isa
Urandangi
Jervois Range
Harts Range
Davenport Range
Stuart Highway
Stuart Range
Gawler Ranges
Flinders Ranges
Barrier Range
Grey Range
Lake Eyre North
Lake Eyre South
Lake Torrens
Lake Gairdner
Lake Frome
Lake Blanche
Lake Callabonna
Simpson Desert National Park
Simpson Desert Conservation Park
Simpson Desert Regional Reserve
Witjira National Park
Dalhousie Springs
Lake Eyre National Park
Lake Torrens National Park
Lake Gairdner N.P.
Gammon Ranges N.P.
Flinders Ranges N.P.
Strzelecki Regional Reserve
Innamincka Regional Reserve
Lake Frome Regional Reserve
Sturt N.P.
Mutawintji N.P.
Diamantina Gates National Park
Tallaringa Conservation Park
Yellabinna Regional Reserve
Yumbarra Cons. Park
Pureba Cons. Park
Pinkawillinie Cons. Park
Lake Gilles Cons. Park
Mount Remarkable N.P.
Dulcie Ranges N.P.
Poeppel's Corner
Cameron Corner
Birdsville Race
Anne Beadell Highway
Barrier Highway
Landsborough Highway
Moomba
Mungerannie
Cordillo Downs
Nappamerrie
Olary
Yunta
Peterborough
Wilmington
Quorn

Maßstab 1:4 500 000

0 50 100 150 Kilometer

0 50 100 Miles

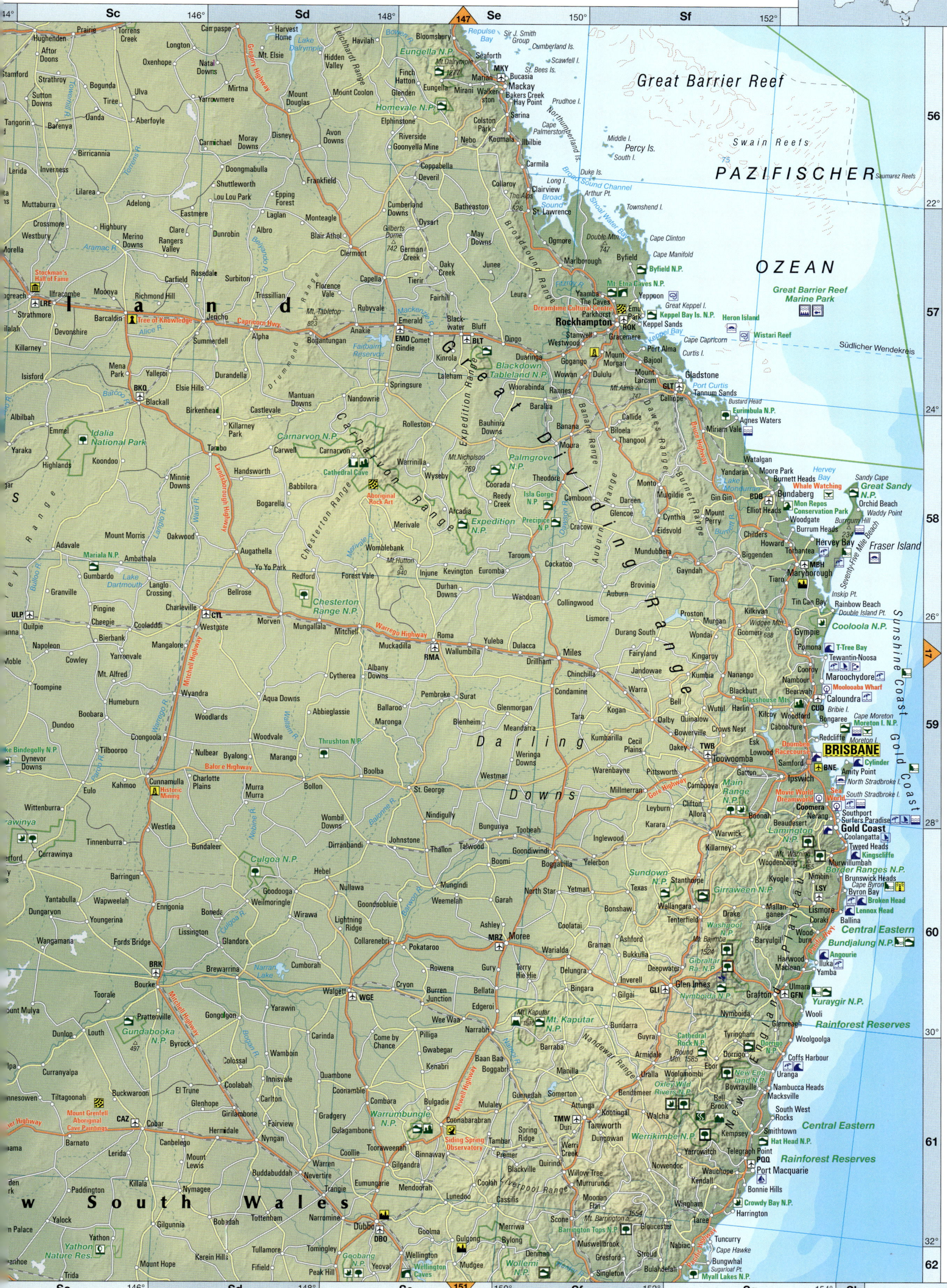

Rf
Rg
Rh
Rj
Rk
Sa
132°
134°
136°
138°
140°
142°
148
145
17
61
62
63
64
65
66
67
32°
34°
36°
38°
40°
42°
Große Australische
Bucht
South Australia
INDISCHER OZEAN
Südaustralisches Becken
Eyre Peninsula
Spencer Gulf
Gulf St Vincent
Investigator Strait
Kangaroo Island
Yorke Peninsula
Mount Lofty Ranges
Gawler Ranges
Nuyts Archipelago
Murray River
Murray Basin
Younghusband Peninsula
Adelaide
Port Augusta
Port Pirie
Whyalla
Port Lincoln
Ceduna
Streaky Bay
Elliston
Cowell
Kimba
Wudinna
Cleve
Tumby Bay
Coffin Bay
Lincoln N.P.
Flinders Chase N.P.
Cape Gantheaume Cons. Park
Kingscote
Penneshaw
Victor Harbour
Murray Bridge
Gawler
Tanunda
Barossa Valley
Renmark
Berri
Loxton
Waikerie
Burra
Clare
Peterborough
Quorn
Port Wakefield
Moonta
Wallaroo
Kadina
Minlaton
Edithburgh
Yorketown
Meningie
Kingston SE
Robe
Beachport
Millicent
Mount Gambier
Naracoorte
Bordertown
Keith
Tintinara
Lucindale
Penola
Coonawarra
Port Mac Donnell
Portland
Coorong N.P.
Canunda N.P.
Ngarkat Conservation Park
Big Desert Wilderness Park
Little Desert N.P.
Danggali Cons. Park
Pinkawillinie Cons. Park
Lake Gairdner
Lake Acraman
Lake Gilles
Anxious Bay
Baird Bay
Fowlers Bay
Cape Nuyts
Cape Carnot
Cape du Couedic
Cape Borda
Cape Jaffa
Cape Jervis
Cape Willoughby
Cape Nelson
Discovery Bay
La Cepede Bay
D'Estrees Bay
Hanson Bay
Backstairs Passage
Eyre Highway
Stuart Highway
Sturt Highway
Barrier Highway
Princes Highway
Lincoln Highway
Mallee Highway
Dukes Highway
Riverboat Cruise
Victoria Park Racecourse
Morphettville Racecourse
Wreck diving
Ethels wreck
The Ghan
The Overland
Maritime Museum
Broken Hill
Mildura
Wentworth
5485

Maßstab 1:4 500 000

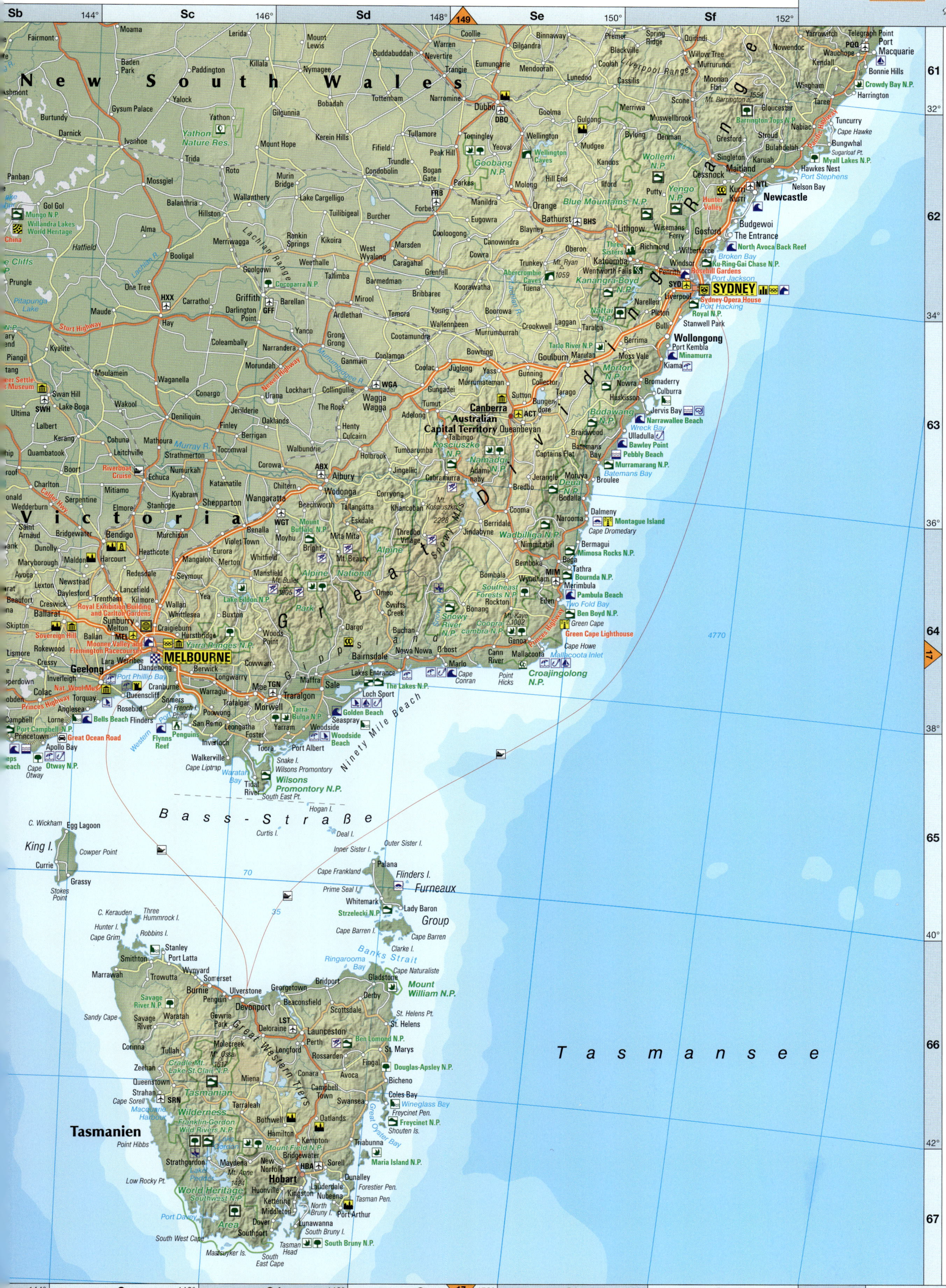

0 50 100 150 Kilometer
0 50 100 Miles
Sb 144° Sc 146° Sd 148° 149 Se 150° Sf 152°
New South Wales
Victoria
Great Dividing Range
Bass-Straße
Tasmansee
Tasmanien
Furneaux Group
Australian Capital Territory
Canberra
SYDNEY
MELBOURNE
Newcastle
Wollongong
Geelong
Ballarat
Bendigo
Hobart
Launceston
Devonport
Burnie
King I.
Flinders I.
Wilsons Promontory N.P.
Ninety Mile Beach
Port Phillip Bay
Blue Mountains N.P.
Kosciuszko N.P.
Croajingolong N.P.
Sydney Opera House
Great Ocean Road
Dubbo
Wagga Wagga
Albury
Wodonga
Orange
Bathurst
Goulburn
Griffith
Tamworth
Port Macquarie
Maitland
Gosford
Traralgon
Sale
Bairnsdale
Mildura
Cape Howe
Ulverstone
Strahan
Queenstown
Sorell
Port Arthur
61 62 63 64 65 66 67
32° 34° 36° 38° 40° 42°
144° Sc 146° Sd 148° Se 17 150° Sf 152° Sg 154° Sh

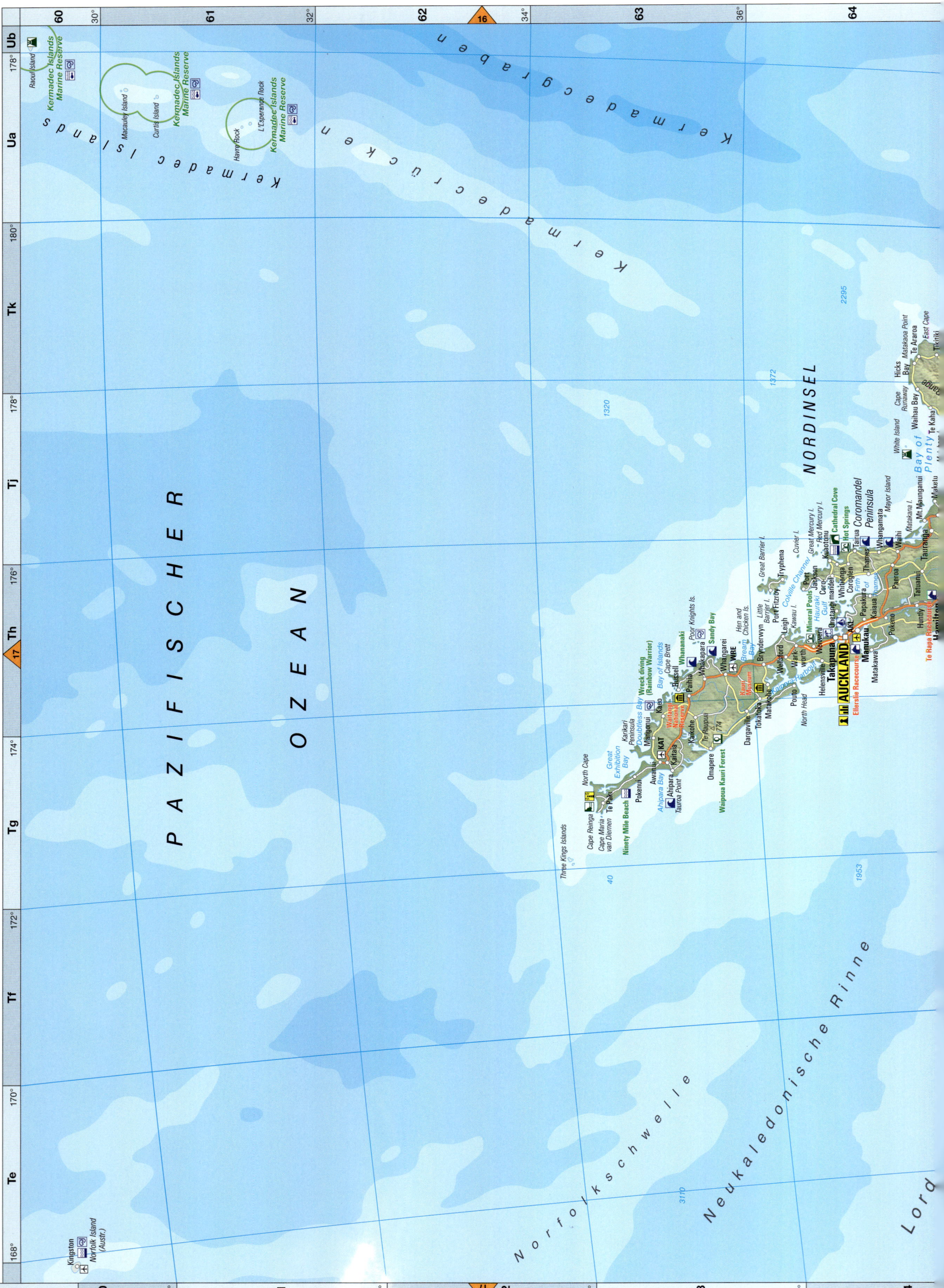
PAZIFISCHER OZEAN
Kermadecgraben
Kermadecrücken
Kermadec Islands
Kermadec Islands Marine Reserve
Raoul Island
Macauley Island
Curtis Island
L'Esperance Rock
Havre Rock
NORDINSEL
AUCKLAND
Takapuna
Manukau
Whangarei
Coromandel Peninsula
Bay of Plenty
Bay of Islands
Hauraki Gulf
Great Barrier I.
North Cape
Cape Reinga
Three Kings Islands
Ninety Mile Beach
Waipoua Kauri Forest
Dargaville
Kaitaia
Kerikeri
Russell
Paihia
Thames
Waihi
Tauranga
Hamilton
East Cape
White Island
Norfolk Island (Austr.)
Kingston
Norfolkschwelle
Neukaledonische Rinne
Lord

Maßstab 1:4 500 000

0 50 100 150 Kilometer

0 50 100 Miles

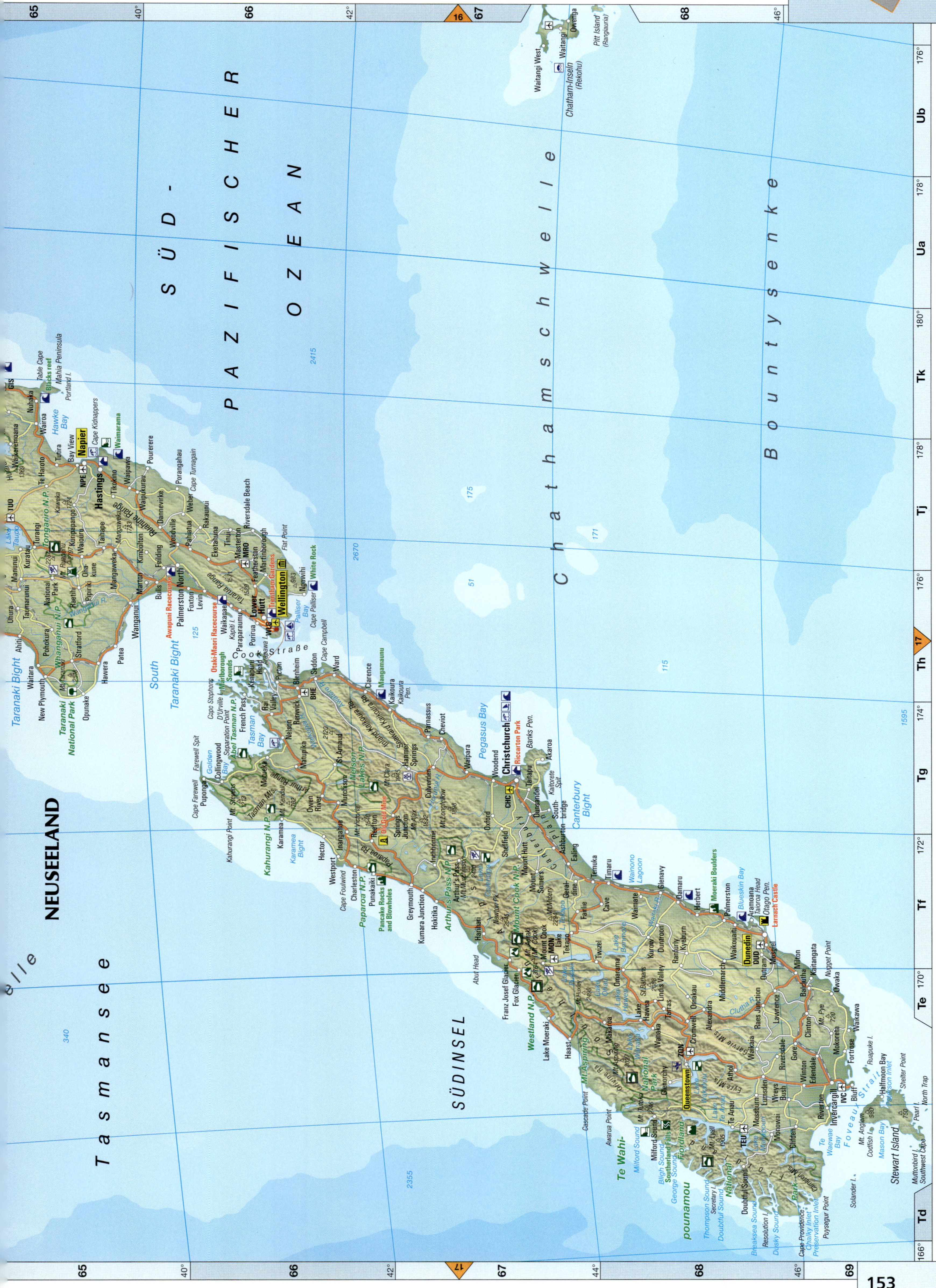

Rf
Rg
Rh
Rj
Rk
132°
134°
136°
138°
17
146
131
45
46
47
48
49
50
51
0°
2°
4°
6°
8°
10°
12°
INDONESIEN
PAPUA
AUSTRAL
Arafurasee
Arafuraschelf
Weberbecken
Aru-Inseln
Waigeo
Kabolaa
Lamlam
Kabarei
Waisai
Rabia
Urbinasopon
Besir
Sel. Dampier
Jodio
Sorong
SOQ
Batanta
Samate
Salawati
Sailolof
Klamono
Bamkeri
Doberai Peninsula
(Vogelkopf)
Teminabuan
Konda
Seget
Wakamoek
Gasim
Tg. Wamonket
Tel. Kaibus
Tel. Warompe
Mega
Warmendi
Koor
Peg. Tamrau
Saukorem
Mubrani
Kairerl
Yansoribo
Picturesque Site
Manokwari
MKW
G.Meja Reserve
Andai
Arfak Mts.
Warkopi
Oransbari
Ransiki
Syeri
Snabai
Rumberpon
Wasian
Bintuni
Rasawi
Babo
Tel. Bintuni
Tel. Berau
Inanwatan
Kinara
Tomu
Botare
Barma
Saga
Baru
Mongge
Ayamaru
Sekak
Usim
Horna
Robooksibia
Wanau
Germakolo
Rawas
Kuwawin
Mala
Lokata
Melalih
Sajam
Ambuaki
Megamo
Bawe
Seram (Céram)
Bula
Bolifar
Parang
Waru
Kiandarat
Kwamor-besar
Onin (Fakfak) Pen.
Kep. Pisang
Sabuda
Koagas
Tanisapata
FKQ
Fakfak
Kokas
Rufrufua
Siembra
Tuna Gain
Bomberai Peninsula
Sayengga
Siriwora
Aredo
Sara
Gusi
Susunu
Seraran
Ibonma
Sopinusa
Kaimana
Lobo
Kanaka
Karufa
Nusawulan
Kep. Gorong
Gorong
Nama
Manawoka
Gulir
Kep. Watubela
Wirmaf
Kep. Kai
Japanese World War II Bunker
LUV
Tual
Langgur
Ibra
Kilwat
Hollat
Banda Elat
Kai Kecil
Kai
Wair
Tayandu
Kep. Tayandu
Kaitanimbar
Tg.Weduar
Wasir
DOB
Dobo
Wokam
Tunguwatu
Kola
Gumzai
Komfane
Karwai
Kobroor
Kudene
Benjina
Taberfane
Trangan
Morai
Jerdera
Juring
Pulau Baun Wildlife Res.
Fatural
Doka
Masian
Baimun
Workai
Kep.Jin
Taferman
Sia
South East Aru Marine Reserve
Cenderawasih Marine Res.
Wandammen/Wondiwoi Mts. Res.
Mamasiware
Unawari
Rakwa
Bawe
Napan-yaur
Tel. Cenderawasih
Nabire
NBX
Wanggar
Hamuku
Kwatisore
Maki
Mawefan
Jantan
Manami
Uwapa
Aiduna
Peg. Tiyo
Waipa
Enarotali
EWI
Waghete
Scenic Beauty
Danau Paniai
Wandai (Homeyo)
Ebe
Mulia
Karubaga
Wunen
Beoga
Ilaga
ILA
Puncak Jaya
Tembagapura
Timare
Uta
Kokenau
Atuka
Timika
Amamapare
Otakwa
Yapero
Lorentz-National Park
Asmat-Sumpfebene
Yofor
Agats
Kaima
Atsy
Asmat Wood-carvings
Birufu
Ghangmi
Casuarina Coast
Eminee
Obaa
Tg. De Jongs
Heitske
Nuweh
Dah
Yomuka
Kiiworo
Dolak
Kimaan
Wamal
Kladar
Tg. Vals
Komoran
Momburn
Tg. Cool
Maokegebirge
Peg. Jayawijaya
Wamena
WMX
Baliem Valley
Pit River
Jiwika
Wolo
KBF
LII
Kontilola Cave
Hetagima
Kurima
Seinma
Pulau Supiori Reserve
Biak Utara Nature Res.
Sansundi
Napido
Sorondideri
Supiori
Korim
Warsa
Biak
Bosnik
Mandon
BIK
Ramardori
Manubepium
Wardo
Mumfor
Wansra
Menggari
Namber
Sel. Yapen
Kep. Pandaidori
Num
Tg. Saribi
Wooi
Ansas
Monggui
Yapen
Kiriab
Serui
Randowaya
Kep. Amboi
Rori
Tel. Waropen
Nuboai
Waren
Pamdai
Dombo
Bonoi
Mamberamo-Delta
Teba
Tg. D'Urville
Apauwar
Kep. Kumamba
Matewar
Sarmi
Maffin
Kedir
Batar
Saberania
Bufareh
Manggasi
Peg. Van Rees
Peg. Gauttier
Peg. Foja
Rouffaer Reserves
Foja Mts.
Asori
Maniwori
Napanwainam
Kep. Moor
Ratewo
Tatawa
Nurkaat
Leling-luang
Larat
Lamdesar
Fordate
Watmuri
Yamdena
Meyanodas
Sanglia Dol (trad. Village)
Welutu
Bukrane
Amdassa
SXK
Saumlakki
Wasletan
Adaut
Namtabung
Kandar
Selaru
Eliase
Tg.Aro Usu
Kep. Tanimbar
Melville Island
Cape van Diemen
Pularumpi
Milikapiti
BRT
Tiwi Aboriginal Reserve
Bathurst Island
Paru
Nguiu
Van Diemen Gulf
Clarence Strait
C. Hotham
C. Keith
Dundas Strait
Gurig N.P. & Cobourg Marine Park
Cobourg Pen.
Smith Pt.
Minjilang
Croker Island
Timber Mill
Greenhill I.
Murgenella
Mountnorris Bay
Grant I.
C. Cockburn
North Goulburn I.
South Goulburn I.
Junction Bay
Skirmish Pt.
Boucaut Bay
Maningrida
MNG
Milingimbi
C. Stewart
Castlereagh Bay
Mooroongga I.
Galiwinku
ELC
Elcho I.
Drysdale I.
Rarag I.
Cape Wessel
Wessel Islands
Marchinbar I.
Culuwuru I.
Truant I.
Bromby Is.
Cape Wilberforce
Melville Bay
Bremer I.
Nhulunbuy
Yirrkala
Buckingham Bay
The English Company's Is.

Maßstab 1:4 500 000

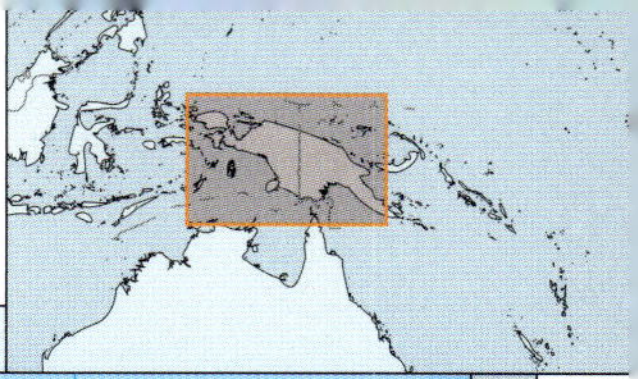

0 50 100 150 Kilometer
0 50 100 Miles
Sa
Sb
Sc
Sd
Se
142°
144°
146°
148°
17
147
156
45
46
47
48
49
50
51
0°
2°
4°
6°
8°
10°
12°
Äquator
PAZIFISCHER OZEAN
PAPUA-NEUGUINEA
Bismarcksee
Papuagolf
Korallensee
Torresstraße
Huon-golf
Manus Island
Admiralitäts-Inseln
Ninigo Group
Hermit Is.
Schouten Is.
Wuvulu I.
Aua I.
Allison I.
Heina Is.
Samasuma I.
Marl I.
Tulu
Lessau
Lorengau
Momote
Mt.Dremsel
Likum
Loi
Chalalou
Horno Is.
Rambutyo Is.
Lenkau
Lou I.
Baluan I.
Western I.
Purdy Is.
Circular Reef
Sherburne Reef
Jayapura
Yafase
Depapre
Skosai
Wutung
Entrop
Sentani
Pue
Anthropological Museum
Arso
Vanimo
Ningera
Leitre
Bewani
Serra Hills
Sissano
Aitape
Paup
Suain
Walis I.
But
Boiken
Kairiru I.
Mushu I.
Vokeo I.
Koil I.
Vai I.
Blup Blup I.
Kadovar I.
Bam I.
Wewak
Terebo
WWK
Kaup
Mendam
Cape Girgir
Gavien
Watam
Broken Water Bay
Manam I.
Awar
Bogia
Hatzfeldhafen
Malala
Kilifas
Drome
Karaitem
Torricelli Mts.
Imonda
Punda Hamlets
Amanab
Kwieftim
Lumi
Yemnu
Nuku
Kamberatoro
Peg. Border
Green River
Sepik R.
Ama
May River
Yilui
Kubkain
Ambunti
Pagwi
Kapaimari
Timbunke
Kanduanam
Angoram
Sepik River Cruises
Biwat
Chambri L.
Hunstein Ra.
Nagum
Akasame
Nungwaia
Hayfield
Dreikikir
Prince Alexander Mts.
Yosua
St.Albert Dome 3065
G.Antares 4768
Oksibil
Mt.Kusiwigasi 3840
Miamin
Telefomin
Oksapmin
Tabubil
Ketomoknai
Tarakbits
Waropko
Ningerum
Mindiptana
Namas
Atkamba Mission
Kiunga
Tanahmerah
Angamarut
Debepare
Ungerem
Mabaduam
Lake Murray
Pangoa
Great Papuan Plateau
Central Range
Mt.Mornambari 3725
Kopiago
Porgera
Laiagam
Kompiam
Wabag
Wapenamanda
Tambul
Mt. Hagen Show
HGU
Mount Hagen
Kaupena
Koroba
Tari
Karegari
Kandep
Margarima
Nipa
Mendi
Komo
Muller Range
Mt.Karoma 3624
Lake Kutubu N.P.
Inuo
Poroma
Kagua
Erave
Lalibu
Pangia
Wasi Falls
Mt.Bosavi 2585
Kikori-River-Region
Kikori R.
Hivaro
Komaio
Kaiam
Omati
Veiru
Misiki
Bebisa
Emeti
Kaniya
Bamio
Balimo
Kenawa
Bora
Goari
Wapumba I.
Suki
Goe
Wasua
Kenalia
Kiriwa
Buk
Dimissi
Iamara
Sewerimabu
Weam
Morehead
Arufi
Tonda
Wando
Mari
Bula
Sibidiri
Togo
Daru
Daru I.
Oriomo
Sui
Parama I.
Wabuda
Purutu I.
Kiwai I.
Samari
Matam
Wipim
Muting
Bupul
Wasur
Daub
Yangga
National Park
MKQ
Sakiramke
Kembapi
Tamarike
Talbot I.
Buru I.
Saibai I.
SBR
Orman Reef
Mabuiag I.
Gabba I.
Zagai I.
Badu I.
Sassie I.
Moa I.
Warrior Reefs
Great North East Channel
Darnley I.
Murray I.
Portlock Reefs
Ashmore Reef
Eastern Fields
Hammond I.
Wednesday I.
Thursday Island
Horn I.
Prince of Wales I.
Endeavour Strait
Cape York
Somerset
Bamaga
ABM
Newcastle Bay
Slade Point
Cowal Creek
Furze Point
Jardine River N.P.
False Oxford Ness
Mapoon Aboriginal Land
Port Musgrave
Mapoon
Kap York Halbinsel
Shelburne Bay
Cape Grenville
Bramwell
Temple Bay
Giri
Adelbert Range
Josephstaal
Katiati
Mt.Mengam 1533
Kwanga
Annaberg
Ajome
Mt.Ajome 2643
Labalama
Simbai
Ruti
Baiyer River
Tabibug
Kol
Angalimp
Karap
Kudjip
Mt.Wilhelm 4510
Gembogl
Kundiawa
GKA
Asaro
Goroka
Goroka Show
Chuave
Gahavisuka Provincial Park
Gumine
Nomane
Tua R.
Mt.Karimui 2570
Agotu
Mt.Michael 3645
Okapa
Haia
Waisa
Wabo
Pawaia
Purari R.
Tetehui
Baimuru
Ebala
Iori
Deception Bay
Akoma
Ihu
Kerema
KMA
Malalaua
Murua
Kamina
Karauwi
Komako
Aseki
Menyamya
Kratke Range
Marawaka
3558
To'Okona
Kainantu
Henganofi
Karkar
Karkar I.
Wadau
Malolo Plantation Lodge
Matukar
Bagabag I.
Jais Aben Resort
Oronga
Kau Rainforest Museum
Alexishafen
MAG
Madang
Mawan
Madang Resort
Astrolabe Bay
Ming Ming
Usino
Male
Saidor
Finisterre Range
Malalamai
Wantoat
Watarais
Tauta
4175
Kaiapit
Saruwaged Range
Mt. Bangeta 4120
Boana
Nadzab
Kwapsanek
Worin
Wasu
Kabwum
Mindik
Pindiu
Huon Peninsula
Bonga
Finschhafen
Sialum
Kelanoa
Wagan
Bukaua
Mange
LAE
Lae
Wagau
Markham Bay
Markham R.
Piu
Mumeng
Salamaua
Bulolo
McAdam N.P.
3280
Wau
Ilaura
Mt.Amungwiwa
Lasanga I.
Kui
Maiama
Morobe
Kakoro
Garaina
Mt.Strong 3590
Guari
Hercules Bay
Wuwu
Manau
Terapo
Mirapo
Tapini
Mt. Albert Edward 3990
Woitape
Bereina
Kubuna
Mt. Victoria 4038
Kokoda
Ilimo
PNP
Mt.Lamington 1680
Oro Bay
Holnicote Bay
Garara
Popondetta
Eroro
Waiwa
Dyke Ackland Bay
Gobe
Sila
Afore
Sariri
Mt. Victory 1891
Dove
Wanigela
Namudi
Safia
Mt. Suckling 3676
Owen Stanley Range
Oroi
Hisui
Redscar Bay
Lea Lea
Porebada
POM
Port Moresby
National Museum
Loloata Resort
Varirata N.P.
Karema
Manari
Sogeri
Sirinumu L.
Gaire
Kwikila
Obaha
Hula
Kupiano
Hood Bay
Hood Point
Aroma
Baramata
Amau
Cloudy Bay
Robinson Riv.
Magaubo
Magarida
Long I.
Crown I.
Malala
Wisdom
Tolokiwa I.
Sakar I.
Umboi I.
Siassi
1655
Lab Lab
Vitiaz Strait
Dampier Strait
Goucester
Garimari
Sagsag
Aumo
Karaiai
1406
Sauren
Arawe Is.
Wako
Unea I.
4485
4025
1610
830
2165
5478
7020
3292
1445
45

Bismarck-Archipel, Salomonen

Sc
Sd
Se
Sf
Sg
146°
148°
150°
152°
17
147
155
46
47
48
49
50
51
52
2°
4°
6°
8°
10°
12°
Hermit Is.
Mussau I.
Tabalo
Malakata
Nai
Saint Matthias Group
Eloaua I.
Emirau
Emirau I.
Wreck diving
Tench I.
Manus Island
Tulu
Lessau
Lorengau
Mt.Dremsel
MAS
Momote
Western I.
Likum
Loi
Chalalou
Horno Is.
Rambutyo Is.
Lenkau
Lou I.
Baluan I.
Admiralitäts-Inseln
Ysabel Channel
Purdy Is.
830
1882
New Hanover
Wreck diving
Puas
East Is.
Umbukul
Taskul
Kavieng
Malagan Beach Resort
Tingwon Group
Meteran
Lissenung Island Resort
KVG
Nesgo
Lokono
Mangai
Sumuna
Lakuramau
Dyaul I.
Karia
Fissoa
Laefu
Konos
Malom
Simberi I.
Tabar Islands
Tatau I.
Tabar I.
Wang
Suvut
Mehur I.
Lihir Group
Londolovit
Lihir I.
Pango
Lambu
Kono
Karu
Tanga
Gargaris
Schouten Is.
Vai I.
Blup Blup I.
Kadovar I.
Bam I.
Cape Girgir
Broken Water Bay
Manam I.
Watam
Awar
Bogia
Circular Reef
Sherburne Reef
2165
2700
Bismarck-Archipel
Bismarcksee
MELANESIEN
Neuirland
PAPUA-NEUGUINEA
Hatzfeldhafen
Malala
Giri
Adelbert Range
Josephstaal
Kwanga
Annaberg
Katiati
1533
Mt Mengam
Karkar
Karkar I.
Wadau
Matukar
Malolo Plantation Lodge
Bagabag I.
Jais Aben Resort
Aiome
Oronga
Kau Rainforest Museum
Alexishafen
MAG
Madang
Madang Resort
Astrolabe Bay
Mt Aiome
2843
Simbai
Mawan
Tabibug
Usino
Male
Ming Ming
Saidor
Malalamai
Karap
Angalimp
Kul
4510
Mt.Wilhelm
Gembogl
Kudjip
Kundiawa
Membe
Asaro
Goroka
GKA
Goroka Show
Finisterre Range
Tauta
4175
Watarais
Wantoat
Worin
Wasu
Kelanoa
Sialum
4105
Gumine
Chuave
Henganofi
Gahavisuka Provincial Park
Nomane
Kainantu
Kaiapit
Saruwaged Range
Mt. Bangeta
4120
Kabwum
Mindik
Pindiu
Huon Peninsula
Bonga
Finschhafen
Tua R.
Mt.Karimui
2570
Agotu
Mt.Michael
3645
Okapa
To'Okona
Nadzab
Boana
Kwapsanek
Wagan
Bukaua
Mange
Haia
Waisa
Kratke Range
3558
Markham R.
LAE
Lae
Wagau
Wabo
Marawaka
Piu
Mumeng
Markham Bay
Huongolf
Purari R.
Tetehui
Pawaia
Menyamya
Bulolo
Salamaua
McAdam N.P.
Wau
Baimuru
Ebala
Iori
Komako
Aseki
3280
Mt.Amungwiwa
Ilaura
Lasanga I.
Deception Bay
Akoma
Karauwi
Kamina
Kui
Maiama
Kakoro
Morobe
Ihu
Murua
Garaina
Hercules Bay
Kerema
KMA
Malalaua
Mt.Strong
3590
Guari
Waria R.
Wuwu
Terapo
Manau
Mirapo
Tapini
Mt. Albert Edward
3990
Woitape
Auro
Holnicote Bay
Garara
Papuagolf
Bereina
Kubuna
Mt. Victoria
4038
Kokoda
Ilimo
PNP
Popondetta
Eroro
Waiwa
Dyke Ackland Bay
Cape Nelson
Tufi Dive Resort
Tufi
Oro
Hisiu
Redscar Bay
Manari
Mt. Lamington
1680
Sila
Gobe
Afore
Sariri
1891
Mt. Victory
Lea Lea
Porebada
POM
Port Moresby
National Museum
Loloata Resort
Varirata N.P.
Karema
Sogeri
Sirinumu L.
Gaire
Kwikila
Owen Stanley Range
Namudi
Dove
Wanigela
Collingwood Bay
Kewasasap
Safia
Mt. Suckling
3676
Pem
Portlock Reefs
3292
Eastern Fields
Ashmore Reef
Obaha
Gaimonaki
Rabaraba
Kupiano
Hula
Hood Bay
Hood Point
Aroma
Baramata
Amau
Robinson Riv.
Coudy Bay
Magaubo
Magarida
Gadaisu
Dogura
Topura
Garuahi
Naara
Lelehudi
Alotau
NOO
Orangerie Bay
Binibihali
Milne Bay
Naauba
1350
Sariba I.
Kitava
Wreck diving
Lusancay Is.
Trobriand
Kaibola
Kaduaga I.
Kiriwina I.
Losuia
Bwadela
Islands
Vakuta I.
Vakuta
Iwa I.
Goodenough I.
Waibula
2535
Bolubolu
d'Entrecasteaux Islands
Kilia
Kalo
1863
Wadalei
Fergusson I.
Mukawa
Ward Hunt Strait
Cape Vogel
Goodenough Bay
Mapamoiwa
Salamo
Sanaroa I.
Esa'ala
Darubia
Mataupa
Sehulea
Normanby I.
Goschen Strait
Dobu
Nuakata I.
Sideia I.
Basilaki I.
Engineer Group
Hastings I.
East I.
Gawa I.
Madau I.
Woodlark I.
Kaurai
Boagis
Kulumadau
Guasopa
Yanaba I.
Egum Atoll
Alcester I.
Canne
Louisiade-Archipel
Misima I.
MIS
Liak
Bwagaoia
Panaeati I.
Conflict Group
Kimuta I.
Tali Laki Reef
Anchorage Reef
Wreck diving
Calvados Chain
Panawina I.
Panatinane
Tagula
Madawa
799
Sudest
Barrier Reef
Ningau I.
Garove I.
Witu
Witu Islands
Unea I.
Crown I.
Long I.
Malala
Wisdom
Tolokiwa I.
Sakar I.
Umboi I.
1655
Siassi
Lab Lab
Dampier Strait
Vitiaz Strait
Gloucester
Gasgasg
Aumo
Garimari
Karaiai
1486
Nukuhu
Williamez Pen.
Woganakai
Bulumuri
L. Dakataua
Kimbe Bay
Walindi Plantation Resort
Talasea
Garu
Riebeck Bay
Hoskins
HKN
Kimbe
Galilo
Mosa
Ubai
Tarobi
Silango
1920
1950
Sauren
Esell
Whiteman Range
Arawe Is.
Wako
Kandrian
Akinum
Awio
Gasmata
Fulleborn
Uvol
Nakanai Mts.
Ewasse
2185
Pomio
Malmal
Lau
Jacquinot Bay
Ora
Kalip
Wide Bay
Sampun
Lolobau I.
Lapau
Nantamba
Ulamona
Open Bay
Awungi
Gazelle Pen.
Takis
Lassul
Watom I.
Rabaul
RAB
Tavurvur
Keravat
Raunsepna
Malasait
Kokopo
Gaulim
2062
Baining Mts.
Kambuku
Tol
Merai
Duke of York I.
St. George's Channel
Namatanai
Rasirik
Pakabong
Samo
Siassi
Hans Meyer Range
Watpi
Manga
2400
Taron
Lamassa
Bakop
C. St. George
Neubritannien
Neubritannien-Bougainville
Salomonen
7020
3520
Korallensee
Korallenbecken
1445
3165
4069

Maßstab 1:4 500 000

0 50 100 150 Kilometer

0 50 100 Miles

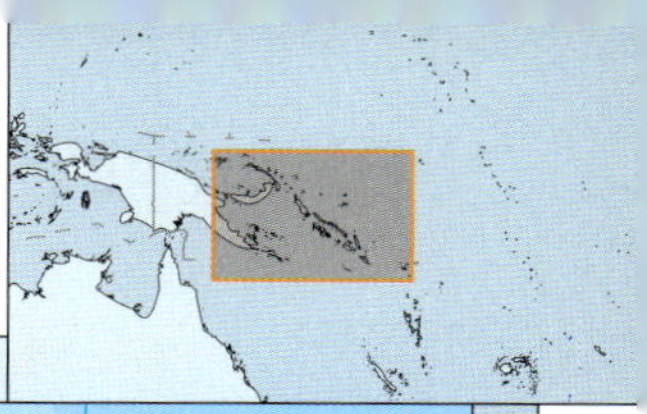

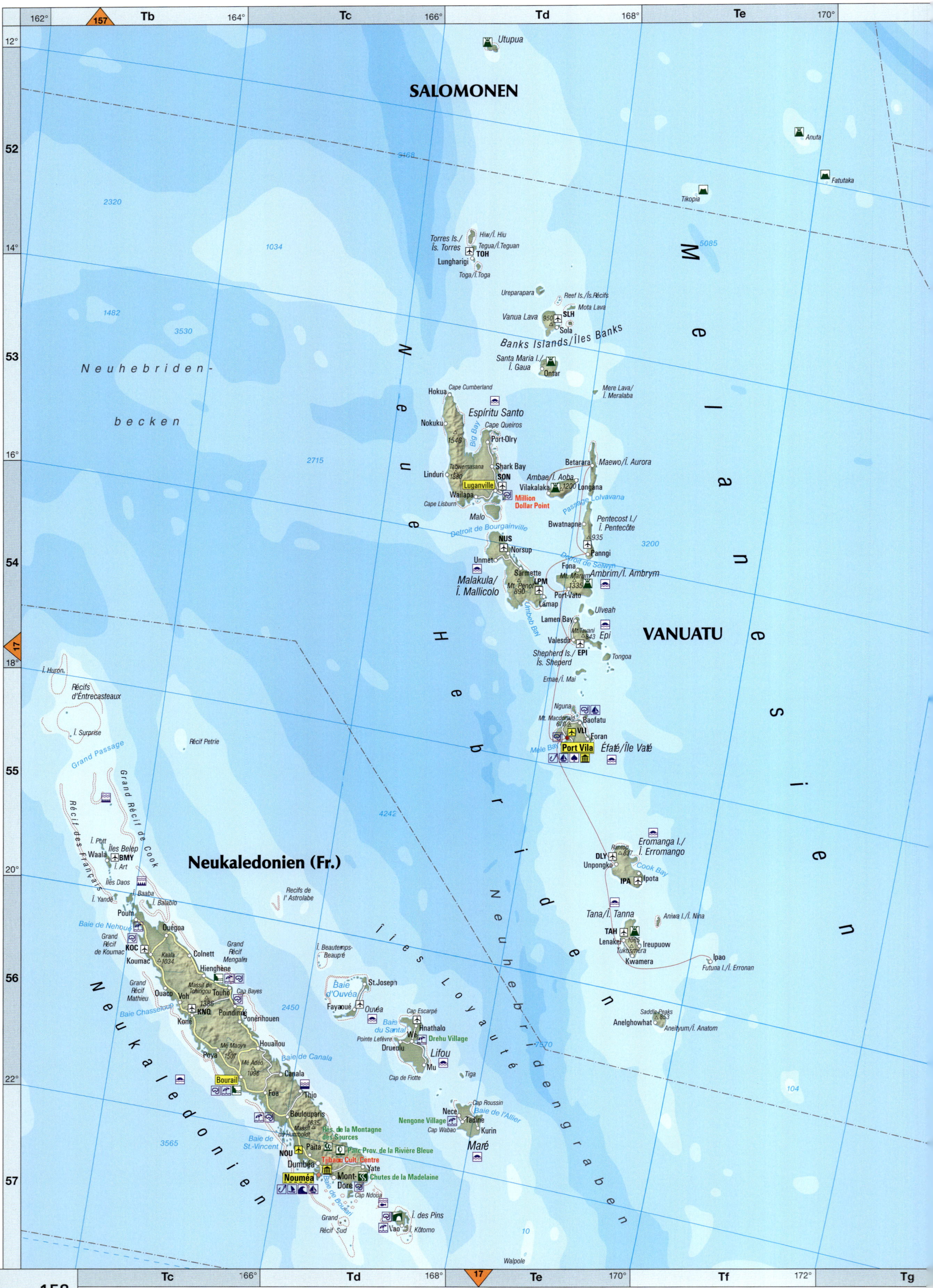
Tb
Tc
Td
Te
Tf
Tg
162°
164°
166°
168°
170°
172°
12°
14°
16°
18°
20°
22°
52
53
54
55
56
57
157
17
SALOMONEN
Utupua
Anuta
Fatutaka
Tikopia
3468
2320
1034
5085
1482
3530
Torres Is./
Ís. Torres
TOH
Hiw/Î. Hiu
Tegua/Î. Teguan
Lungharigi
Toga/Î. Toga
Ureparapara
Reef Is./Is. Récifs
Mota Lava
Vanua Lava
SLH
Sola
Banks Islands/Îles Banks
Santa Maria I./
Î. Gaua
Ontar
Mere Lava/
Î. Meralaba
Neuhebriden-
becken
Cape Cumberland
Hokua
Espíritu Santo
Cape Queiros
Nokuku
Big Bay
Port-Olry
1546
2715
Shark Bay
Tabwemasana
1880
Linduri
SON
Luganville
Wailapa
Million
Dollar Point
Cape Lisburn
Malo
Betarara
Maewo/Î. Aurora
Ambae/Î. Aoba
Vilakalaka
1200
Longana
Passage Lolvavana
Bwatnapne
Pentecost I./
Î. Pentecôte
935
Detroit de Bougainville
NUS
Norsup
Panngi
3200
Unmet
Détroit de Selwyn
Fona
Sarmette
Mt. Marum
Ambrim/Î. Ambrym
1335
Malakula/
Î. Mallicolo
Mt. Penot
890
LPM
Port-Vato
Lamap
Ulveah
Umbeb Bay
Lamen Bay
Mt. Tavani
843
Valesdir
Epi
VANUATU
Shepherd Is./
Ís. Sheperd
EPI
Tongoa
Emae/Î. Mai
Nguna
Mt. Macdonald
678
Baofatu
VLI
Foran
Mele Bay
Port Vila
Éfaté/Île Vaté
Neue Hebriden
Melanesien
Î. Huron
Récifs
d'Entrecasteaux
Î. Surprise
Grand Passage
Récif Petrie
Grand Récif de Cook
Récif des Français
4242
Î. Pott
Îles Belep
Waala
BMY
Î. Art
Îles Daos
Î. Baaba
Î. Yandé
Î. Balabio
Neukaledonien (Fr.)
Récifs de
l'Astrolabe
Eromanga I./
Î. Erromango
Rantop
837
DLY
Unpongkor
Cook Bay
IPA
Ipota
Tana/Î. Tanna
Aniwa I./Î. Nina
TAH
Lenakel
1085
Tukosmera
Ireupuow
Kwamera
Ipao
Futuna I./Î. Erronan
Pouni
Baie de Nehoué
Ouégoa
Grand
Récif
de Koumac
KOC
Koumac
Kaala
1034
Colnett
Grand
Récif
Mengalia
Hienghène
Î. Beautemps-
Beaupré
Îles Loyauté
Massif de
Tchingou
1386
Touho
Cap Bayes
Baie
d'Ouvéa
St.Joseph
Grand
Récif
Mathieu
Ouaco
Voh
KNQ
Poindimié
Fayaoué
Ouvéa
2450
Baie Chasseloup
Koné
Ponérihouen
Cap Escarpé
Baie
du Santal
Hnathalo
Saddle Peaks
853
Anelghowhat
Aneityum/Î. Anatom
Houailou
Poya
Mé Maoya
1507
Cap Lefèvre
Wé
Drehu Village
Drueulu
Lifou
Mu
Neuhebridengraben
7570
Mé Adéo
1096
Baie de Canala
Canala
Cap de Flotte
Tiga
Bourail
Thio
Foa
104
Cap Roussin
Baie de l'Allier
Nece
Nengone Village
Tadine
Cap Wabao
Kurin
Maré
Boulouparis
Massif
du Humboldt
1635
Rés. de la Montagne
des Sources
3565
Baie de
St.-Vincent
NOU
Païta
Parc Prov. de la Rivière Bleue
Dumbéa
Tjibaou Cult. Centre
Yate
Nouméa
Mont-
Dore
Chutes de la Madelaine
Baie de Prony
Cap Ndoua
Neukaledonien
Grand
Récif Sud
Î. des Pins
Vao
Î. Kôtomo
10
Walpole

Maßstab 1:4 500 000
0 50 100 150 Kilometer
0 50 100 Miles
Tg 174° Th 176° 16 Tj 178° Tk
Vaiaku
Funafuti Atoll
TUVALU
Nukulaelae Atoll
4935
A Z I F I S C H E R
4965
Charlotte Bank
27
Niulakita
Rotuma
1700
O Z E A N
Polynesien
1243
West-
1450
Wallis und Futuna (Fr.)
Île Futuna
FUT
Alo
Île Alofi
338
2580
Fidschibecken
3155
4115
Fidschi-Inseln
Cikobia
1726
Great Sea Reef
Yasawa Group
Yasawa
Udu Point
Lagalaga
Udu Point
Nabavatu
LBS
Labasa
Vanua Levu
Ringgold Isles
Viwa
Naviti
Bligh Water
Bua
Naravuka
SVU
Nasorolevu 1030
Natewa Bay
2542
1155
FIDSCHI
Cruise route
Waya
Bua Bay
914
Savusavu
Buca
Mamanuca Group
Malolo
Nabouwalu
TVU
Lautoka
Ba
Tavua
Rakiraki
Koroyanitu N.P.
Vatu-i-ra Channel
Savusavu Bay
Somosomo
Bouma N.P.
Taveuni
1240
Nanuku Passage
Viseisei
NAN
Nadi
1194
1328 Tomanivi
Cruise route
565
Koro
Naitaba
Tavarua
Garden of the Sleeping Giant
Keiyasi
Lawaki
Levuka
Ovalau
Northern Lau Group
Yacata
Viti Levu
Sigatoka
Korovou
Colo-i-Suva Forest Res.
Kanacea
283
Vanua Balavu
Lomaloma
Sigatoka Sand Dunes N.P.
Coral Coast
Korolevu
Navua
Lami
Nausori
SUV
Suva
Nairai
Koro Sea
Mago
3145
Frigates Passage
Orchid Island
Beqa
Sawaieke
Gau
164 Cicia
Tuvuca
Vatulele
Kadavu Passage
Nayau
Lakeba Passage
Reid Reef
Great Astrolab Reef
Lakeba
Tavuki
KDV
Vunisea
Ono
840
Kadavu
470
Moala
Tubou
Southern Lau Group
Bukatatonoa Reefs
1895
3630
Totoya
Moce
Matuku
Vuaqava
Namuka-i-Lau
Kabara
Yagasa Cluster
2599
Fulaga
Ogea Levu
8° 50 10° 51 12° 52 16 14° 53 16° 54 18° 55
Th 176° Tj 178° Tk 17 180° Ua 178° Ub

Afrika

Der drittgrößte Kontinent der Erde liegt als kompakte Landmasse zwischen Atlantik und Indischem Ozean. Mittelmeer und Rotes Meer trennen Afrika von den Nachbarkontinenten Europa und Asien. Die Landschaften Afrikas sind durch Becken, Hochländer und mächtige Höhenrücken, sogenannte Schwellen, gekennzeichnet. Das nördliche Afrika wird vor allem durch Beckenlandschaften gestaltet; hier erstrecken sich auch die gigantischen Wüsten der Sahara, die etwa ein Drittel der afrikanischen Landmasse einnimmt. Südlich davon schließt sich, von Regenwald bedeckt, Zentralafrika an. Das Gesicht des südlichen Afrika bestimmen vor

allem Hochländer. Im Ostteil des Kontinents liegt das Grabenbruchsystem, aus dem über 5000 m hohe Vulkane aufragen. Abgesehen von Madagaskar säumen nur wenige Inseln die Küsten. Da der Großteil des Kontinents sich zwischen den Wendekreisen befindet, gibt es nur zwei Klimazonen: Tropen und Subtropen.

Köcherbäume in Namibia: Diese südafrikanische Aloe-Art wird bis zu 10 m hoch, der Stamm bis zu 1 m dick.

Afrika

Ja
Jb
Ka
Kb
La
Lb
Ma
Mb
Na
Nb
Oa
Ob
26
287
16
04
05
06
07
09
10
11
12
13
Nordsee
Ostsee
Irland
Glasgow
Dublin
Groß-britannien
LONDON
Keltische See
Amsterdam
BRÜSSEL
KÖLN
BERLIN
WARSCHAU
MINSK
MOSKAU
SAMARA
JEKATERINBURG
Uralgebirge
Turgai-plateau
Der Kanal
PARIS
PRAG
Elbe
Weichsel
Rhein
Donau
WIEN
BUDAPEST
KIEW
Dnjepr
Wolga
WOLGOGRAD
Wolgaplatte
Mittelrussische Platte
Ural
Kaspische Senke
Aralsee
Tiefland von Turan
Ustjurt-plateau
Amudarja
Westeuropäisches Becken
Golf von Biscaya
Bordeaux
Loire
Lyon
MAILAND
Bern
Alpen
Zentral-massiv
Karpaten
ODESSA
ROSTOW
Manytschniederung
Kaukasus
Elbrus 5642
Krim
Schwarzes Meer
BUKAREST
BELGRAD
Donau
SOFIA
Balkan
Dinarisches Gebirge
Adriatisches Meer
Apenninen
Pyrenäen
Ebro
A Coruña
Kantabrisches Geb.
Cabo Finisterre
Porto
Kast. Scheidegeb.
Tejo
MADRID
BARCELONA
LISSABON
València
Sierra Morena
Sevilla
Cabo de São Vicente
Korsika
Sardinien
Balearen
ROM
Tyrrhenisches Meer
Ätna
TUNIS
Sizilien
Ionisches Meer
Peloponnes
Ägäisches Meer
ATHEN
Kreta
İSTANBUL
ANKARA
İZMIR
Tuz Gölü
Pontisches Gebirge
Taurus
ADANA
Zypern
ALEPPO
MOSUL
TIFLIS
Ararat 5137
Vansee
TÄBRIS
TEHERAN
Elburs
5601
MESCHHED
Kopetdag
Karakum
Kaspisches Meer
Kurdistan
Tigris
Euphrat
Mesopotamien
BAGDAD
ISFAHAN
Zagrosgebirge
4404
Große Salzwüste
Kuhrud-gebirge
BEIRUT
DAMASKUS
Syrische Wüste
Jerusalem
AMMAN
Kuwait
Persischer Golf
Nefud
Arabische Halbinsel
Najd
RIAD
ABU DHABI
Djebel Tuwaiq
Rub' al Khali (Große Arabische Wüste)
Dhofar
MEKKA
JIDDAH
Asir
Tihama
SANAA
Djebel Manar 3355
Hadramaut
Aden
Golf von Aden
Sokotra
Ras Guardafui
Hedschas
Azoren
Mittelatlantischer Rücken
Madeiraschwelle
Madeira
Tanger
RABAT
CASABLANCA
MARRAKESCH
Djebel Toubkal 4167
Anti Atlas
Atlas
Saharaatlas
Oran
ALGIER
Constantine
Kanarisches Becken
Kanarische Inseln
Großer Westlicher Erg
Großer Östlicher Erg
El Ménia
Djerba
TRIPOLIS
Tripolitanien
Große Syrte
Bengasi
882
ALEXANDRIA
MITTELMEER
Levantisches Becken
KAIRO
Sinai
2285
-134 Kattara-senke
Libysche Wüste
Westliche Wüste
Östliche Wüste
Nil
Roter Meer
Assuan
Nasserstausee
1445
Nubische Wüste
Nubien
Port Sudan
Bajudasteppe
Khartum
Blauer Nil
Weißer Nil
Asmara
Dahlak-Arch.
Danakil
4620 Simien
Tanasee
Dschibuti
Hochland von Äthiopien
ADDIS ABEBA
4307
Batu
Ogaden
Garoowe
Ras Xaafuun
Ras Gabbac
Guban
1510
Tindouf
Erg Iguidi
Reggane
Erg Chech
Tanezrouft
Tassili N'Ajjer
2158
Fezzan
Awbari Sahra
Jufra-Oasen
Kufra-Oasen
Tamanrasset
Hoggar
2918
Tibesti
3415
Emi Koussi
1893
Djebel Al Awaynat
Sahara
Nördlicher Wendekreis
Agargar
Azefal
Râs Nouâdhibou
485
Adrar
Massif
Ouarâne
El Djouf
Kapverden-plateau
Nouakchott
Kapverdische Inseln
Hodh
853
Adrar des Iforas
Ténéré
Grand Erg de Bilma
2022
Aïr Ou Azbine
Agadez
Erg du Djourab
1450
Ennedi
Darfur
Djebel Marra 3088
Nyala
Kordofan
Timbuktu
Senegal
Cap Vert
DAKAR
Gambia
Macina
Niger
Bamako
Niamey
Kano
Maiduguri
Tschadsee
N'Djaména
Sudan
Bissau
Labé
Ouagadougou
Bobo-Dioulasso
Conakry
Kankan
Freetown
1781
Jos Plateau
Abuja
1611
Mts.Nimba
Obere Guinea
Volta-Stausee
IBADAN
LAGOS
Benue
Enugu
2049
Massif de l'Adamaoua
Sarh
Massif des Bongo
ABIDJAN
Accra
Lomé
Pfefferküste
Elfenbeinküste
Goldküste
Sklavenküste
Cap Palmas
Kamerunberg 4095
Nigerschwemmkegel
Bioko
Sierra-Leone-Becken
Golf von Guinea
Príncipe
São Tomé
Äquator
Yaoundé
Bangui
Ubangi
Juba
3186
Kinyeti
Turkanasee (Rudolfsee)
Mogadischu
Ostafrikanischer Graben
Mobutu-Sese-Seko-See
Kisangani
Ruwenzori
5109
Kampala
Mt.Elgon
4321
Mt.Kenya 5199
NAIROBI
Edwardsee
Victoria-see
Kivusee
Kigali
Serengeti
Kilimandscharo 5895
Maasai-Steppe
Mombasa
Libreville
Mbandaka
Kongobecken
Kongo
Niederguinea
Cap Lopez
Pagalu
Guineabecken
Somalibecken
Pointe-Noire
KINSHASA
Kananga
Kasai
Tanganyikasee
Zentralafrikanischer Graben
Dodoma
Sansibar
DARESSALAM
Amiranten
Ascension
ATLANTISCHER OZEAN
LUANDA
Mweru see
Katanga
Lubumbashi
Kitwe
Copperbelt
Aldabra-Inseln
Cabo Delgado
Komoren
Mayotte
Malawisee
Muchingagebirge
Hochland von Bié
Benguela
2619
Môco
Angolabecken
Sankt Helena
Ponta Albina
Lusaka
Karibasee
Sambesi
Planalto Moçambicano
Nampula
Straße von Mosambik
Mahajanga
2876
Maromokotro
T. Babaomby
HARARE
2592
Inyangani
Beira
Caprivizipfel
Livingston
Okavango-becken
Makgadikgadi Salzpfanne
Bulawayo
2074
Ovamboland
Brandberg 2574
Namib
Windhuk
KALAHARI
Gaborone
Limpopo
Ponta São Sebastião
Toliara
Madagaskar
Antananarivo
Boby 2658
Tôlanaro
Maskarenenebene
Südlicher Wendekreis
JOHANNESBURG
Maputo
Groot Karasberge
2202
Oranje
Kimberley
Maseru
Drakensberge
Durban
Tanjona Vohimena
Walfischrücken
Namibia-Tiefsee-Ebene
Oranjeschwemmkegel
Mosambikplateau
Mosambikbecken
Madagaskarrücken
Madagaskarbecken
INDISCHER OZEAN
Große Karroo
2504
KAPSTADT
Kap der Guten Hoffnung
Kap Agulhas (Nadelkap)
Port Elizabeth
Kapbecken
Südwestindischer Rücken
Tristan da Cunha
Gough Island
Mittelatlantischer Rücken

Maßstab 1:36 000 000

0 500 1000 1500 Kilometer
0 500 1000 Miles

*Als Wadi bezeichnet man breite Täler in den Wüsten der **Sahara**, in denen Starkregen wie in einem Flussbett rasch abfließt und versickert. Hier liegt der Grundwasserspiegel nicht sehr tief, daher finden sich entlang der Wadis oft Oasen.*

Atlasregion

Das Gebirgssystem des **Atlas** und **Rif** erstreckt sich parallel zur Mittelmeer- und Atlantikküste im Nordwesten des afrikanischen Kontinents und umschließt eine teils fruchtbare, teils steppenartige Zentralebene.
Diese Ebene gliedert sich in das fruchtbare **Sebou-Becken**, die atlantische **Küstenmeseta** und das karge Hochland der ostmarokkanischen **Meseta**. Im Norden wird sie von den Ausläufern des **Tellatlas** und im Süden vom **Saharaatlas** eingerahmt.
Das Faltengebirge des Atlas-Rif-Systems ist das Ergebnis des Zusammenpralls der europäischen Kontinentalplatte mit der stabileren afrikanischen Platte. Dieses Ereignis fand im Erdaltertum, vor etwa 600 Mio. Jahren, statt und setzte sich bis in das Tertiär fort.

Rifgebirge

Das **Rifgebirge** erstreckt sich über 300 km von der **Straße von Gibraltar** bis zum **Cap Tres Forcas** und besteht aus paläozoischem Gestein, das zur Mittelmeerküste hin an die Oberfläche tritt. Zum Landesinneren hin wird es dagegen von jüngeren Sedimentschichten bedeckt. Das wild zerklüftete Gebirge wird bis zu 2448 m hoch **(Djebel Tidirhine)** und schließt im Süden an den **Mittleren Atlas** an.

Atlasgebirge

Der **Mittlere Atlas** erstreckt sich über eine Länge von mehr als 350 km und weist eine durchschnittliche Höhe von 1300 m auf. Der Osten, wo der Mittlere Atlas als steile Gebirgswand abfällt, hat Hochgebirgscharakter (**Djebel Bou Naceur**, 3340 m), während der westliche Teil in ausgedehnte, treppenartig verschobene Hochplateaus übergeht, die von nur rund 400 m höheren Berggipfeln überragt werden.
Der **Hohe Atlas** zieht sich über 800 km vom **Kap Ghir** bis in die ostmarokkanische **Meseta**, wo er mit Ausläufern in den **Saharaatlas** übergeht. Seine größte Höhe erreicht er mit dem Gipfel des **Djebel Toubkal** (4167 m). Im Westen und im Süden stürzt das Gebirge mit steilen, bis zu 1000 m hohen Felsklippen ab. Im Norden flacht es zur Meseta hin sanft ab. Im Südosten schließen sich die Ketten des Saharaatlas an, der Höhen über 2300 m erreicht.

Niger

Der mit 4160 km Länge und einem Einzugsgebiet von etwa 2,1 Mio. km² zu den gewaltigsten Flüssen des Kontinents zählende Niger entspringt in den Loma-Bergen in Guinea nahe der Grenze zu Sierra Leone. Der Strom fließt dann in nordöstlicher Richtung in die westliche Sahara und bildet in Mali gemeinsam mit seinem Nebenfluss Bani ein großes Binnendelta, in dem jährlich für drei bis sechs Monate etwa 40 000 km² Fläche überflutet werden. Hier verliert der Niger rund die Hälfte seines Wassers. An der Oberguineaschwelle von Tosaye biegt er im Nigerknie nach Südosten ab. Bei Yelwa wird der Niger durch den Kainjidamm gestaut. Der bei Lokoja einmündende Benue verdoppelt die Wassermenge des Flusses, der bei Onitsha nun zwischen 700 und 2000 m breit ist. Der Niger mündet schließlich in einem etwa 25 000 km² großen Delta in zahlreichen Armen in den Golf von Guinea.

Sahararegion

Die größte Wüstenregion der Erde hat eine Ausdehnung von etwa 12 Mio. km². Das unermessliche, von Sand und Geröll bedeckte Tafelland – durchsetzt von kleinen Oasen – reicht über etwa 6000 km in West-Ost-Richtung vom **Atlantik** bis zum **Roten Meer** und in Nord-Süd-Richtung über mehr als 2000 km bis in die **Sudanzone**.
Während im Norden die Steppenlandschaften der **Mittelmeerküste** nur einen schmalen Streifen von rund 100 km Breite bilden und dann in die Vollwüste übergehen, vollzieht sich der Wechsel der Landschaftsform im Süden nur allmählich. In einem etwa 300 km breiten Korridor wandeln sich die Halbwüsten und Dornstrauchsavannen des **Sahel** allmählich zur Wüste. Nur etwa 20 % der **Sahara** werden von Sandwüsten bedeckt, die restlichen Gebiete sind Geröll- und Steinbecken, die sich in Flächen mit feiner Kieselsteinbedeckung **(Serire)** und in Ebenen mit grobem Gestein **(Hammadas)** unterteilen. Die Becken fallen an ihren stufenartigen Rändern zu sogenannten **Wadis** ab – Flussbetten, die nur episodisch Wasser führen. Binnendepressionen, bedeckt mit gewaltigen **Ergs** und einzelnen Salzseen **(Schotts)**, prägen weite Teile des Nordens bis zu den Mittelmeerküsten. Diese Binnenbecken setzen sich nach Süden fort und bilden die **Ténéré-Wüste** sowie die Gebiete der **Libyschen** und der **Arabischen Wüste**. Durchbrochen von der **Nilsenke** reichen sie bis an das **Rote Meer**.
In der **Zentralsahara** erheben sich Inselberge und Hochländer wie **Tademait**, **Tassili** und **Djado**, die von einzelnen Hochgebirgen wie **Ahaggar**, **Tibesti**, **Aïr**, **Iforas** und **Ennedi** überragt werden. Das einzige Dauergewässer in der Sahara ist der **Nil**.
Bewohnt wird die Wüste außerhalb des Niltals von etwa 2 Mio. Menschen, meist Nomaden und Oasenbauern. Die Sahara zeigt ein extremes Wüstenklima: Die Temperaturen können tagsüber mehr als 50 °C erreichen, nachts können sie im Sommer bis unter den Gefrierpunkt sinken.

Der Nil ist für die Menschen an seinen Ufern der große Lebensspender und Kulturbringer.

Nil

Der mit 6671 km längste Fluss der Erde und bedeutendste Strom Afrikas mit einem Einzugsbereich von etwa 3,35 Mio. km² entspringt aus zehn Quellen im Bergland von Burundi. Die Quellflüsse bilden schon bald den Kagera, der nach rund 850 km in den Victoriasee mündet, um ihn bei Jinja in Uganda als Victoria-Nil wieder zu verlassen. Dieser durchfließt den Kyogasee, durchbricht über die Kabalega-Fälle die östliche Randschwelle des Zentralafrikanischen Grabens und ergießt sich dann in den Albert-See. Der Albert-Nil, ab der sudanesischen Grenze Berg-Nil genannt, erreicht schließlich das Sumpfgebiet des Sudd.
Der dort ausfließende Weiße Nil nimmt den Gazellen-Nil und den Sobat auf und vereinigt sich bei Khartum mit dem aus dem Äthiopischen Hochland kommenden sedimentreichen Blauen Nil. Nach Einmündung des Atbara fließt der Nil schließlich über 2700 km als Fremdlingsfluss durch die Nubische und die Libysche Wüste.
Bei Assuan befindet sich der erste der berühmten sechs Nilkatarakte. Nachdem er ein ausgedehntes Delta durchflossen hat, mündet der Nil schließlich bei Alexandria mit zahlreichen Armen in das Mittelmeer.

Ergs

Die gewaltigen Dünengebiete in den Binnendepressionen der **West-** und **Zentralsahara** mit ihren vereinzelten hohen, ockerfarbenen bis gelb-roten Sanddünen nehmen nur etwa ein Fünftel des Sahararaumes ein, doch haben sie die Vorstellung von dieser Wüste entscheidend geprägt.
Die größten dieser Dünenmeere sind der **Große Westliche Erg**, der sich über 500 km von Mauretanien bis zum Saharaatlas erstreckt, der **Große Östliche Erg** und der **Große Erg von Bilma**. Daneben finden sich überall kleine Ergs, deren Wanderdünen ihre Form und ihr Ausmaß nach den vorherrschenden Winden richten, sodass sie stetigen Veränderungen unterliegen.

Hoggar (Tassili n'Ajjer)

Das **Hoggargebiet** ist die größte Gebirgsregion der **Zentralsahara** und dehnt sich über eine Fläche von fast 300 000 km² aus. Das Herz dieses spektakulären Berglandes, das vor etwa 600 Mio. Jahren angelegt und durch stetige Vulkantätigkeit überformt wurde, ist die bizarre Basaltlandschaft des **Atakor**, in dem der Gipfel des **Tahat** eine Höhe von 2918 m erreicht.
Im Norden und Osten dem Hoggar vorgelagert sind die **Tassili-Stufenländer**, die sich vor etwa 250 Mio. Jahren gehoben haben. Auf diesen Hochplateaus wurden die Sandsteinschichten in Jahrmillionen durch frühere Flussläufe ausgewaschen und sind durch Wind und Sand zu einzigartigen Formen erodiert.
Das ausgedehnte **Tassili n'Ajjer** in Algerien, wo der **Azao** eine Höhe

In einer der unwirtlichsten Gegenden der Sahara, im Südosten Algeriens nahe den Grenzen zu Libyen und Niger, erstreckt sich das ***Tassili-N'Ajjer-Hochplateau*** *über eine Fläche, die etwa der Größe Englands entspricht. Die Hochebene bildet über große Strecken eine geschlossene ebene Fläche. An den Rändern und in Plateaueinschnitten wurden durch die Kräfte der Erosion aus dem Sandstein bizarr anmutende Formationen herausmodelliert.*

von 2158 m erreicht, präsentiert sich als fantastische Mondlandschaft.

Tibestigebirge, Djadoplateau

Das **Tibestigebirge** in der Zentralsahara mit einer Fläche von etwa 100 000 km² gehört mit seinen steilen Schluchten und bizarren Verwitterungen zu den eindrucksvollsten Landschaften des Kontinents.
Das stark zerklüftete Hochgebirge ragt wie ein Keil mit einer Seitenlänge von etwa 450 km aus der umliegenden Flachebene heraus. Den Sockel des Tibestigebirges bilden Granit- und Schieferschichten, die sich im Quartär (Neogen) und Tertiär (Paläogen) aufgefaltet haben. Im Zuge dieser tektonischen Aktivitäten bildeten sich etliche Vulkane, deren erkaltete Lavamassen auf diesem Sockel als Berggipfel aufsitzen.
Der gewaltige **Emi Koussi**, mit 3415 m die höchste Erhebung der Sahara, ist ein solcher Vulkan mit einem Basisdurchmesser von etwa 70 km. Vereinzelt sind noch vulkanische Phänomene wie Fumarolen oder auch heiße Quellen zu beobachten.
Den Übergang in die Ebenen bilden umgebende Hochländer wie das **Djadoplateau**, das von mächtigen Wadis durchzogen wird.

Libysche Wüste

Die Wüste im Nordostteil der Sahara bedeckt eine Fläche von etwa 1,5 Mio. km² und besteht aus weiträumigen Tafellandschaften mit ausgeprägten Schichtstufen, die während der Eiszeiten durch Gewässernetze gegliedert wurden. Ist der Norden von tertiären Kalken geprägt, so ist der Süden vor allem aus Sandsteinen aufgebaut. Die Tafelländer steigen im Süden zu mehreren Massiven an und erreichen im **Djebel Al Awaynat** ihre größte Höhe mit 1898 m.
In weiten Teilen ist die extrem trockene und unwirtliche **Libysche Wüste** eine Kieselwüste, die in den Beckenregionen von ausgedehnten Dünenfeldern unterbrochen wird. Am Südabfall der **Marmarika** zieht sich die **Kattara-Depression** von den Siwa-Oasen bis zur tiefsten Stelle, der Kattara-Senke (–133 m), entlang.

Nubische Wüste

Die östlich des **Nils** bis zum **Roten Meer** reichende Fels- und Sandwüste hat eine Ausdehnung von etwa 400 000 km² und ist aufgrund ihres extrem trockenen Klimas unbewohnt. Die gebirgige Region steigt in östlicher Richtung an, bis sie in den **Küstenketten** ihre größte Höhe im **Djebel Oda** (2259 m) erreicht und dann steil zur Küste abfällt. In der **Nubischen Wüste** findet sich nur in einem einzigen Trockental erreichbares Grundwasser.

Nilsenke, Nildelta

Auf seinem Weg durch die **Libysche** und die **Nubische Wüste** hat der **Nil** ein etwa 20 km breites und bis zu 300 m tiefes Kastental ausgewaschen und bildet sechs **Katarakte**. Vor dem ersten bei Assuan wird der Strom auf einer Länge von 500 km zum Nassersee gestaut. Die umfangreichen Schlammablagerungen der jährlichen Überschwemmung durch den Nil, dessen Hochwasserfluten durch den tropischen Monsunregen auf dem Äthiopischen Hochland verursacht und vom **Blauen Nil** eingespeist werden, haben zur Bildung eines äußerst fruchtbaren Küstenstreifens geführt, der sich zum **Nildelta** hin verbreitert. In dem ungefähr 24 000 km² großen Nildelta verzweigt sich der Fluss und mündet mit seinen großen Armen **Rosette** und **Damiette** in das Mittelmeer.

1 Über den 2260 m hohen Tizi-n-Tichka-Pass im Hohen Atlas von Marokko führt eine landschaftlich reizvolle Strecke.

2 Der Antiatlas in Marokko ist wesentlich früher entstanden als die ihn umgebenden Gebirgsketten. Hier eine Aufnahme von Tafraoute.

3 Das Wadi Dadès im Atlasgebirge von Marokko ist ein meist wasserloses Flusstal mit schroffen Felswänden.

4 Im Nordosten des Tschad ragt in der Sahara das Ennedi-Gebirge bis zu 1450 m hoch auf. Das Tafelbergland besteht aus Sandstein.

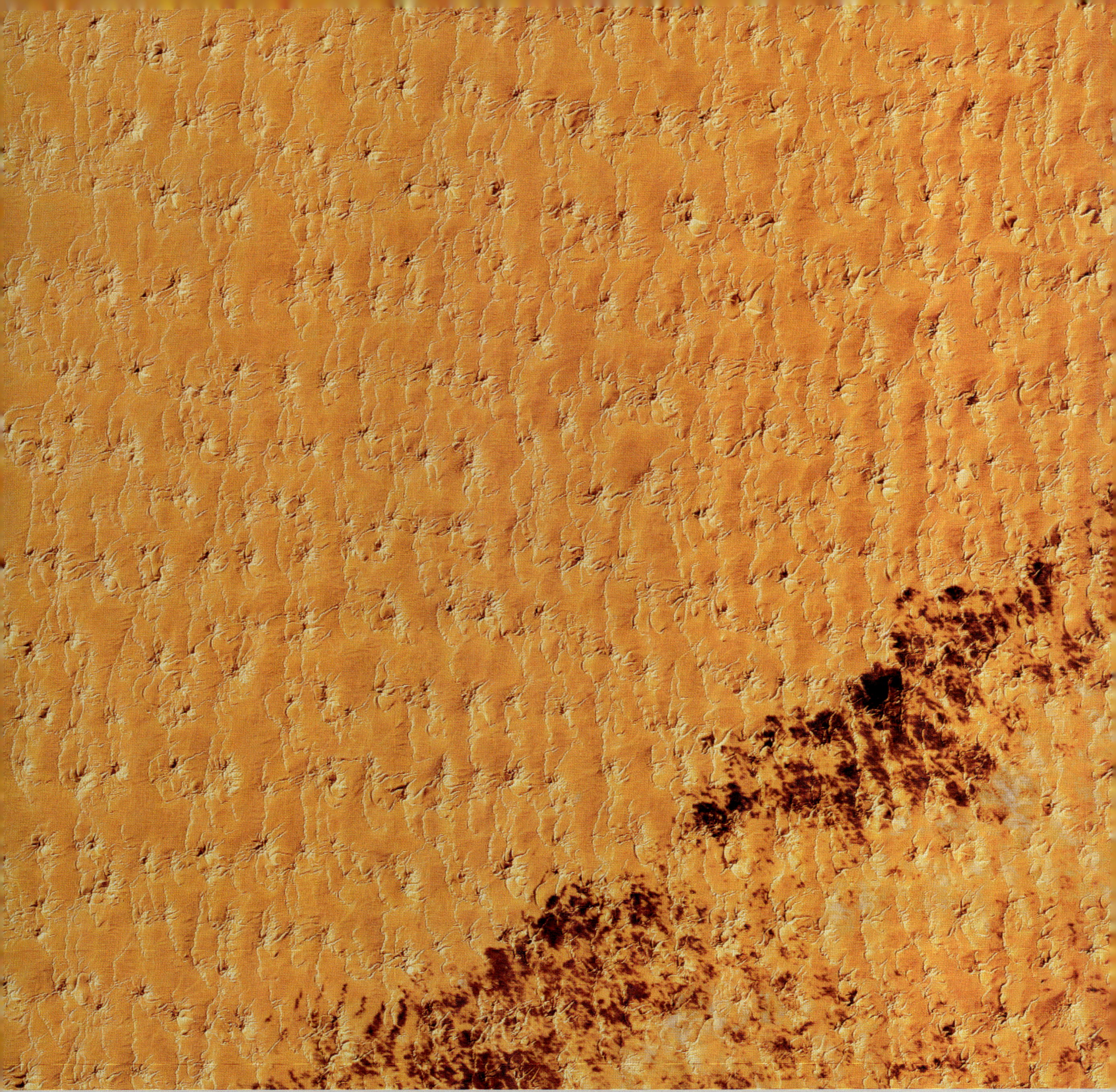

Die Sahara

»Bahr bela ma« – »Meer ohne Wasser« – nennen die Araber die großen Dünenlandschaften der Sahara, deren sanftes Auf und Ab an die Dünung der Ozeane erinnert. Noch im 19. Jh. glaubte der Naturforscher Alexander von Humboldt, die Sahara sei ein Teil eines gewaltigen Gürtels, der vom Atlantik bis nach Indien reiche.

Nur etwa 20 % der Oberfläche der großen Wüste werden von Sand bedeckt, und lediglich 10 % der Sahara können als echte Dünenlandschaften bezeichnet werden. Damit machen sogenannte äolische, vom Wind getragene Formen nur einen kleinen Teil dieser Wüste aus, der Großteil des geologischen Formenschatzes wurde und wird vom Oberflächenwasser gestaltet. Das mag überraschen, ist doch die Sahara eine der trockensten Regionen der Erde. Und doch haben die vergleichsweise geringen Niederschläge, die an den Rändern der Sahara periodisch, im Kerngebiet nur noch episodisch niedergehen, eine gewaltige Gestaltungskraft: An den Stufenabfällen führen die plötzlichen Regenmengen zu starken Erosionen, Wasserläufe reißen in den Gebirgen tiefe Schluchten und unterspülen die Kanten der Wadis; Sand und Schotter werden in den breiten Trockentälern oder in den innersaharischen Flächen verspült.

Letztlich stammt ein Großteil der vielfältigen geologischen Formen der Sahara aus feuchteren Zeiten. In den vergangenen Jahrmillionen wurde die Region mehrfach überflutet, und in den Becken legten sich gewaltige Sedimentschichten ab, die an manchen Stellen eine Mächtigkeit von 7 km erreichen. Diese Becken, die von Stein- und Geröllwüsten bedeckt sind, werden von aufgebogenen Schwellen gesäumt, an denen häufig der kristalline Untergrund des Saharasockels zutage tritt. In der mittleren Sahara sind diese Wölbungsscheitel besonders stark herausgebildet und durch vulkanische Tätigkeit weiter überformt. Das fantastisch geformte Hochgebirge des Ahaggar gehört dazu. Den Übergang von den Becken zu den Schwellen bilden die Schichtstufenbergländer und Plateaus wie Tassili n'Ajjer. Vor 1,8 Mio. Jahren, als Europa unter einem dicken Eispanzer lag, wurde die Sahara durch eine Feuchtphase, die Pluvialzeit, zu einer fruchtbaren Landschaft. Damals durchschnitten viele Flüsse die Steppenlandschaft und bildeten tiefe Schluchten aus, die heutigen Wadis. Im Sommer füllten große Seen die Becken.

Seit etwa 40 000 Jahren ist die Sahara nun weithin Wüste, auch wenn immer wieder, zuletzt um 4000 v. Chr., kleinere Pluvialphasen zur Schrumpfung der vollariden Gebiete führten. Doch dann wurde das Klima rapide wärmer und trockener, wodurch die Wüste zu wachsen begann. Seither hat es feuchtere und trockenere Zeiträume gegeben, an der anhaltenden Ausdehnung der Wüste jedoch besteht kein Zweifel. Seit 200 Jahren herrscht eine besonders ausgeprägte Trockenperiode vor, die sich seit rund 100 Jahren zunehmend verschärft und sich in der südlichen Randzone des Sahel in schweren Dürren zeigt. Hier hat der Einfluss des Menschen zusätz-

lich zu einer Desertifikation geführt.
Eine weitere Naturkraft mit Einfluss auf die Gestalt der Sahara sind die Winde des Nordostpassats, die nicht nur Dünen wandern lassen, sondern zusammen mit Wasser auch Geröll- und Schuttmassen verschieben. Im Bereich der extremen Passatwirkung in der südlichen Sahara ist die Korrasionswirkung des Sandes besonders groß und hat die Ausbildung bizarrer Formen bewirkt.
Gefürchtet sind auch die heißen, oft sandbeladenen Stürme wie der Ghibli, der Chamsin, der Samum oder der südliche Harmattan, die urplötzlich zu nur wenige Minuten oder auch ganze Tage andauernden Orkanen anwachsen können. Sie tragen den Sandstaub sogar bis in die europäischen Alpen.
Für den Menschen sind heute nur wenige Gebiete der Sahara, die zu den ältesten Lebensräumen der Menschheit gehört, bewohnbar. Dies sind vor allem die Oasen, die an Stellen entstanden, an denen durch günstige Bedingungen das fossile Grundwasser in den Sedimentschichten erreichbar ist. Diese Gärten der Wüste liegen vorwiegend im Norden der Sahara und bilden dort einen Gürtel. Trockentäler, die klimatisch günstigeren Hochflächen und Ebenen am Fuße der Hochgebirge sowie einige Dünenlandschaften, die periodisch Wasser erhalten, sind der Hauptlebensraum der Nomadenvölker. Die meisten Bewohner der Sahara leben in den Randgebieten wie dem Sahel.
Bemerkenswert ist, dass die diversen Volksgruppen der Sahara lange keinen überregionalen Begriff für die Gesamtregion kannten: Das arabische »sahrâ«, das sowohl »gelblich« als auch »unfruchtbar« bedeutet, verwenden sie bis heute nur selten. Vielsagend sind hingegen die regionalen Ausdrücke für die Einzellandschaften, mit denen die Bewohner der Sahara die Vielgestaltigkeit ihres Lebensraumes bezeugen. So ist der Sahel das rettende »Ufer«, das der von Norden kommende Saharareisende erreicht. Die Ténéré-Wüste hingegen wird »das Land da draußen« genannt und die ausgedehnte Geröllwüste Tanezrouft »das Land des Durstes«.
Ein großer Reichtum an Formen und Farben, an unterschiedlichen Relief- und Landschaftsformen, an außergewöhnlichen Gebirgen und fantastischen Felsfomen macht die Sahara zu einer facettenreichen Großlandschaft, von der die gewaltigen Sanddünen nur einen kleinen Teil ausmachen.

Großes Bild: Satellitenaufnahme der Sterndünen des Großen Östlichen Erg südöstlich der Oase Ouargla in der zentralen algerischen Sahara. Kleines Bild: Der Wind hat diese Dünenlandschaften in der westlichen Sahara geformt.

Obwohl nicht weit vom Äquator entfernt, sind die Gipfel des ***Kilimandscharo*** *von Schnee bedeckt. Aufgrund seiner immensen Höhe weist das Bergmassiv sehr unterschiedliche Klima- und Vegetationszonen auf. Bis in 3000 m Höhe hinauf reicht das ackerbaulich nutzbare Kulturland, ehemals eine Baumsavanne. Daran schließen sich Bergwald und später Höhengrasland an, das schließlich von der Kältewüste der Gipfelregion verdrängt wird.*

Sahel

Die Landschaft des **Sahel** (arabisch für »Ufer«) zieht sich in einem etwa 300 km breiten Gürtel von der atlantischen Küste bis zum **Horn von Afrika** quer durch den afrikanischen Kontinent und bildet die allmähliche Übergangszone zwischen der äußerst trockenen **Sahara** und den wechselfeuchten **Savannen** im Süden.
Der Sahel besteht überwiegend aus Dornbuschsavannen mit vereinzelten Grasfluren, die sich als Weidegebiete für nomadische Viehhaltung eignen. Weiter südlich, in den Gebieten des **Niger**, des **Senegal** sowie in der Umgebung des **Tschadsees**, ist auch Feldbewässerung möglich. Aufgrund extensiver Landwirtschaft und Viehhaltung sind große Teile der ursprünglichen Baum- und Strauchvegetation vernichtet worden; Überweidung hat zu starker Bodenerosion geführt, sodass jährlich mehrere Mio. Tonnen Staub weiträumig – sogar bis nach Europa – verfrachtet werden.

Sudanregion

Die Großlandschaft zwischen der **Sahara** im Norden und den Regenwaldgebieten im Süden bedeckt eine Fläche von ungefähr 4,5 Mio. km². Die Zone, die sich über 5500 km vom **Fouta Djalon** bis zum **Äthiopischen Hochland** im Osten zieht, ist durchschnittlich 900 km breit.
Die Höhenunterschiede sind mit 250 bis 500 m nur gering, lediglich im **Aïr** und **Ennedi**, den Schwellen, die das **Niger-**, **Tschad-** und **Weißnilbecken** voneinander trennen, werden größere Höhen erreicht. Der **Sudan** weist eine fast breitenparallele Anordnung der Klima- und Vegetationszonen auf: Der Norden wird von einer Trockensavanne bedeckt, die zum **Sahel** hin in Dornbuschsavannen übergeht. Im Süden reicht der Sudan bis in die Feuchtsavannengebiete.

Kongo

Der mit 4374 km zweitlängste Strom Afrikas entspringt im Mitumbagebirge und durchfließt als Lualaba die Lunda- und die Zentralafrikanische Schwelle, wo er zahlreiche Stromschnellen und Seen bildet. Bei den sieben Einzelfällen der Stanleyfälle verliert der Strom auf einer Länge von nur 100 km rund 60 m an Seehöhe und fließt als bis zu 14 km breiter Flachlandfluss über mehr als 1700 km bis zur Höhe von Kinshasa. Auf seinem langen Weg durch das Kongobecken nimmt er zahlreiche Nebenflüsse wie den Lomami oder den Ubangi auf. Die Niederguineaschwelle durchbricht der Kongo in den Livingstonefällen (Ingafällen). Unterhalb der Fälle öffnet sich das Tal dann zu einem breiten, von Mangrovensümpfen bedeckten Mündungstrichter, der sich als bis zu 1700 m tiefe Rinne auf dem Ozeanboden im Atlantik fortsetzt.

Guineahochland

Das zentrale **Hochland von Guinea** bildet die westliche Wurzel der **Oberguineaschwelle** und besteht aus dem stark zertalten Bergland, das der bis auf 1500 m ansteigende **Fouta Djalon** überragt. Im nördlichen Ausläufer des **Massif du Tamqué** (1538 m) erreicht es seine größte Höhe.
Im Osten fällt das zum Teil mit Wäldern, zum Teil mit Hochweiden bedeckte Bergland bis auf durchschnittlich 400 m Seehöhe ab. Im Guineahochland entspringen der **Senegal** und der **Niger**.

Nigerbecken

Zwischen Ségou und Timbuktu bildet der **Niger** zusammen mit seinem Nebenfluss **Bani** ein gewaltiges Binnendelta mit einer Fläche von etwa 40 000 km². Es ist drei bis sechs Monate im Jahr überflutet; dadurch entstehen weite, fruchtbare Sumpfgebiete, welche von zahlreichen kleinen und größeren Seen durchbrochen werden.

Tschadbecken

Das ausgedehnte Senkungsfeld hat im Norden Anteil an der **Sahara** und im Süden an der **Sudanzone** und wird vom **Tibesti**, dem **Ennedi** und den westlichen Ausläufern des **Darfurgebirges** sowie der **Asandeschwelle** und dem **Aïrgebirge** umrahmt. Tiefster Punkt ist die nordöstlich gelegene **Bodélé-Senke** im zentralen Süden (160 m).
Der **Tschadsee**, der einen großen Teil des Beckens einnimmt, ist ein abflussloser, lediglich 3 bis 7 m tiefer Süßwassersee mit einem extrem hohen Natrongehalt. Seine Ausdehnung nimmt durch die immens große Wasserverdunstung kontinuierlich ab und dürfte heute bei ungefähr 20 000 km² liegen. Der nördliche Teil ist bereits seit 1972 fast vollständig ausgetrocknet. Der einzige Zufluss des Tschadsees ist der **Chari**, der im Süden des Sees einmündet und dort ein ständig wachsendes Delta bildet.
Die Uferbereiche sind von Sumpfgebieten mit Schilf und Papyrus gesäumt, im Ostteil befinden sich zahlreiche mit Dünen bestandene Inseln.

Südlich des Malawisees liegt das rund 3000 m hohe Mulanje-Massiv.

Darfurgebirge

Die Gebirgsregion besteht aus einer weiten, kargen Wüstenebene, die sich südlich der **Libyschen Wüste** ausbreitet und im Zentrum von den vulkanischen Hochländern der **Marraberge** dominiert wird. Das **Darfurgebirge** erreicht eine Ausdehnung von ungefähr 480 000 km² und besteht größtenteils aus einer 600 bis 1100 m hoch gelegenen flachwelligen Rumpffläche, die von den durchschnittlich 2200 m hohen Marrabergen überragt wird. Dieser Basaltzug steigt mit dem Gipfel des **Djebel Marra** bis auf 3088 m Meereshöhe an.
Der Norden dieser nur spärlich besiedelten Region wird von Trockensavanne bedeckt, der Süden dagegen ist zur Regenzeit oft überschwemmt.

Sudd

Die Sumpfebenen des **Sudd** (arabisch für »Hindernis«) sind ein ausgedehntes Überflutungsgebiet des **Nils**. Es entsteht beim Austritt des **Berg-Nil** aus dem Bergland der **Asandeschwelle** in eine weite Alluvialebene, wo der langsamer werdende Fluss ein Knie bildet und die Nebenflüsse **Sobat** und **Gazellen-Nil** aufnimmt.
Der Sudd bedeckt mit seinen Sümpfen, Lagunen und Seitenkanälen eine Fläche von schätzungsweise 100 000 bis 130 000 km² und ist mit einem dichten Geflecht aus Schilf, Papyrus und Gräsern bewachsen. Im Sudd verliert der Nil durch Verdunstung etwa 60 % seines Wassers, bevor er als **Weißer Nil** nach Norden weiterfließt.

Äthiopisches Hochland

Der tief eingesenkte **Äthiopische Graben**, die Fortsetzung des **Ostafrikanischen Grabens**, teilt das **Äthiopische Hochland** in einen westlichen Teil, der sich bis zum südlichen Becken des **Turkanasees (Rudolfsee)** erstreckt und steil zum **Sudan** hin abfällt, sowie in einen östlichen Teil, der sanft zur **Somalihalbinsel** hin abdacht.
Der Äthiopische Graben, der mit Seen und noch jungen Vulkanen durchsetzt ist, öffnet sich im Nordosten zur **Denakilsenke**. Weite Plateauflächen beherrschen die Landschaft, ihnen sind Vulkanmassive aufgesetzt.
Im nördlichen, tief zerschluchteten **Amhara-Hochland** erreicht das **Simien-Gebirge** Höhen bis zu 4620 m (**Ras Dashen**), südwestlich erstreckt sich das niedrigere **Kaffa-Hochland**. Das östliche Hochland wird vom **Tulu Deemtu** (4377 m) überragt.
In der gesamten Region sind die Hochlandränder und auch die tiefen Einschnitte der Flüsse (**Omo**, **Blauer Nil** und **Takaze**) sehr steil ausgebildet.

Somalihalbinsel

Die keilförmige Halbinsel, ihrer Gestalt wegen auch das **Osthorn von Afrika** genannt, wird im Norden vom **Golf von Aden** und im Süden vom offenen **Indischen Ozean** begrenzt.
Die **Somalihalbinsel** ist eine steil gestellte Scholle, die sich nach Süden hin abdacht, während sie zum Norden hin in einem durch Staffelbrüche stufenartig gegliederten Hang rasch abfällt. Die höchste Erhebung ist der 2416 m hohe **Shimbiris** im Norden. Hier ist die Küste äußerst steil und felsig und geht zum Landesinneren hin in eine sich bis auf 100 km verbreiternde Küstenebene über. Die Somalihalbinsel wird weitgehend von Halbwüste bedeckt.

Zentralafrika

Zentralafrika wird vorwiegend von weiten Plateauländern geprägt, die in östlicher Richtung an Höhe gewinnen. Das zentrale **Kongobecken**, das einen schmalen Zugang zur Küste des Atlantiks besitzt, umrahmen an allen Seiten Randschwellen aus präkambrischen Gesteinen: Im Westen erstreckt sich die **Niederguinea-**, im Norden die **Asande-**, im Süden die **Lundaschwelle** und im Osten die Randschwelle des **Zentralafrikanischen Grabens**. Dieser durchbricht die Landdecke und fällt, an beiden Seiten von steilen Randgebirgen wie etwa dem **Mitumbagebirge** gerahmt, an den Rändern um bis zu 3000 m steil ab.
Nördlich des **Kivusees** formen die **Virungavulkane** einen in Ost-West-Richtung verlaufenden Gebirgszug, dessen Gipfel im **Karisimbi** Höhen von bis zu 4507 m erreichen. Im **Ruwenzorigebirge** ragt der höchste Berg von Zentralafrika auf, der 5109 m hohe und mit Gletschern bedeckte **Mount Stanley**.

*Am Rande des **Tschadsees**, der eine Art natürliche Grenze zwischen Tschad, Kamerun, Niger und Nigeria bildet, wächst viel Schilf und Papyrus. So prägen zahlreiche schwimmende Papyrusinseln das Bild weiter Teile der Seeoberfläche. Der größte Zufluss dieses Schwemmlandsees ist der Schari. Der Tschadsee ist auch wegen seines großen Fischreichtums von Bedeutung.*

Kongobecken

Die sich beiderseits des Äquators erstreckende Großlandschaft wird vom **Kongo** und seinen Nebenflüssen entwässert, die einige ausgedehnte Sumpfgebiete bilden. Das fast kreisrunde Tiefland hat einen Durchmesser von mehr als 1000 km, liegt auf einer Höhe von 300 (**Malebo Pool**) bis 400 m und wird von jungen tertiären und quartären Sedimenten bedeckt. Im äquatorialen Tropenklima des Kongobeckens erstreckt sich das größte Gebiet Afrikas mit einer geschlossenen immergrünen Regenwalddecke. Die etwas höher gelegenen Randgebiete aus tafelförmigen mesozoischen Sandsteinschichten sind im Süden als Stufen herausgebildet, die von Flüssen und Stromschnellen durchschnitten werden.

Ober- und Niederguineaschwelle

Die **Oberguineaschwelle** begleitet die Atlantikküste in Ost-West-Richtung von der **Pfefferküste** bis zum **Nigerdelta**. Die zahlreichen Flüsse wie etwa das Flusssystem des **Volta**, die die Schwelle durchziehen, haben an der vorgelagerten Küste fruchtbare, oft weit in das Landesinnere hineinreichende Schwemmflächen und Deltas geformt. In den **Nimbabergen** erreicht die Oberguineaschwelle mit 1611 m ihre größte Höhe.
Die **Niederguineaschwelle** erstreckt sich parallel zur Atlantikküste zwischen **Kap Lopez** und der Mündung des **Kunene** auf einer Länge von rund 1800 km. Der Schwellenzug steigt vom bis zu 250 km breiten Küstenstreifen aus steil an und erreicht dabei Höhen zwischen 975 m (**Chaillu-Massiv**) und 2619 m (**Môco**). Im Landesinneren fällt die Niederguineaschwelle im Norden zum **Kongobecken** ab, während sie in ihrem Zentrum in ausgedehnte Hochebenen übergeht, die von zahlreichen Flüssen durchzogen werden.

Hochland von Bié

Das **Hochland von Bié** auf dem südlichen Teil der **Niederguineaschwelle** bildet ein fast viereckiges Plateau oberhalb der 1500-m-Marke und steigt mit dem **Môco** bis auf 2619 m an.
Das fruchtbare, von zahlreichen Flüssen bewässerte Grashochland, das einen großen Teil Angolas einnimmt, fällt im Süden zu den Ausläufern der **Namibwüste** ab. Unweit der Grenze zu Namibia durchbricht der in Zentralangola entspringende **Kunene** das Randgebirge und stürzt in den **Ruacana-Wasserfällen** rund 120 m in die Tiefe.

Muchingagebirge, Mitumbagebirge

Das **Mitumbagebirge** bildet auf einer Länge von über 1200 km den Westrand des **Zentralafrikanischen Grabens** zwischen dem **Tanganjikasee** (33 000 km²) an der Ostgrenze Tansanias und dem **Ruwenzorigebirge**. Südlich des **Kivusees** erreicht es Höhen über 2400 m, die steil zum Graben abfallen.
Die **Muchingaberge** überragen das sich im Westen an das Mitumbagebirge anschließende, im Durchschnitt 1000 bis 1300 m hohe Hochland der **Lundaschwelle** und steigen in den **Chifukunya Hills** bis auf 1502 m Seehöhe an.

Ostafrikanisches Grabensystem

Die tektonische, von Vulkanismus begleitete Störungszone des Ostafrikanischen Grabensystems erstreckt sich vom **Jordangraben** bis zum **Sambesi** über eine Länge von insgesamt 6000 km.

1 Im Zentrum des gleichnamigen Naturschutzgebiets liegt der Vulkankrater des Ngorongoro, mit 22 km Durchmesser einer der größten der Erde.

2 Die schroffen Felsnadeln am Gipfel des Mount Kenya sind die Überreste eines einstigen Vulkankraters.

3 Dichte Vegetation bedeckt die Hänge des über 5000 m hohen Ruwenzori-Massivs, dessen Gipfel den größten Teil des Jahres über im Nebel liegen.

4 Mit fast 6000 m Höhe ist das gewaltige Kilimandscharo-Massiv auch noch in großen Entfernungen zu erkennen.

5895 m ragt der von einer ewigen Schneekappe (kleines Bild) gekrönte Kilimandscharo in der ostafrikanischen Savanne auf, die hier in hellen Brauntönen erscheint (großes Bild). Deutlich sichtbar ist die kreisrunde Caldera des höchsten Vulkans Afrikas. Die Hänge unterhalb der Caldera sind mit Aschen bedeckt, an die sich eine Zone mit schütterem Bewuchs anschließt. Besonders markant ist der dichte grüne Regen- und Nebelwaldgürtel, der sich geschlossen um den Vulkan legt. Unterhalb dieser Waldzone liegen die Siedlungen. Immer weiter stoßen die Bauern im Nordosten und Westen in die Waldzone vor. Die Dorn- und Trockensavanne wird von Flüssen durchzogen, deren Galeriewälder die Wasserläufe grün erscheinen lassen.

*Fast das ganze Jahr über liegt die **Etoscha-Pfanne** in der **Kalahari** trocken, nur die kleineren Tümpel und Quellen in ihrer Nähe führen ganzjährig Wasser. Sie werden von einem Süßwasserreservoir unter der Salzpfanne gespeist und ziehen große Tierherden an. Während der Regenzeit verwandelt sich die scheinbare Wüste dann in eine grüne Landschaft. Auf der Suche nach Nahrung folgen die Tiere nun dem Weg der Regenfälle.*

Seine Entstehung verdankt der Ostafrikanische Graben starken Bewegungen der Erdkruste am Ende des Tertiärs. Der auch **Rift Valley** genannte **Ostafrikanische Graben** bildet den östlichen Teil des Grabensystems, das sich nördlich des **Turkanasees** (**Rudolfsee**) im **Äthiopischen Graben** fortsetzt und sich dann zur **Danakilsenke** erweitert. Damit bestimmt er das Landschaftsbild großer Teile Tansanias, Kenias und Äthiopiens.

Der westliche Rand des **Zentralafrikanischen Grabens** wird von parallelen Bruchstufen begrenzt und ist durchschnittlich 40 bis 50 km breit. Seine Täler haben sich mit lang gestreckten Seen wie dem rund 650 km langen **Tanganjikasee** gefüllt, auf dessen Grund der Graben bei 655 m unter dem Meeresspiegel seine Grabensohle erreicht. Nach Süden setzt sich der Zentralafrikanische Graben im **Njassagraben** fort, der mit den Wassermassen des **Malawisees** gefüllt ist.

Entlang des Ostafrikanischen Grabensystems zeigt sich eine beginnende Zerspaltung des afrikanischen Kontinents durch das Auseinanderdriften der Afrika- und der Somaliaplatte, was sich am deutlichsten in der Danakilsenke (–116 m) und in einer im Roten Meer entstandenen Spalte mit Magmaausstoßung zeigt.

Seenhochland

Während im **Äthiopischen Graben** der bis zu 8600 km^2 große **Turkanasee** den Endsee des **Omo** bildet, sind die Täler des **Ostafrikanischen Grabens** mit einer Reihe von Seen gefüllt, die in Höhen bis zu 1500 m liegen. Der **Semliki** verbindet den **Albertsee** (5300 km^2) mit dem **Rutanzige-** oder **Eduardsee** (2150 km^2). Der **Kivusee** (2650 km^2) wiederum entwässert durch den **Rusisi** zum **Tanganjikasee**. Der 550 km lange **Malawisee**, der eine Fläche von 30 800 km^2 bedeckt, ist mit 706 m Wassertiefe einer der tiefsten Seen der Erde. Er entwässert im Süden durch den **Shire** zum **Sambesi**.

Zwischen dem **Ostafrikanischen** und dem **Zentralafrikanischen Graben** erstreckt sich das flache, ausgedehnte Becken des **Victoriasees** – mit 69 500 km^2 Fläche der größte afrikanische See.

Kilimandscharo

Der vulkanische Gebirgsstock **Kilimandscharo** (Suaheli für »Berg der bösen Geister«) ist der höchste Berg Afrikas. Er ist aus den drei Vulkanen **Schira** (4300 m), **Mawensi** (5355 m) und **Kibo** zusammengewachsen. Letzterer erreicht in seinem Gipfel **Uhuru Peak** eine Höhe von 5895 m und besitzt als einziger Berg einen Krater mit einem Durchmesser von 2 km, in dessen Tiefen vulkanische Aktivität zu verzeichnen ist. Von seiner Firnkappe reichen steile Hängegletscher bis auf Höhen von etwa 4300 m hinab.

Auf dem Weg in die Ebene durchquert man nahezu alle Klimazonen der Erde: Unterhalb der Gletscherzone des Gipfels finden sich Schotter- und Felsgebiete. Zwischen 3000 und 4300 m breitet sich eine Baum- und Höhengraszone aus. Weiter hinunter bis auf etwa 1800 m Höhe bedeckt der Nebelwald mit seinem außergewöhnlichen Pflanzen- und Tierreichtum die Hänge, dem sich ab 1300 m abwärts das Gebiet der Trockensavanne anschließt. Der Kilimandscharo wurde 1971 zum Nationalpark erhoben.

Victoriafälle: Hier stürzt der Sambesi 110 m in die Tiefe.

Mount Kenya

Der lange Zeit erloschene Vulkan unmittelbar südlich des Äquators ist der höchste Berg Kenias und der zweithöchste Gipfel Afrikas. Er hat einen Basisumfang von 153 km. Die höchsten der stark erodierten Gipfel sind der **Batian** (5199 m), der **Nelion** (5188 m) und der **Lenana** (4985 m).

Bis zu einer Höhe von etwa 3200 m erstrecken sich Grasländer und darüber dichter Regenwald, an den sich bis in eine Höhe von 4600 m alpine Vegetation anschließt. Oberhalb davon finden sich Lavaablagerungen, die in den Gipfelregionen von Gletscherzonen bedeckt werden.

Serengeti

Die baumarme Savanne der **Serengeti** erstreckt sich auf 1500 bis 1800 m Meereshöhe im Hochland südöstlich des **Victoriasees**. Der Südosten der ausgedehnten Grasfluren, deren Name in der Massai-Sprache »endlose Ebene« bedeutet, besteht aus Regionen mit Kurzgrassteppe, im Westen erstrecken sich Langgrasareale, die nur von vereinzelten Galeriewäldern durchbrochen werden. Hier prägen die für die afrikanische Baumsteppe typischen Schirmakazien die Landschaft.

Das Kerngebiet des zu den wildreichsten Gebieten der Erde gehörenden Areals bildet der gleichnamige Nationalpark, der eine Fläche von ungefähr 14 750 km^2 und damit rund die Hälfte der Serengeti einnimmt.

Legendär wurde die Serengeti durch die Wanderungen der riesigen Tierherden. Wenn im Mai/Juni die Regenfälle im Süden nachlassen und die Grasebenen abgeweidet sind, ziehen Abertausende von Gnus, Zebras und Gazellen, gefolgt von Löwen, Hyänen, Geparden sowie zahllosen Vogelarten, in nordwestlicher Richtung in den Massai-Mara-Nationalpark im Süden Kenias. Im Herbst kehren die großen Herden wieder in die Kurzgrassteppe der Serengeti zurück.

Südafrika

Das Innere **Südafrikas** wird von einer Reihe von gewellten Plateaus dominiert, die sich von den Kapprovinzen bis in das Zentrum Angolas erstrecken. Dazu gehören das **Südafrikaplateau**, die benachbarten **Hochländer von Sambia** und **Simbabwe** sowie die **Njassa-** und **Manicaplateaus** im Nordosten.

Die Küstenstreifen sind durch Gebirgszüge und Küstenebenen gekennzeichnet. Solche Küstengebirge und Randstufen finden sich in den **Mulanje Mountains** (bis zu 3000 m), in den **Lebombo-** und den **Drakensbergen** sowie im **Namib**. Vorgelagerte Küstenebenen finden sich nur in **Mosambik** und in **Namibia**.

Das **Kalaharibecken** formt die zentrale Depression des Südafrikaplateaus. Es steigt zum Rand des Plateaus hin zur **Großen Randstufe** an, welche die Hochebene vom **Sambesi** bis nach Angola begleitet und dort das Binnenland von den ariden Küstenregionen trennt. Diese Randstufe ist durch Hebung entstanden und bildet die **Drakensberge**, die **Stormberg-**, die **Sneeu-** und die **Nuweveldberge**. Einige Bergzüge sind durch mesozoische Lavaablagerungen überformt worden.

Namib

Die Kaltwüste, deren Name so viel wie »das leere Gebiet« bedeutet, erstreckt sich auf einer Länge von rund 1800 km zwischen Port Nolloth und Namibe entlang der Küste des Atlantiks. Sie weist eine Breite von 80 bis 130 km auf, bis sie an den Fuß der **Großen Randstufe** stößt, und bedeckt eine Fläche von etwa 50 000 km^2. Das **Kaokoveld** im Norden besteht aus einer Reihe von Inselbergen. Weiter südlich erstreckt sich das **Brandbergmassiv** (2579 m), die höchste Erhebung Namibias.

Die extreme Trockenheit begründet sich durch den nahen Benguela-Kaltstrom, der für häufigen Nebel sorgt. Weite Teile des von Geröll und Kieseln bedeckten Nordens, der in die **Kalahari** übergeht, sind beinahe vegetationslos, während der mittlere Teil von breiten Dünen geprägt ist, die eine Höhe von bis zu 300 m erreichen können.

Kalahari

Die abflusslose, trockene Beckenlandschaft nimmt eine Fläche von rund 800 000 km^2 ein und besteht aus weiten Hochlandflächen, die das größte zusammenhängende Sandgebiet der Erde bilden. Die großen Dünenfelder, die den Westen kennzeichnen, bestehen teilweise seit der Eiszeit. Die einzigen Erhebungen in der ansonsten endlos flachen Trockensavanne, die auf 900 m Meereshöhe liegt, sind vereinzelte Felshügel.

Zu der **Kalahari** gehören überdies zahlreiche Salzpfannen, Reste von eiszeitlichen Seen, darunter mit der **Makgadikgadi-Pfanne** und der **Etoscha-Pfanne** zwei der größten dieser Erde. Im Norden erstreckt sich das sumpfige **Okavango-Becken**, das periodisch das Flusssystem des **Boteti** speist.

Okavango-Becken

Der im **Bié-Hochland** entspringende **Okavango** versickert nach etwa 1800 km in einem Becken in der nördlichen **Kalahari** und bildet hier mit mehreren Armen und Lagunen ein Binnendelta, das 250 km breit ist. Dieses ausgedehnte Sumpfgebiet, das während der Regenzeiten fast vollständig überflutet wird, nimmt eine Fläche von nahezu 20 000 km^2 ein. Die Sumpfgebiete sind von dichtem Schilf- und Papyrusbewuchs geprägt, in höheren Lagen finden sich Waldgebiete und Savannen. Das Binnendelta ist der Lebensraum zahlreicher Tierarten. Während der Trockenzeit wandern Elefanten, Gnus, Zebras, Antilopen und Büffel in die Savanne. Vogelarten wie Fischadler, Kormorane und Kraniche bevölkern die Sümpfe.

Sambesibecken (Victoriafälle)

Der auf der **Lundaschwelle** entspringende **Sambesi** durchfließt Angola und den Westen Sambias und bildet dann die Grenze zwischen Simbabwe und Sambia. Bei Maramba verlässt der nun 1700 m breite Strom das Hochland und donnert 110 m tief in eine 50 m breite Schlucht, die rechtwinklig

*Der **Okavango** mündet ungewöhnlicherweise nicht in einen anderen Fluss oder in ein offenes Gewässer, sondern stattdessen in das Sandmeer der Kalahari. Das Okavango-Binnendelta ist mit einer Größe von 17 000 bis 25 000 km² eine der eindrucksvollsten Naturlandschaften der Erde. Es bietet als Sumpfgebiet einer artenreichen Tier- und Pflanzenwelt Lebensraum.*

zur bisherigen Fließrichtung verläuft – die **Victoriafälle**.
Im **Becken von Tete** erreicht der Sambesi das **Tiefland von Mosambik** und mündet schließlich nach insgesamt 2736 km in einem rund 5 km breiten Delta, das er gemeinsam mit seinem Zufluss **Shire** bildet, in den Indischen Ozean.

Südafrikanisches Hochland

Das **Südafrikaplateau**, das in seinem Zentrum von weiten Ebenen oder welligen Hochflächen eingenommen wird, unterteilt sich in drei Höhenzonen: das **Highveld** (etwa 1200–1800 m), das vom südlichen **Kaap-Plateau** (bis zu 1855 m) oder auch dem **Basotho-Hochland** eingenommen wird, die Übergangszone des **Middleveld** (über 600 m), welche weite Teile des Südafrikanischen Hochlandes bedeckt, sowie die Hügelgebiete des **Lowveld**, die sich im Osten in **Transvaal** an die flachen Küstengebiete anschließen.
Der wichtigste Wasserlauf ist der **Oranje**, der über seine Zuflüsse **Caledon** und Vaal das Hochland in den **Atlantik** entwässert.

Karroo

Die Wüsten und Halbwüsten der **Karroo-Region** bilden eine Reihe von Becken, die sich auf einer Höhe von 300 bis 900 m zwischen der **Großen Randstufe** und den **Kapketten** erstrecken. Die Region teilt sich in den **Großen Karroo** im Süden und den **Hohen Karroo** im Westen. Das Gebiet, das mit einer Gesamtfläche von 395 000 km² fast ein Drittel der Republik Südafrika einnimmt, besteht aus weiten Trockensavannen.

Drakensberge

Der östliche Teil der **Großen Randstufe** bildet in den **Natal-Drakensbergen** eine spektakuläre, bis zu 1000 m hohe, senkrecht abfallende Felswand. Vorgelagert ist diesem Steilabfall die zwischen 1800 und 2000 m hohe Hügelzone **Little Berg**. Die Natal-Drakensberge bestehen aus mächtigen Sandsteinschichten, die von Basalt und Diabas überlagert sind. Geologisch viel ältere Gesteine, wie Dolomite und Quarzite, bilden die Große Randstufe in den **Transvaal-Drakensbergen**, die bis zu 2286 m hoch werden. Die höchsten Erhebungen sind der **Thabana-Ntlenyana** (3482 m) und der **Champagne Castle** (3355 m).

Madagaskar

Die viertgrößte Insel der Erde, von der Ostküste Afrikas durch die 400 km breite **Straße von Mosambik** getrennt, hat eine Fläche von 587 041 km².
Über das zentrale, nach Osten hin ansteigende Bergland, das zwischen 800 und 1600 m hoch ist, erheben sich einzelne Inselberge und Gebirgsstöcke vulkanischen Ursprungs, die im **Maromokotro** (2876 m) ihre größte Höhe erreichen. Besonders malerische Verwitterungen hat das tropische Klima in den **Andringitrabergen** (**Pic Body**, 2658 m) im Süden der Insel hervorgebracht.

Nach Osten fällt das Hochland in zwei Bruchstufen steil zur Küste hin ab, während es im Westen flacher und großräumiger abdacht und in eine relativ breite Küstenebene übergeht, die sich nur wenig durch Buchten gegliedert zeigt. Die Küste wird von vorgelagerten Korallenriffen begleitet. Dieser Asymmetrie entspricht die nahe dem Ostrand gelegene Wasserscheide mit den nach Westen gerichteten größeren Flüssen wie etwa dem **Betsiboka**.
Im tropischen Klima wachsen ausgedehnte Regenwälder mit zahlreichen nur hier vorkommenden Arten. Der trockenere Südwesten der Insel wird von Dornstrauchsavannen bedeckt.

1 Die riesigen Dünen der Namibwüste können Höhen von bis zu 300 m erreichen.

2 An den Ugab-Terrassen an der Randstufe des südafrikanischen Binnenhochlands sind durch Erosion östlich der südlichen Namib zahlreiche Tafelberge und Cañons entstanden.

3 Der Blyde River, ein Nebenfluss des Olifant River, schneidet sich durch die dolomitischen Kalksteine der südafrikanischen Drakensberge.

4 Das Wahrzeichen von Kapstadt ist der 1092 m hohe Tafelberg unweit des Kaps der Guten Hoffnung.

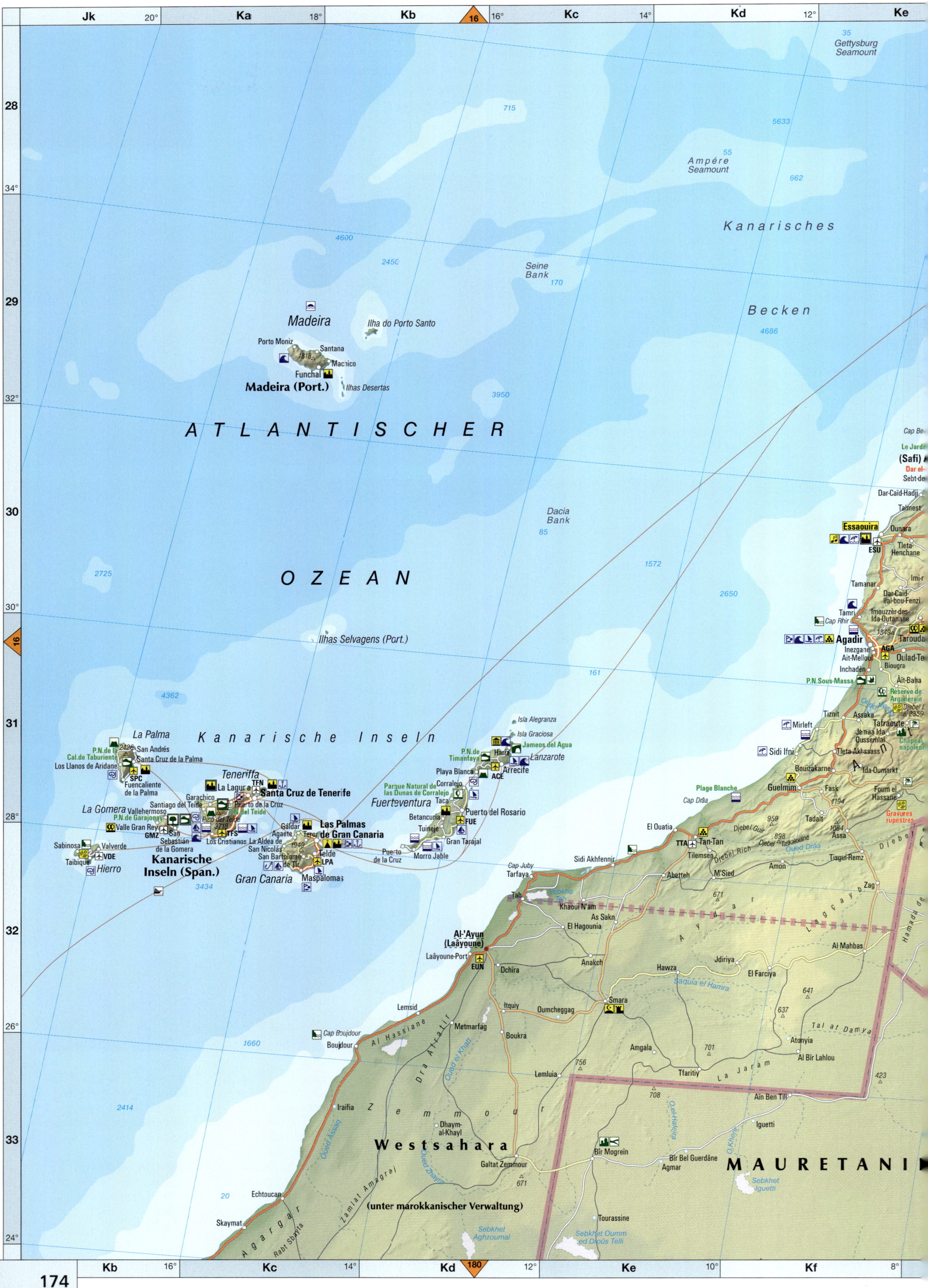
Jk
Ka
Kb
Kc
Kd
Ke
Kf
16
180
20°
18°
16°
14°
12°
10°
8°
28
29
30
31
32
33
34°
32°
30°
28°
26°
24°
Gettysburg Seamount
Ampère Seamount
Kanarisches
Becken
Seine Bank
Dacia Bank
Madeira
Ilha do Porto Santo
Porto Moniz
Santana
Machico
Funchal
Madeira (Port.)
Ilhas Desertas
ATLANTISCHER
OZEAN
Ilhas Selvagens (Port.)
Kanarische Inseln
La Palma
San Andrés
Santa Cruz de la Palma
Los Llanos de Aridane
Fuencaliente de la Palma
Teneriffa
La Laguna
Santa Cruz de Tenerife
Garachico
Puerto de la Cruz
Santiago del Teide
La Gomera
Vallehermoso
Valle Gran Rey
San Sebastián de la Gomera
Los Cristianos
Sabinosa
Valverde
Taibique
Hierro
Kanarische Inseln (Span.)
Gran Canaria
Las Palmas de Gran Canaria
Gáldar
Agaete
Teror
Telde
La Aldea de San Nicolás
San Bartolomé de Tirajana
Maspalomas
Isla Alegranza
Isla Graciosa
Jameos del Agua
Haría
Lanzarote
Arrecife
Playa Blanca
Corralejo
Fuerteventura
Parque Natural de las Dunas de Corralejo
Tuineje
Betancuria
Puerto del Rosario
Gran Tarajal
Puerto de la Cruz
Morro Jable
Cap Beddouza
(Safi)
Dar-Caïd-Hadji
Essaouira
Ounara
Tlete-Henchane
Tamanar
Tamri
Cap Rhir
Imouzzèr-des-Ida-Outanane
Agadir
Inezgane
Aït-Melloul
Inchaden
Biougra
P.N.Sous-Massa
Aït-Baha
Réserve de l'Arganeraie
Tiznit
Assaka
Tafraoute
Mirleft
Sidi Ifni
Tleta-Akhsass
Bouizakarne
Guelmim
Plage Blanche
Cap Drâa
Fask
Foum el Hassane
Gravures rupestres
El Ouatia
Tan-Tan
Tilemsen
Djebel Rich
M'Sied
Abetteh
Amon
Tisgui-Remz
Zag
Sidi Akhfennir
Cap Juby
Tarfaya
Tah
Khaoui N'am
As Sakn
El Hagounia
Al-'Ayun (Laâyoune)
Laâyoune-Port
Dchira
Anakch
Hawza
Jdiriya
El Farciya
Al Mahbas
Saquia el Hamra
Smara
Itquiy
Oumcheggag
Metmarfag
Boukra
Lemsid
Cap Boujdour
Boujdour
Amgala
Atonyia
Al Bir Lahlou
Tifariti
Lemluia
Ain Ben Tili
Iguetti
Iraifia
Dhaym-al-Khayl
Westsahara
(unter marokkanischer Verwaltung)
Galtat Zemmour
Bir Mogrein
Bir Bel Guerdâne
Agmar
MAURETANI
Sebkhet Iguetti
Tourassine
Sebkhet Oumm ed Droûs Telli
Sebkhet Aghzoumal
Echtoucan
Skaymat
Zemmour
Al Hassiane
Dra Afratir
Agargar
Zamlat Amagrej
Raat Shayla

Maßstab 1:4 500 000

0 50 100 150 Kilometer

0 50 100 Miles

MITTELMEER
AL JAZA'IR
(ALGIER)
ALGERIEN
TUNESIEN
Großer Westlicher Erg
Großer Östlicher Erg
Plateau du Tademaït
Hochland der Schotts
Saharaatlas
Hamada de Tinrhert
Tassili n'Ajjer
Parc National du Tassili n'Ajjer
Erg Issaouane
Hamadat Tingarat
Awbari
Hamadet el Atchane
Gassi Touil
Chott Melrhir
Chott el Jerid
Kleine Syrte
Bizerte
Tunis
Sousse
Kairouan
Sfax
Gabès
Tozeur
Gafsa
Annaba
Constantine
Skikda
Jijel
Bejaia
Sétif
Batna
Biskra
Tebessa
Blida
Médéa
Chlef
Djelfa
Laghouat
Ghardaïa
Ouargla
Touggourt
El Oued
Hassi Messaoud
El Goléa
In Salah
Illizi
In Amenas
Ghadamis
Remel el Abiod
Bordj Omar Driss
Dunes de Dokhara
Monts du Mouydir
Tinerhert
176
175
182
62

Maßstab 1:4 500 000 — 0 50 100 150 Kilometer — 0 50 100 Miles

Ägypten

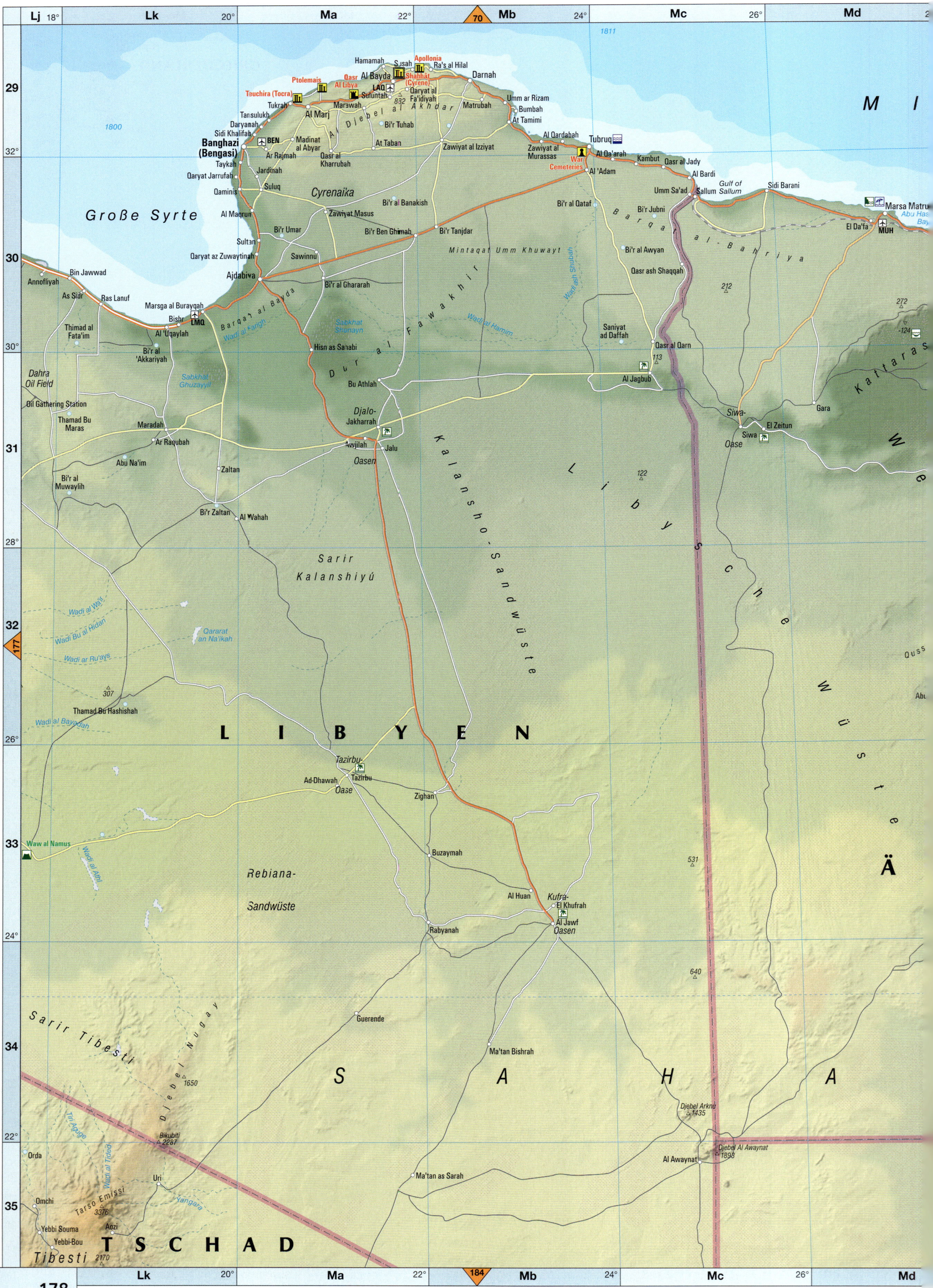

Lj
Lk
Ma
Mb
Mc
Md
18°
20°
22°
24°
26°
70
184
177
29
30
31
32
33
34
35
32°
30°
28°
26°
24°
22°
Große Syrte
Cyrenaika
Banghazi
(Bengasi)
BEN
Al Bayda
LAQ
Darnah
Apollonia
Susah
Ra's al Hilal
Hamamah
Shahhat
(Cyrene)
Ptolemais
Qasr
Al Libya
Touchira (Tocra)
Tukrah
Al Marj
Marawah
Suluntah
Qaryat al Fa'idiyah
Matrubah
Umm ar Rizam
Bumbah
At Tamimi
Tarsulukh
Daryanah
Sidi Khalifah
Madinat al Abyar
Ar Rajmah
Qasr al Kharrubah
Bi'r Tuhab
At Taban
Zawiyat al Izziyat
Al Qardabah
Tubruq
Zawiyat al Murassas
War Cemeteries
Al Qa'arah
Al 'Adam
Kambut
Qasr al Jady
Al Bardi
Umm Sa'ad
Sallum
Gulf of Sallum
Sidi Barani
Marsa Matruh
El Da'fa
MUH
Taykah
Qaryat Jarrufah
Jardinah
Suluq
Qaminis
Al Magrun
Zawiyat Masus
Bi'r al Banakish
Bi'r Umar
Bi'r Ben Ghimah
Bi'r Tanjdar
Sultan
Sawinnu
Qaryat az Zuwaytinah
Ajdabiya
Bi'r al Gharariah
Bin Jawwad
Annofliyah
As Sidr
Ras Lanuf
Marsga al Burayqah
Bishr
LMQ
Al 'Uqaylah
Thimad al Fata'im
Bi'r al 'Akkariyah
Sabkhat Ghuzayyil
Wadi al Farigh
Barqah al Bayda
Sabkhat Shunayn
Hisn as Sahabi
Dur al Fawakhir
Mintaqat Umm Khuwayt
Wadi al Hamim
Bi'r al Qataf
Bi'r Jubni
Barqat al-Bahriya
Bi'r al Awyan
Qasr ash Shaqqah
Saniyat ad Daffah
Qasr al Qarn
Al Jagbub
Siwa-Oase
Siwa
El Zeitun
Gara
Kattara-S
Dahra Oil Field
Oil Gathering Station
Thamad Bu Maras
Maradah
Ar Raqubah
Abu Na'im
Bu Athlah
Djalo-Jakharrah
Awjilah
Jalu
Oasen
Zaltan
Bi'r al Muwaylih
Bi'r Zaltan
Al Wahah
Kalansho-Sandwüste
Libysche Wüste
Sarir Kalanshiyú
Wadi al Wa'r
Wadi Bu al Hidan
Wadi ar Ru'ays
Qararat an Na'ikah
Thamad Bu Hashishah
Wadi al Bayadah
LIBYEN
Tazirbu-Oase
Tazirbu
Ad-Dhawah
Zighan
Waw al Namus
Wadi al Atrun
Buzaymah
Rebiana-Sandwüste
Al Huan
Kufra-Oasen
El Khufrah
Al Jawf
Rabyanah
Guerende
Ma'tan Bishrah
Sarir Tibesti
Djebel Nugay
SAHARA
Djebel Arkno
1435
Djebel Al Awaynat
1898
Al Awaynat
Bikubiti
2267
Orda
Uri
Ma'tan as Sarah
Tarso Emissi
3376
Omchi
Yebbi Souma
Yebbi-Bou
Aozi
Tibesti
TSCHAD
Ä

Maßstab 1:4 500 000

0 50 100 150 Kilometer
0 50 100 Miles

Jk
Ka
Kb
174
Kc
Kd
Ke
33
34
35
36
37
38
39
16
ATLANTISCHER
OZEAN
Westsahara
(unter marokkanischer Verwaltung)
Nördlicher Wendekreis
Dakhla
El' Argoub
Golfe de Cintra
Cap Barbas
Bir Gandouz
Guerguarat
Nouâdhibou
La Gouira
Râs Nouâdhibou
Parc National du Banc d'Arguin
Râs Timirist
Nouâmghâr
Nawakshut (Nouakchott)
Train du Désert
Fdérik
Zouérat
Atâr
Chinguetti
Akjoujt
Ouadâne
Tidjikja
Rosso
Saint Louis
Thiès
DAKAR
Kaolack
GAMBIA
Banjul
Tambacounda
Kayes
Kiffa
Kaédi
Sélibabi
Nioro du Sahel
Massif de l'Adrar
MAURETANIE
SENEGAL
Ferlo
Azeffâl
Tagant
Assaba
El Hammâmi
Maqteïr
Aftoût ech Chergui
Trarza
Parc National du Niokolo-Koba
186

Maßstab 1:4 500 000

0 50 100 150 Kilometer

0 50 100 Miles

La
Lb
Lc
Ld
Le
176
181
188
33
34
35
36
37
38
39
ALGERIEN
MALI
NIGER
NIGERIA
Tamanrasset
Bordj Foucauld
TMR
Parc National du Hoggar
Ermitage Père de Foucauld
l'Assekrem
Tahat 2918
Hoggar
Tassili du Hoggar
Tanezrouft
Tan-Ahenet
Erg Tidjidit
Erg Azennezal
Erg n'Ataram
Erg Tassadjefit
Asedjirad
Adrar n'Ahnet
Monts du Mouydir
Marabout Moulay Hassan
In Ecker
Gravures rupestres
Mertoutek
Idelès
Hirhafok
In Amguel
Abalessa
Silet
Amsel
Tarhaouhaout
Tazrouk
Assekrem
Tahifet
Adrar Tedjorar
Bordj Mokhtar
BMW
Balises 250 Poste Weygand
Ouallen
Timiaouine
Tin Zaouatene
Tessalit
Aguelhok
Kidal
Abeibara
Adrar des Iforhas
Essouk
Souk Tenadjeleline
Bois pétrifié de Ti-n Oufassane
Ti-n-Essako
Anéfis
Anou Mellene
Tamesna
In Ezzane
Tim-Missao
Tin Rarchoch
Route transsaharienne
In Ebeggi
I-n-Azaoua
Redoute Flatters
I-n-Tadéra
Assamakka
In-Guezzam
Arlit
RLT
Iferouâne
Aïr ou Azbine
Timia
Réserve Naturelle Intégrale Dite Sanctuaire des Addax
Réserves Nationales de l'Aïr et du Ténéré
Agadez
AJY
Ingal
La Cure salée
Teguidda-n-Tessoumt
Gravures rupestres de Dabous
Cimetières des Dinosaures de Gadafawa
Falaise de Tiguidit
Réserve Totale de Faune du Tadrès
Vallée de l'Azaouagh
Tahoua
THZ
Tillia
Tilemsès
Abalak
Maradi
MFQ
Zinder
ZND
Katsina
Sokoto
SKO
Niamey
NIM
Réserves des Girafes de Kouré
Réserve totale de Faune de Tamou
Réserve Partielle de Faune d'Ansongo-Ménaka
Ménaka
Ansongo
Bentia (Koukia)
Tillabéri
Dosso
Birnin Konni
Tanout
Mayahi
Dakoro
Le Guérouel
Ayorou
Filingué
Ouallam
Mali
Vallée du Tilemsi
Youllemmedene
Plateau de Dinnik
Niger
0°
2°
4°
6°
8°
10°
14°
16°
18°
20°
22°
24°

Maßstab 1:4 500 000

0 50 100 150 Kilometer
0 50 100 Miles

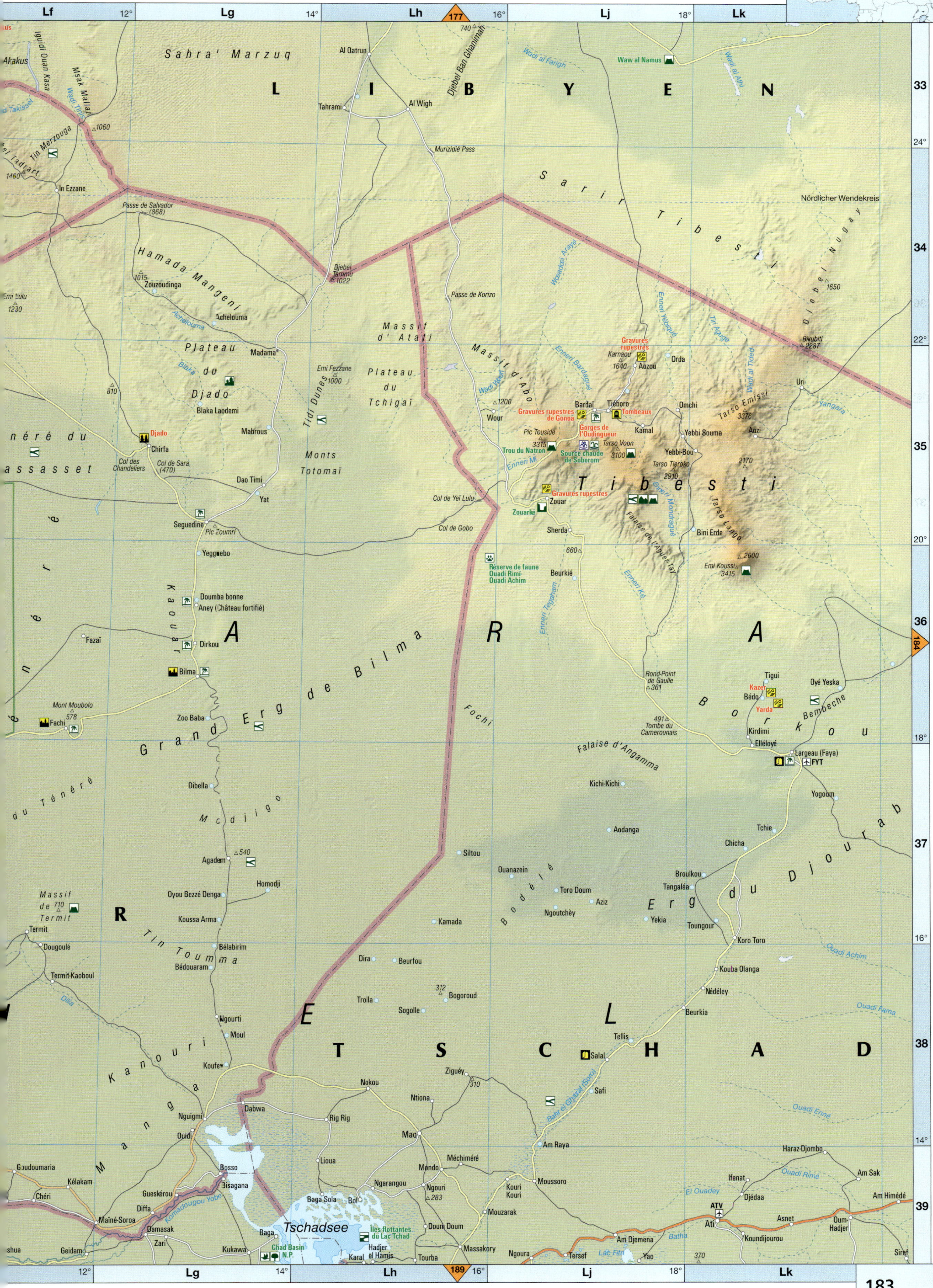

Osttschad, Nordsudan

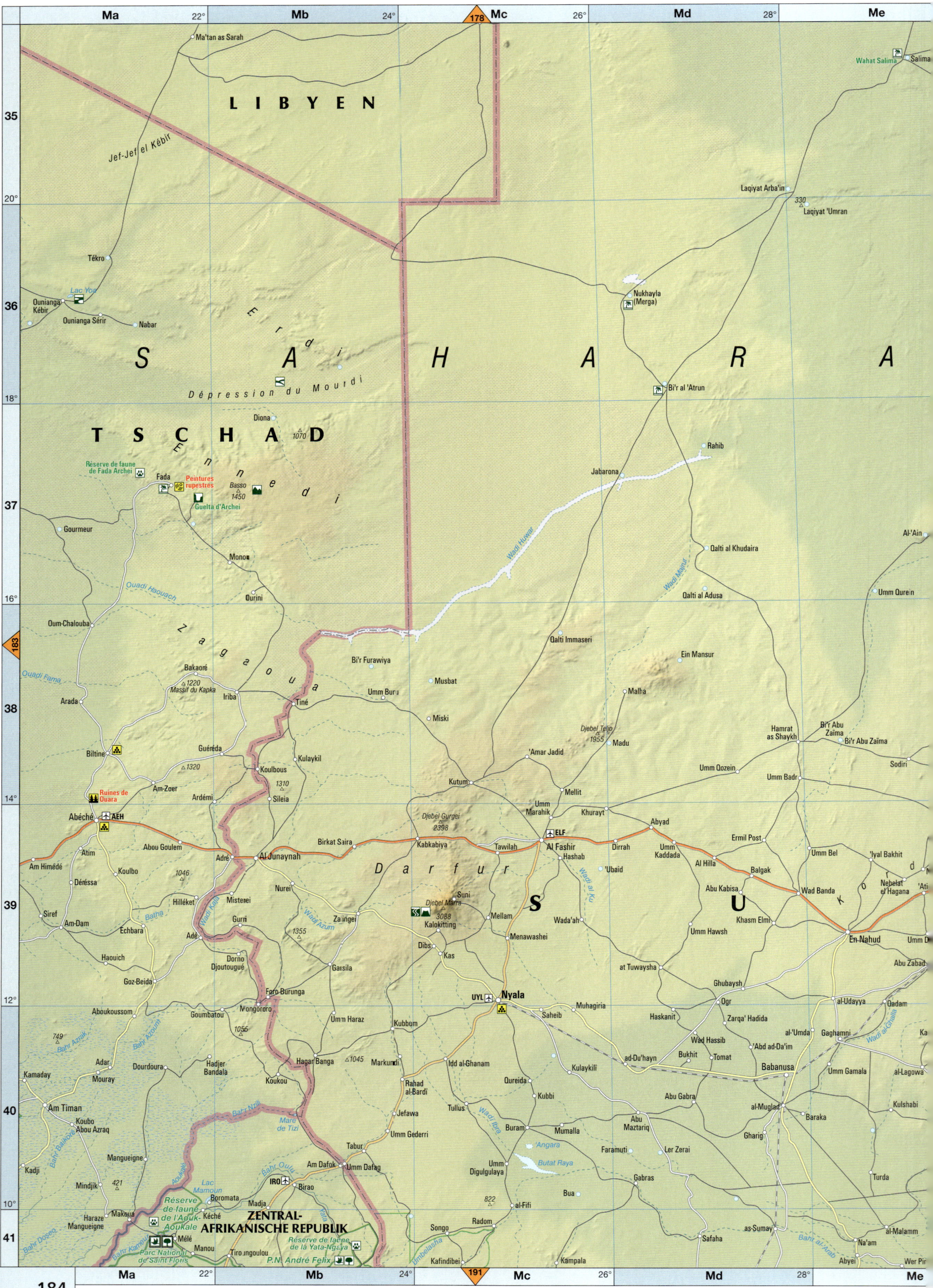
Ma
22°
Mb
24°
178
Mc
26°
Md
28°
Me
35
36
37
38
39
40
41
20°
18°
16°
14°
12°
10°
183
Ma'tan as Sarah
LIBYEN
Wahat Salima
Salima
Jef-Jef el Kébir
Laqiyat Arba'in
330
Laqiyat 'Umran
Tékro
Lac Yoa
Ounianga Kébir
Ounianga Sérir
Nabar
Nukhayla (Merga)
Erdi
SAHARA
Dépression du Mourdi
Bi'r al 'Atrun
Diona
1070
TSCHAD
Ennedi
Réserve de faune de Fada Archei
Fada
Peintures rupestres
Basso 1450
Guelta d'Archei
Rahib
Jabarona
Gourmeur
Wadi Huwar
Qalti al Khudaira
Al-'Ain
Mono
Wadi Magrur
Quadi Haouach
Ourini
Qalti al Adusa
Umm Qurein
Oum-Chalouba
Zagaoua
Qalti Immaseri
Ein Mansur
Bi'r Furawiya
Bakaoré
1220 Massif du Kapka
Quadi Fama
Musbat
Iriba
Tiné
Umm Buru
Malha
Arada
Miski
Djebel Tellir 1955
Madu
Hamrat as Shaykh
Bi'r Abu Zaima
Bi'r Abu Zaïma
Sodiri
Biltine
Guéréda
'Amar Jadid
Kulaykil
Umm Qozein
1320
Koulbous
Umm Badr
Kutum
Ruines de Ouara
Am-Zoer
1310
Sileia
Mellit
Ardémi
Umm Marahik
Khurayt
Abéché
AEH
Djebel Gurgei 2398
Abyad
Birkat Saira
ELF
Ermil Post
Atim
Abou Goulem
Adré
Al Junaynah
Kabkabiya
Tawilah
Al Fashir
Dirrah
Umm Kaddada
Umm Bel
'Iyal Bakhit
Am Himédé
Hashab
Al Hilla
Balgak
Koulbo
1046
Darfur
'Ubaid
Wadi al Ku
Dérèssa
Abu Kabisa
Wad Banda
Kordofan
Nebelat el Hagana
Hilléket
Nurei
Suni
Siref
Misterei
Djebel Marra 3088
SUDAN
Am-Dam
Echbara
Batha
Wadi Azum
Zalingei
Kalokitting
Mellam
Wada'ah
Khasm Elmi
Gurni
Adé
1355
Menawashei
Umm Hawsh
En Nahud
Haouich
Dibs
Kas
Dorno Djoutougué
Garsila
at Tuwaysha
Abu Zabad
Goz-Beïda
Foro Burunga
Ghubaysh
UYL
Nyala
Muhagiria
Ogr
al-'Udayya
Qadam
Aboukoussom
Goumbatou
Mongororo
Saheib
Haskanit
Zarqa' Hadida
Umm Haraz
Kubbum
749
Bahr Azoum
1055
Wad Hassib
'Abd ad-Da'im
al-'Umda
Gaghamni
Bahr Azrak
Adar
Dourdoura
Hadjer Bandala
Hagar Banga
1045
Markundi
Idd al-Ghanam
Kulaykili
ad-Du'hayn
Bukhit
Tomat
Babanusa
Umm Gamala
al-Lagowa
Kamaday
Mouray
Koukou
Rahad al-Bardi
Qureida
Kubbi
Abu Gabra
al-Muglad
Kulshabi
Am Timan
Bahr Nzili
Mare de Tizi
Jefawa
Tullus
Wadi Ibra
Abu Maztariq
Baraka
Kouba Abou Azraq
Buram
Mumalla
Bahr Salamat
Umm Gederri
Tabur
'Angara
Faramuti
Ler Zerai
Gharig
Kadji
Mangueigne
Am Dafok
Umm Dafag
Butat Raya
Turda
Mindjik
421
Bahr Oulou
IRO
Birao
Umm Digulgulaya
Gabras
Lac Mamoun
Boromata
Madja
Bua
Réserve de faune de l'Aouk-Aoukale
Haraze Mangueigne
Makoua
Kéché
ZENTRAL-AFRIKANISCHE REPUBLIK
822
al-Fifi
Radom
as-Sumay
Safaha
al-Malamm
Bahr Doseo
Mélé
Songo
Na'am
Manou
Réserve de faune de la Yata-Ngaya
Bahr el Arab
Parc National de Saint Floris
Tiroungoulou
P.N. André Félix
Umbelasha
Kafindibei
Kampala
Abyei
Wer Pir
191

Maßstab 1:4 500 000

0 50 100 150 Kilometer

0 50 100 Miles

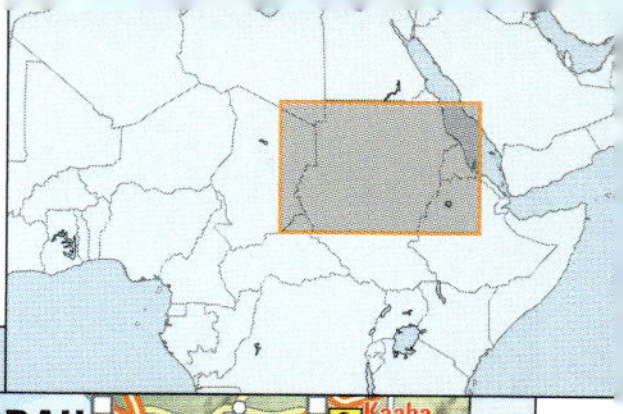

Oberguinealänder, Kapverdische Inseln

Ka
Kb
Kc
Kd
Ke
Kf
180
38
39
40
41
42
16
SENEGAL
Ferlo
DAKAR
Thiès
Rufisque
Kaolack
Mbour
Diourbel
Tambacounda
Kayes
GAMBIA
Banjul
Brikama
Ziguinchor
GUINEA-BISSAU
Bissau
Bissagos-Inseln
GUINEA
Fouta Djalon
Labé
Kankan
CONAKRY
Kindia
SIERRA LEONE
Freetown
LIBERIA
Monrovia
Buchanan
ATLANTISCHER OZEAN
Pfefferküste
Parc National du Niokolo-Koba
Parc National de la Boucle du Baoulé
ATLANTISCHER OZEAN
Ilhas de Barlavento
Ilhas de Sotavento
Kapverdische Inseln
KAP VERDE
Ilha de Santo Antão
Ilha de São Vicente
Mindelo
Ilha de Santa Luzia
Ilha de São Nicolau
Ilha do Sal
Ilha da Boa Vista
Ilha de Maio
Ilha de Santiago
Praia
Ilha de Fogo
Ilha de Brava
Jh
Jj
Jk
16
Kd
Ke
Kf

Maßstab 1:4 500 000

0 50 100 150 Kilometer
0 50 100 Miles

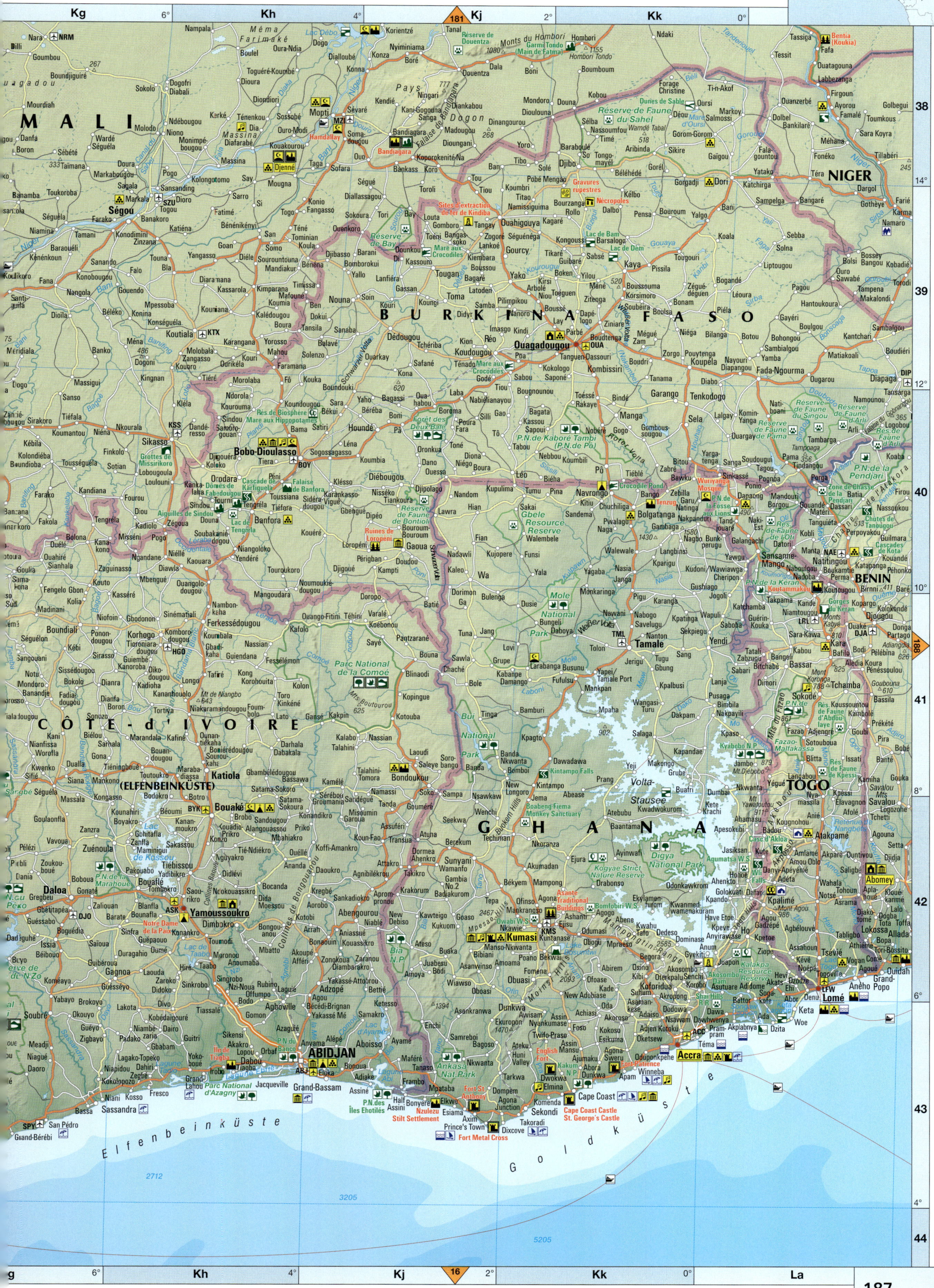

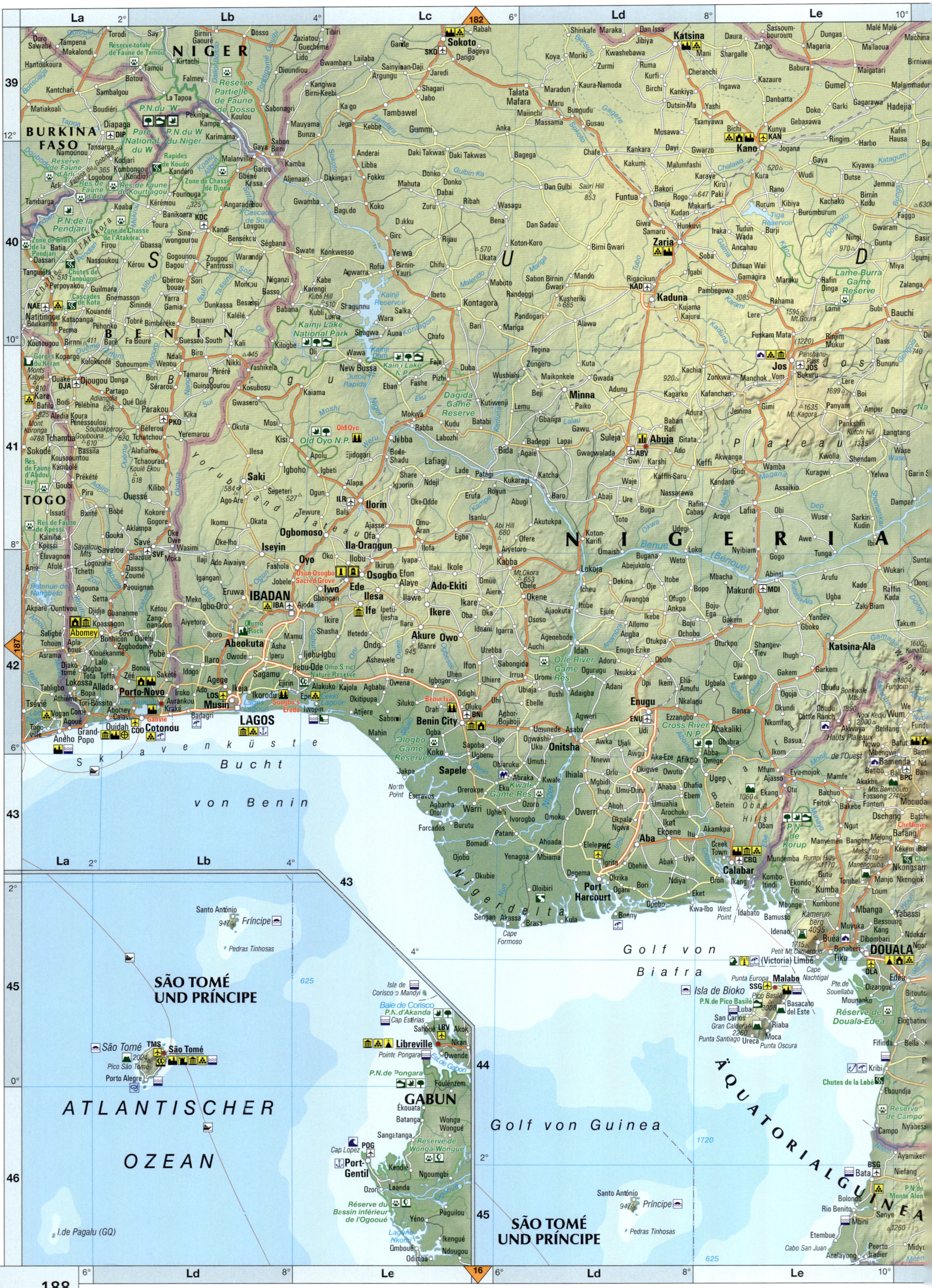
NIGER
BURKINA FASO
BENIN
TOGO
NIGERIA
GABUN
SÃO TOMÉ UND PRÍNCIPE
ÄQUATORIALGUINEA
ATLANTISCHER OZEAN
Bucht von Benin
Golf von Biafra
Golf von Guinea
Sklavenküste
Nigerdelta
Jos Plateau
Sokoto
Katsina
Kano
Zaria
Kaduna
Jos
Abuja
Minna
Ilorin
Ogbomoso
Oyo
Ibadan
Abeokuta
Lagos
Porto-Novo
Cotonou
Benin City
Enugu
Onitsha
Aba
Port Harcourt
Calabar
Makurdi
Lokoja
Douala
Malabo
Bata
Libreville
Port-Gentil
São Tomé
Príncipe
Kainji Lake National Park
Old Oyo N.P.
Cross River N.P.
Isla de Bioko

Maßstab 1:4 500 000

0 50 100 150 Kilometer

0 50 100 Miles

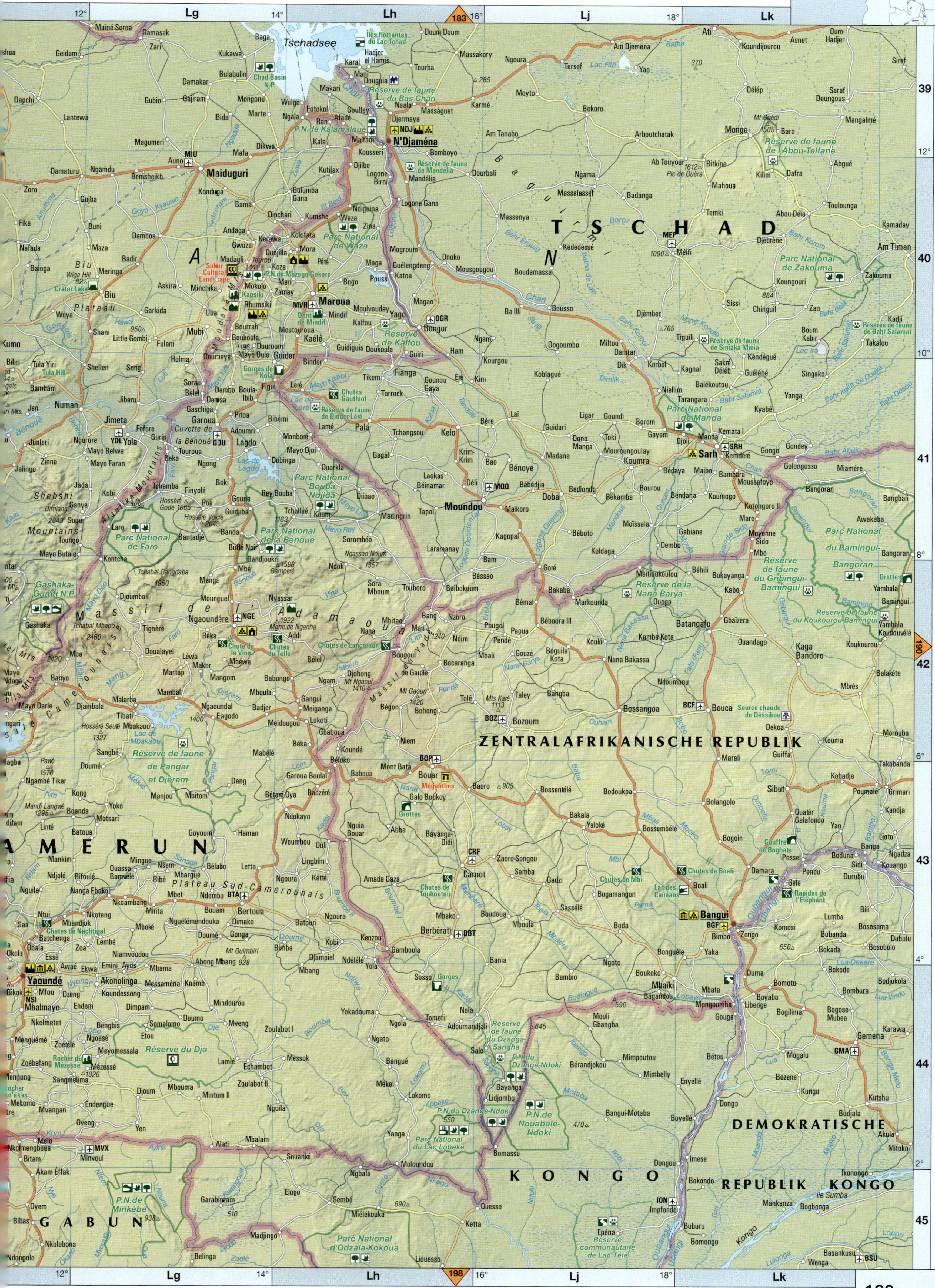

Zentralafrika

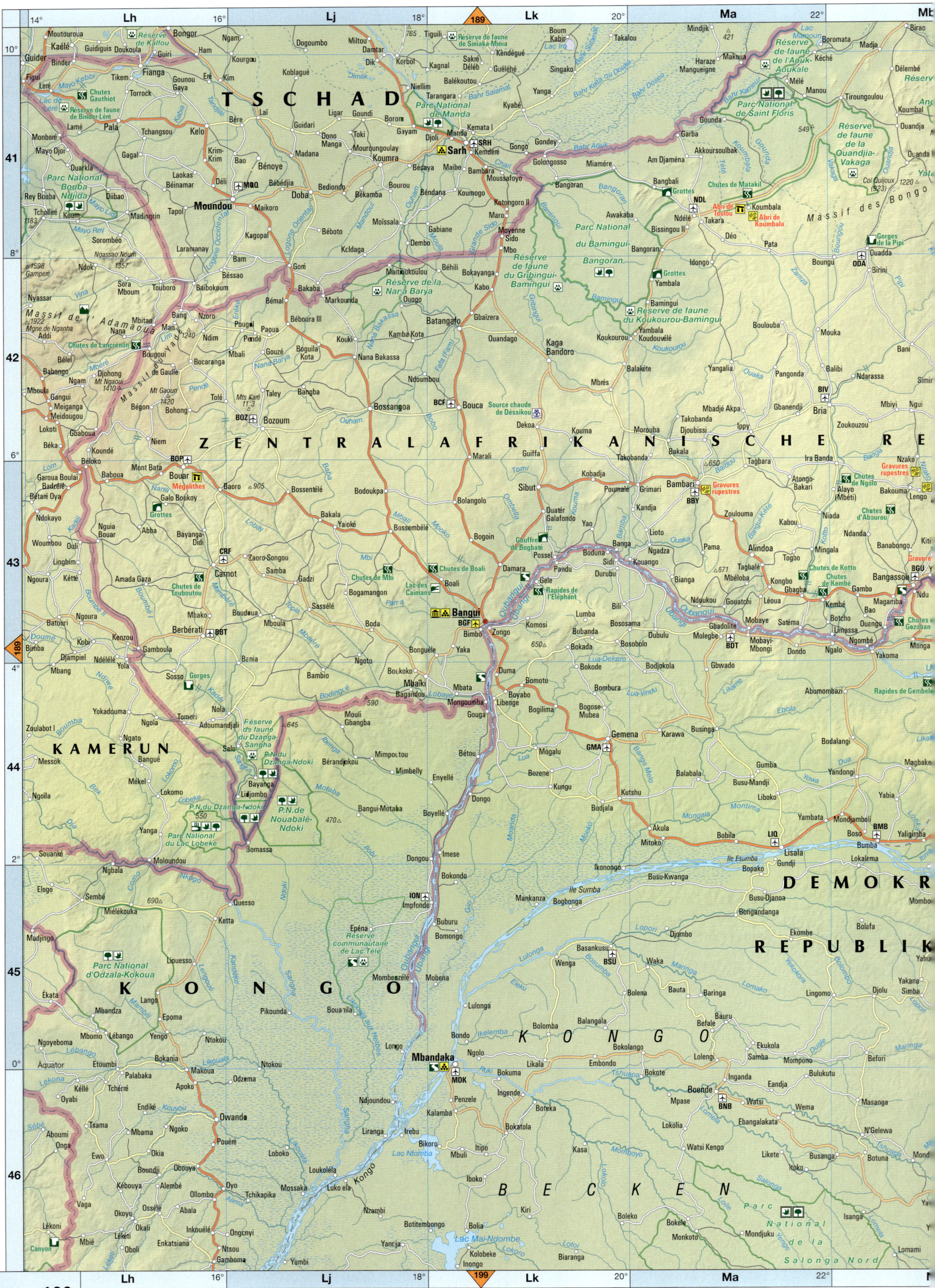

Lh
Lj
Lk
Ma
189
199
TSCHAD
ZENTRALAFRIKANISCHE RE
KAMERUN
KONGO
DEMOKR
REPUBLIK
KONGO
BECKEN
Sarh
Moundou
Bangui
Mbandaka
Bouar
Berbérati
Bossangoa
Bozoum
Sibut
Bouca
Kaga Bandoro
Gemena
Lisala
Boende
Impfondo
Ouesso
Doba
Bongor
Kélo
Fianga
Pala
Mbaiki
Nola
Carnot
Bambari
Alindoa
Bangassou
Mobayi-Mbongi
Ndélé
Birao
Parc National de Manda
Parc National Bouba Ndjida
Parc National du Bamingui-Bangoran
Parc National de Saint Floris
Parc National d'Odzala-Kokoua
P.N. de Nouabalé-Ndoki
P.N. du Dzanga-Ndoki
Parc National du Lac Lobeke
Massif des Bongo
Massif de l'Adamaoua
Lac Ndombe
Lac Mai-Ndombe
Salonga Nord
Parc National de la Salonga
Oubangui
Sangha

Maßstab 1:4 500 000

0 50 100 150 Kilometer
0 50 100 Miles

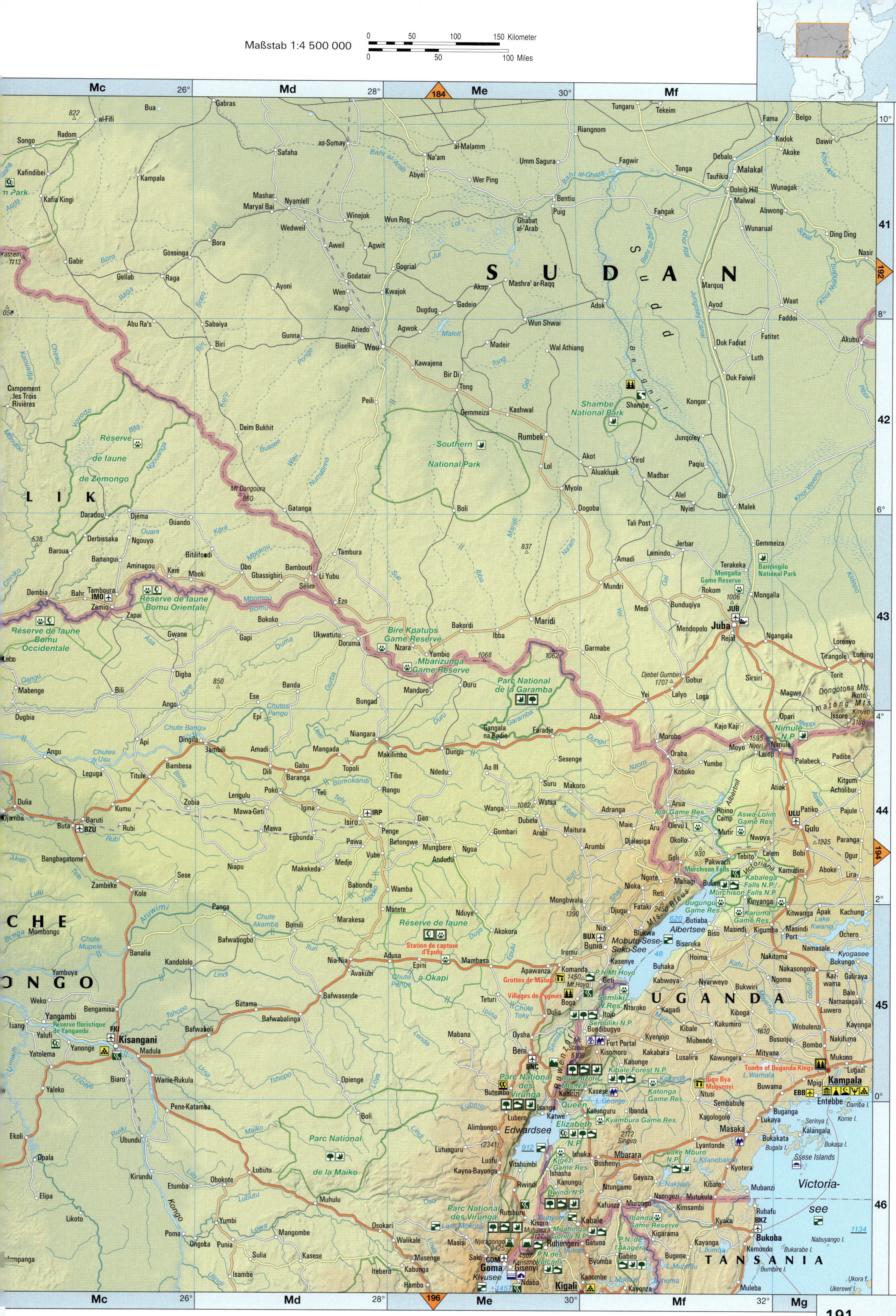

Äthiopien, Horn von Afrika

Mg
Mh
Mj
Mk
Na
185
191
194
SUDAN
ERITREA
ÄTHIOPIEN
ROTES MEER
Hochland von Äthiopien
Danakil-wüste
Dahlak-Archipel
Dahlak Marine National Park
ASMARA
ADIS ABEBA (ADDIS ABEBA)
Kassala
Wad Madani
Al-Qadarif
Sennar
Gonder
Bahir Dar
T'ana Hayk (Tanasee)
Dese
Mek'ele
Aksum
Lalibela
Debre Markos
Nazret
Jima
Goba
Harar
Awasa
Arba Minch
Dinder National Park
Simien Mountains National Park
Gambela National Park
Omo National Park
Mago National Park
Nechisar N.P.
Bale Mountains National Park
Yangudi Rassa National Park
Awash N.P.
Abijatta-Shalla Lakes National Park
Yabello Sanctuary
Tama Wildlife Reserve
Stephanie Wildlife Reserve
Danakil Depression
Abaya Hayk' (Abyata)
Chew Bahir (Stephaniesee)

Maßstab 1:4 500 000

0 50 100 150 Kilometer
0 50 100 Miles

Uganda, Kenia

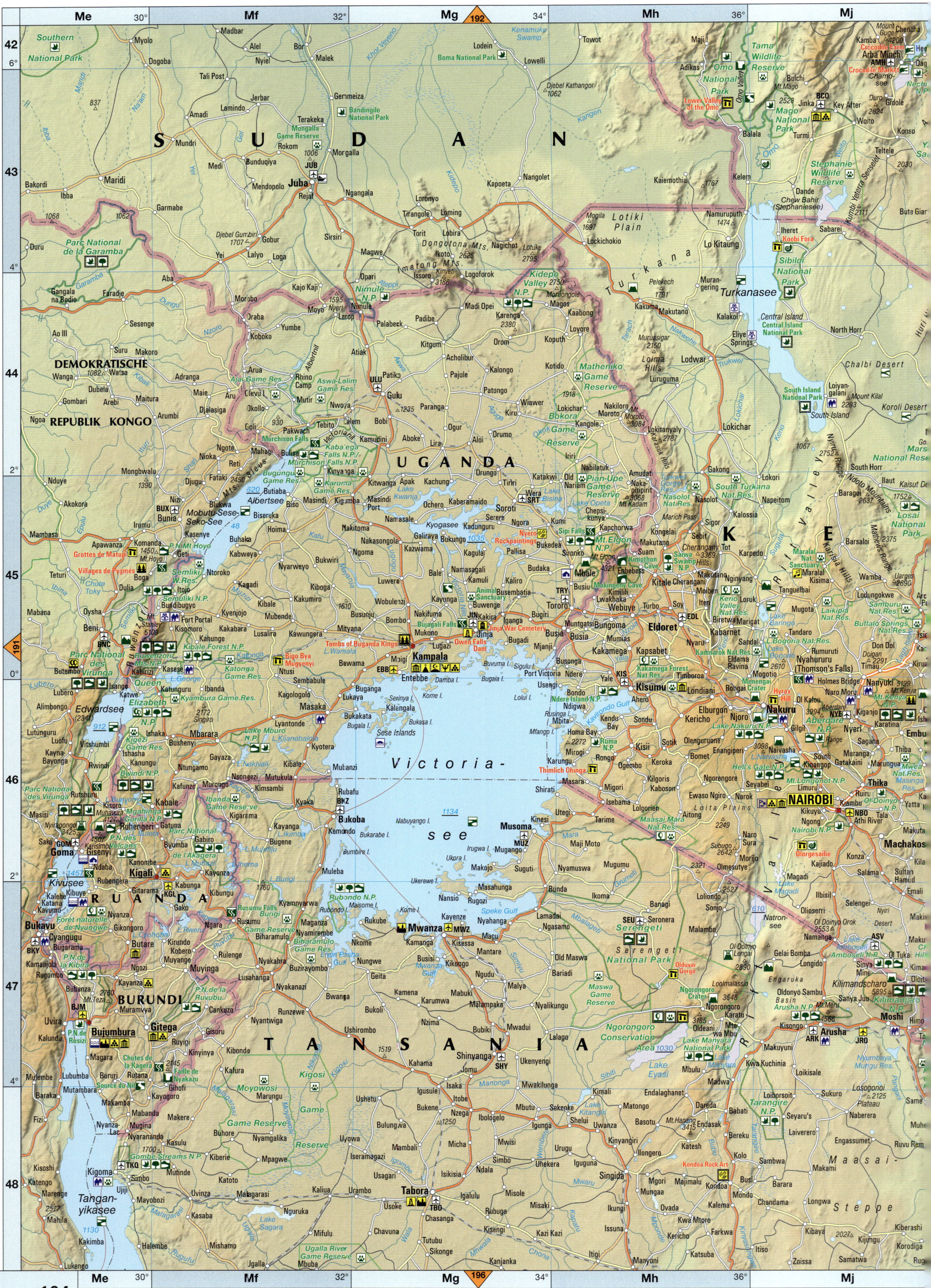
SUDAN
UGANDA
KENIA
DEMOKRATISCHE REPUBLIK KONGO
RUANDA
BURUNDI
TANSANIA
Victoria-see
Edwardsee
Kivusee
Tanganyikasee
Turkanasee
Kampala
Juba
Nairobi
Kigali
Bujumbura
Mwanza
Kisumu
Nakuru
Eldoret
Arusha
Moshi
Tabora
Goma
Bukavu
Gitega
Entebbe
Jinja
Musoma
Bukoba
Machakos
Thika
Serengeti National Park
Ngorongoro Conservation Area
Maasai-Steppe
Me
Mf
Mg
Mh
Mj
30°
32°
34°
36°
42
43
44
45
46
47
48
192
196
191

Maßstab 1:4 500 000

0 50 100 150 Kilometer
0 50 100 Miles

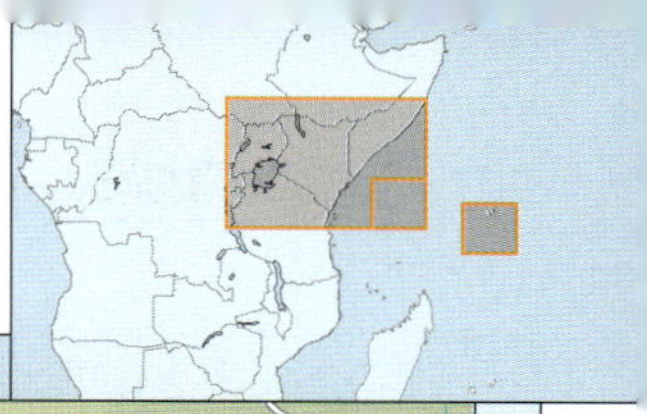

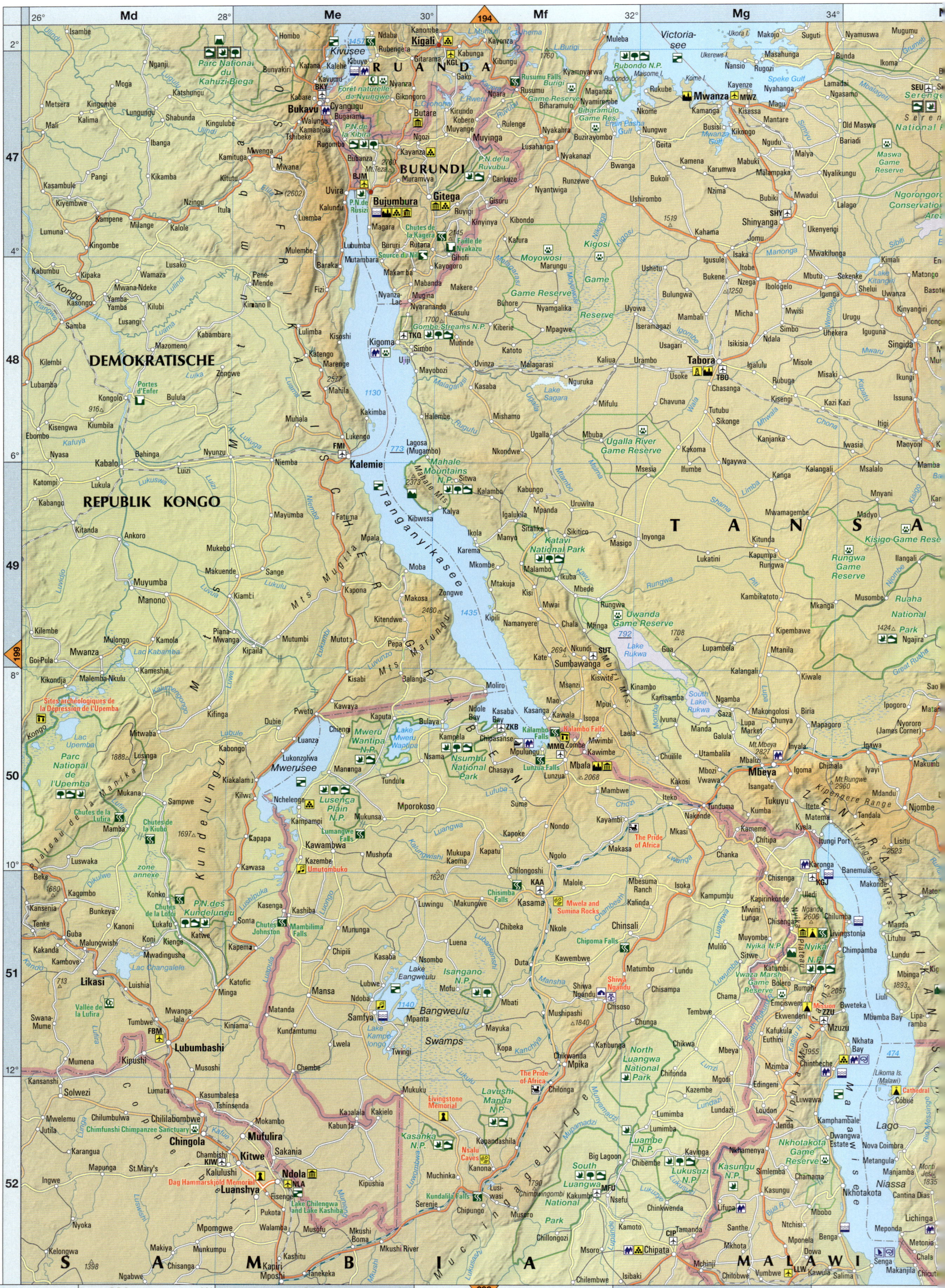

Md
Me
Mf
Mg
Mh
194
202
199
DEMOKRATISCHE
REPUBLIK KONGO
RUANDA
BURUNDI
TANSA
SAMBIA
MALAWI
Kigali
Bujumbura
Gitega
Kigoma
Kalemie
Tabora
Mwanza
Shinyanga
Mbeya
Bukavu
Lubumbashi
Kitwe
Ndola
Chingola
Mufulira
Luanshya
Kasama
Mbala
Sumbawanga
Mpika
Chipata
Likasi
Uvira
Kivusee
Victoriasee
Tanganyikasee
Mwerusee
Lake Rukwa
Bangweulu Swamps
Malawisee
Mahale Mountains N.P.
Katavi National Park
Gombe Streams N.P.
Ugalla River Game Reserve
Moyowosi Game Reserve
Kigosi Game Reserve
Rungwa Game Reserve
Ruaha National Park
Uwanda Game Reserve
Mweru Wantipa N.P.
Nsumbu National Park
Lusenga Plain N.P.
Kasanka N.P.
Isangano N.P.
Lavushi Manda N.P.
North Luangwa National Park
South Luangwa National Park
Lukusuzi N.P.
Kasungu N.P.
Nyika N.P.
Vwaza Marsh Game Reserve
Nkhotakota Game Reserve
Parc National de l'Upemba
Parc National du Kahuzi-Biega
Kalambo Falls
Muchinga
Mts Mugila
Mts Marungu
Kundelungu

Maßstab 1:4 500 000

0 50 100 150 Kilometer

0 50 100 Miles

Südkongo, Südliche Demokratische Republik Kongo, Nordangola

Maßstab 1:4 500 000

0 50 100 150 Kilometer
0 50 100 Miles

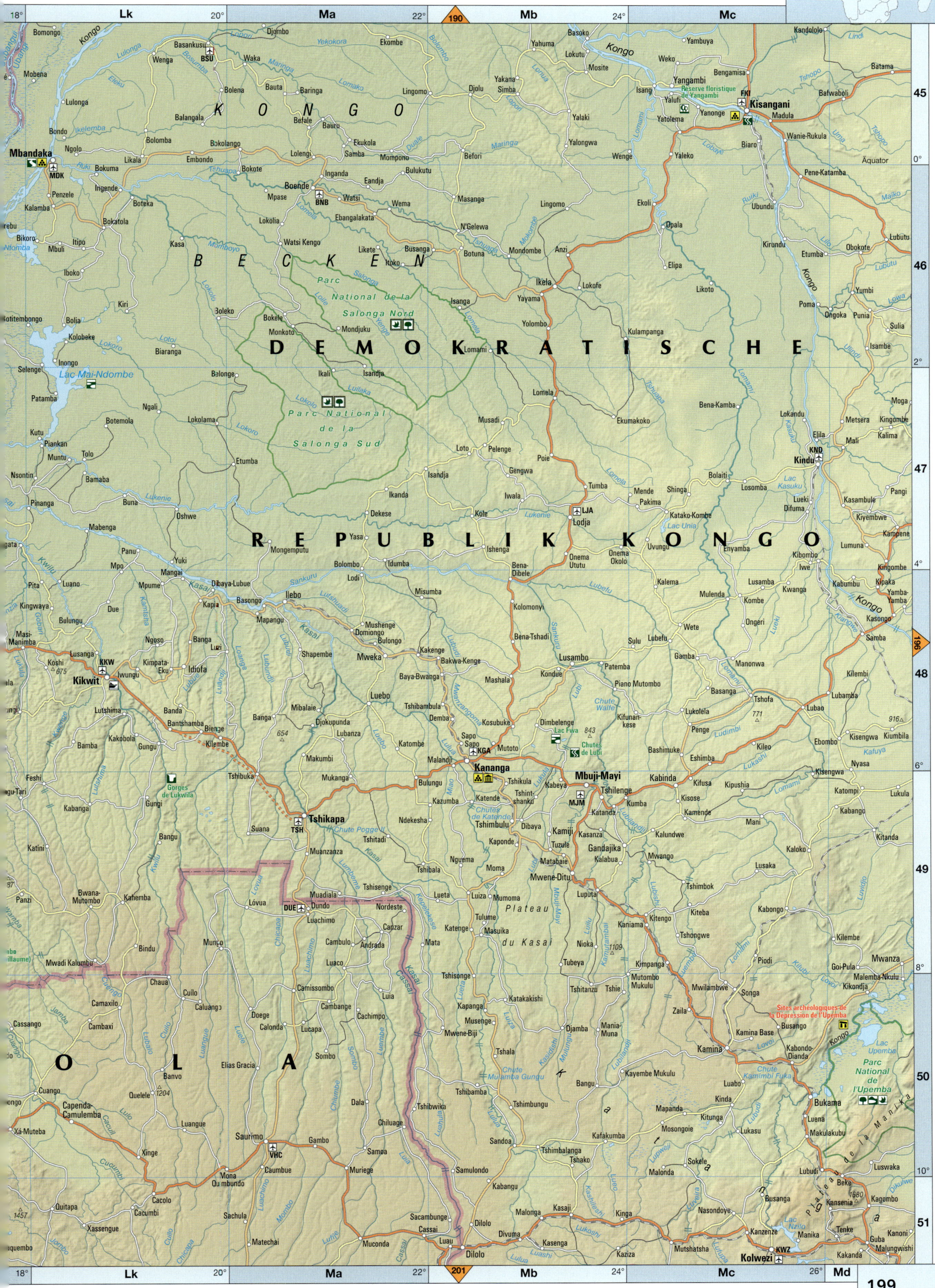

Südangola, Nordnamibia, Westsambia, Nordbotsuana

Maßstab 1:4 500 000

0 50 100 150 Kilometer
0 50 100 Miles

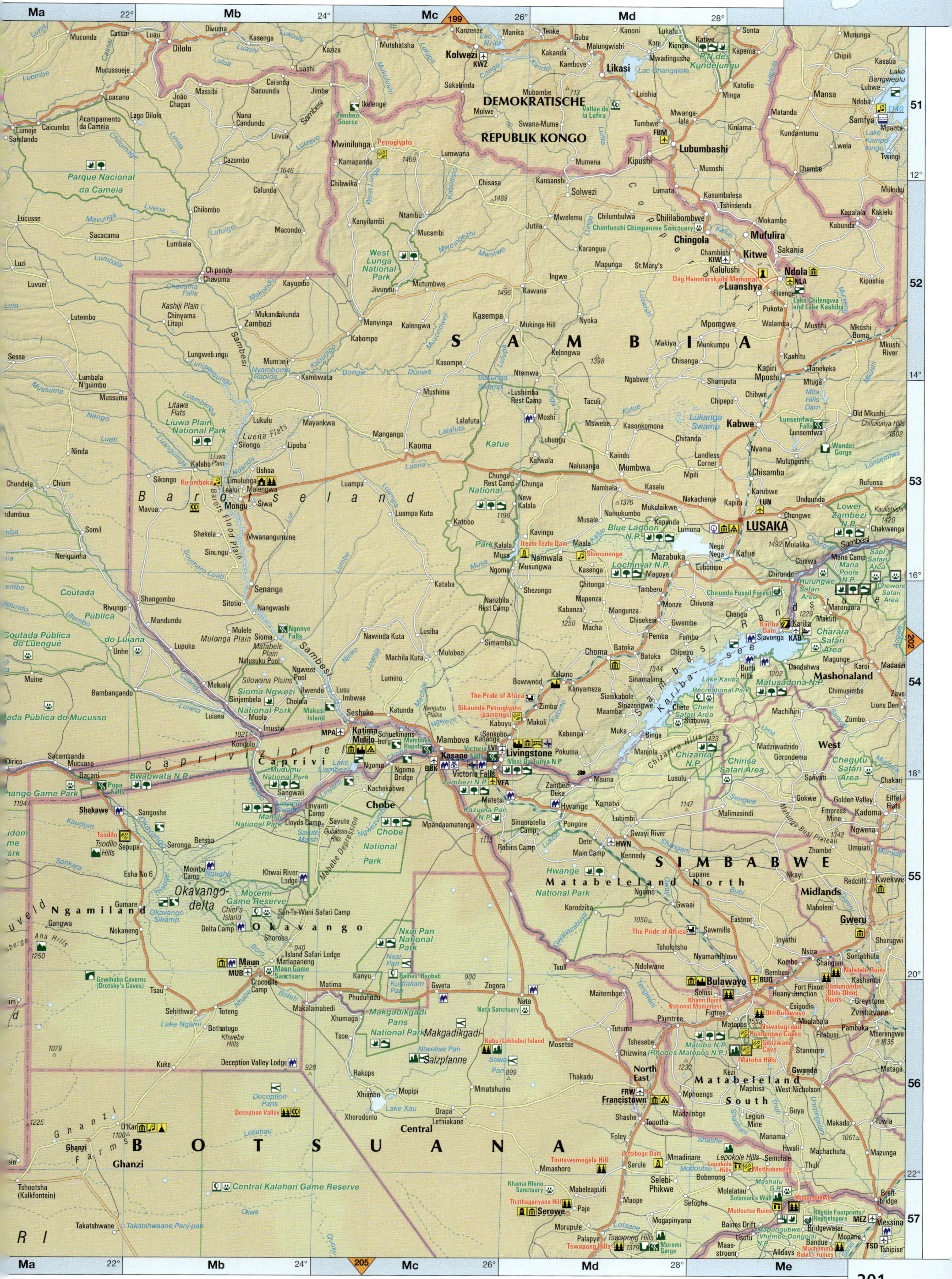

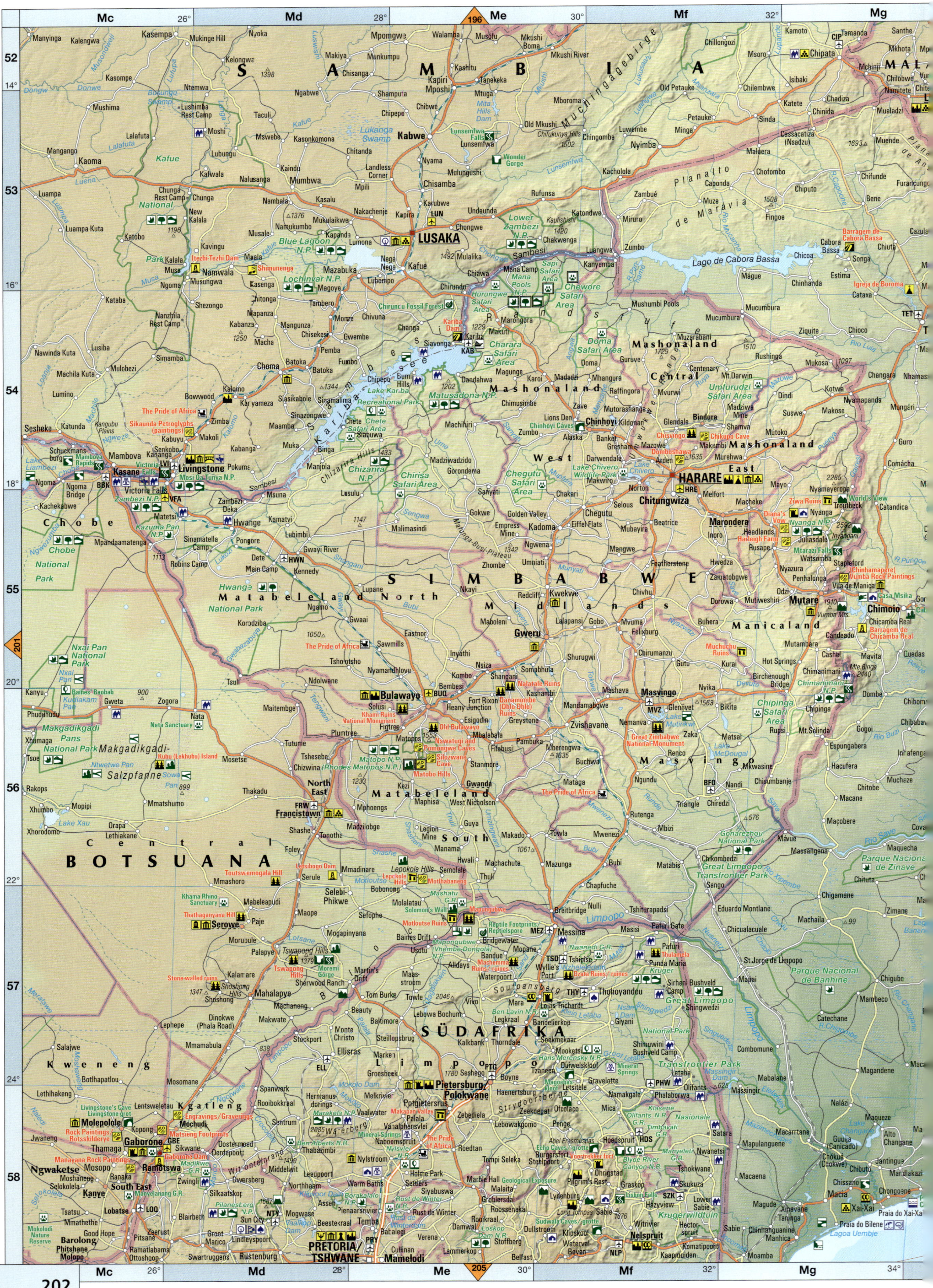
S A M B I A
S I M B A B W E
B O T S U A N A
SÜDAFRIKA
LUSAKA
HARARE
PRETORIA/
TSHWANE
Gaborone
Bulawayo
Lago de Cabora Bassa
Kariba Dam
Mashonaland
Matabeleland North
Matabeleland South
Midlands
Manicaland
Masvingo
Central
Kweneng
Kgatleng
Limpopo
Livingstone
Victoria Falls
Kasane
Chobe National Park
Hwange National Park
Nxai Pan National Park
Makgadikgadi Pans National Park
Kafue National Park
Lower Zambezi N.P.
Mana Pools N.P.
Matusadona N.P.
Gonarezhou National Park
Great Limpopo Transfrontier Park
Parque Nacional de Zinave
Parque Nacional de Banhine
Kruger
Mutare
Chimoio
Gweru
Kadoma
Masvingo
Chitungwiza
Chinhoyi
Francistown
Serowe
Molepolole
Mochudi
Ramotswa
Kanye
Lobatse
Pietersburg/
Polokwane
Messina
Mamelodi
Rustenburg
Nelspruit
Kabwe
Planalto de Marávia
Muchinga Gebirge
Mc
Md
Me
Mf
Mg
52
53
54
55
56
57
58
26°
28°
30°
32°
34°
14°
16°
18°
20°
22°
24°
196
201
205

Maßstab 1:4 500 000

0 50 100 150 Kilometer
0 50 100 Miles

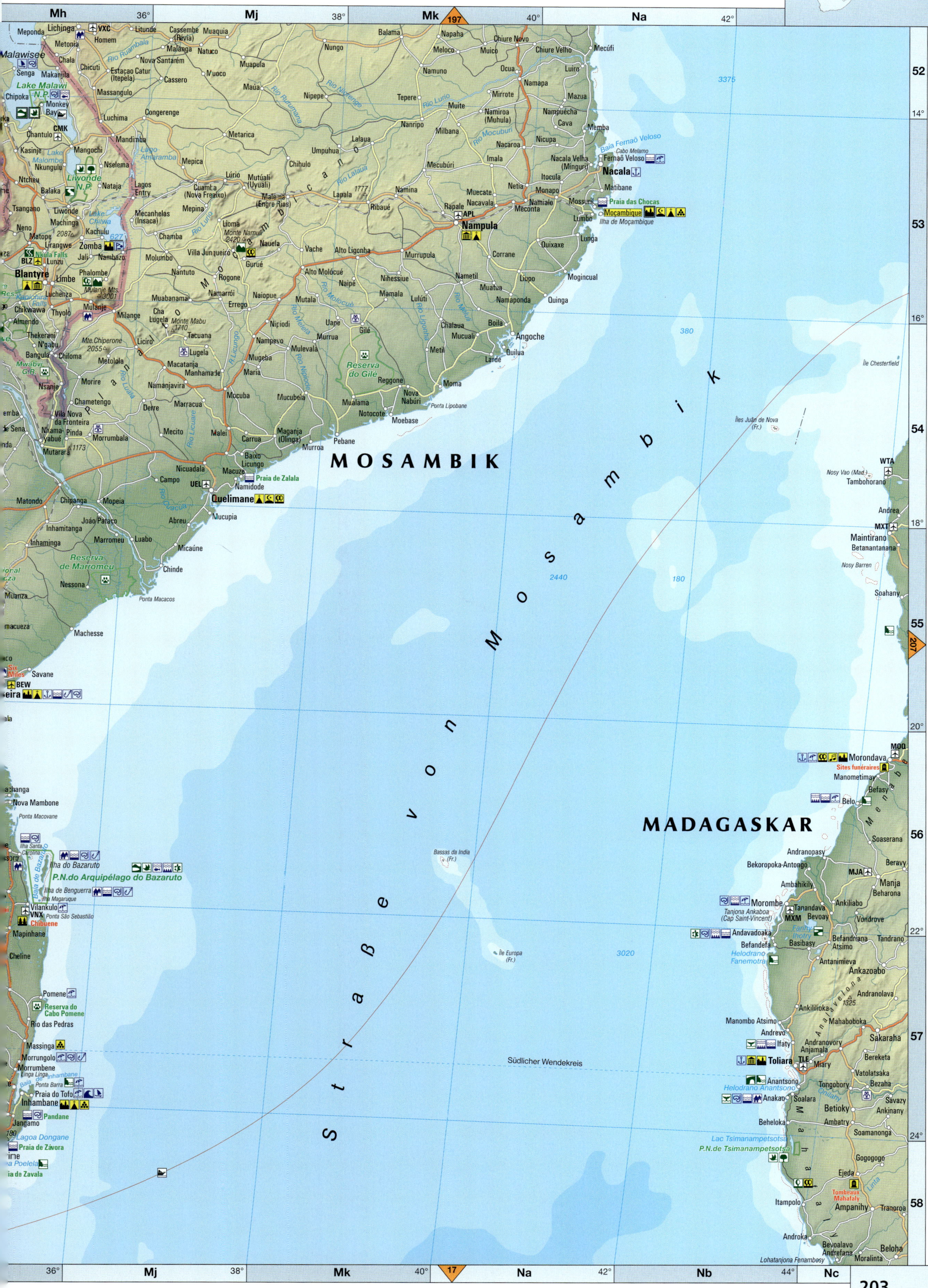

ATLANTISCHER
OZEAN
NAMIBIA
BOTSWANA
Namaland
Kalahari
Karas
Hardap
Khomas
Betschuanaland
SÜD
Northern Cape
Western Cape
Kgalagadi Transfrontier Park
WINDHOEK (WINDHUK)
Swakopmund
Walvis Bay
Lüderitz
Keetmanshoop
Mariental
Gobabis
Rehoboth
Oranjemund
Alexanderbaai Alexander Bay
Springbok
Upington
CAPE TOWN/KAAPSTAD (KAPSTADT)
Stellenbosch
Worcester
Mossel Bay Mosselbaai
George
Beaufort West/-Wes
Fish River Canyon Park
Namib Naukluft Park
Namaqua National Park
Richtersveld National Park
Karoo National Park
Orange
Lg 14°
Lh 16°
Lj 18°
Lk 20°
Ma 22°
Mb
24°
26°
28°
30°
32°
34°
57
58
59
60
61
62
63

Maßstab 1:4 500 000

0 50 100 150 Kilometer

0 50 100 Miles

SEYCHELLEN
KOMOREN
MOSAMBIK
TANSANIA
Maskarenen-becken
Farquhar Group
Atoll de Providence
Atoll de Farquhar
Groupe d'Aldabra
Atoll de Cosmoledo
Asquith Bank
Ngazidja (Grande Comore)
Moroni
Mwali (Mohéli)
Ndzuani (Anjouan)
Mayotte (Fr.)
Mayotte
Antsiranana
Mahajanga
Nosy Be
Sambava
Pemba (Porto Amélia)
Nacala
Moçambique
Mtwara
Mafia Island
Îles Glorieuses (Fr.)
Banc du Leven

Maßstab 1:4 500 000

0 50 100 150 Kilometer
0 50 100 Miles

Nord- und Mittelamerika

Der Halbkontinent auf der Nordhalbkugel der Erde erstreckt sich von der Gletscherwelt Alaskas bis zur Karibik und umfasst einschließlich Grönlands, Mexikos, der Staaten der mittelamerikanischen Landbrücke und der Karibischen Inseln eine Fläche von annähernd 25 Mio. km². Mehr als drei Viertel der Landmasse entfallen dabei allein auf die beiden größten Länder, die USA sowie Kanada.

Im Nordosten rahmen die Inseln und Hügellandschaften des Kanadischen Schilds die gewaltige Hudson Bay. Südlich schließen sich die Großen Seen an, dann folgen die Tiefländer, die nach Westen

durch die drei parallel verlaufenden Stränge der Kordilleren abgegrenzt werden und nach Osten durch die Appalachen. Die Kordilleren setzen sich in Mittelamerika fort. Dort umschließen die Halbinsel Yucatán und der Inselbogen der Großen und Kleinen Antillen das Karibische Meer.

Die Glacier Bay war bis vor gut 100 Jahren noch völlig vom Eis bedeckt. Nach dem Rückzug der Gletscher bedecken prachtvolle Blumenwiesen die Uferzonen der mäandernden Schmelzwasserflüsse.

Nord- und Mittelamerika

Sa
140°
Rb
130°
Ra
120°
110°
90°
70°
50°
286
40°
30°
Ma
20°
Lb
03
04
05
06
07
08
09
10
60°
50°
40°
30°
20°
10°
0°
16
Db
120°
Ea
110°
Eb
100°
Fa
254
90°
Fb
80°
Ga
70°
Gb
60
NORDPOLAR-
MEER
Neusibirische Inseln
Nordpol
Lomonosov Rücken
Kolymagebirge
Nördlicher Polarkreis
Kolyma
Ostsibirische
See
Anadyr-gebirge
Anadyr'
Wrangel-Insel
Tschuktschen-
see
mys Navarin
Bering-
meer
Beringstraße
Cape Lisburne
Point Barrow
Kanadisches
Becken
Beaufort-
see
Saint Lawrence Island
Arctic Plains
Brooks Range
Bethel
Mt.McKinley 6194
Alaska Range
Yukon
Anchorage
Kenai Peninsula
Kodiak Island
Golf von
Alaska
Spitzbergen
Grönland-
becken
Grönland-
see
Kap Morris Jesup
Ellesmere-
Königin-Elisabeth-
Insel
Inseln
Melville-Insel
Devon-Insel
Banks-Insel
Victoria-
Insel
Prince of Wales Island
Boothia Peninsula
Grönland
Baffin
Bay
Baffin-Insel
Davisstraße
Nuuk/Godthåb
Skandinavien
Oslo
KOPENHAGEN
BERLIN
PRAG
Norwegische
See
Nordsee
AMSTERDAM
KÖLN
BRÜSSEL
Norwegisches Becken
Jan Mayen
Island-
plateau
Färöer
Großbritannien
Glasgow
LONDON
Dublin
Irland
Kap Brewster
Grimsvötn 1719
Island
Reykjavík
Dänemarkstraße
Reykjanesrücken
Rockallbecken
Kap Farvel
Labrador-
becken
ATLANTISCHER
OZEAN
Labrador-
see
Großer Bärensee
Yukon
Plateau
Mackenzie Mts.
Mackenzie
Whitehorse
Juneau
Yellowknife
Barren Grounds
Großer Sklavensee
Melville Peninsula
Southampton-Insel
Hudsonstraße
Cape Labrador
Ungava Halbinsel
Hudson-
Bay
Coast of Labrador
Labrador
Belcher Islands
Alexander-
Archipel
Queen Charlotte Islands
Mt.Waddington 4016
Mt.Robson 3954
Coast Mountains
ROCKY
MOUNTAINS
Athabascasee
Kanadischer
Great
Nelson
Winnipegsee
NORD
Schild
Neufundland
Cape Race
Neufundlandbank
Les Laurentides
St. Lorenz-Golf
Nova Scotia
Halifax
Vancouver Island
VANCOUVER
Mt. Rainier 4392
Missouri
Oberer See
Huronsee
MONTRÉAL
BOSTON
Mendocinostufe
Columbia Plateau
Grand Teton 4197
Plains
TORONTO
Ontario-see
Michigansee
DETROIT
NEW YORK
New England Seamounts
Cape Mendocino
Lassen Peak 3187
Great Salt Lake
Großes
Becken
Salt Lake City
CHICAGO
Eriesee
Interior Plains
Missouri
Mississippi
WASHINGTON
Appalachen
Nordamerikanisches
Becken
San Francisco
Denver
Mt. Elbert 4399
Colorado Plateau
Colorado
Mt. Whitney 4418
AMERIKA
Interior Highlands
Mt. Mitchell 2037
Blue Ridge
Atlantische Ebene
Cape Hatteras
Bermuda-Inseln
Murraystufe
LOS ANGELES
SAN DIEGO
TIJUANA
PHOENIX
Baldy Peak 3476
DALLAS
Sargasso-
see
Nares-
Tiefsee-Ebene
Nördlicher Wendekreis
Niederkalifornien
Golf von Kalifornien
CIUDAD JUÁREZ
Edwards Plateau
Golfküstenebene
Rio Grande
HOUSTON
NEW ORLEANS
Mississippi Delta
Florida
Cape Canaveral
MIAMI
Bahamas
Guadalupe
Punta Eugenia
Nördlicher Wendekreis
Westliche Sierra Madre
Hochland von Mexiko
Östliche Sierra Madre
MONTERREY
Golf von
Mexiko
HAVANNA
Kuba
Westindien
Puerto-Rico-Graben
Inseln über dem Winde
Hispaniola
San Juan
Bayamo
PORT-AU-PRINCE
SANTO DOMINGO
Große Antillen
Kleine Antillen
Venezuela-
becken
La Paz
Cabo San Lucas
GUADALAJARA
MÉRIDA
Halbinsel Yucatán
Cayman-Inseln
Jamaika
Clarionstufe
Islas Revillagigedo
CD.DE MEXICO
Pico de Orizaba 5747
Südl. Sierra Madre
Istmus von Tehuantepec
Karibisches Meer
Inseln unter dem Winde
Mittelamerikanischer Graben
CD.DE GUATEMALA
TEGUCIGALPA
Gracias a Dios
Kolumbien-
becken
CARACAS
Georgetown
PAZIFISCHER
SAN SALVADOR
MANAGUA
BARRANQUILLA
P.Colón 5775
Mt.Roraima 2810
Orinoco
Llanos del Orinoco
Bergland von Guayana
Clippertonstufe
Guatemala-
becken
Panamá
Golf von Panama
MEDELLÍN
Boa Vista
Île Clipperton
OZEAN
Isla del Coco
Cocosrücken
Nev.del Ruiz 5325
BOGOTÁ
SÜD-
Pico da Neblina 3014
Äquator
Nev.del Huila 5750
ANDEN
Rio Negro
MANAUS
Äquator
Amazonastiefland
Galapagosstufe
Archipiélago de Colón/Galápagos-Inseln
QUITO
Vol. Cotopaxi 5897
Amazonas
Vol. Chimborazo 6310
GUAYAQUIL
AMERIKA
Carauari
I.Isabela
Porto Velho

Maßstab 1:36 000 000

0 500 1000 1500 Kilometer
0 500 1000 Miles

*Über vier Fünftel der Insel **Grönland** sind von Inlandeis bedeckt. Eisberge entstehen, wenn die gewaltigen Talgletscher sich Richtung Meer bewegen und kalben. Im Sommer bleibt im Polargebiet die Sonne auch nachts über dem Horizont.*

Grönland

Die mit 2 166 000 km² größte Insel der Erde ist im Westen durch das **Kane-Becken**, die **Baffin Bay**, den **Kennedy-Kanal**, die **Davis-Straße** und den **Smith-Sund** vom nordamerikanischen Festland und durch die **Grönlandsee** von Spitzbergen getrennt.

Geologisch ist Grönland eine Fortsetzung des Kanadischen Schildes. Es ist aus präkambrischen kristallinen und intrusiven Gesteinen aufgebaut.

Im Norden und Osten werden diese alten Formationen von jüngeren Sediment- und Eruptivgesteinen überlagert. Etwa fünf Sechstel der Fläche sind vom ewigen Eis bedeckt. Nur ein sehr schmaler Küstensaum und meerwärts die **Schären** – vom Gletschereis abgerundete kleine Felsbuckel – sind eisfrei.

Tiefe **Fjorde** zergliedern die Küste, die von Randgebirgen gesäumt wird. Sie steigen an der Westseite bis 1800 m auf und erreichen an der Ostseite Höhen bis 3733 m. Zum Inselinneren hin senkt sich das Land auf bis zu 250 m unter dem Meeresspiegel ab. Hier hat es die Gestalt einer riesigen Schale, die von ungeheuren Eismassen ausgefüllt wird.

Das Inlandeis steigt auf Höhen von bis zu 3300 m an und hat ein Volumen von 2,5 Mio. km³. Lediglich die aus dem Eis ragenden Berggipfel unterbrechen das eintönige weiße Landschaftsbild. Zwar befinden sich zur Küste hin Mulden, Spalten und Klüfte, jedoch sind diese meist von Schnee bedeckt und nicht sichtbar.

Mächtige Gletscher schieben sich durch die Randgebirge bis zum Meer vor, wo sie oft steil abbrechen und Eisberge kalben. Besonders beeindruckend sind der rund 100 km breite **Humboldtgletscher** und das 300 km breite steile Kliff an der **Melvillebucht**.

Im Wonder Lakie inmitten des Denali-Nationalparks spiegeln sich die Berge des Mount-McKinley-Massivs.

Hudson

Der nach dem englischen Seefahrer Henry Hudson benannte Fluss im Osten der USA entspringt in den Adirondacks aus einer Vielzahl kleiner Seen. Er ist knapp über 500 km lang und mündet in die New York Bay. Durch mehrere Kanäle ist er mit dem Unterlauf des St.-Lorenz-Stroms und mit den Großen Seen verbunden. Der wichtigste Nebenfluss ist der rechter Hand einmündende Mohawk.

Alaska: In der Glacier Bay dringen 16 Gletscher ins Meer vor.

Yukon

Der Hauptstrom Alaskas ist mit gut 2550 km Länge – zählt man den Quellfluss Nisutlin hinzu, sind es knapp 3200 km – einer der größten Ströme Nordamerikas. Der in den Coast Mountains entspringende Fluss hat ein Einzugsgebiet von etwa 830 000 km² und mündet in das Beringmeer. Sein Mündungsdelta erstreckt sich über ein von zahlreichen Sümpfen und Seen durchsetztes Gebiet von 30 000 km².

Ein erloschener Vulkan ist der 4317 Meter hohe Mount Wrangell im südöstlichen Alaska.

Alaska

Die Halbinsel im Nordwesten des amerikanischen Kontinents ist durch das Nordpolarmeer im Norden, das **Beringmeer** im Westen und den Pazifik im Süden begrenzt.

Ganz **Alaska** ist gebirgig und aus einem Untergrund von kristallinen Schiefern, Kalken und Sandsteinen aufgebaut, die von späteren Schichten aus Jura, Kreide und Tertiär überlagert werden. Die Gestalt der Landschaft geht auf Faltungen und tektonische Bewegungen im Tertiär zurück. Doch bis heute ist die Erde in Bewegung, wovon die noch aktiven Vulkane auf den **Alëuten** und die zahlreichen Erdbeben zeugen.

Der bis zu 2816 m hohen **Brooks Range** im Norden ist eine unterschiedlich breite Küstenebene vorgelagert, in der sich viele Seen und Sümpfe befinden. Trotz dieser Höhe hat der Gebirgszug mit seinen Plateaulandschaften eher Mittelgebirgscharakter.

Parallel dazu verlaufen die Gebirgszüge der **Chugach Mountains** und die **Alaska Range**, die in ihren südlichen Bereichen stark vergletschert sind. Im Nordwesten fallen die Gebirge steil zum **Yukonbecken** ab. Richtung Beringmeer dehnen sich die Flussauen immer weiter aus und laufen in einer Küstenebene aus, deren größter Teil durch die Deltamündungen von **Yukon** und **Kuskokwim** eingenommen wird. Beinahe drei Viertel der Fläche sind mit Permafrostböden bedeckt, die bis zu 400 m tief in die Erde reichen. Im Landesinneren dominiert Tundravegetation, im Süden Tannen- und Sitkafichtenwälder.

Alaska Range

Die **Alaska Range** bildet die Fortsetzung der **nordamerikanischen Kordilleren** und ist die höchste Region der Hochgebirgskette. Der **Mount McKinley** ist mit 6194 m der höchste Berg Nordamerikas. Die Fortsetzung der Alaska Range auf der Alaska-Halbinsel ist die vulkanreiche **Aleutian Range**, die sich schließlich in den Inseln der **Alëuten** auflöst.

Großes Bild: Der Blick aus dem All zeigt einen Ausschnitt der Ostküste Grönlands. Am unteren Bildrand ist der eisfreie, rund 200 km lange Scoresby Sund zu erkennen, einer der größten Fjorde der Welt. Seine einzelnen Arme reichen bis zu 150 km in das König-Christian-Land hinein, darunter der markante Hurryfjord, der in die Halbinsel Jameson Land hineinragt.
Kleines Bild: Mächtige Eisberge bilden im arktischen Sommer vor der Küste Grönlands ein einzigartiges Schauspiel.

*Der **Mount St. Helens** im Süden des US-Bundesstaates Washington ist einer von mehreren Vulkanen, die im Tertiär in der **Cascade Range** entstanden. Er gilt als einer der aktivsten Vulkane Nordamerikas. Im Mai 1980 kam es zu einem gewaltigen Ausbruch, bei dem der Gipfel abgesprengt wurde und 57 Menschen ums Leben kamen. Der Mount St. Helens ist weiterhin so aktiv, dass er inzwischen für Bergwanderer komplett gesperrt wurde.*

Yukonbecken

Das nördlichste der intramontanen Becken Nordamerikas liegt zwischen den **Coast Mountains** und der **Brooks Range** und senkt sich von maximal 1200 m Meereshöhe im Osten allmählich nach Westen hin ab.
Die Landschaft besteht aus Mittelgebirgen, Hügelländern und Senken. Besonders eindrucksvoll sind hier die tiefen schluchtartigen Flusstäler. Entwässert wird das Yukonbecken von den Flüssen **Yukon** und **Kuskokwim**.

Mackenzie Mountains

Die **Mackenzie Mountains** sind ein Gebirgszug im Nordwesten Kanadas an der Grenze zu Alaska. Sie sind die nördliche Fortsetzung der **Rocky Mountains** und erstrecken sich über eine Länge von 800 km. Das bislang nur wenig erforschte Gebirge erreicht eine maximale Meereshöhe von rund 2900 m.

Colorado River

Der Colorado River entspringt in den Rocky Mountains und mündet, nachdem er 2330 km zurückgelegt hat, in Mexiko in den Golf von Kalifornien. Durch Staudämme und künstliche Bewässerungssysteme ist er von großer wirtschaftlicher Bedeutung. Weltberühmt wurde der Colorado River für die tiefen Schluchten, die er durch das nach ihm benannte Plateau geschnitten hat: Der Grand Canyon ist im Mittel 1600 m tief und 6 bis knapp 30 km breit. Die steilen, durch Simse und Plattformen gestuften Hänge werden durch mehrere Nebentäler unterbrochen.

Rocky Mountains: Mount Columbia (3747 m) am Lake Maligne

Kanadischer Schild

Das **Laurentische Massiv** zieht sich bogenförmig von der Mündung des **Mackenzie** im Norden über den **Großen Bärensee**, den **Großen Sklavensee**, den **Athabascasee**, den **Rentiersee** und den **Winnipegsee** bis an die Küste **Labradors**. Insgesamt umfasst es damit eine Fläche von rund 5 Mio. km^2. Im Westen wird das Massiv von der **Hudson-Bay-Senke** begrenzt und löst sich im Norden in die Inselwelt des Kanadisch-Arktischen Archipels auf.

Während der südliche Teil der Inseln von meist vegetationslosen Ebenen oder leicht gewellten Plateaulandschaften geprägt ist, die selten über 400 m Meereshöhe liegen, sind die nördlichen Regionen von Gebirgen bestimmt.
Die **Innuitians** sind ein Hochgebirge mit zahlreichen Gletschern, das auf **Ellesmere Island** im **Mount Challenger** eine Höhe von 3048 m erreicht und auf **Baffin Island** noch bis auf 2600 m ansteigt. Der Kanadische Schild hat eine durchschnittliche Höhe von 400 bis 500 m und ist an seinen Rändern leicht schüsselförmig aufgewölbt.
Im Westen bilden die Schichtstufenränder der **Interior Plains** die Grenze, im Osten die Küstenregion Labradors. In den **Torngat Mountains** erhebt sich die Randlandschaft bis auf 1700 m Meereshöhe.
Die Landmasse besteht hier aus archaischen und proterozoischen Gesteinen, zumeist Gneisen, Graniten, Kalk- und Sandsteinen.

Das Relief mit seinen zahlreichen Flussläufen und Seen unterschiedlicher Größe ist das Ergebnis eiszeitlicher Vergletscherungen. Die endlos anmutenden Weiten werden durch bewaldete Anhöhen, flache vegetationsarme Felsrücken und Senken bestimmt.

Baffin Bay

Das nach dem britischen Seefahrer William Baffin benannte Seegebiet ist ein Seitenarm des Nordatlantiks und erstreckt sich auf einer Fläche von ungefähr 690 000 km^2 zwischen Grönland im Osten und Baffin Island im Westen.
Die **Baffin Bay** hat eine Länge von 1450 km, die Breite schwankt zwischen 110 und 650 km. Die **Davis-Straße** stellt die Verbindung zwischen Labradorsee und Baffin Bay her; die schmale **Nares-Straße** führt zum Nordpolarmeer. In der Mitte der Bucht werden in der **Baffin Hollow** Tiefen von bis zu 2100 m gemessen, ansonsten liegen sie zwischen 240 und 700 m. Der Grund der Baffin Bay ist von den submarinen Schelfen Grönlands und Kanadas gesäumt. Die Sedimente auf dem Meeresboden bestehen vorwiegend aus eiszeitlichen Schuttablagerungen. In der Bucht herrscht extrem kaltes Klima vor, und selbst im Hochsommer schmelzen die Eisberge kaum ab. Der Tidenhub bewegt sich zwischen 4 und 9 m.
Baffin Island ist mit ungefähr 500 000 km^2 die größte arktische Insel Kanadas. Ihre stark vergletscherten Berge erreichen Höhen von bis zu 2600 m.

Neufundland

Die rund 110 000 km^2 große Insel liegt vor der Ostküste Kanadas gegenüber dem weiten Mündungstrichter des **St.-Lorenz-Stroms** im Atlantischen Ozean. Das Inselinnere besteht aus einem Rumpfgebirgsblock, der als Ausläufer der **Appalachen** in den **Long Range Mountains** bis auf 814 m Meereshöhe ansteigt. Die Gletscher der letzten Eiszeit haben für ein glazial überformtes Flachhügelrelief mit vielen Wäldern, Mooren, Seen und Flüssen samt Wasserfällen gesorgt. Die felsige Steilküste ist durch zahlreiche Fjorde zerfranst.

Labrador

Die Halbinsel im Nordosten Nordamerikas bildet mit einer Fläche von rund 1,6 Mio. km^2 den östlichen Teil des Kanadischen Schildes. Das bis in jüngere Zeit unbewohnte Gebiet besteht aus einem Plateau, das in den **Torngat Mountains** im Nordosten bis auf 1700 m Meereshöhe ansteigt.
Dichte Nadelwälder prägen die seenreiche Landschaft. Im Norden geht die Vegetation allmählich in die arktische Tundra über. Im Labradortrog, der sich zwischen **Ungava Bay** und dem **Mistassinisee** erstreckt, lagern reiche Eisenerzvorkommen.

Rocky Mountains

Die »Rockies« (deutsch: Felsengebirge) erstrecken sich über ungefähr 4500 km entlang der nordamerikanischen Westküste von der Brooks Range in Alaska über Kanada bis nach New Mexico. Sie sind Teil der **nordamerikanischen Kordilleren**, die sich entlang der Westküste in Mittel- und Südamerika fortsetzen. Sie wurden vor etwa 70 Mio. Jahren an der Wende von der Kreidezeit zum Tertiär aufgefaltet und teilweise emporgehoben. Vor rund 50 Mio. Jahren hob sich das Hochgebirge aufgrund vulkanischer Tätigkeit erneut. Flüssiges Magma sickerte in die Erdkruste, erstarrte dann zu Granit oder anderen Tiefengesteinen und drang nach erneuter Verschmelzung wieder als Magma an die Oberfläche.
Ihr endgültiges Gesicht erhielten die **Rocky Mountains** vor etwa 2 Mio. Jahren, als sich während der Eiszeit immense Eismassen ihren Weg bahnten und tiefe Schluchten ins Gestein schnitten, Berghänge polierten und tiefe Wannen ausgruben, die heute Bergseen sind. Die eiszeitlichen Gletscher sind auch für die Trogtäler, Kare, Moränen und Fjorde verantwortlich, die die Gebirgskette prägen. Noch immer sind weite Teile der Rocky Mountains stark vergletschert.
Insgesamt 74 Gipfel erreichen eine Höhe von mehr als 3500 m, 600 Berge überschreiten die 2000-m-Marke. Mit 4401 m ist der **Mount Elbert** in Colorado die höchste Erhebung des Gebirges. Im Norden sind die Rocky Mountains dichter bewaldet als im Süden und aufgrund zahlreicher Flussdurchbrüche in Längstäler aufgegliedert. Im Süden teilt sich das Gebirge in Parallelketten, die mehrere Hochbecken wie das **Colorado Plateau** oder das **Große Becken** einschließen.

Coast Mountains

Die **Coast Mountains** sind Teil des pazifischen Gebirgssystems und erstrecken sich über 1600 km durch British Columbia von der Grenze zu Alaska bis zum **Fraser River** im Süden. Viele Gipfel erreichen mehr als 3400 m Meereshöhe, so in den **Munday-**, **Tiedemann-** und **Monarch Mountains**. Der höchste Gipfel ist mit

*Die **Niagarafälle** entstanden in der Eiszeit. Der Niagara River, in dessen Mitte die Staatsgrenze zwischen Kanada und den USA verläuft, fließt vom **Eriesee** in den **Ontariosee**. Etwa auf der Hälfte des Weges stürzt der Fluss über eine beinahe 60 m hohe Stufe und bildet die Niagarafälle: auf kanadischer Seite die Horseshoe Falls, auf amerikanischer die American Falls.*

4016 m der **Mount Waddington**. Die zahlreichen Gletscher haben cañonartige, tiefe Schluchten in den Fels geschnitten und auch die Fjordlandschaft an der Pazifikküste geschaffen.

Cascade Mountains

Die **Cascade Mountains** ziehen sich über 1100 km vom kanadischen British Columbia im Norden über die US-Bundesstaaten Washington und Oregon bis nach Kalifornien im Süden. Nachdem das Gebirge bereits im Alttertiär zu einer Rumpffläche abgetragen worden war, wurde es später durch vulkanische Aktivität wieder emporgehoben. Die zahlreichen über 3000 m hohen Berge sind erloschene, teils vergletscherte Vulkane. Noch heute ist hier vulkanische Tätigkeit zu beobachten. Höchste Erhebungen sind der 4392 m hohe **Mount Rainier**, der **Mount Adams** mit 3751 m und der **Mount Hood** mit 3427 m. Das dicht bewaldete Gebirge markiert eine deutliche Klimascheide. Während sich an den Westhängen die vom Pazifik kommenden Wolken abregnen, verzeichnen die im östlichen Schatten des Gebirges liegenden Regionen kaum Niederschläge. Erst in den weiter östlich höher ansteigenden Gebirgszügen der Rocky Mountains nehmen die Niederschläge wieder zu.

Coast Ranges

Westlich des **Willamette-** und des **Puget-Sound-Längstals** verlaufen parallel zur Pazifikküste die meist relativ kurzen Ketten der **Coast Ranges**. Sie sind im Mittel etwa 1000 m hoch, steigen aber im **Diablo Range** bis auf 2692 m Höhe an. Die Höhenzüge werden dabei von mehreren Verwerfungen durchzogen. Am bekanntesten ist die **San-Andreas-Störung**. Hier bewegen sich die Pazifische und die Amerikanische Kontinentalplatte aneinander vorbei. Die dabei entstehenden Spannungen können sich unvermittelt lösen und sorgen für permanente Erdbebengefahr in der Region. Auf einem der gefährdetsten Areale ist die Stadt San Francisco erbaut, deren Bewohner ständig mit Erdstößen rechnen müssen.
Von der vulkanischen Tätigkeit im Gebiet der Cascade Range kann man sich im **Lassen Volcanic National Park** überzeugen, wo brodelnde Schlammlöcher und heiße Quellen vor Augen führen, wie dünn die Erdkruste hier ist.

Sierra Nevada

Südlich der **Cascade Range** erstreckt sich der etwa 600 km lange Gebirgszug der **Sierra Nevada** im östlichen **Kalifornien**. Ausgedehnte Hochflächen, die zum **Großen Becken** hin steil abbrechen und zur kalifornischen Küste hin sanft abfallen, bestimmen hier das Landschaftsbild.
In ihrem zentralen Teil erreicht die mit riesigen Rothölzern bewaldete Sierra Nevada ihre größten Höhen. Der **Mount Whitney** ragt dort 4418 m auf. Hier wurden einige der schönsten Nationalparks der USA eingerichtet. Berühmt ist der **Yosemite National Park** mit seinen glatt geschliffenen, hoch aufragenden Felsen, in die Gletscher U-förmige Täler geschnitten haben. Hier gibt es eindrucksvolle Wasserfälle wie die **Yosemite Falls**, die aus 740 m Höhe über drei Stufen in die Tiefe stürzen. Reizvoll ist auch der **Sequoia National Park** mit den berühmten Riesenbäumen.

Great Basin

Beim **Großen Becken (Great Basin)** handelt es sich um ein rund 500 000 km² großes Wüstenhochland, das sich zwischen dem **Columbia Plateau** im Norden, der **Mojave-Wüste** im Süden, der **Sierra Nevada** im Westen und der **Wasatch Range** im Osten ausdehnt. Kurze, steil aufragende Gebirgsketten durchziehen das Große Becken in Nord-Süd-Richtung. Im **Mount Bonpland** und der **East Humboldt Range** erreichen sie Höhen von 3450 m. Die wüstenhaften Becken sind im nördlichen Bereich zwischen 1000 und 1500 m hoch, im Süden liegen sie in der trocken-heißen **Sonora-Wüste** und in der **Salton-Senke** fallen sie unter Meeresspiegelniveau ab.
Ein wegen seines teils lebensfeindlichen Klimas **Death Valley** genanntes Tal erreicht in Badwater, einem salzhaltigen Tümpel, den

1 Im Kluane National Park, der Bestandteil der Alaskakette an der Grenze Kanadas zu Alaska ist, gibt es etwa 4000 Gletscher, die bis zu 10 km breit und 100 km lang sind.

2 + **3** Während der Eiszeit entstandene Seen, teilweise vergletscherte hohe Berge und tiefe, einsame Täler charakterisieren die kanadischen Rocky Mountains wie etwa hier im Banff National Park.

4 4392 m hoch und von Gletschern bedeckt ist der Vulkan Mount Rainier südlich von Seattle, eine der höchsten Erhebungen der Cascade Range.

Die Rocky Mountains

Die »Rockies« bilden den östlichen Teil der Kordilleren Nordamerikas und verlaufen in etwa parallel zur Westküste des nordamerikanischen Kontinents. Neben den eigentlichen Rocky Mountains werden bisweilen auch einige nördliche und südliche Ausläufer in Alaska und Mexiko dazugezählt.

Über 4500 km erstrecken sich die nördlichen Kordilleren von Alaska über Kanada bis nach New Mexico und bilden damit gleichsam das Rückgrat des nordamerikanischen Kontinents. Die höchsten Erhebungen dieser Region sind der 4401 m hohe Mount Elbert im US-Bundesstaat Colorado und der 3954 m hohe Mount Robson in Kanada.

In geologischer Hinsicht sind die Rocky Mountains ein relativ junges Faltengebirge. Vor ungefähr 70 Mio. Jahren begann ihre Entstehung aufgrund von plattentektonischen Bewegungen der Erdkruste und den dadurch bedingten Auffaltungen. Starke unterirdische Vulkantätigkeit begleitete diese gewaltigen Bewegungen der Erdkruste; flüssiges Magma drang in die Erdkruste ein, erstarrte dort zu Granit und anderen Tiefengesteinen oder trat als Lava an die Erdoberfläche.

Das heutige Landschaftsbild der Rocky Mountains wurde erst durch die gewaltigen Gletscher der vor etwa 2 Mio. Jahren einsetzenden Eiszeit geformt. Teilweise mehrere tausend Meter dicke Eisströme schoben sich dabei über die Berghänge ins Tal. Sie schnitten messerscharfe Grate ins Gestein, hobelten vorstehende Felsnasen ab, polierten die Berghänge und hoben mit ihren Gletscherzungen tiefe Wannen aus, die sich später dann mit Schmelzwasser füllten und Bergseen entstehen ließen.

Die Naturlandschaften der Rocky Mountains sind äußerst vielfältig und bildeten bereits im frühen 19. Jh. beliebte Motive der amerikanischen Freiluftmalerei. Neben den Gletscherlandschaften des Nordens gehört auch der Grand Canyon im Nordwesten Arizonas dazu. Diese berühmteste aller Schluchten – etwa 400 km lang und 6 bis 30 km breit sowie bis zu 1800 m tief – hat der Colorado River in Millionen von Jahren durch die Gesteinsschichten des Plateaus gefräst. Mit seinen zahlreichen Stromschnellen ist der Colorado ein beliebtes Revier für Wildwasserfahrer.

Die Rocky Mountains markieren auch die Hauptwasserscheide Nordamerikas; ihre Quellflüsse versorgen – zu Seen aufgestaut – vor allem die Bevölkerung in den wasserärmeren Südstaaten.

Im Jahr 1807 stieß ein Pelztierjäger im Norden des US-Staates Wyoming auf einen besonders

Der 3618 m hohe Mount Assiniboine in Alberta ist einer der schönsten Berge Kanadas.

eindrucksvollen Landstrich mit dramatischen Steilhängen und tosenden Wasserfällen, kochend heißen Quellen und Geysiren. Zurück in seiner Heimatstadt St. Louis, wollte jedoch niemand seinen erstaunlichen Schilderungen Glauben schenken. Weitere Trapper erkundeten in den folgenden Jahrzehnten dieses wundervolle Fleckchen Erde am Flüsschen Yellowstone im mittleren Teil der Rocky Mountains, bis endlich zwei offizielle Expeditionen dorthin entsandt wurden. Ihre eindrucksvollen Berichte veranlassten dann den Kongress der Vereinigten Staaten von Amerika 1872, Yellowstone zum ersten Nationalpark der Welt zu erklären.

Inzwischen reihen sich weitere Naturreservate auf dem »Dach Amerikas« aneinander: An Yellowstone grenzt im nördlichen Montana der Glacier National Park. Ganz im Norden in Alaska rund um den 6194 m hohen Mount McKinley befindet sich der Denali National Park, im Süden liegen der Grand Tetons National Park, der Rocky Mountains National Park in Colorado – mit seinen Drei- und Viertausendern gerne als »Spitze des Kontinents« bezeichnet – sowie der Guadalupe Mountains National Park in Texas und Mexiko.

Für zahlreiche seltene, darunter auch bedrohte Tierarten bieten die Rocky Mountains ideale Lebensbedingungen. Der Weißkopfseeadler ist der König der Lüfte, doch auch der kaum bekannte Schreikranich findet hier ein Refugium. In den dichten Wäldern der Nationalparks, die überwiegend aus Fichten, Tannen, und Kiefern bestehen, leben vor allem Elche, Wapiti-Hirsche, Dickhornschafe, Schneehasen und Biber. Nachts durchstreifen Füchse, Pumas, Luchse und Wölfe auf der Suche nach Beute die Berge.

Symbol der nordamerikanischen Wildnis ist der riesige Grizzlybär, eine Unterart des Braunbären. Einige Zehntausende Tiere leben heute noch in Nordamerika. Vor der Erschließung des Kontinents durch europäische Siedler waren es mehr als 100 000, und ihr Lebensraum erstreckte sich von Alaska bis nach Mexiko und von der Pazifikküste bis in die endlosen Weiten der Great Plains.

In den Höhenregionen der Rocky Mountains oberhalb der Baumgrenze, in die sich kaum andere Tiere verirren, haben die weißen Schneeziegen ihr Zuhause. Diese Verwandten der Gämse klettern mit atemberaubender Sicherheit über glatte Steinwände und gefährliche Klippen. In direkter Nachbarschaft leben die Murmeltiere, die einen ausgedehnten, bis zu acht Monate währenden Winterschlaf halten und in der kurzen Zeit dazwischen meist nur zur Nahrungsaufnahme den unterirdischen Bau verlassen.

Erst seit einigen Jahrzehnten ist der scheue, flinke Kojote – ein Verwandter von Wolf und Fuchs – wieder im amerikanischen Faltengebirge ansässig. Als Allesfresser ist er ein wahrer Meister der Anpassung an seinen jeweiligen Lebensraum. Anders die gewaltigen Herren der Weiden: die Bisons. Diese massigen, bis zu 3 m langen und 2 m schulterhohen Wildrinder fressen ausschließlich Gräser – und davon täglich bis zu zwölf Kilogramm, um sich gegen die strengen, langen und an den Kräften zehrenden Kordillerenwinter zu wappnen, in denen bereits im November Schnee die Pässe bedecken kann und während der kältesten Wochen sogar in den Tälern die Temperatur auf –20 °C sinkt.

Großes Bild: Die bis zu 2000 m hohe gewaltige Teton-Kette in Wyoming steigt ohne Vorgebirge unvermittelt aus der Ebene auf.
Kleine Bilder: Elche und Grizzly-Bären durchstreifen die Wälder der Rocky Mountains.

*Der 4418 m hohe **Mount Whitney** in der kalifornischen zentralen **Sierra Nevada** ist der höchste Gipfel des »Stammlands« der USA, also außerhalb von Alaska. Die Hochflächen der Sierra Nevada sind größtenteils bewaldet.*

tiefsten Punkt (–86 m) der westlichen Hemisphäre. Der Hitzerekord liegt hier bei 56,7 °C.

Da die ohnehin kurzen Flüsse sämtlich im Boden versickern, ist das Große Becken abflusslos. Große Salzkrusten und riesige Salzseen wie die **Salduro Flats** im Westen des Bundesstaates Utah machen die gesamte Region zu einer eher lebensfeindlichen Landschaft. Der im Schnitt nur 5 m tiefe **Große Salzsee** ist der Rest eines einst erheblich größeren eiszeitlichen Süßwassersees, dessen Ausdehnung zwischen 3900 und 5300 km² schwankt. Von extremster Trockenheit gezeichnet sind die Playas der **Mojave-** und **Gila-Wüste**.

Colorado-Plateau

Über die gewaltige Fläche von rund 112 000 km² verteilt sich das Tafelland des **Colorado-Plateaus** auf den Norden von Arizona, den Süden von Utah, den Südwesten von Colorado und den Nordwesten von New Mexico, in einer Höhenlage zwischen 1500 und 3300 m.

Die zahlreichen Plateaus bestehen aus unterschiedlich mächtigen und mal mehr, mal weniger abgetragenen Felsschichten, in welche die Gebirgsflüsse imposante Täler geschnitten haben. Der bekannteste Cañon ist der **Grand Canyon**.

Grand Canyon

Eines der beeindruckendsten Naturwunder der Erde ist das rund 400 km lange Tal, das der **Colorado River** im Nordwesten Arizonas durch das Colorado-Plateau geschnitten hat.

Die Schlucht ist im Mittel 1600 m tief und 6 bis 30 km breit. Lange glaubte man, der Cañon sei durch einen Grabenbruch entstanden, denn es schien unmöglich, dass der Colorado diese tiefe und weite Schlucht in die Gesteinsschichten habe schneiden können. 1869 konnte John Wesley Powell nachweisen, dass die Gesteinsschichten auf beiden Talseiten der gleichen Fazies angehören, und somit konnte ein Grabenbruch ausgeschlossen werden.

Etwa 6 Mio. Jahre benötigte der Colorado, um dieses gewaltige Bett in den Fels zu fräsen. Geologen finden in dieser Schlucht ein optimales Forschungsgebiet, da hier mehr als 350 Millionen Jahre Erdgeschichte offen zutage liegen. Das Spektrum der Gesteinsschichten in den Abhängen des Grand Canyon reicht vom **Kaibabkalk** an der Oberfläche bis zu archaischen Formationen. Die einzelnen Schichten sind nur gering geneigt und treppenförmig in Steilstufen gegliedert. Der rund 100 m mächtige Kaibabkalk wurde im Perm abgelagert. Dass diese weiße Formation eine Meeresablagerung ist, lässt sich gut aus den darin enthaltenen Fossilien ablesen. Die darauf folgende Schicht besteht aus gelblichem Coconinokalk. Daran schließt sich die Supaiformation mit roten und grauen Sandsteinen, Kalken und Schiefern an. Die nächste Stufe bilden die im Unterkarbon entstandenen Redwellkalke.

Die Schlucht reicht weit hinab in das **archaische Grundgebirge**, das vornehmlich aus Graniten, Gneisen und Glimmerschiefer besteht – Gesteine, die zum Teil von roten Sandsteinen, Schiefern und Kalken aus dem Algonkium überlagert werden.

Drei **Vegetationszonen** lassen sich hier unterscheiden: Im trockenheißen Talsockel gedeihen nur Wüstenpflanzen. Darüber folgt eine Zone mit gemäßigtem Klima, in der Eichen und Wacholdersträucher vorherrschen. Oberhalb von 2000 m Meereshöhe finden sich Mischwälder mit Douglasien und Espen. Im Winter sind die höheren Regionen tief verschneit. Sowohl der Nordrand als auch der Südrand des Grand Canyon sind touristisch gut erschlossen. Allerdings ist der Nordrand im Winter für Besucher nicht zugänglich.

Bryce Canyon

Ein weiteres beeindruckendes Naturwunder des Colorado-Plateaus ist der **Bryce Canyon** im Südwesten von Utah. Der rund 150 km² große Cañon wurde nicht wie der Grand Canyon durch einen Flusslauf geschaffen, sondern ist die abgetragene steile Abbruchkante des Pansaugunt-Plateaus. Der Bryce Canyon entstand kurz nach

Großes Becken: Felslandschaft im Death Valley, dem »Tal des Todes«

Nachdem das Colorado-Plateau im Miozän emporgehoben wurde, sorgte die Erosion dafür, dass die Schichten aus Eozän, Kreide, Jura und Trias abgetragen wurden, sodass sich der Fluss bis in den Sockel des Grundgebirges einschneiden konnte. Die bizarren Formen der Felsen, die vielen Türme, Vorsprünge und Klüfte sind das Ergebnis eines Zusammenspiels unterschiedlicher Faktoren: die abwechselnde Folge harter und weicher Gesteinsschichten, Tiefen- und Seitenerosion, extreme Temperaturschwankungen, Wind und Trockenheit.

dem Grand Canyon und dem **Zion Canyon**, die geomorphologisch zusammengehören. Auch an seinen Hängen kann man die erdgeschichtlichen Abläufe deutlich ablesen.

Die Gesteinsstufen im Westen stammen aus dem Präkambrium und werden nach Osten hin immer jünger. Im Tertiär erstreckte sich hier eine aus limnischen Kalken aufgebaute Plateaulandschaft, von der noch heute Pfeiler, Säulen und bizarr geformte Blöcke zeugen.

Vor etwa 60 Mio. Jahren bedeckte ein See den Südwesten Utahs. An seinem Grund lagerten sich Kalk, Sand und Schlamm ab, die zu einer 600 m dicken Gesteinsschicht zusammengepresst wurden. Als dann vor rund 13 Mio. Jahren eine massive tektonische Bewegung das Land in mehreren Schüben in eine Schräglage brachte, floss der See ab. Die Formationen wurden bis zu 3000 m hoch aufgetürmt, brachen auseinander und wurden durch die extremen Spannungen in riesige Blöcke zerteilt. Hier setzte die Arbeit der Erosionskräfte an, die aus dem **Pansaugunt-Plateau** die heute sichtbaren Formen herausmodellierten. Die großen Temperaturschwankungen und die pflanzenfeindliche Gestalt des erodierten Materials lassen im Bryce Canyon nur eine bescheidene Vegetation zu. Von besonderem Reiz sind nicht nur die atemberaubenden Formen, sondern auch das faszinierende Wechselspiel der Farben. Die Metalloxide auf den Felsen bewirken je nach Wetter und Sonnenstand unterschiedlichste Farbeindrücke. Der Bryce Canyon wurde für den Tourismus erschlossen. Ein hervorragend ausgeschildertes Straßen- und Wegenetz macht mit den Sehenswürdigkeiten dieser erdgeschichtlich hochinteressanten Region bekannt.

Monument Valley

Im mittleren Teil des Colorado-Plateaus, an der Grenze zwischen Arizona und Utah, liegt das **Monument Valley**. Dieses 70 mal 80 km breite Tal innerhalb des Navajo-Indianerreservats erreicht Höhen von 1600 bis 2300 m.

Die isolierten Felstürme und Tafelberge bestehen aus rotem De-Chelley-Sandstein und überragen die Landschaft um bis zu 600 m. Abhängig vom Sonnenstand blickt der Betrachter der malerischen Giganten auf ein faszinierendes Schauspiel von Licht, Schatten und Rottönen.

Der rote **Sandstein** stammt aus der Spätzeit des Perm. Als im beginnenden Trias nahezu ganz Nordamerika von einem urzeitlichen Meer überschwemmt wurde, lagerten sich im Monument Valley riesige Sandmengen ab. Nachdem das Meer abgeflossen war, begann die Hebungsphase des Colorado-Plateaus, in deren Verlauf das Gebirge in riesige Schollen zerbrach.

Wind und Wasser trugen im Verlauf mehrerer Millionen Jahre die obere Decke ab, die dann wieder von späteren Formationen überlagert wurde. Die verschiedenen Gesteine waren seit dem Quartär unterschiedlichen Verwitterungsprozessen ausgesetzt. Die Herausbildung der eigentümlichen roten **Felsriesen** ist zum größten Teil das Werk des Windes, der in Millionen von Jahren die weichen Gesteine abgetragen hat. Nur die härteren Gesteinsmassen konnten sich ihm widersetzen.

Die auf so charakteristische Weise geformten Felsen erinnern an Skulpturen und haben die Fantasie der Menschen angeregt, die ihnen Namen wie »Großer Indianer«, »Totempfahl«, »Königsthron« oder »Burg« gaben. Die Vegetation ist eher spärlich. Bäume oder andere größere Pflanzen sind hier nicht anzutreffen, lediglich einzelne Kakteen und Büsche sowie einige Gräser unterstreichen die faszinierende Wirkung dieser kargen, einzigartigen Landschaft. Vereinzelt leben hier noch Navajo-Indianer.

Arches National Park

Vor mehr als 300 Mio. Jahren entstand die Landschaft, die heute Bestandteil dieses 300 km² großen Nationalparks in Utah ist. Am Grund eines urzeitlichen Meeres lagerten sich hier dicke Salzschichten ab, die später unter dem Druck darüberliegender Ablagerungen zu unterirdischen Domen anschwollen. Das umgebende Felsmaterial rückte nach und zerbrach unter den Spannungen in gewaltige, parallel verlaufende Gesteinszüge. Niederschläge und Wind lösten weichere Gesteinsschichten aus diesen Blöcken und

*Der **Joshua Tree National Park** im **Großen Becken** weist zwei unterschiedliche Wüstentypen auf: die **Colorado-Wüste** und die **Mojave-Wüste**. In den höheren Lagen findet man die zur Familie der Yucca zählenden »Joshua Trees«.*

ließen so die berühmten **Arches**, bizarre, frei stehende Steinbögen, entstehen. Der wohl bekannteste der rund 200 Felsbögen ist der sogenannte **Delicate Arch**, der sich rund 50 m hoch auf einem Plateau erhebt.

Great Plains

Mit einer Länge von über 5000 km und einer Breite zwischen 500 und 1200 km reichen die **Great Plains** westlich der **Inneren Ebenen (Interior Plains)** von der arktischen Küste im Mündungsdelta des Mackenzie bis zum Rio Grande im mittleren Texas, wo sie an die Golfküstenebene grenzen. Diese Plateaulandschaft bestand ursprünglich aus weitläufigen natürlichen Grasflächen. Als die ersten weißen Siedler mit ihren Rindern und Pferden Besitz von diesem Land ergriffen, änderte sich sein Erscheinungsbild. Riesige Felder, auf denen heute großteils in Monokultur Getreide angebaut wird, bestimmen jetzt das Aussehen dieser Landschaft.
Während die mittlere Höhe im Osten nur etwa 400 bis 500 m beträgt, steigen die von einer Vielzahl von Flüssen zerschnittenen Plateaus der Great Plains westwärts auf Höhen von bis zu 1600 m am Fuß der Rocky Mountains an.

Große Seen

Die fünf **Großen Seen** sind durch den **St.-Lorenz-Strom**, der sie zum Atlantik hin entwässert, miteinander verbunden. Dieser größte Süßwasserspeicher der Erde entstand während der letzten Eiszeit; die Seen sind Reste riesiger Eiszungenbecken.
Am Nordufer der Großen Seen liegt das flache Tal des St.-Lorenz-Stroms, das von pleistozänen Inlandsvereisungen geprägt ist und vielfach glaziale Formen aufweist. Von rund 100 m Meereshöhe im Bereich des Flusses steigt das Niveau zu den Ufern der Seen hin zu einer 300 bis 400 m hoch gelegenen Rumpflandschaft an.
Die Ufer der Großen Seen sind durch eine fjordartige Steilküste geprägt, die sich westlich der **Georgian Bay** in zahlreiche in der letzten Eiszeit entstandene Inseln und Schären auflöst. Zusammen nehmen die Großen Seen eine Fläche von rund 245 000 km² ein.

1

2

3

Der **Obere See** ist mit 82 000 km² der größte der Großen Seen. Er erreicht eine maximale Tiefe von 405 m und wird durch den **St. Marys River** zum **Huronsee** entwässert. Der englisch Lake Superior genannte Obere See ist acht Monate im Jahr eisfrei. Der Huronsee liegt 177 m hoch, hat eine Fläche von ungefähr 62 000 km² und ist bis zu 228 m tief. Der im Südwesten gelegene 58 000 km² große **Michigansee** ist mit dem Huronsee durch die **Mackinac-Straße** verbunden und gut 280 m tief.
Der südlichste der Großen Seen ist der mehr als 25 000 km² große und bis zu 64 m tiefe **Eriesee**. Er ist durch den **Niagara River** mit

1 Der Yosemite National Park demonstriert die landschaftliche Vielfalt und Schönheit der Sierra Nevada auf eindrucksvolle Weise. Das fruchtbare Tal wird von der Granitkuppel des El Capitán überragt.

2 Schnee- und eisbedeckte Berge, tiefe Schluchten und grüne Wälder charakterisieren bei Aspen in Colorado die Rocky Mountains.

3 »Big Sur« liegt im südlichen Teil des Küstengebirges zwischen San Simeon und Carmel. Hier toben sich die Wogen des Pazifiks an den Felsen der rauen, schroffen Küste aus.

*Als **Badlands**, »Ödland«, wird das vegetationsarme Gebiet in der westlichen Prärietafel der USA bezeichnet. Der Badlands National Park in South Dakota ist fast 100 000 ha groß. Er weist eine faszinierende Gesteinswelt auf, denn durch Wind- und Wassererosion des nicht besonders widerstandsfähigen Gesteins sind Schluchten und Kämme, Türme und Pyramiden entstanden.*

dem Ontariosee verbunden. Die Differenz der Seespiegelhöhen bewirkte hier die Herausbildung der **Niagarafälle**. Der **Ontariosee**, der kleinste und östlichste der Großen Seen, ist ungefähr 19 000 km² groß, liegt 75 m über dem Meeresspiegel und erreicht eine Tiefe von bis zu 244 m.

Appalachen

Das aus kristallinen Gesteinen aufgebaute Mittelgebirgssystem der **Appalachen** zieht sich über etwa 2600 km von Neufundland bis ins nördliche Alabama. Das 200 bis 300 km breite Gebirge entstand vor etwa 300 Mio. Jahren während der appalachischen Gebirgsbildungsphase im Paläozoikum und ist damit erheblich älter als die Kordilleren im Westen. Nach einer Abtragungsphase wurden die Appalachen im Tertiär erneut gehoben, dann aber wieder abgetragen, sodass die höchsten Erhebungen in den **White Mountains** und den **Green Mountains** gerade einmal 2000 m Meereshöhe erreichen. Der höchste Gipfel ist der 2037 m hohe **Mount Mitchell**.

Durch die **Hudson-Mohawk-Furche** werden die Appalachen in einen nördlichen und einen südlichen Abschnitt gegliedert. Die Nördlichen Appalachen bestehen aus einer rund 750 m hohen Plateaulandschaft, die während der Eiszeit stark vergletschert war, was an den glazialen Abtragungs- und Aufschüttungsformen noch deutlich zu erkennen ist.

Die **Südlichen Appalachen** gliedern sich in mehrere schmale Längszonen. Das **Piedmont** ist durch die Falllinie gegen die Küstenebene abgegrenzt. Das 100 bis 400 m hohe wellige Plateau wird im Westen von der **Blue Ridge** überragt. Diese war bis ins 19. Jh. hinein nur über wenige Durchbruchstäler wie die **Cumberland Gap** passierbar. Das Rückgrat der Südlichen Appalachen ist das 1500 km lange und bis zu 150 km breite **Große Appalachental**, das aus vielen parallel zueinander verlaufenden, bis zu 600 m hohen Schichtrippen besteht.

Diese Landschaft durchzieht ein Flusssystem, das vor allem im **Tennessee River** und seinen Nebenflüssen zahlreiche Stromschnellen aufweist.

Eine markante Steilwand kennzeichnet den Übergang vom Großen Appalachental zu den **Appalachenplateaus**, dem größten Teilgebiet der Appalachen. Das **Allegheny-** und das **Cumberland-Plateau** sind durch tiefe Täler geprägt, die von zahlreichen Flüssen in das Gestein geschnitten wurden, und fallen von etwa 1000 m Meereshöhe im Osten auf knapp 300 m im Westen ab, bevor sie langsam in das zentrale Tiefland übergehen.

Golfküstenebene

Der nördliche und mittlere Teil der **Golfküstenebene** erhielt in der Kreidezeit sein heutiges Gesicht. Niedrige Hügel, die nur selten höher als 200 m sind und aus alten Gesteinen bestehen, bestimmen das Landschaftsbild. Direkt an der Golfküste erstrecken sich lange Sandstrände, Sandbänke, Sümpfe und Lagunen. Natürliche Häfen gibt es in der nördlichen Region so gut wie nicht.

Die Küstenebene wird von den Flüssen **Rio Grande** (Rio Bravo del Norte) und **Tamesí-Pánuco** durchschnitten. Im mittleren Teil des mexikanischen Bundesstaates Veracruz engen die Ausläufer der **Sierra Madre Oriental** die Ebene auf eine Breite von nur 15 km ein, und bei San Andrés Tuxtla wird die flache Landschaft durch eine Felsküste und gewellte Oberfläche unterbrochen.

Die Mündungsgebiete der Flüsse **Usumacinta, Grijalva, Coatzacoalcos** und **Papaloapán** sind ausgesprochene Sumpfregionen mit der hierfür entsprechend typischen Vegetation.

Mississippi-Becken

Das immense Einzugsgebiet des **Mississippi** beläuft sich auf insgesamt 3 200 000 km², von denen 1 365 000 km² auf den **Missouri** und 530 000 km² auf den **Ohio** entfallen. Im Norden liegen an der Grenze zu Kanada glazial bestimmte Plateaus mit zahlreichen Seen und Sümpfen. In der mittleren Region prägt ein mit jungen Sedimenten gefülltes Becken die Landschaft, an der Küste geht sie in ein flaches, lagunenreiches Schwemmland über. Im Osten begrenzen die Appalachen und im Westen die Rocky Mountains das Einzugsgebiet.

Florida

Beinahe 700 km weit ragt die Halbinsel von **Florida** ins Meer hinaus und trennt den Golf von Mexiko vom Atlantik. Im zentralen Bereich weist Florida eine Breite von etwa 110 bis 150 km auf, im Norden bildet es den ungefähr 550 km breiten »panhandle« aus. Im Süden ist eine etwa 600 km lange Inselkette vorgelagert, die sogenannten **Florida Keys**.

Florida gehört zum östlichen Teil des Kontinentalschelfs und ist aus mächtigen Kalksteinschichten aufgebaut, die sich im Tertiär aus dem Meer herauswölbten. Die durch den Wechsel von Kalt- und Warmzeiten bedingten starken Meeresspiegelschwankungen führten zur Bildung eines bis nach Zentralflorida reichenden flachwelligen Hügellands.

Südlich des **Lake Okeechobee**, des größten der fast 8000 Seen, schließt sich eine ebene Kalksteinfläche mit zahlreichen Quellen an. Auf die **Lowlands** folgt im Westen eine sich immer noch senkende Küste mit zahlreichen Haffs und Buchten, zur Atlantikseite hin eine Küste mit Nehrungen – flache Landzungen, die eine Meeresbucht gegen das offene Meer abschließen – und flach auslaufenden Sandstränden. Die **Everglades** im Süden sind ein von dichten Mangrovenwäldern umrahmtes Sumpfgebiet, in dem Manatis, eine Seekuhart, noch eine Rückzugsmöglichkeit gefunden haben.

Atlantische Küstenebene

Die Falllinie markiert den Übergang zur **Atlantischen Küstenebene**. Die Küste selbst ist stark gegliedert und reich an Buchten. Fjorde und Schären sind Zeugen der glazialen Ausgestaltung des nördlichen Küstenabschnitts.

Weiter südlich folgt eine Förden- und Boddenküste, während sich die Küstenebene verbreitert. Während im Norden die Küstenflüsse zahlreiche Naturhäfen gebildet haben, herrschen im südlichen Teil Anschwemmungen, Lagunen und Sumpfgebiete vor.

Niederkalifornien

Baja California (Niederkalifornien) ist eine schmale, langgestreckte Halbinsel, die durch den Golf von Kalifornien vom Festland getrennt ist. Sie ist etwa 1200 km lang und 40 bis 240 km breit. Ihre Oberfläche besteht aus Gesteinsformationen aus Kreidezeit und Tertiär.

Im Süden charakterisieren Meeresablagerungen und vulkanische Reste aus Pleistozän und Holozän die Landschaft. Mehrere Gebirgs-

Der Mississippi lagert in seinem Delta große Mengen Sedimente ab.

Mississippi, Missouri

Der von den Indianern »Missi Sepe« genannte »Große Fluss« entspringt auf 445 m Meereshöhe aus dem Itascasee westlich vom Oberen See. Er durchfließt die Inneren Ebenen fast in ihrer gesamten Ausdehnung und hat ein Einzugsgebiet von 3,220 Mio. km². Zusammen mit dem Missouri ist er 6020 km lang und damit einer der längsten Ströme der Erde. Nach dem Zufluss von Missouri und Illinois River bei St. Louis beginnt der Unterlauf. Wegen seiner nur geringen Fließgeschwindigkeit bildete der Mississippi zahlreiche Mäander, die durch natürliche und künstliche Durchbrüche verbunden sind. Starke Sedimentation führt dazu, dass sich das Flussbett des Mississippi mit der Zeit hebt, sodass der Flusslauf oftmals über dem Niveau der Umgebung liegt. Überschwemmungen sind daher nicht selten. In einem gewaltigen Mündungsdelta ergießt sich der Mississippi schließlich in den Golf von Mexiko.

Morgenrot im Shenandoah-Nationalpark im amerikanischen Bundesstaat Virginia: Der Nationalpark erstreckt sich entlang den ***Blue Ridge Mountains****, dem Hauptkamm der* ***Appalachen****, und ist größtenteils bewaldet. Er ist für seine reiche Pflanzen- und Tierwelt bekannt. Vor allem im Spätsommer, wenn sich das Laub färbt, bietet der Park einen herrlichen Anblick.*

ketten durchziehen die Halbinsel in Fortsetzung des **Kalifornischen Küstengebirges**. Im Osten fallen sie in einem Steilrand ab, während sie nach Westen hin sanft abdachen. Diese kristallinen Berge sind über 1500 m hoch, erreichen aber auch gelegentlich Höhen von rund 3000 m.
Beiderseits der **Sierra Santa Clara** liegen Hochebenen, breite, flache Wüstenstreifen und Kakteensavannen.
Im innersten Winkel des Golfes von Kalifornien mündet der **Colorado** in einem riesigen Delta. Während der trockenen Sommermonate erreicht der Fluss jedoch nicht immer sein Ziel.

Mexiko

Beinahe 80 % der Fläche Mexikos gehören geologisch zum nordamerikanischen Festlandrumpf, der sich im Isthmus von **Tehuantepec** auf knapp 200 km verengt. Im Nordwesten ist dem Festland die schmale Halbinsel **Niederkalifornien** angefügt. Südlich der Landenge von Tehuantepec zählen die Halbinsel **Yucatán** und der mexikanische Bundesstaat Chiapas schon zur **zentralamerikanischen Landbrücke**. Das **mexikanische Hochland** bildet die Fortsetzung des nordamerikanischen Kordillerensystems und steigt von 1000 m im Norden bis auf 2000 m Meereshöhe an. Zu den Küsten hin fällt das Hochland in steilen Randgebirgen ab. Im Westen des mexikanischen Hochlandplateaus erhebt sich die **Sierra Madre Occidental** bis auf 3500 m.
Die **Meseta Central** liegt auf einer Höhe zwischen 1500 und 3000 m und ist durch einzelne Gebirgsrücken in abflusslose Becken unterteilt. Das größte ist der **Bolsón de Mapimi**. Im Osten wird das Hochland durch die bis zu 4000 m hohe **Sierra Madre Oriental** und im Süden durch die **Cordillera Volcánica** begrenzt.
Diese Vulkanzone beherbergt die höchsten Berge Mexikos, etwa den stets schneebedeckten 5700 m hohen **Citlaltépetl** oder die kaum niedrigeren **Ixtaccíhuatl** und **Popocatépetl**.
Von der anhaltenden tektonischen Bewegung in dieser Region zeugen zahlreiche Erdbeben und spürbar aktiver Vulkanismus. Das wohl eindrucksvollste Zeugnis vulkanischer Tätigkeit ist der erst im Jahr 1943 entstandene Vulkan **Paricutín**.

Das bis zu 3000 m hohe Bergland von **Chiapas** ist zur Küste hin von der **Sierra Madre del Sur** gesäumt, der einzelne, bis zu 4000 m hohe Vulkankegel aufgesetzt sind. Nach Nordosten flacht das Bergland allmählich ab und endet bei der Halbinsel **Yucatán**.
Mangrovenwälder durchsetzen die von Flussadern und Lagunen durchzogene Küstenniederung von **Tabasco**, die sich vom Golf von Campeche bis in das Küstentiefland von Veracruz fortsetzt. Während der **Rio Grande** in der winterlichen Trockenzeit extrem wenig Wasser führt, entwickelt er sich in der Regenzeit zu einem gewaltigen Strom. Wichtigster Fluss im Landesinnern ist der **Rio Grande de Santiago**.

Sierra Madre

Das Hochland von Mexiko wird von zwei Gebirgszügen gesäumt: Im Westen erstreckt sich die **Sierra Madre Occidental** und im Osten die **Sierra Madre Oriental**. Die Westliche Sierra Madre verläuft von Nordwesten nach Südosten, ist rund 1100 km lang und etwa 160 km breit. Die mittlere Höhenlage beträgt 1800 m, die höchsten Erhebungen überschreiten jedoch die Marke von 3000 m. Die Streichrichtungen der gewaltigen Bergketten und Schluchten sind Folge der Faltungen des Mesozoikums. Ein Naturwunder sind die sogenannten Barrancas: bis zu 1500 m tiefe Schluchten, die vor allem im westlichen Teil Besucher anziehen.
Auch die Östliche Sierra Madre stammt aus dem späten Mesozoikum. Südöstlich des Rio Grande erstreckt sich eine Reihe relativ niedriger Berge, die sich südlich von Monterrey zu einer gewaltigen Kette mit Gipfeln von über 3000 m Höhe auftürmen.
Die Südliche Sierra Madre ist ein zerklüftetes Labyrinth von Bergkämmen und tief eingeschnittenen Tälern aus Kreidesedimenten. Das bis zu 3000 m hohe Gebirge ist im Norden durch die Niederungen des **Balsa-Mezcala**-Fluss-

1 An der Ostküste der Neuenglandstaaten ragt unweit von Portland (Maine) das Portland Headlight auf.

2 Wild mäandrierend bahnt sich der Pocahontas in der Ebene zwischen den nördlichen Appalachen und den Großen Seen seinen Weg.

3 Im Herbstkleid präsentieren sich hier die Great Smokey Mountains in Tennessee, die höchsten Gipfel der Appalachen.

4 Die Everglades – hier die Whitewater Bay – sind ein von Mangrovenwäldern umgebenes Sumpf- und Schilfgebiet an der Südspitze Floridas.

Großes Bild: Mississippi-Mündung im Golf von Mexiko. Der Fluss, der durch Sedimentablagerung seinen eigenen Uferdamm aufschüttet, schiebt sein Delta jährlich ca. 100 m ins Meer hinaus.
Kleines Bild: Unzählige Mäander und zum Teil bereits verlandete Altwasserarme prägen den Missippippi, hier nahe Memphis in Tennessee. Die Stadt liegt hochwassergeschützt auf dem Hügelland, das landwirtschaftlich intensiv genutzt wird.

*Die westindische Insel **St. Lucia** gehört zu den Kleinen Antillen. Sie ist vulkanischen Ursprungs, gebirgig, mit schroffen Erhebungen bis zu fast 1000 m Meereshöhe, und teils bewaldet. Allerdings sind nur noch die höheren Lagen mit ursprünglicher tropischer Regenwaldvegetation bewachsen. Der weitaus größere Teil ist Sekundärwald. Wahrzeichen der Insel sind die beiden Vulkankegel Gros Piton und Petit Piton, die bei Soufrière aus der Ebene ragen.*

systems, im Osten durch die **Sierra Mixteca** und im Südwesten durch eine unterbrochene Küstenebene begrenzt.

Hochland von Mexiko

Das **Hochland von Mexiko** liegt im Süden auf einer Höhe von etwa 2500 m, dacht sich nordwärts jedoch bis auf 1100 m ab. Die Landschaft ist keineswegs gleichförmig, sondern besteht aus sieben großen Talbecken, die von einer Vielzahl isolierter Bergketten und beeindruckenden Erdeinbrüchen durchzogen sind.
Das eher eintönige Landschaftsbild des nördlichen Hochlands ist von Wüsten mit Dünen und wüstenähnlichen Steppen geprägt, die weiter oben in Grasflächen übergehen. Die Bergrücken erstrecken sich von Norden nach Süden und von Nordwesten nach Südosten und überragen die Becken um 800 bis 900 m. In der Regenzeit entstehen in den Becken flache Seen, die in der Trockenzeit wieder verdunsten. Da sie über keinen Abfluss verfügen, verbleibt Salz in den Becken, das sich zu Salzsümpfen und Salztonebenen verwandelt.
Das südliche Hochland ist von höheren Niederschlägen geprägt und besteht aus einem durch vulkanische Aufschüttungen gebildeten Berg- und Hügelland. Sanfte Kuppen wechseln sich hier mit schroffen Vulkangipfeln ab, dazwischen liegen Becken und Hochtäler mit zahlreichen Seen. Die Region, die Gebirgscharakter hat, ist von einzelnen Sümpfen und heißen Quellen durchsetzt.

Sonora

Die parallelen Bergketten mit ihren breiten Tälern und die nordpazifische Küstenebene im Bundesstaat **Sonora** entstanden im mittleren und späten Tertiär. Die Gesteinsschuttformationen, die das Becken von Sonora umgeben, gehen nach Nordosten in mehrere Bergzüge über. Die Küste selbst ist flach und sandig, nur in einzelnen Buchten finden sich Felshügel und Lagunen. Im Norden beginnt die Trockenlandschaft der **Sonora-Wüste**, die sich bis nach Kalifornien und den Südosten von Arizona ausbreitet.

Yucatán, Mittelamerika

Mittelamerika bildet die Festlandbrücke zwischen dem nord- und dem südamerikanischen Kontinent. Der schmale, von Hochgebirgszügen durchzogene Landstreifen wird bis zu 500 km breit.
Die flachen Hügelländer im Nordwesten Belizes sind Teil der Kalksteintafel der Halbinsel **Yucatán**. Sie erreichen nur ganz im Süden mit einzelnen Vorbergen die karibische Küste. Ansonsten schiebt sich ein bis zu 75 km breiter sumpfiger Streifen zwischen Land und Meer. Der Küste sind mehr als 100 unberührte kleine Koralleninseln, die sogenannten Cays, vorgelagert.
Im Süden Belizes steigen die Ausläufer des zentralamerikanischen Grundgebirges mit dem **Victoria Peak** bis auf 1122 m Höhe an. Die **Maya Mountains** sind aus Gneisen, Schiefern, Schiefertonen und Granit aufgebaut.
Auch Guatemala hat mit dem verkarsteten und versumpften **Tiefland von Petén** Anteil an der Halbinsel Yucatán. Das über weite Strecken noch unerschlossene Gebiet ist von dichtem Regenwald bedeckt, der landeinwärts in Kiefernwälder und schließlich Savannen übergeht.
Südlich der Halbinsel Yucatán beginnt die Hochgebirgsregion Mittelamerikas. Auch das Gebiet von Honduras besteht zum größten Teil aus zum **Kordillerensystem** gehörendem Bergland.
Das östliche Tiefland von Honduras ist ein feuchtheißes, dicht bewaldetes Schwemmland, das auch als **Misquite** bezeichnet wird. Am karibischen Küstensaum erstreckt sich ein sumpfiges, von Lagunen durchsetztes Anschwemmungsgebiet. Aufgrund der zahlreichen Stechmücken, die hier einen idealen Lebensraum vorfinden, hat man diesem Küstenstreifen auch den Namen »Moskitoküste« verliehen.
Das westliche Küstentiefland am Pazifik ist ebenso ein geologisch relativ junges Anschwemmungsgebiet. Die **Nicaraguasenke** mit dem **Nicaragua-** und dem **Managuasee** trennt den breiteren nördlichen vom schmäleren südlichen Teil der Landbrücke. Diese tektonische Schwächezone sorgt für zahlreiche Erdbeben in der Region. Außerdem gibt es hier noch einige tätige Vulkane.
In **Costa Rica** trennen drei aufeinanderfolgende Gebirge das nördliche und das karibische Tiefland vom Tiefland von **Guanacaste** und den Hügellandschaften im Südwesten. In der Kanalzone von **Panama** hat der zentralamerikanische Landstreifen mit 55 km seine geringste Breite.

Halbinsel Yucatán

Die 450 km breite und 600 km lange Halbinsel **Yucatán** liegt zwischen dem Golf von Mexiko im Norden und Westen und der **Karibik** im Osten. Die riesige verkarstete Kreidekalktafel hob sich seit dem Ende des Tertiär sukzessive aus dem Meer, der Hebungsprozess dauert bis heute an.
Die Halbinsel ist, abgesehen von der 150 m hohen **Sierrita**, völlig flach. Obwohl kein einziger Wasserlauf vorhanden ist, gedeihen ausgedehnte Trockenwälder im Norden und Regenwälder im Süden. Dies ist dem Kalksteinuntergrund zu verdanken, der durch Bildung natürlicher Zisternen für einen ausreichenden Wasserhaushalt sorgt.
Die Westküste besteht aus Sandbänken und Lagunen, an der Ostküste erstrecken sich Korallenriffe sowie kleinere Inseln wie das bei Tauchern beliebte **Cozumel**.

Mittelamerikanische Kordilleren

Im südlichen Guatemala gliedert sich das Kordillerensystem in zwei Hauptstränge: die nordwestliche **Sierra de los Cuchumatanes** und die südliche **Sierra Madre**.
Die Sierra Madre besteht aus schroffen Kettengebirgen und ausgedehnten Hochflächen. Hier liegen zahlreiche Vulkane, von denen einige noch aktiv sind. Der 4220 m hohe **Volcan Tajumulco** ist die höchste Erhebung Zentralamerikas, also der Länder der mittelamerikanischen Landbrücke ohne Mexiko. Obwohl auch im Bereich von Honduras Vulkanismus die zahlreichen Gebirgsketten mitgeformt hat, fehlen hier die andernorts so typischen Vulkankegel. In Nicaragua setzt sich die mittelamerikanische Kordillere in der Zentralkordillere fort. Dieser Bereich gliedert sich in mehrere 100 bis 200 km lange Ketten. Obwohl der **Pico Mogotón** 2107 m hoch ist, erreicht das Gebirge in diesem Abschnitt selten Höhen von mehr als 1500 m. Im Nordwesten Costa Ricas bildet eine Kette von Vulkankegeln die **Cordillera de Guanacaste**, die im **Orosî** 1971 m Meereshöhe erreicht. Anschließend folgen die weitaus höheren und teils noch aktiven Vulkane der **Cordillera Central**. Der Vulkan **Irazú** ist mit 3432 m die höchste Erhebung dieser Gebirgsregion.
Noch höher reichen die Berge der durch das Valle Central abgetrennten **Cordillera de Talamanca**, die im **Chirripó Grande** 3820 m hoch aufragen. In Panama setzt sich die **Cordillera de Talamanca** in der vulkanischen Gebirgskette **Serrania de Tabasará** fort. Ihr höchster Gipfel ist der 3478 m hohe **Volcán Barú**. Mit etwa 1000 m Höhe sind die Gebirgszüge an der Karibikküste des Landes, wie etwa die **Cordillera de San Blas**, deutlich niedriger.

Karibische Inseln

Die **Karibischen Inseln** erstrecken sich in einem weiten Bogen über 4000 km von der Südküste Floridas bis vor die Nordostküste Venezuelas. Die Gesamtfläche aller Inseln beträgt 234 000 km². Etwa 95 % aller Inseln gehören zu den Antillen, wobei die **Großen Antillen** 90 % der Landfläche ausmachen. Die **Kleinen Antillen** bestehen aus unzähligen kleinen Inseln und ordnen sich in die Inseln über dem Winde und die Inseln unter dem Winde.
Die **Bahamas** sowie die **Turks-** und **Caicos-Inseln** und die weit abgelegenen **Cayman-Inseln** sind ebenfalls Teil der Karibischen Inseln. Der Inselbogen trennt das Karibische Meer vom Atlantik. Im Bereich der Inseln gehören weite Teile des Meeres zum Kontinentalschelf.
Um die **Bahamas, Kuba** und **Trinidad** herrscht Flachsee vor, die sich seit der letzten Eiszeit herausgebildet hat. Die übrigen Regionen der Karibik sind Tiefsee mit einer mittleren Tiefe von 4000 bis 5000 m. Im **Cayman-Graben** werden 7240 m, im **Puerto-Rico-Graben** 8300 m und in der **Milwaukee-Tiefe** 9220 m gemessen. In diesen Gräben ist die Erdkruste besonders dünn. Daher sind hier oft Epizentren von Seebeben, doch

Kleine Antillen: die Virgin Islands im karibischen Inselbogen

Baja California (Niederkalifornien) wird durch den Golf von Kalifornien vom Festland getrennt. Die wüstenhafte Halbinsel im Nordwesten Mexikos ist gut 1200 km lang, ihr Gebirgsrücken bis über 3000 m hoch. Typisch für ihre karge Küstenlandschaft sind die zahlreichen Kakteen, die längere Trockenzeiten überleben können. Allein in Baja California wurden rund 120 Kakteenarten gezählt; fast die Hälfte von ihnen sind endemisch.

auch die Inseln selbst sind tektonisch instabil.
Anhand der aus Korallenkalken bestehenden Abrasionsterrassen lässt sich nachvollziehen, wie die Inseln allmählich aus dem Meer gehoben wurden. Oft sind in diesen treppenförmig ansteigenden Küstenregionen noch die Hohlkehlen zu erkennen, die die Brandung in den Kalk gemeißelt hat. Besonders eindrucksvolle marine Terrassensysteme können im Nordwesten **Hispaniolas** und auch am **Kap Maisí** auf Kuba besichtigt werden.
Die eigentümlich geformten **Bolsas** und **Bocas** etwa auf den **Niederländischen Antillen, Kuba** oder **Curaçao** gehen hingegen auf Meeresüberflutungen zurück.
Ein besonderer landschaftlicher Reiz geht von den vielen Korallenriffen aus, die im Norden bis zu den **Bermudas** reichen. Die Saumriffe an den Küsten der Inseln sind klar in Vorriff, Riffkamm, Riffplattform und Rückriff gegliedert. Die weiter im Meer liegenden Bankriffe, die bis knapp unter die Wasseroberfläche reichen, sind hingegen weniger differenziert. Ein besonderes Merkmal der Karibischen Inseln sind die traumhaften Sandstrände, denen manchmal Strandfels aufliegt.

Große Antillen

Zu den Großen Antillen zählen die Inseln **Kuba, Jamaika, Hispaniola, Puerto Rico** sowie einige kleinere Eilande. In diesem Inselbogen setzen sich die nordamerikanischen **Kordilleren** fort, die in Zentralamerika nach Osten schwenken.
Mehrere parallele Gebirgsketten gliedern die Insel **Hispaniola**. In der Zentralkordillere erreicht der **Pico Duarte** eine Höhe von 3175 m. Auch die **Sierra Maestra** mit dem 1974 m hohen **Pico Turquino** auf **Kuba** und die Gebirge auf **Jamaika** mit dem 2256 m hohen **Blue Mountain Peak** und Puerto Rico mit dem 1065 m hohen **El Yunque** sind Ausläufer dieses Kordillerensystems.
Auch wenn die Berge teilweise Hochgebirgsniveau erreichen, so unterscheiden sie sich doch deutlich beispielsweise von den Rocky Mountains, da das Relief hier nicht durch eiszeitliche Vergletscherung, sondern durch die von Flüssen und Niederschlägen bedingten Erosionsvorgänge geprägt ist. Größere Ebenen sind außer auf den Bahamas nur auf Kuba zufinden. Es handelt sich hier um niedrige Kalktafeln mit monoton ausgebildeten Formen.

Kleine Antillen

Eine große Anzahl kleiner und kleinster Inseln bilden die **Kleinen Antillen**, die sich in zwei Inselketten gliedern. Die **Inseln über dem Winde** erstrecken sich von den **Jungferninseln** (Virgin Islands) im Norden bogenförmig bis nach **Trinidad** im Süden. Zu den nördlichen Inseln über dem Winde – den sogenannten Leeward Islands – gehören unter anderem **Montserrat, Antigua, Guadeloupe** und **Dominica. Martinique, St. Lucia, St. Vincent** und **Grenada** werden zu den südlichen Inseln über dem Winde, den Windward Islands, gezählt.
Die **Inseln unter dem Winde** sind der Küste Venezuelas vorgelagert und ziehen sich von Osten nach Westen von **Aruba** bis zur **Isla de Margarita**. Hier setzen sich auch die südamerikanischen Kordilleren von Aruba bis Trinidad fort, erreichen aber nur im 920 m hohen **Pico San Juan** auf Margarita und im 941 m hohen **Cerro del Aripo** auf der Insel Trinidad nennenswerte Höhen.
Die Inseln über dem Winde sind vulkanischen Ursprungs. Auf Montserrat, Martinique, Guadeloupe und St. Vincent gibt es noch heute aktive Vulkane. Sie stellen eine ständige, ernst zu nehmende Bedrohung für die Bevölkerung dar. So musste im August 1955 die Hauptstadt der Insel Montserrat evakuiert werden, da eine Eruption drohte.
Die erloschenen Vulkane zeigen sich heute zumeist als Vulkanruinen, sie können aber wie der **Quill** auf St. Eustacius auch als vollständiger Vulkankegel erhalten sein.
Ein weiteres offensichtliches Anzeichen für den noch anhaltenden Vulkanismus sind die Solfataren und Fumarolen auf **St. Lucia**. Flache Kalksteinregionen kennzeichnen die Inseln im Bogen der Inseln **Anguilla**, **Antigua** und **Barbados**.

1

2

3

4

1 Der höchste noch aktive Vulkan Nord- und Mittelamerikas ist der 5465 m hohe Popocatépetl.

2 Die eindrucksvolle »Barranca del Cobre« (Kupferschlucht) in der Sierra Madre übertrifft in ihren Ausmaßen den nordamerikanischen Grand Canyon.

3 Eine ganze Reihe von Vulkanen – im Bild der Kratersee des Poá in Costa Rica – gibt es in den mittelamerikanischen Kordilleren.

4 Die mittelamerikanischen Kordilleren sind – wie hier in Costa Rica – großteils von tropischen Bergwäldern bedeckt.

Alaska, Kanada, Grönland

Aa
Ab
Ac
Ad
Da
Db
Dc
Dd
Ea
Eb
Ec
06
07
08
09
10
11
Autonomer Kreis
der Korjaken
RUSSLAND
Autonomer Kreis
der Tschuktschen
Korjakengebirge
Bilibino
Pevek
Ostsibirische
See
Wrangel-Insel
NORDPOLARM
Tschuktschenschwelle
Tschuktschensee
Kanadisches
Becken
Beaufortsee
Tschuktschen-
Halbinsel
Anadyrskij
zaliv
Anadyr
Providenija
Lavrentija
Uelen
Beringstraße
Bering-
meer
Saint Lawrence Island
Point Hope
Cape Lisburne
Wevok
Ice Cape
Point Barrow
Barrow
Arctic Plains
BROOKS RANGE
Prudhoe Bay
Mt. Chamberlin
Wiseman
Kotzebue
Seward
Peninsula
Nome
Teller
Wales
Norton
Sound
Unalakleet
Galena
Allakaket
Alaska
(USA)
Kuskokwim Mountains
Bethel
Aniak
Stony River
Mt.McKinley
6194
Fairbanks
Tanana
Yukon
Flats
Fort Yukon
Old Crow
ALASKA RANGE
Palmer
Anchorage
Kenai
Homer
Kenai
Peninsula
Seward
Valdez
Glennallen
Tetlin
Junction
Dillingham
King
Salmon
Bristol
Bay
Cape Newenham
Kuskokwim
Bay
Nunivak
Island
Cape
Mohican
Cape
Romanzof
Alakanuk
St.Matthew
Island
Northeast
Cape
Halbinsel Alaska
Cold
Bay
Port
Heiden
Chignik
Shelikof Strait
Kodiak
Kodiak Island
Afognak
Island
Aleuten
Golf von
Alaska
Cape Yakataga
Yakutat
Mt.Logan
5959
Haines
Junction
Whitehorse
Skagway
Haines
Juneau
Chichagof
Island
Sitka
Baranof
Island
Petersburg
Wrangell
Ketchikan
Prince of Wales I.
Alexander-
Archipel
Dixon Entrance
Masset
Graham
Island
Queen
Charlotte
Islands
Prince
Rupert
Terrace
Kitimat
Hecate Strait
Cape
St.James
Queen
Charlotte
Sound
Queen Charlotte Strait
Cape Scott
Port Hardy
Vancouver
Island
Campbell River
Powell
River
Port Alberni
Nanaimo
VANCOUVER
Surrey
Victoria
SEATTLE
Everett
Bremerton
Tacoma
Olympia
Olympic Peninsula
Cape Flattery
Juan de Fuca Str.
Astoria
Portland
Salem
Yakima
Kennewick
Pendleton
Walla
Walla
Mt.Hood
Washington
Spokane
Coeur
d'Alene
Moses Lake
Lewiston
Missoula
Helena
Kalispell
Great
Falls
Havre
Malta
Glendive
VEREINIGTE STAAT
Montana
CASCADE RANGE
PAZIFISCHER
OZEAN
Yukon
Dawson
Yukon
Plateau
Stewart
Crossing
Carmacks
Territory
Ross River
ROCKY
Watson Lake
Dease Lake
COAST MOUNTAINS
Mackenzie Mts
Summit
Lake
Fort Nelson
Fort Liard
Fort
Simpson
Norman Wells
Northwest
Territories
Fort Good Hope
Inuvik
Tuktoyaktuk
Fort
McPherson
Mackenzie
Bay
Paulatuk
Großer
Bärensee
Port
Radium
Yellowknife
Großer
Sklavensee
Hay River
Fort Resolution
Lutselk'e
Fort Smith
Uranium City
Athabascasee
Stony
Rapids
Fort Chipewyan
High Level
Fort
Vermilion
Fort McMurray
Peace
River
Kleiner
Sklavensee
Slave Lake
Grande
Prairie
Dawson
Creek
Fort St.John
British
Columbia
Ware
Prince
George
Vanderhoof
Quesnel
Fraser
Plateau
Williams
Lake
Kamloops
Vernon
Kelowna
Penticton
Revelstoke
Golden
Banff
Cranbrook
Trail
Mt.Robson
3954
Jasper
Alberta
Edmonton
Camrose
Red Deer
Drumheller
Calgary
Brooks
Medicine Hat
Lethbridge
Lloyd-
minster
North
Battleford
Saskatoon
Prince
Albert
Kindersley
Swift
Current
Regina
Moose Jaw
Saskatchewan
La Loche
La Ronge
Meadow
Lake
Grand
Centre
Fort
Saskatchewan
Kugluktuk
Coronation Gulf
Bathurst Inlet
Banks-
Insel
Sachs
Harbour
Cape Kellet
Cape
Bathurst
Cape Prince Albert
Victoria
Insel
Holman
Island
Prince Albert
Peninsula
Wollaston
Peninsula
Amundsen
Gulf
Cape
Parry
Franklin
Bay
Parry-Ins
Prince Patrick
Island
Mould Bay
Melville
Island
Königin
Elisabeth
Inseln
Verlauf d
magnetischen
Barren Grounds

Maßstab 1:15 000 000

0 250 500 750 Kilometer
0 250 500 Miles

Alaska

Ak
180°
Ba
178°
Bb
89
176°
Bc
174°
Bd
172°
16
17
18
19
58°
56°
54°
Bk
160°
Ca
158°
Cb
156°
16
Cc
154°
Cd
152°
Ce
150°
RUSSLAND
Sireniki
Providenija
Novoe Čaplino
Urelik
PVX
mys Čukotskij
Čečen
Čaplino
Jandrakinot
Raupeljan
Lorino
Lavrentija
Mečigmenskij zaliv
ostrov Arakamčečen
Nygligan
ostrov Rathmanova (Big Diomede I.)
Inalik
Northwest Cape
Gambell
Ningeehak
Niyrakpak Lagoon
Powooiliak Camp
Savoonga
Koozata Lagoon
673
Atuk Mtn.
Saint Lawrence I.
Iveetok Camp
Lietnik
Southeast Cape
555
Kinipaghulghat Mts.
Northeast Cape
Beringstraße
Wales
Cape Prince of Wales
Lost River
King I.
Point Spencer
Port Clarence
Sinuk
Kigluaik Mts.
Nome
OME
Cape Nome
Bluff
White Mountain
Rocky Point
Golovnia Bay
Cape Darby
Hall I.
450
Alaska Maritime Wildlife Refuge
Saint Matthew I.
Cape Upright
Beringmeer
95
67
18
Norton Sound
Yukon Delta
Waklarok
Alakanuk
Kwikpak
Emmonak
Kotlik
Pastol Bay
Stuart I.
Stebbins
St. Michael
Unalakleet
C. Romanzof
Askinuk Mts.
714
Scammon Bay
Hooper Bay
New Knockhock
Akulurak
Hamilton
New Hamilton
Nunavakanuk Lake
Chevak
Yukon Delta
Mountain Village
MOU
701
Pitkas Pt.
Andreafsky R.
396
Kashunuk R.
Hazen Bay
Chakaktolik
Pilot Station
Keyaluvik
Kgun Lake
Atchuelinguk R.
1402
Tununak
451
Nelson I.
Apropuk Lake
Cahkwaktolik
Marshall
Nightmate
National
Anvik
Chiftak
Baird Inlet
Takslesluk Lake
Stuyahok
Cheforak
Kagati Lake
Kasigluk
Ohogamuit
Shageluk
Wildlife Refuge
Holy Cross
Nunavachak Lake
BET
Bethel
Kalskag
Kipnuk
Tuntutuliak
Napakiak
Akiachak
Tuluksak
Aniak
ANI
Flat
Kwigillingok
Eek
Whitefish Lake
Kuskokwim Bay
Horn Mts. 1097
Crooked Creek
Kuskokwim
Quinhagak
Mt. Plummer 1463
Cape Mohican
20
Nash Harbor
Yukon Delta Wildlife Refuge
Mekoryuk
Cape Etolin
Nunivak I.
283
C. Vancouver
Cape Mendenhall
Cape Corwin
Etolin Strait
Kinak Bay
Kikegtek I.
Pingurbek I.
St. Paul I.
SNP
Otter I.
St. Paul
Northeast Point
Walrus I.
St. George I.
Pribilof Islands
89
Carter Spit
Kilbuck Mountains
Explorer Mtn. 811
Platinum
Goodnews Bay
Mt. Oratia 1645
Cape Newenham
Goodnews Mining Camp
Togiak National Wildlife Refuge
Nogamut
Taylor Mts. 1091
Calm Point
Hagemeister Strait
Togiak
544
Togiak Bay
Hagemeister I.
High I.
Walrus Is.
Crooked I.
Ahklun Mountains
Cairn Mts. 1158
65
Aleknagik
Koliganek
Ketok Mtn. 517
Nushagak Peninsula
DLG
Dillingham
New Stuyahok
Kulukak Bay
Clarks Point
Old Village
Cape Constantine
Nushagak Bay
Bristol Bay
Etolin Point
Hallersville
Nondalton
Lake Clark National Park and Preserve
Newhalen
Kvichak Bay
Naknek
Igiugig
Iliamna Lake
AKN
King Salmon
Sugarloaf Mtn. 745
Pile Bay Village
Chigmit Mountains
Iliamna Vol. 3084
Williamsport
Katmai National Park and Preserve
Chenik
Burr Pt. 1196
Augustine I.
Chinitna Pt.
Naknek Lake
Halbinsel Alaska
Cape Sarichef
Cape Mordvinof
Unimak I.
Anvak I.
Unimak
Shishaldin Volcano
2862
Otter Pt.
Kudiakof Is.
Moffet Pt.
Izembek Wildlife Refuge
Lagoon Point
False Pass
CDB
Cold Bay
Alaska Marine Hwy.
C. Pankof
Pavlof Vol. 2504
Walrus I.
Port Moller
Ilnik
Seal Is.
Strogonof Point
Port Heiden
Deer I.
King Cove
Pavlof Bay
Mt. Dana 1310
Alaska Peninsula Wildlife Refuge
Veniaminof Volcano 2507
Aniakchak Nat.Mon. and Preserve
Pilot Point
Ugashik Bay
Becharof
Becharof Lake
Mt. Peulik 1500
N.W.R.
Mt. Katmai 2047
Mt. Douglas 2153
Sanak I.
Sanak
Sanak Islands
Fawn Pt.
Caton I.
Dolgoi I.
Pavlof Is.
Unga I.
Unga Strait
Stepovak Bay
Sand Point
Korovin I.
Popof I.
Perryville
Chignik
Chignik Bay
Mt. Chiginagak 2144
Aleutian Range
Kanatak
C. Kekurnoi
C. Nukshak
C. Douglas
Shumagin Islands
Kupreanof Pt.
Chiach I.
Castle C.
C. Kumlik
C. Providence
Wide Bay
Katmai Bay
C. Iktugitak
Nagai I.
Mitrofania I.
Seal C.
Nakchamik I.
Sutwik I.
Foggy Cape
Alaska Marine Highway
Shelikof Strait
Big Koniuji I.
Little Koniuji I.
Chernabura I.
Simeonof I.
Semidi Is.
Chowiet I.
Aghiyuk I.
Cape Ikolik
Karluk
Larsen Bay
Kodiak Island
Kodiak National Wildlife Refuge
1840
Low Cape
Akhiok
C. Alitak
Alitak Bay
Tugidak I.
Sitkinak Strait
Aiaktalik I.
Old Harbor
Pasagshak S.R.S.
Port Lions
Fort Abercrombie State Historic Park
Spruce I.
ADQ
Kodiak
Chiniak Bay
C. Chiniak
Raspberry I.
Uganik I.
Black C.
Port Vita
Port William
Afognak Mtn. 690
Afognak I.
Shuyak I.
Pt. Banks
Barren Is.
Tonki C.
Marmot I.
Marmot Bay
Kennedy Entrance
Chugach Is.
Gore Pt.
Nuka Bay
English Bay
Pt. Adam
Seldovia
Portlock
Homer
HOM
Kachemak Bay
Kenai
Golf von Alaska
Sterling Highway
250

Maßstab 1:4 500 000

0 50 100 150 Kilometer

0 50 100 Miles

Südliches Alaska, Nordwestkanada

PAZIFISCHER
OZEAN
VEREINIGTE STAATEN
Alexander Archipelago
Queen Charlotte Islands
Hecate Strait
Queen Charlotte Sound
Dixon Entrance
Yukon Territory
Yukon Plateau
Pelly Plateau
Macmillan Plateau
Logan Mountains
Hyland Plateau
Liard Plateau
Cassiar Mountains
Stikine Plateau
Nahlin Plateau
Taku Plateau
Nisut Plateau
British Columbia
Skeena Mountains
Omineca Mountains
Coast Mountains
Kitimat Ranges
Fraser Plateau
Interior Plateau
Wrangell-St. Elias National Park and Preserve
Kluane National Park
Glacier Bay National Park and Preserve
Tatshenshini-Alsek Wilderness P.P.
Admiralty I. National Monument
Misty Fjords Nat. Mon.
South Prince of Wales Wilderness
Gwaii Haanas South Moresby National Park Reserve & Marine Conservation Area Reserve
Spatsizi Plateau Wilderness Provincial Park
Kwadacha Wilderness Prov. Park
Tweedsmuir
Whitehorse
Juneau
Sitka
Ketchikan
Prince Rupert
Prince George
Skagway
Haines
Petersburg
Wrangell
Yakutat
Cordova
Watson Lake
Fort St. James
Quesnel
Alaska Highway
Klondike Highway
Cassiar Stewart Highway
Panamericana
Dd 132° De 130° Df 128° Dg 126° Dh 124° Dj 122°
146° Ch 144° Cj 142° Ck 140° Da 138° Db 136° Dc 134° Dd 132° De 130°

Maßstab 1:4 500 000

0 50 100 150 Kilometer
0 50 100 Miles

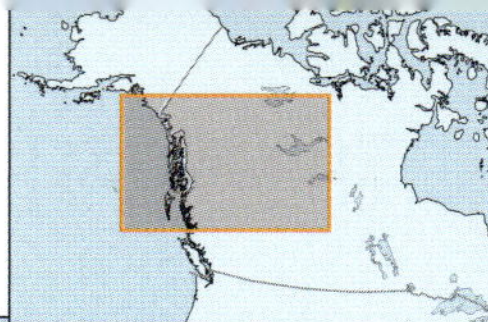

Südwestkanada, Nordwestliche USA

Queen Charlotte Sound
Vancouver Island
PAZIFISCHER OZEAN
British Columbia
Washington
Oregon
VEREINIGTE STAATEN
Coast Mountains
Rocky Mountains
Columbia Mountains
VANCOUVER
SEATTLE
Victoria
Tacoma
Olympia
Portland
Salem
Eugene
Spokane
Boise
Kamloops
Kelowna
Yakima
Medford
Pendleton
Lewiston
Walla Walla
Coeur d'Alene
Olympic N.P.
Pacific Rim N.P.
Jasper N.P.
Wells Gray Prov. Park
Fraser Plateau
Interior Plateau
Cascade Range
Blue Mountains
Harney Basin
Great Sandy Desert
Steens Mountain
Owyhee Plateau
Juan de Fuca Strait
Queen Charlotte Strait
Kootenay N.P.
Yoho N.P.
Mt. Rainier N.P.
Mt. St. Helens Nat. Volcanic Mon.
Hells Canyon
Salmon River Mountains
Crater Lake N.P.
Klamath Mountains
Redwood N.P.

Maßstab 1:4 500 000

0 50 100 150 Kilometer
0 50 100 Miles

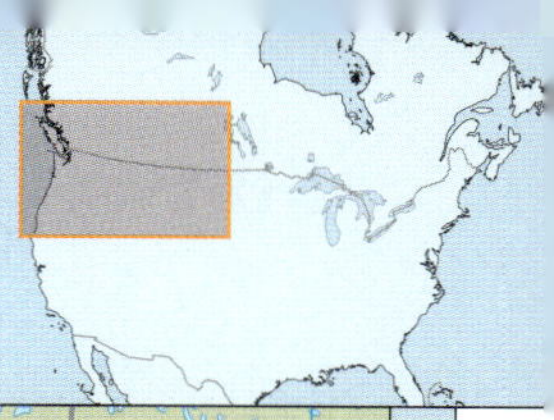

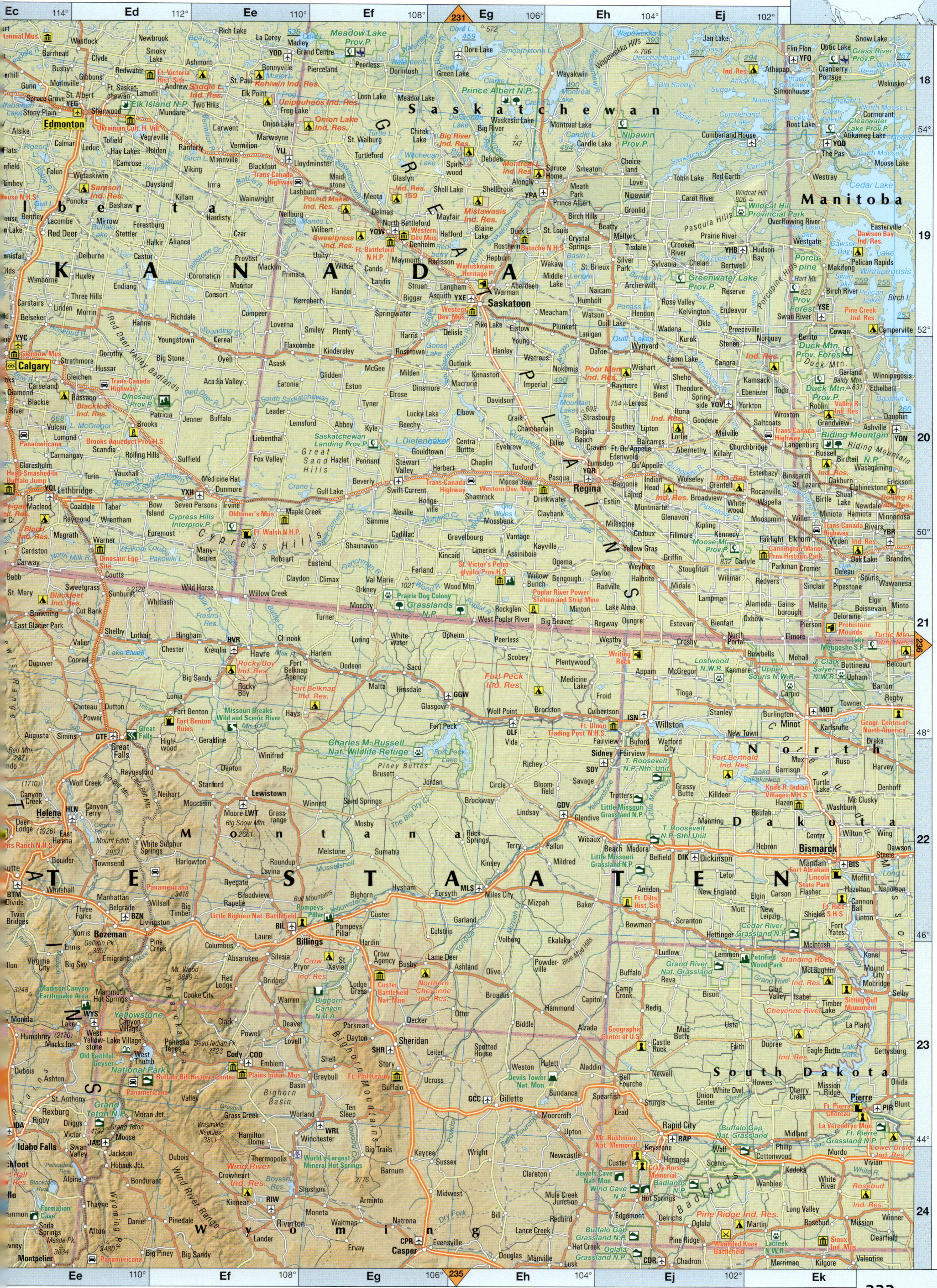

Südwestliche USA, Hawaii

Dg
Dh
Dj
Dk
Ea
Eb
126°
124°
122°
120°
118°
116°
232
26
27
28
29
34
35
36
38°
36°
34°
22°
20°
16
PAZIFISCHER
OZEAN
C a l i f o r n i a
N e v a d a
V E R E I N I G T
G r o ß
B e c k e n
C a l i f o r n i a
Mojave Desert
SAN FRANCISCO
LOS ANGELES
SAN DIEGO
TIJUANA
Las Vegas
Sacramento
Reno
Carson City
Oakland
Berkeley
San Jose
Stockton
Modesto
Fresno
Bakersfield
Santa Barbara
Ventura
Oxnard
Pasadena
Anaheim
Long Beach
Riverside
San Bernardino
Santa Ana
Oceanside
Escondido
Mexicali
Ensenada
Yuma
Redding
Eureka
Monterey
Salinas
Santa Cruz
Channel Islands N.P.
Yosemite N.P.
Sequoia N.P.
Kings Canyon N.P.
Death Valley N.P.
Joshua Tree N.P.
Lake Tahoe
Baja California Norte
Sonoran
Hawaii (USA)
Kauai
Oahu
Molokai
Maui
Lanai
Hawaii
Honolulu
Hilo
Haleakala N.P.
Hawaii Volcanoes N.P.
Pearl Harbor
H a w a i i - I n s e l n
H a w a i i r ü c k e n
PAZIFISCHER
OZEAN
160°
Ca
158°
Cb
156°
Cc
Ec
114°
30°
32°

Maßstab 1:4 500 000

0 50 100 150 Kilometer
0 50 100 Miles

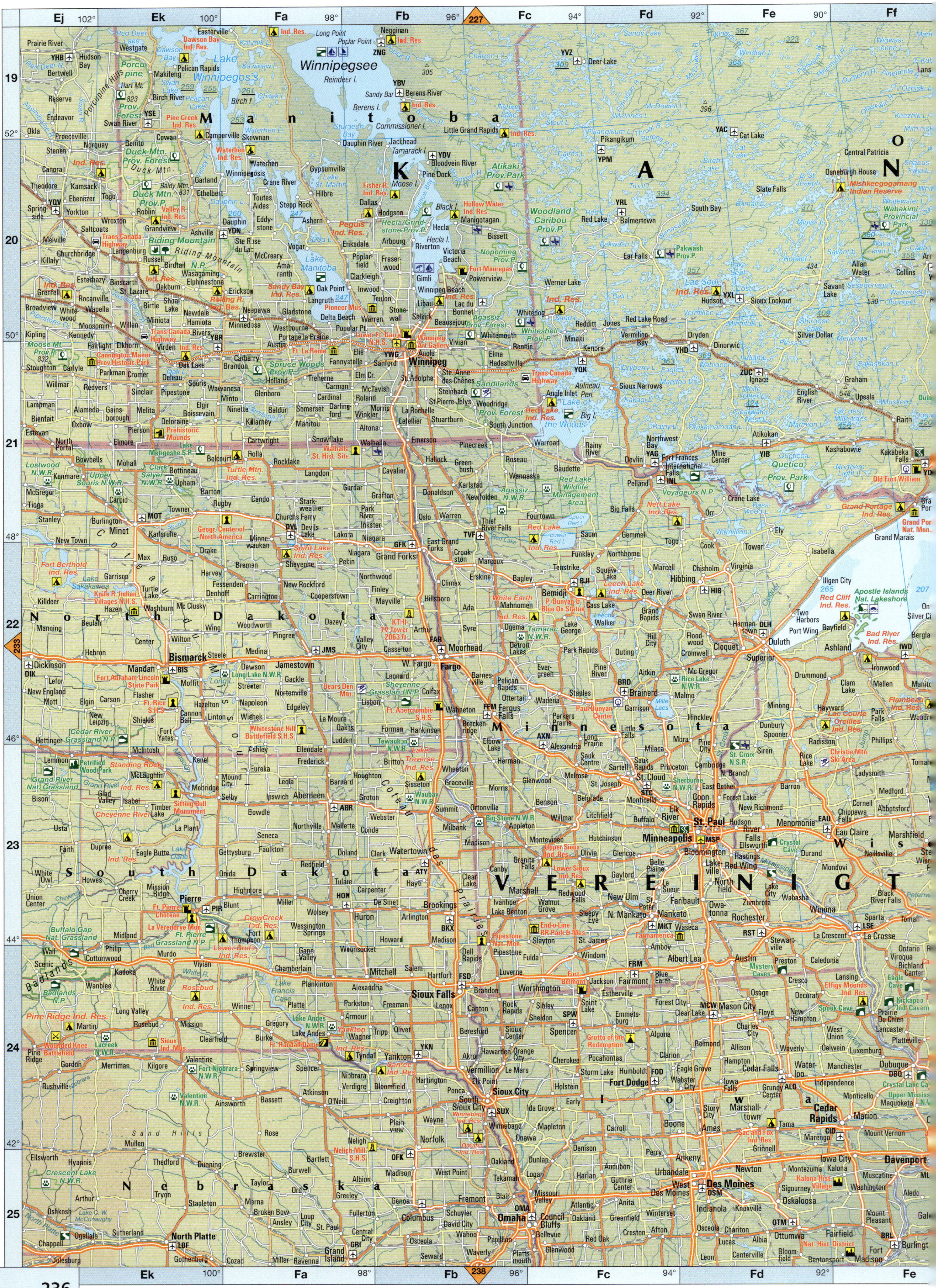
Ej
Ek
Fa
Fb
Fc
Fd
Fe
Ff
102°
100°
98°
96°
94°
92°
90°
227
238
233
19
20
21
22
23
24
25
52°
50°
48°
46°
44°
42°
Manitoba
ONTARIO
North Dakota
South Dakota
Minnesota
Nebraska
Iowa
Wisconsin
VEREINIGTE STAATEN
Lake Winnipegosis
Winnipegsee
Lake Manitoba
Lake of the Woods
Winnipeg
Brandon
Dauphin
Portage la Prairie
Kenora
Dryden
Fort Frances
Atikokan
Bismarck
Fargo
Grand Forks
Minot
Jamestown
Aberdeen
Pierre
Sioux Falls
Duluth
Minneapolis
St. Paul
Rochester
Des Moines
Sioux City
Omaha
Council Bluffs
North Platte
Grand Island
Mankato
St. Cloud
Brainerd
Bemidji
Watertown
Mitchell
Yankton
Fort Dodge
Mason City
Waterloo
Cedar Rapids
Davenport
Eau Claire
La Crosse
Winona
Dubuque
Thunder Bay
Cedar Falls
Ames
Marshall
Norfolk
Columbus
Fremont
Riding Mountain N.P.
Voyageurs N.P.
Badlands N.P.
Quetico Prov. Park
Pine Ridge Ind. Res.
Sand Hills
Badlands

Maßstab 1:4 500 000

0 50 100 150 Kilometer
0 50 100 Miles

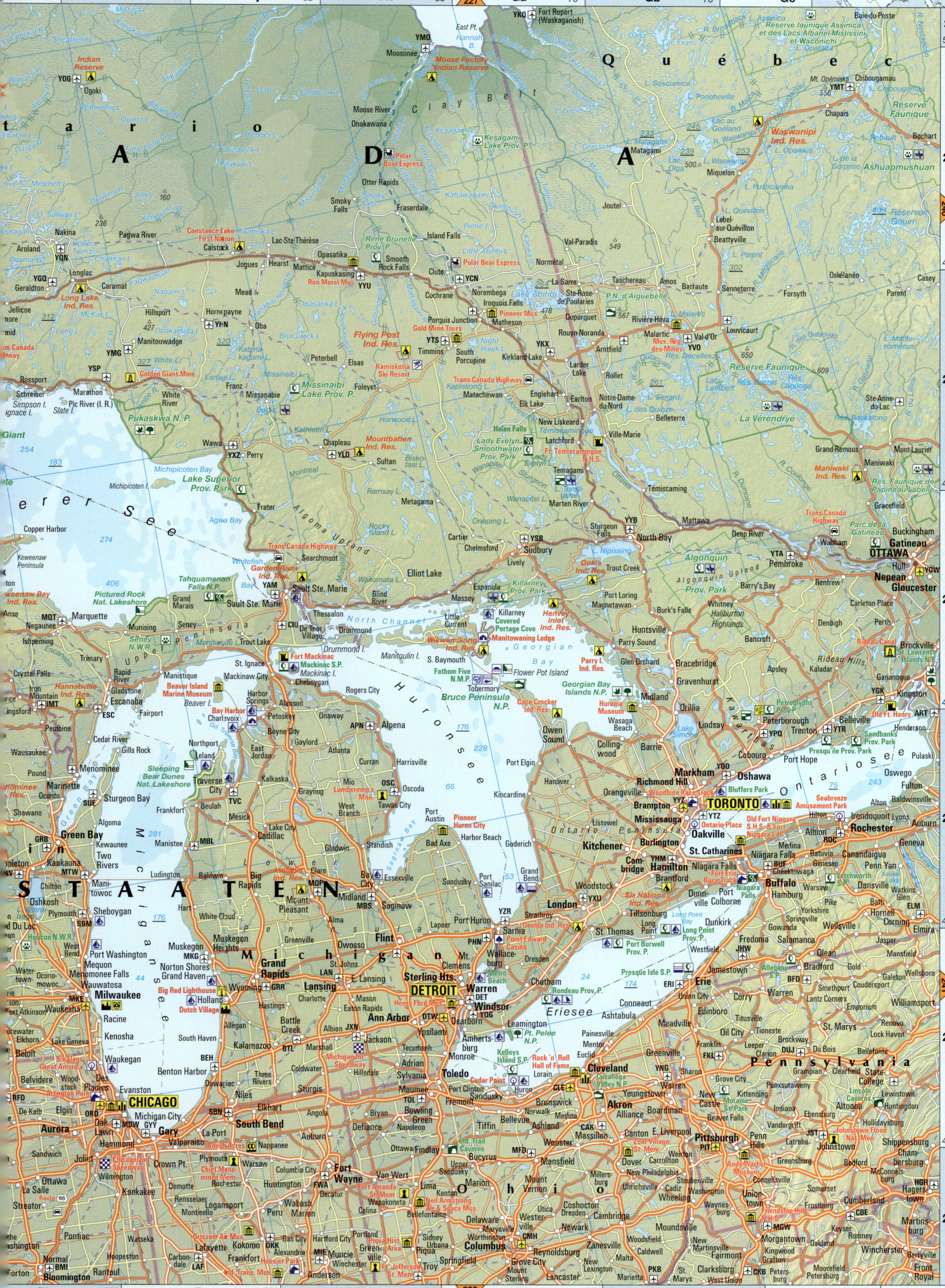

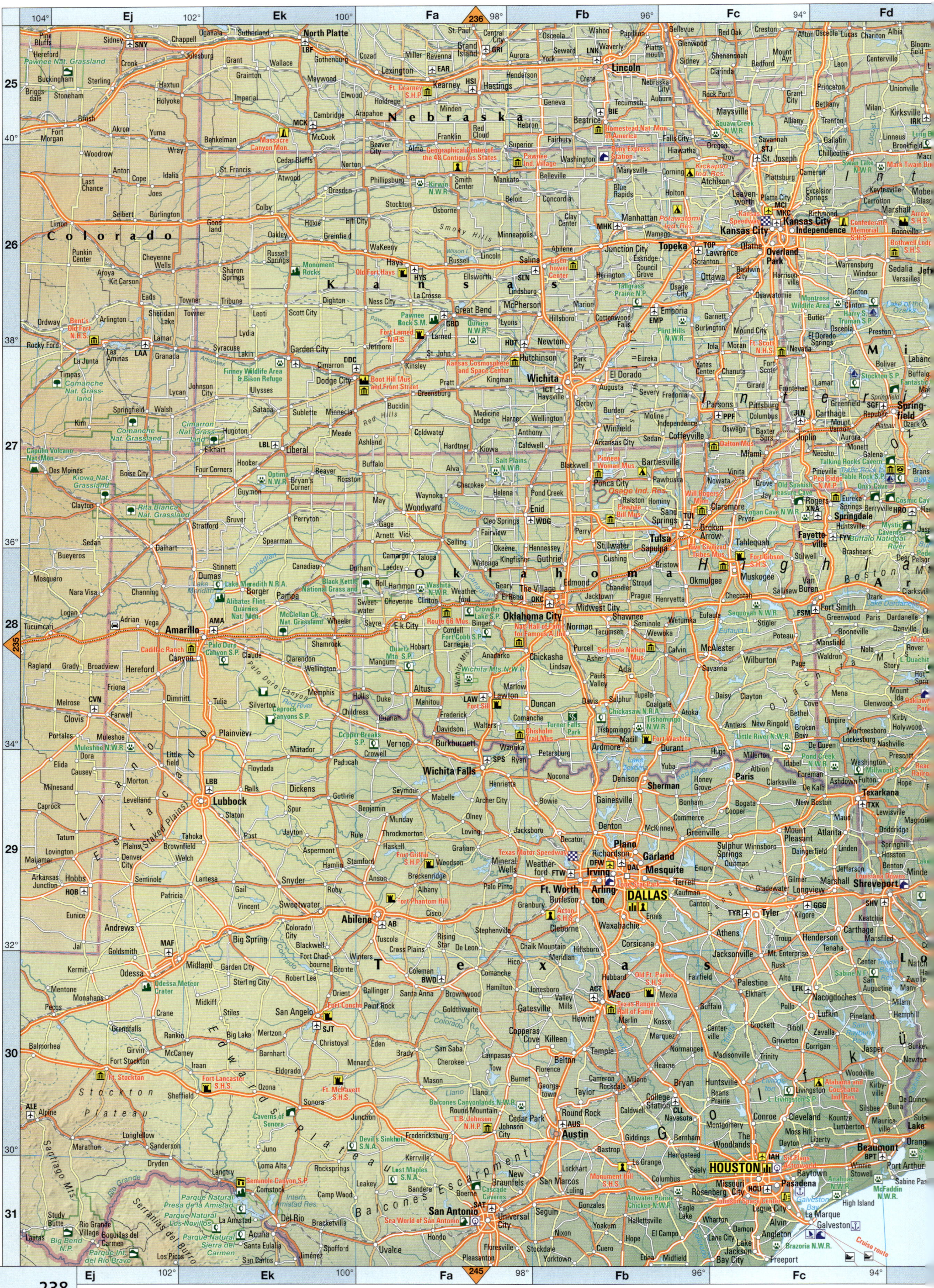
Ej
Ek
Fa
236
Fb
Fc
Fd
Nebraska
Kansas
Colorado
Oklahoma
Texas
Lincoln
Kansas City
Topeka
Wichita
Tulsa
Oklahoma City
Amarillo
Lubbock
Wichita Falls
Abilene
Midland
Odessa
San Angelo
Ft. Worth
DALLAS
Garland
Mesquite
Irving
Plano
Waco
Austin
San Antonio
HOUSTON
Pasadena
Beaumont
Tyler
Shreveport
Texarkana
Fort Smith
Springfield
Joplin
St. Joseph
Overland Park
Independence
Liberal
Dodge City
Garden City
Hutchinson
Salina
Lawton
Norman
Sherman
Denison
Galveston
Llano Estacado
Edwards Plateau
Stockton Plateau
Balcones Escarpment
Golf
Rio Grande
235
245

Maßstab 1:4 500 000

0 50 100 150 Kilometer
0 50 100 Miles

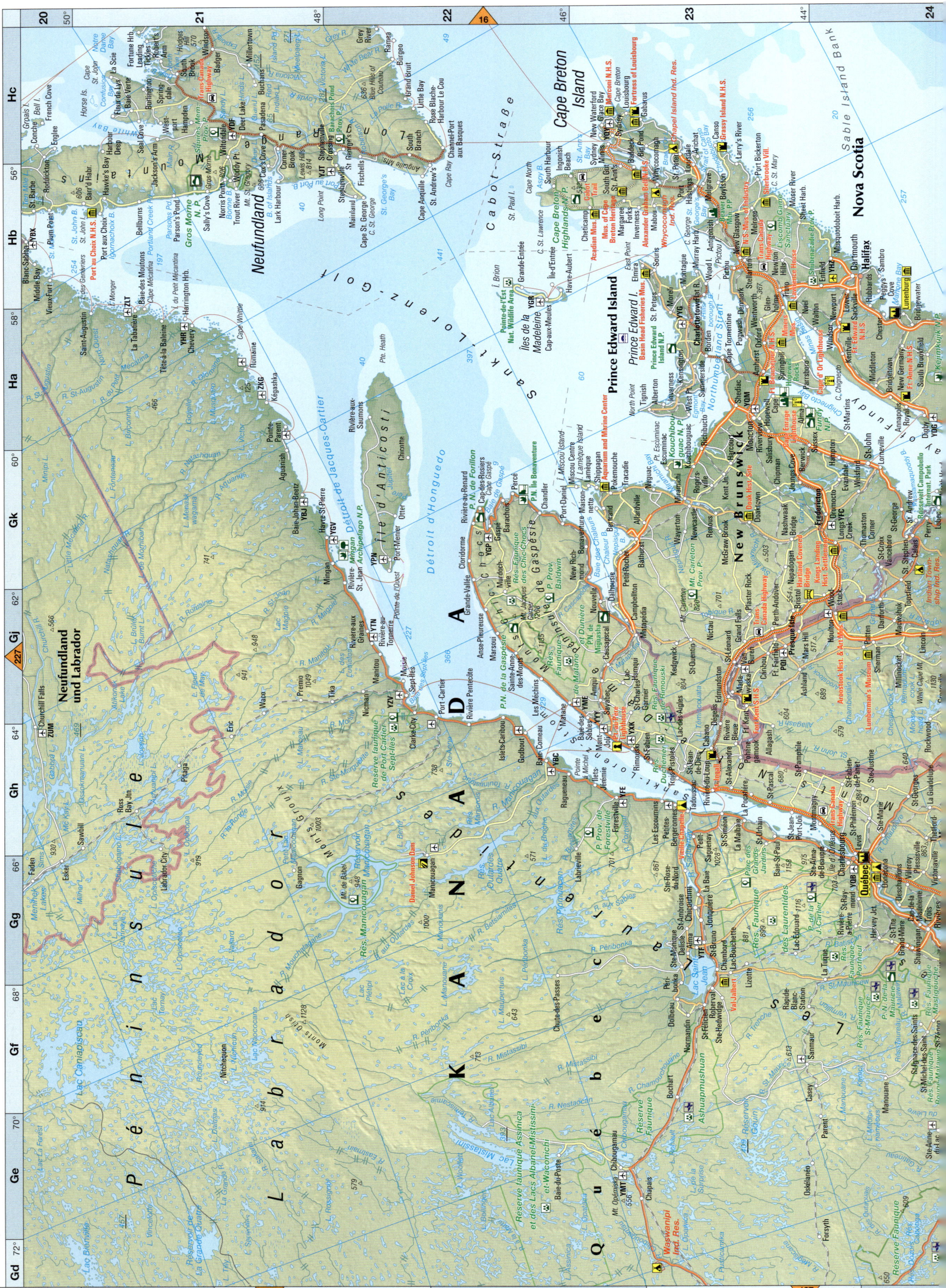
Neufundland und Labrador
Neufundland
Cape Breton Island
Prince Edward Island
New Brunswick
Nova Scotia
Halifax
Québec
Sankt-Lorenz-Golf
Cabot-Straße
Île d'Anticosti
Détroit de Jacques-Cartier
Détroit d'Honguedo
Sable Island Bank
Labrador
Péninsule
KANADA
Québec

Maßstab 1:4 500 000

0 50 100 150 Kilometer
0 50 100 Miles

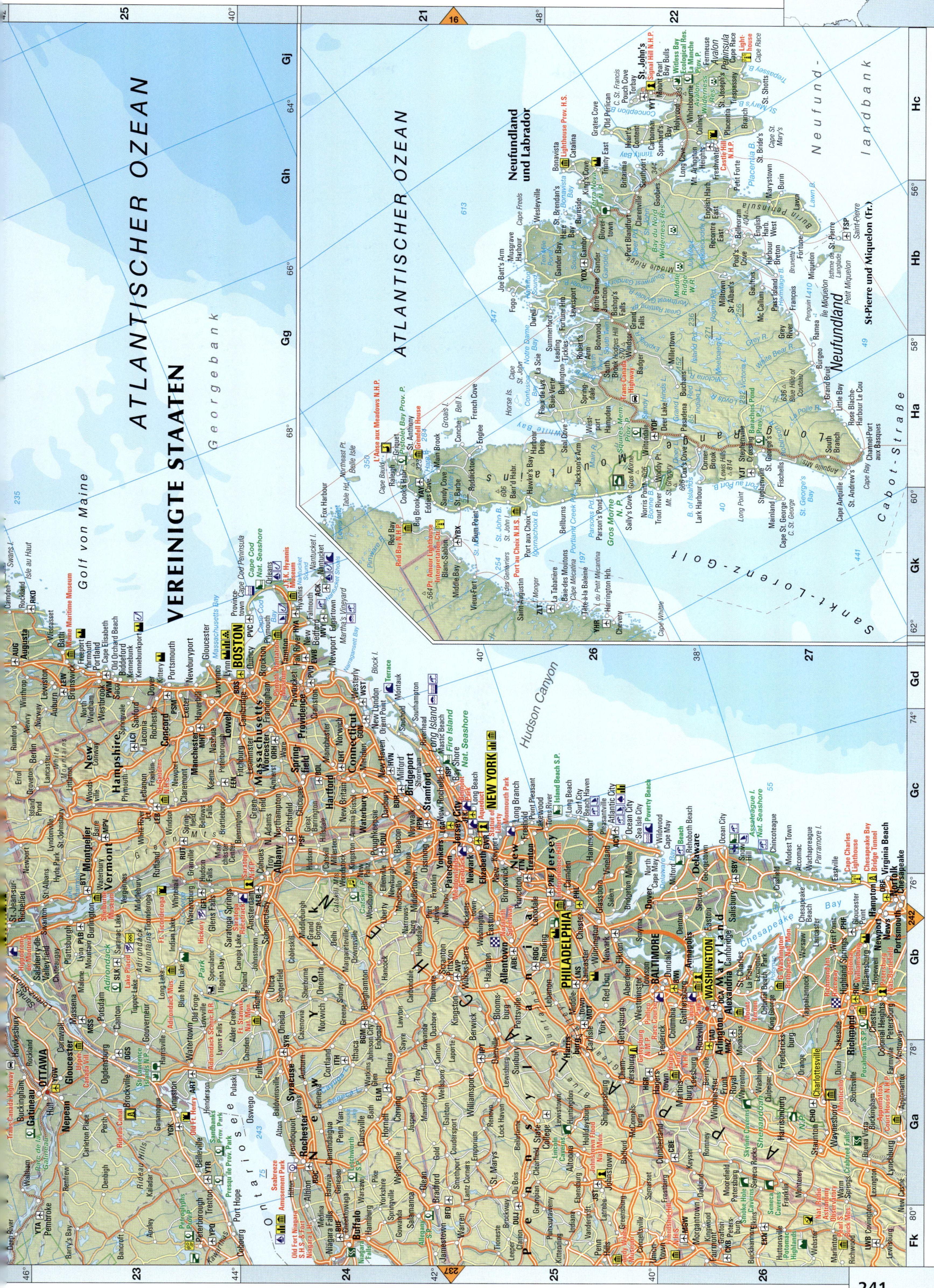

Florida, Bahamas, Kuba

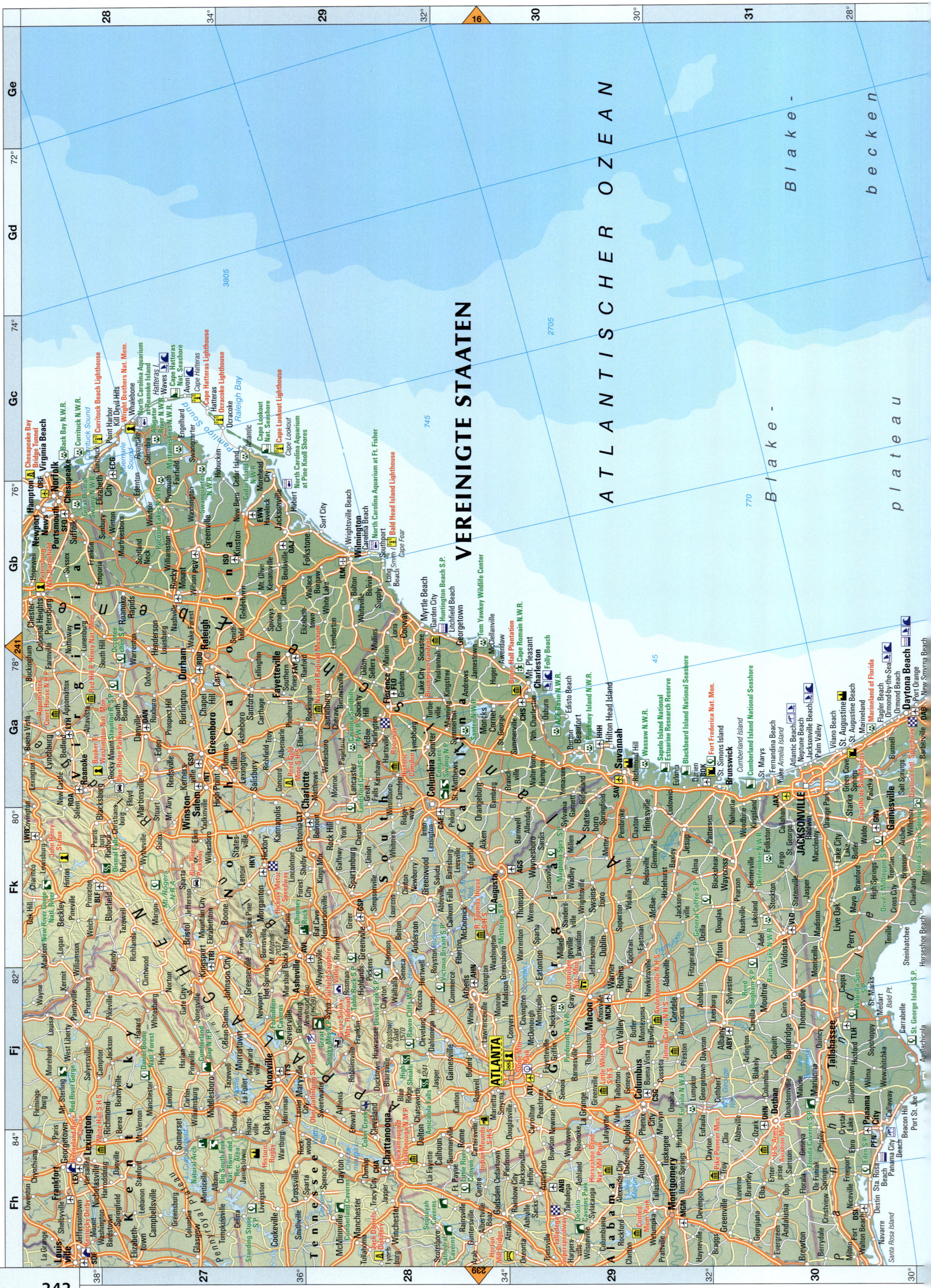
VEREINIGTE STAATEN
ATLANTISCHER OZEAN
Blake-plateau
Blake-becken
Virginia
North Carolina
South Carolina
Georgia
Alabama
Florida
Kentucky
Tennessee
ATLANTA
JACKSONVILLE
Savannah
Charleston
Charlotte
Raleigh
Greensboro
Norfolk
Virginia Beach
Tallahassee
Columbia
Augusta
Chattanooga
Knoxville
Montgomery
Macon
Wilmington
Gainesville

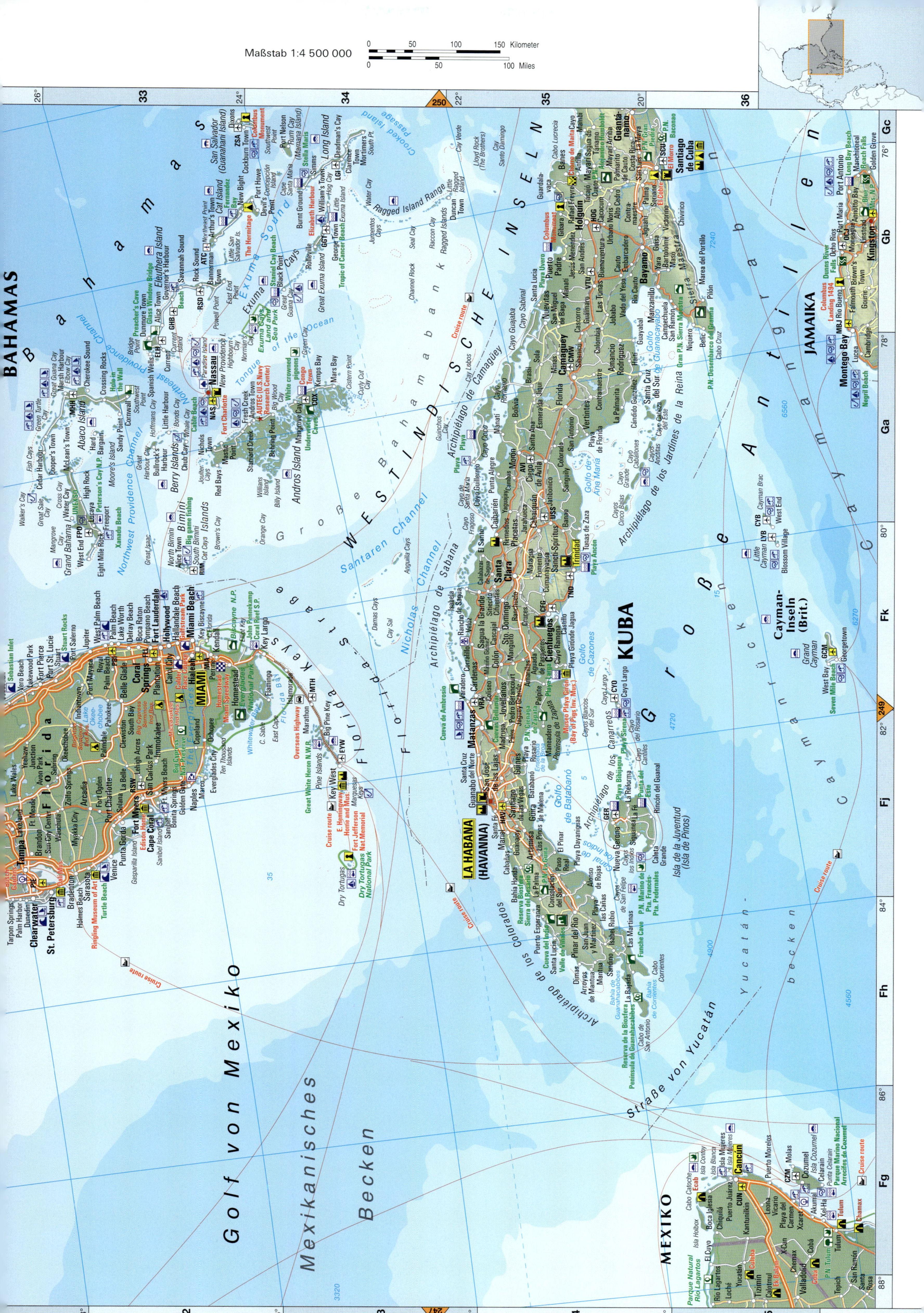

Maßstab 1:4 500 000
0 50 100 150 Kilometer
0 50 100 Miles
BAHAMAS
KUBA
JAMAIKA
MEXIKO
Golf von Mexiko
Mexikanisches Becken
Florida
MIAMI
LA HABANA (HAVANNA)
Cayman-Inseln (Brit.)
Straße von Yucatán
Nassau
Kingston
Santiago de Cuba
Cancún
Key West
Tampa
Andros Island
Isla de la Juventud (Isla de Pinos)

Nordmexiko

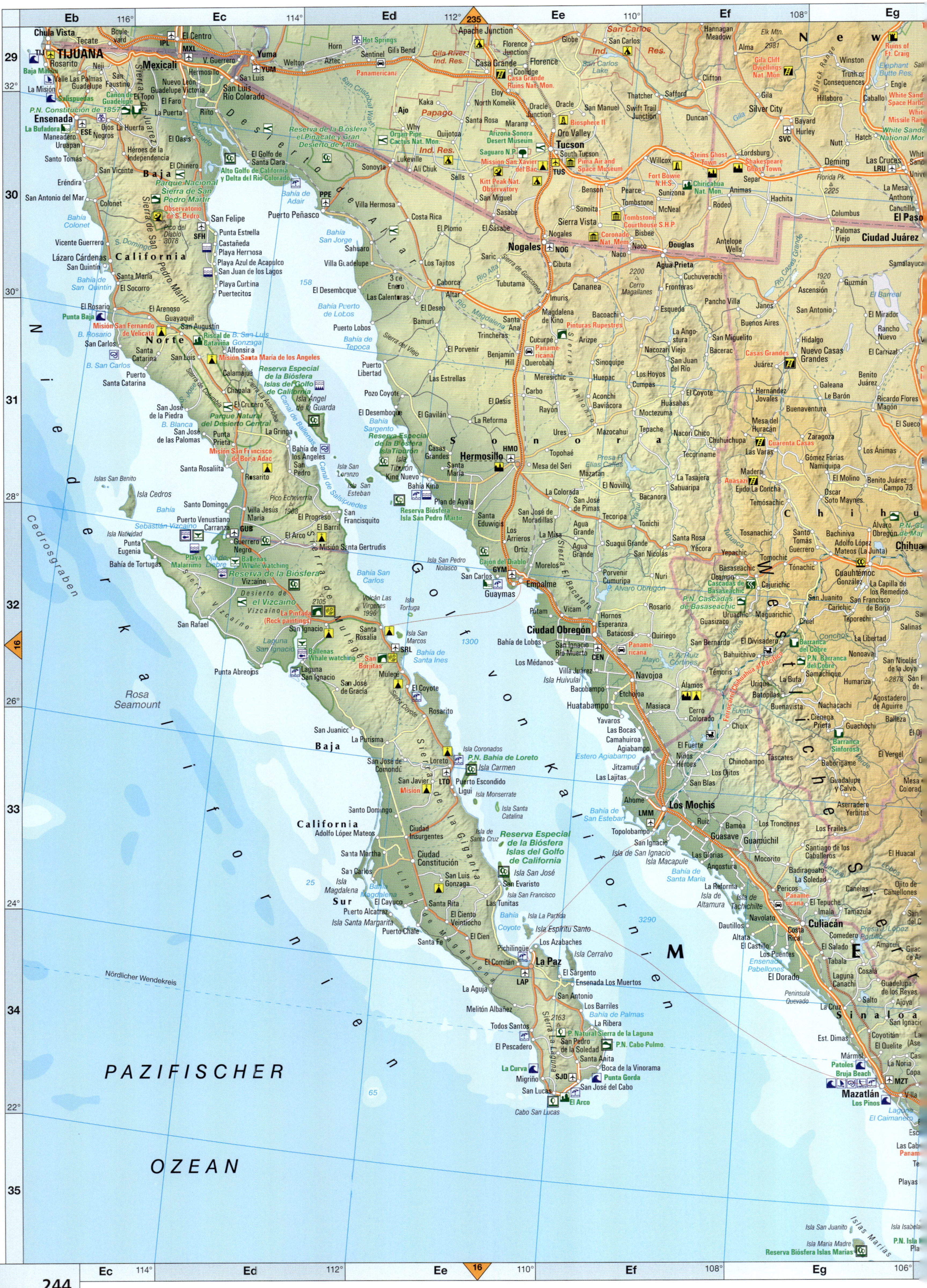
Eb
Ec
Ed
Ee
Ef
Eg
116°
114°
112°
110°
108°
106°
235
16
29
30
31
32
33
34
35
32°
30°
28°
26°
24°
22°
TIJUANA
Chula Vista
Tecate
Mexicali
Yuma
Ensenada
San Felipe
Puerto Peñasco
Nogales
Tucson
Hermosillo
Guaymas
Ciudad Obregón
Los Mochis
Culiacán
Mazatlán
La Paz
Santa Rosalía
Loreto
Ciudad Constitución
Cabo San Lucas
San José del Cabo
Ciudad Juárez
El Paso
Las Cruces
Chihua
Isla Cedros
Isla Tiburón
Isla Ángel de la Guarda
Baja
California
Norte
Sur
Sonora
Sinaloa
Chihuahua
Desierto de Altar
Desierto de el Vizcaíno
Sierra Madre Occidental
Golf von Kalifornien
Niederkalifornien
Cedrosgraben
Rosa Seamount
Nördlicher Wendekreis
PAZIFISCHER
OZEAN
Islas Marías
M

Maßstab 1:4 500 000

0 50 100 150 Kilometer
0 50 100 Miles

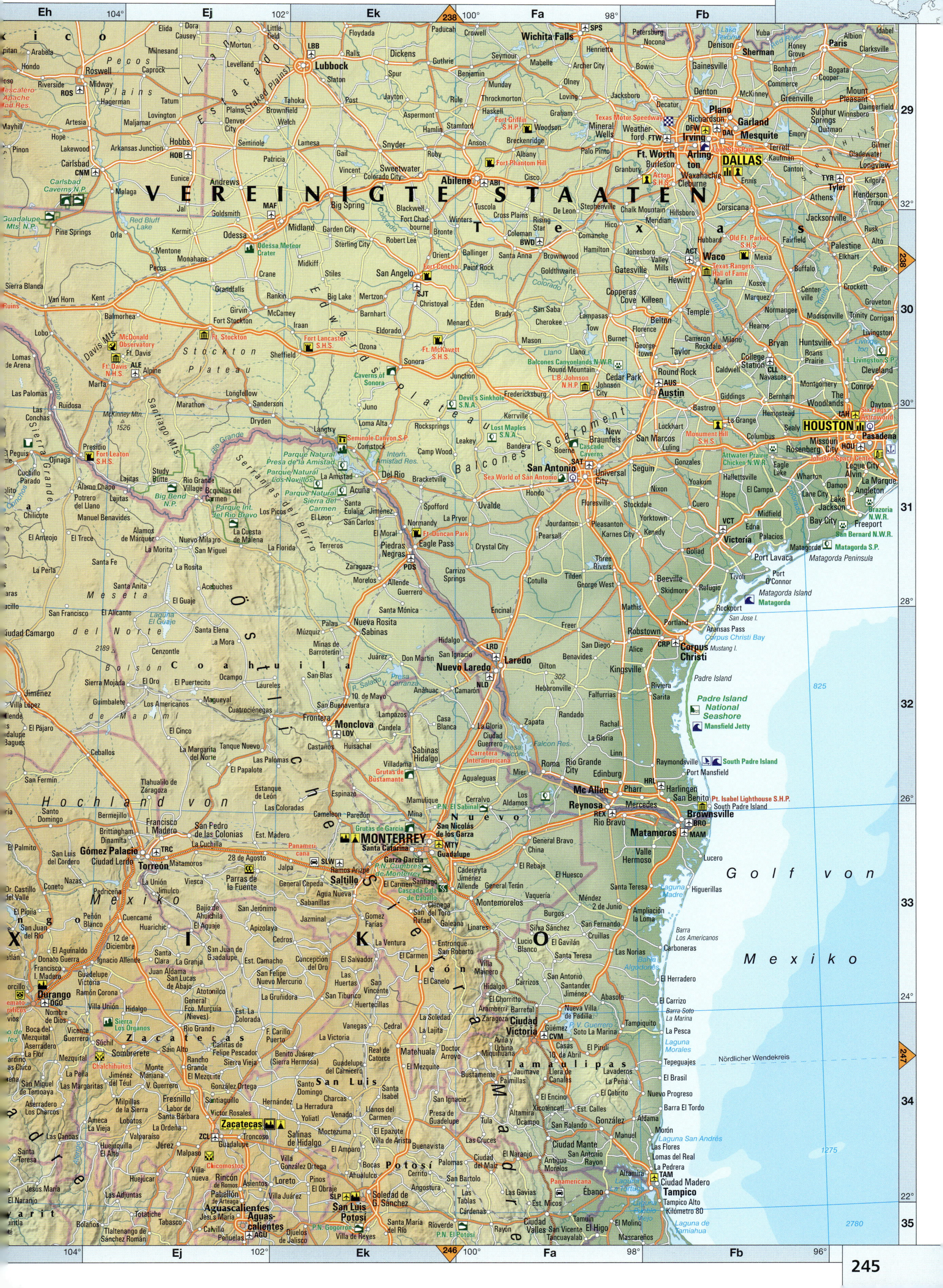

Südmexiko, Guatemala

Eg
Eh
Ej
Ek
Fa
Fb
245
16
106°
104°
102°
100°
98°
24°
22°
20°
18°
16°
14°
33
34
35
36
37
38
39
PAZIFISCHER
OZEAN
MONTERREY
GUADALAJARA
CD. DE MÉXICO
PUEBLA
LEÓN
Torreón
Saltillo
Durango
Zacatecas
San Luis Potosí
Aguascalientes
Querétaro
Morelia
Toluca
Cuernavaca
Pachuca
Tlaxcala
Acapulco
Chilpancingo de los Bravos
Colima
Tepic
Mazatlán
Puerto Vallarta
Manzanillo
Lázaro Cárdenas
Tampico
Ciudad Victoria
Matamoros
Brownsville
Reynosa
Mc Allen
Irapuato
Celaya
Salamanca
Guanajuato
Uruapan
Zamora
Tlaquepaque
Zapopan
Poza Rica
Ciudad Madero
Nuevo León
Sinaloa
Durango
Zacatecas
Nayarit
Jalisco
Colima
Michoacán
Guerrero
Guanajuato
Querétaro
Hidalgo
México
Morelos
Puebla
Tamaulipas
San Luis Potosí
Sierra Madre Occidental
Sierra Madre Oriental
Sierra Madre del Sur
4830
1635
5300

Maßstab 1:4 500 000

0 50 100 150 Kilometer
0 50 100 Miles
Fc
Fd
Fe
Ff
Fg
94°
92°
90°
88°
33
34
35
36
37
38
39
243
248
24°
22°
20°
18°
16°
14°
Golf von Mexiko
Nördlicher Wendekreis
Cruise route
Arrecife Alacrán
Cayo Arenas
Cayo Nuevo
Arrecifes Triángulos
MEXIKO
Golf von Campeche
Halbinsel Yucatán
Yucatán
Quintana Roo
Campeche
Tabasco
Chiapas
Isthmus von Tehuantepec
Golf von Tehuantepec
Sierra Madre de Chiapas
GUATEMALA
BELIZE
HONDURAS
EL SALVADOR
Golfo de Honduras
Mérida
Cancún
Campeche
Progreso
Valladolid
Tulum
Cozumel
Isla Mujeres
Chetumal
Belize City
Belmopan
Villahermosa
Coatzacoalcos
Minatitlán
Cd. del Carmen
Champotón
Palenque
Tuxtla Gutiérrez
San Cristóbal de las Casas
Comitán de Domínguez
Tapachula
Salina Cruz
Cobán
Flores
CD. DE GUATEMALA
Antigua
Escuintla
Quezaltenango
Puerto Barrios
Puerto Cortés
San Pedro Sula
Tela
La Ceiba
El Progreso
Santa Ana
SAN SALVADOR
TEGUCIGALPA
Comayagua
San Miguel
Choluteca
Ambergris Cay
Turneffe Islands
Glovers Reef
Banco Chinchorro
Barrier Reef

Fc
Fd
Fe
Ff
Fg
Fh
94°
92°
90°
88°
86°
247
16
35
36
37
38
39
40
41
20°
18°
16°
14°
12°
10°
M E X I K O
Golf von Campeche
Golf von Tehuantepec
Isthmus von Tehuantepec
Mittelamerikanischer Graben
PAZIFISCHER OZEAN
Guardian Seamounts
Halbinsel Yucatán
Quintana Roo
Campeche
Tabasco
Chiapas
BELIZE
GUATEMALA
HONDURAS
EL SALVADOR
NIC
Golfo de Honduras
Islas de la Bahía
Sierra Madre de Chiapas
Campeche
Chetumal
Villahermosa
Coatza-coalcos
Minatitlán
Tuxtla Gutiérrez
Tapachula
Belmopan
Belize City
CD. DE GUATEMALA
SAN SALVADOR
TEGUCIGALPA
MANAGUA
San Pedro Sula
La Ceiba
Puerto Cortés
Tela
Cobán
Flores
Santa Ana
San Miguel
Choluteca
León
Chichén Itzá
Tulum
Cobá
Calakmul
Tikal
Palenque
Copán
Cruise route
6663
6350
4560
25
10

Maßstab 1:4 500 000

0 50 100 150 Kilometer
0 50 100 Miles

Hispaniola, Kleine Antillen

Gb
Gc
Gd
Ge
Gf
Ga
243
249
264
33
34
35
36
37
38
39
24°
22°
20°
18°
16°
14°
76°
74°
72°
70°
68°
78°
Bahamas
BAHAMAS
Nassau
New Providence I.
Eleuthera Island
Cat Island
San Salvador (Guanahani Island)
Exuma Sound
Exuma Cays
Andros Island
Great Exuma Island
Long Island
Rum Cay
Crooked Island
Acklins Island
Mayaguana Island
Great Inagua Island
Little Inagua Island
Ragged Island Range
Große Bahamabank
Tongue of the Ocean
Crooked Island Passage
Mayaguana Passage
Caicos Passage
Mira-por-vos Passage
Turks- und Caicos-Inseln (Brit.)
Caicos-Inseln
Turks-Inseln
Cockburn Town
Providenciales Island
Mouchoirbank
Mouchoir Passage
Silver Bank Passage
Silver Bank
Nördlicher Wendekreis
Cruise route
WESTINDISCHE INSELN
Archipiélago de Camagüey
KUBA
Camagüey
Holguín
Bayamo
Santiago de Cuba
Guantánamo
Baracoa
Las Tunas
Manzanillo
Sierra Maestra
Golfo de Guacanayabo
Guantanamo Bay US Naval Base
First Coffee Plantations
Paso de los Vientos
Passe du Vent
HAITI
Port-au-Prince
Cap-Haïtien
Île de la Tortue
Gonaïves
Golfe de la Gonâve
Île de la Gonâve
Canal de Saint Marc
Canal de la Gonâve
Jacmel
Les Cayes
Jérémie
Massif du Sud ou de la Hotte
Hispaniola
DOMINIKANISCHE REPUBLIK
SANTO DOMINGO
Santiago de l. Caballeros
Puerto Plata
La Vega
San Francisco de Macorís
Cordillera Central
San Juan
Barahona
Pedernales
Isla Beata
Cabo Beata
Bahía de Ocoa
La Romana
Samaná
Jamaica Channel
Montego Bay
Kingston
Spanish Town
Mandeville
Negril
Ocho Rios
Port Antonio
JAMAIKA
Pedrobank
Pedro Cays
Bajo Nuevo (Kol.)
Navassa Island
Morant Cays
Große Antillen
KARIBISCHE
Kolumbien-becken
Beatarücken
Península de la Guajira
P.N. Macuira
Golf von Venezuela
Puerto Bolívar
Riohacha
Punta Gallinas
Cabo de la Vela
Aruba

Maßstab 1:4 500 000

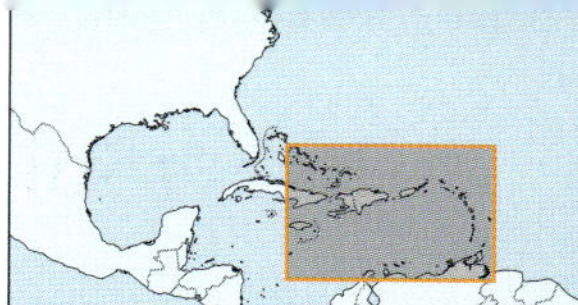

0 50 100 150 Kilometer
0 50 100 Miles
Gh
Gj
Gk
Ha
66°
64°
62°
60°
16
36
37
38
39
40
41
18°
16°
14°
12°
10°
8°
ATLANTISCHER OZEAN
Puerto-Rico-Graben
Cruise route
Jungferninseln (Brit.)
Anegada
Wreck diving
Jungfern-inseln (USA)
Long Bay Beach
Gorda Peak N.P.
Virgin Gorda
Mt. Sage N.P.
Tortola
Road Town
Virgin Is. N.P.
St. Thomas
St. John
Charlotte Amalie
STT
Isla de Culebra
Dewey
Vieques
Isabel Segunda
Sunbay Beach
Buccaneer Beach
SSB
Buck Island
Christiansted
Frederiksted
Saint Croix
Virgin Passage
Jungferninseln
Anegada Passage
Puerto Rico
San Juan
Flamenco Beach
Rio Grande
Bayamon
Carolina
Vega Baja
SJU
Arecibo
Isabela
Manati
Comerio
Caguas
Humacao
Yabucoa
Aguadilla
Rincón
Rincón Beach
Utuado
Coamo
S. Sebastian
Maricao
Mayagüez
Yauco
San Germán
Boquerón Beach
Guanica
Arroyo
Guayama
Punta Santiago
Ponce
Caña Gorda Beach
Puerto Rico (USA)
Cabo Rojo
Isla Mona
1 Camuy Caverns
2 Toro Negro Forest
3 El Yunque Rainforest
6090
8300
Sombrero (St. Kitts und Nevis)
Anguilla (Brit.)
The Valley
AXA
Marigot
St-Martin
SXM
Philipsburg
Sint Maarten
Gustavia
St. Barthélemy
Niederländische Antillen
The Bottom
Saba
Sint Eustatius
Oranjestad
Saba Marine Park
Brimstone Hill Fortress N.P.
SKB
Basseterre
Charlestown
ST. KITTS UND NEVIS
Guadeloupe (Fr.)
Codrington
Barbuda
ANTIGUA UND BARBUDA
ANU
St. John's
English Harbour Town
Antigua
Redonda
Montserrat (Brit.)
Guadeloupe Passage
Antigues Cape
Port-Louis
Grande-Terre
Le Moule
Morne-à-L'eau
Les Abymes
PTP
Ste-Anne
La Desirade
Ste-Rose
Pointe-Noire
Pointe-à-Pitre
Basse-Terre
1467
St-Louis
Capesterre
Marie-Galante
Parc national de la Guadeloupe
Basse-Terre
Capesterre-Belle-Eau
Iles des Saintes
Guadeloupe (Fr.)
Dominica Passage
DOMINICA
Cabrits N.P.
Portsmouth
Marigot
Dominica
DOM
Morne Trois Pitons N.P.
St. Joseph
La Plaine
Boiling Lake
Roseau
Berekua
Martinique Channel
Anse Couleuvre
Basse-Pointe
Sainte-Marie
Martinique (Fr.)
1397
La Trinité
Saint-Pierre
FDF
Le François
Fort-de-France
Rivière-Pilote
St. Lucia Channel
Castries
St. Lucia
Dennery
Micoud
SAINT LUCIA
Soufrière
950
Pitons
SLU
Vieux Fort
Barbados
Duppies
Speightstown
Bathsheba
Bridgetown
BGI
BARBADOS
St. Vincent Passage
La Soufrière
St. Vincent
Chateaubelair
1234
Georgetown
Kingstown
SVD
SAINT VINCENT UND DIE GRENADINEN
Bequia
Mustique
Canouan
Union
Carriacou
Hillsborough
Grenadinen
Ronde
840
Levera N.P.
Grand Etang N.P.
Grenville
Saint George's
GRENADA
GND
Grenada
Inseln über dem Winde
KLEINE ANTILLEN
Aves-Rücken
Isla de Aves (Ven.)
enezuelabecken
S MEER
Tobago
Charlotteville
594
Speyside Beach
Pigeon Point
Tobago Rain Forest Reserve
TAB
Scarborough
TRINIDAD UND TOBAGO
Galera Point
Matelot
Toco
940
Arima
Trinidad
Maracas Beach
Tunapuna
Chaguaramas
Sangre Grande
POS
Port of Spain
Manzanilla Beach
Chaguanas
Pierreville
Punta Peñas
Prince's Town
Mayaro Beach
San Fernando
Guayaguayare
Galeota Point
Pitch Lake
La Brea
Siparia
Moruga
Bonasse
Serpent's Mouth
Boca de la Serpiente
Islas los Testigos
P.N. Península de Paria
Península de Paria
Macuro
Güiria
Golf von Paria
Isla la Blanquilla
Islas los Hermanos
Isla de Margarita
Islas los Frailes
Juangriego
La Asunción
P.N. Laguna la Restinga
957
Porlamar
PMV
Boca del Pozo
Punta de Piedras
Isla Coche
Isla Cubagua
Río Caribe
Carúpano
CUP
Yaguaraparo
El Pilar
Irapa
P.N. Turuépano
Icacos Point
Pedernales
Inseln unter dem Winde
KLEINE ANTILLEN
P.N. Archipiélago los Roques
Islas los Roques
Isla la Orchila
Islas de Aves
Aves de Barlovento
Aves de Sotavento
Isla la Tortuga
Niederländische Antillen
Washington-Slagbaai N.P.
Playa Bengé
St. Christoffel N.P.
Bonaire
Kralendijk
Bonaire Marine Park
Lac Bay
BON
Curaçao
Willemstad
CUR
Porto Marie
Nieuwpoort
Cruise route
Farallón Centinela
Fosa de Cariaco
1390
Médanos
Puerto Cumarebo
San José de la Costa
Píritu
San Juán de los Cayos
Tocuyo de la Costa
La Vela de Coro
P.N. Sierra San Luis
El Guay
Chichiriviche
P.N. Morrocoy
Tucacas
Boca de Aroa
Riecito
Cabure
P.N. Cueva de la Quebrada del Toro
P.N. Henri Pittier
Choroní
Cata
Tovar
La Victoria
CCS
Maiquetía
P.N. El Ávila
2765
La Guaira
CARACAS
Los Teques
Petare
Guatire
Santa Teresa
Ocumare del Tuy
Cúa
Los Caracas
Chirimena
Higuerote
Tacarigua
Caucagua
Cabo Codera
P.N. Laguna de Tacarigua
P.N. Guatopo
Valle de Guanape
San José de Guaribe
Clarines
Puerto Píritu
Onoto
Barcelona
Lechería
BLA
P.N. Mochima
Islas Chimanas
Pto. la Cruz
La Encrucijada
Salistral
Aragua de Barcelona
Anaco
Cantaura
San Mateo
Santa Rosa
Campo Alegre
Ortupano
Buena Vista
Cumaná
CUM
Araya
Pen. de Araya
G. de Cariaco
Cariaco
P.N. El Guácharo
Cumanacoa
Cerro Tristeza
2650
Casanay
Caripe
Cueva del Guácharo
Quiriquire
Caripito
Guanoco
Caño Colorado
Aragua de Maturín
Jusepín
Maturín
MUN
El Merey
Caicara
Bergantín
Urica
Punta de Mata
Aguasay
El Blanquero
San José de Buja
Puerto Amador
Temblador
La Horqueta
Uracoa
TUV
Tucupita
Los Güires
Orinoco-delta
P.N. Mariusa
Warao Indians
Boca del Macareo
Barrancas
Mata Negra
Chaguaramas
Morichal
Orinoco
San Rafael de Curiapo
Juberina
La Margarita
VENEZUELA
Gf
68°
Gg
66°
265
Gh
64°
Gj
62°
Gk

Südamerika

Im südlichen Teil des amerikanischen Doppelkontinents, der von der Panamastraße bis Feuerland reicht, setzt sich an der Pazifikküste die steil aufragende Kordillerenkette fort. Mit den Anden erreicht sie ihre größte Ausdehnung, auf Höhe des südlichen Wendekreises erstreckt sie sich rund 700 km in west-östlicher Richtung. Zwischen den Höhenzügen der Kordilleren erstrecken sich imposante Hochebenen. Nach Osten schließen sich Tiefländer an. Dazu gehören sowohl das riesige Amazonasbecken als auch die fruchtbaren Ebenen der Pampas. Die Bergländer im Norden und Osten des Halbkontinents sind mit tropischer Vegetation bewachsen.

Die große Nord-Süd-Ausdehnung Südamerikas von 7500 km bedingt auch extreme klimatische Unterschiede. So folgen im Süden auf die feucht-heißen Regenwälder Amazoniens die kühlgemäßigte Region Patagoniens und die bereits polar beeinflussten Breiten Feuerlands.

Zu den imposantesten Bergen des chilenischen Nationalparks Torres del Paine in Südpatagonien zählen die hinter dem Lago Pehoe aufragenden Granitspitzen der bis zu 2600 m hohen Cuernos del Paine.

Südamerika

Fa
Fb
Ga
Gb
Ha
Hb
Ja
Jb
210
07
08
09
10
11
12
13
14
15
16
Golfküstenebene
HOUSTON
NEW ORLEANS
Mississippi Delta
Florida
Cape Canaveral
Sargasso-see
5223
Nord-Amerikanisches Becken
7107
Nares-Tiefsee-Ebene
Golf von Mexiko
MIAMI
Nassau
Bahamas
HAVANNA
3265
MÉRIDA
Halbinsel Yucatán
Kuba
Große Antillen
Cayman-Inseln
Caymangraben
SANTO DOMINGO
Puerto Rico
Hispaniola
Jamaika
Puerto-Rico-Graben
Inseln über dem Winde
Venezuela-becken
Istmus von Tehuantepec
CIUDAD DE GUATEMALA
TEGUCIGALPA
Karibisches Meer
Kolumbien-becken
Kleine Antillen
Inseln unter dem Winde
Barbados
Guyana-becken
Mittelatlantischer Rücken
ATLANTISCHER
Nördlicher Wendekreis
Kapverdische Inseln
Kap Verde-Becken
6246
OZEAN
6663
Mittelamerikanischer Graben
MANAGUA
Lago de Nicaragua
4032
P.Colón
5775
MARACAIBO
CARACAS
Trinidad
2177
Guatemala-becken
Panamá
Ciudad Guayana
Georgetown
Paramaribo
Cayenne
Isla del Coco
MEDELLÍN
Llanos del Orinoco
Orinoco
C.Yav.
2441
Mt.Roraima
2810
Bergland von Guayana
Demeraraplateau
Cocosrücken
5120
Nev.del Ruiz
5325
BOGOTÁ
Nev.del Huila
5750
Boa Vista
Pico da Neblina
3014
Macapá
I.de Marajó
Ceará-Tiefsee-Ebene
Archipiélago de Colón/ Galápagos-Inseln
QUITO
Vol. Cotopaxi
5897
Chimborazo
6310
Rio Negro
BELÉM
Äquator
GUAYAQUIL
I.Isabela
Amazonastiefland
MANAUS
Amazonas
Tapajós
São Luís
FORTALEZA
Atol das Rocas
Ilha Fernando de Noronha
4527
Maynas
Iquitos
Madeira
Xingu
Teresina
Cabo de São Roque
Natal
SELVAS
Pta.Negra
La Montaña
Porto Velho
Rio Branco
Araguaia
Tocantins
Caatinga
Pernambuco-Tiefsee-Ebene
RECIFE
3711
TRUJILLO
6768
Sañal Huascarán
Peru-becken
Campos Cerrados
São Francisco
Sertão
5294
Aracaju
LIMA
ANDEN
Llanos de Mojos
Planalto do Mato Grosso
PLANALTO CENTRAL
BRASÍLIA
Campos
SALVADOR
Ilhéus
Brasilianisches Becken
Cuzco
Titicacasee
Yungas
Cuiabá
3444
Arequipa
LA PAZ
Nev.Sajama
6520
SANTA CRUZ DE LA SIERRA
Pantanal
GOIÂNIA
Brasilianisches Bergland
2033
Peru-Chile-Graben
Nazcarücken
Sucre
Altiplano
Atacama
BELO HORIZONTE
2890
Vitória
Chile-becken
7523
Paraguay
Campo Grande
Paraná
Serra do Mar
2797
Pico da Bandeira
Trinidaderücken
20
Ilhas Martim Vaz (BR)
Antofagasta
Gran Chaco
Asunción
Londrina
SÃO PAULO
RIO DE JANEIRO
Südlicher Wendekreis
Islas de los Desventurados
San Miguel de Tucumán
6887
Nev.Ojos del Salado
Corrientes
CURITIBA
1808
483
Sala-y-Gomez-Bruchzone
497
Uruguay
Entre Rios
PORTO ALEGRE
La Serena
PAZIFISCHER
Aconcagua
CÓRDOBA
Serras de Córdoba
660
Roggeveenbecken
6968
Mendoza
Pampas
ROSARIO
Rio-Grande-Plateau
Juan-Fernández-Inseln
SANTIAGO
MONTEVIDEO
BUENOS AIRES
Rio de la Plata
4413
Concepción
Vol. Domuyo
4709
Mar del Plata
OZEAN
Vol. Lanín
3747
Rio Negro
Bahía Blanca
ATLANTISCHER
4400
Puerto Montt
Chiloé
Península Valdés
Argentinisches Becken
Tristan da Cunha
Chile-Schwelle
Chonos-Archipel
Patagonien
5585
Comodoro Rivadavia
OZEAN
San Valentín
4058
120
6245
Falkland-Inseln
Falklandplateau
Ostpazifischer Rücken
4295
Punta Arenas
Magellanstraße
Feuerland
Mornington-Tiefsee-Ebene
Chile-Graben
Scotiarücken
5100
Süd-Georgien
Kap Hoorn
Drakestraße
Südantillenmeer
Süd-Sandwich-Graben
Süd-Sandwich-Inseln
5160
Süd-Shetland-Inseln
Süd-Orkney-Inseln
Südost-Pazifisches Becken
Antarktische Halbinsel
Bouvet øy
2920
Larsen Ice Shelf
Südlicher Polarkreis
Bellingshausensee
Mt. Jackson
4190
Weddellsee
Db
Ea
Eb
Ka
Kb
La
Lb
287

Maßstab 1:36 000 000
0 500 1000 1500 Kilometer
0 500 1000 Miles
Fa 90° Fb 80° Ga 70° Gb 60° 211 Ha 50° Hb 40° Ja
Austin
Texas
Lousiana
HOUSTON
NEW ORLEANS
Tallahassee
Orlando
VEREINIGTE STAATEN
Florida
Sargasso-see
MIAMI
Nassau
BAHAMAS
Golf von Mexiko
HAVANNA
KUBA
Bayamo
Turks- und Caicos-Inseln (Brit.)
Cockburn Town
Puerto Rico (USA)
San Juan
Nördlicher Wendekreis
MÉRIDA
Georgetown
Cayman-Inseln (Brit.)
Kingston
JAMAIKA
HAÏTI
PORT-AU-PRINCE
DOMINIKANISCHE REPUBLIK
SANTO DOMINGO
Amerikanische Jungferninseln (USA)
Britische Jungferninseln(Brit.)
Anguilla (Brit.)
Guadeloupe (Fr.)
Saint John's ANTIGUA UND BARBUDA
Niedländ.Antillen (NL)
ST.KITTS UND NEVIS
Basseterre
Montserrat (GB)
Roseau DOMINIKA
Martinique(Fr.)
Castries SAINT LUCIA
Bridgetown
BARBADOS
SAINT VINCENT UND DIE GRENADINEN
Kingstown
Niederländische Antillen (NL)
GRENADA
Saint George's
TRINIDAD UND TOBAGO
Port of Spain
ATLANTISCHER OZEAN
KAP VERDE
Praia
MEXIKO
Chetumal
Villahermosa
Belmopan
BELIZE
GUATEMALA
HONDURAS
TEGUCIGALPA
CD.DE GUATEMALA
SAN SALVADOR
EL SALVADOR
NICARAGUA
MANAGUA
Karibisches Meer
Aruba (NL)
BARRANQUILLA
Cartagena
MARACAIBO
CARACAS
VALENCIA
Puerto la Cruz
San José
COSTA RICA
Panamá
PANAMA
San Cristóbal
Cd.Bolivar
Cd.Guayana
VENEZUELA
Georgetown
Paramaribo
GUYANA
SURINAME
Cayenne
Französisch Guyana (Fr.)
MEDELLÍN
Bucaramanga
BOGOTÁ
KOLUMBIEN
CALI
Isla del Coco (Costa Rica)
Boa Vista
Roraima
Amapá
Macapá
Archipiélago de Colón/ Galápagos-Inseln (Ecuador)
Pasto
QUITO
ECUADOR
GUAYAQUIL
Cuenca
Äquator
BELÉM
São Luís
MANAUS
Amazonas
Pará
Maranhão
FORTALEZA
Atol das Rocas
Ilha Fernando de Noronha (Bras.)
Iquitos
Carauari
Teresina
Ceará
Rio Grande do Norte
Natal
Sullana
Piauí
Paraíba
João Pessoa
Chiclayo
TRUJILLO
PERU
Acre
Rio Branco
Porto Velho
BRASILIEN
RECIFE
Pernambuco
Palmas
Tocantins
Maceió
Alagoas
Sergipe
Aracaju
Rondônia
Callao
Huancayo
LIMA
Cuzco
Ica
Mato Grosso
Feira de Santana
Bahia
SALVADOR
BOLIVIEN
Cuiabá
Distrito Federal
BRASÍLIA
Goiás
GOIÂNIA
Ilhéus
Arequipa
LA PAZ
COCHABAMBA
Tacna
Oruro
Sucre
SANTA CRUZ DE LA SIERRA
Corumbá
Mato Grosso do Sul
Minas Gerais
BELO HORIZONTE
Espírito Santo
Vitória
Iquique
Campo Grande
São Paulo
Ilhas Martim Vaz (Bras.)
Antofagasta
PARAGUAY
Londrina
Campinas
Rio de Janeiro
RIO DE JANEIRO
Santos
SÃO PAULO
Paraná
Asunción
Salta
Foz do Iguaçu
CURITIBA
Islas de los Desventurados (Chile)
Südlicher Wendekreis
Copiapó
San Miguel de Tucumán
Resistencia
Encarnación
Santiago del Estero
Corrientes
Posadas
Santa Catarina
La Serena
Canoas
PORTO ALEGRE
PAZIFISCHER OZEAN
CHILE
San Juan
CÓRDOBA
Santa Fé
Paraná
Rio Grande do Sul
Pelotas
Valparaíso
Mendoza
ROSARIO
URUGUAY
Juan-Fernández-Inseln (Chile)
SANTIAGO
BUENOS AIRES
MONTEVIDEO
La Plata
Talca
ARGENTINIEN
Santa Rosa
Concepción
Mar del Plata
Bahía Blanca
Neuquén
Puerto Montt
Viedma
Rawson
Tristan da Cunha (Brit.)
Pto.Aisén
Comodoro Rivadavia
Falkland-Inseln (Brit.)
Stanley
Río Gallegos
Punta Arenas
Ushuaia
Pto.Williams
Süd-Georgien (Brit.)
Süd-Orkney-Inseln (Brit.)
Süd-Sandwich-Inseln (Brit.)
Süd-Shetland-Inseln (Brit.)
Bouvet øy (Nor.)
ANTARKTIS
30° 07 20° 08 10° 09 0° 10 10° 11 16 20° 12 30° 13 40° 14 50° 15
130° Db 120° Ea 110° Eb 100° Fa 90° Fb 80° Ga 70° Gb 60° 287 50° Hb 40° Ja 30° Jb 20° Ka 10° Kb 0° La 10°

*Die Chapada dos Guimarães im Hochland des **Mato Grosso** schließt sich an die Höhenzüge des **Brasilianischen Berglands** an. Chapadas nennt man die zumeist von tropischem Regenwald bewachsenen ausgedehnten Hochebenen, die den größten Teil des Brasilianischen Berglands einnehmen.*

Kolumbianische Kordilleren

In Kolumbien teilen sich die **Anden** beim Nudo de Pasto in drei deutlich voneinander abgegrenzte, auseinanderstrebende Gebirgsketten: die **West-, Zentral-** und **Ostkordillere**. Tiefe Längstäler, die Senken des **Rio Cauca** und des **Rio Magdalena**, die zum Karibischen Meer fließen, trennen die Gebirge voneinander. Im Gegensatz zu anderen Hochgebirgen zeigen sich die Anden in Kolumbien nicht in einem schroffen alpinen Gewand. Die Landschaft ist von weiten Hochflächen und Bergrücken gekennzeichnet. Eine Ausnahme bilden nur die stark vergletscherten jüngeren Vulkane in der Zentralkordillere.
Die **Westkordillere** ist durchschnittlich 3000 m hoch und besteht aus kristallinen Gesteinen. Die höchste Erhebung der nur wenig gegliederten Cordillera Occidental ist der 4764 m hohe **Cumbal**.
Die **Zentralkordillere** ist ebenfalls aus kristallinen Gesteinen aufgebaut, bildet aber nur in ihrem südlichen Teil eine zusammenhängende Kette. Ansonsten ist die Cordillera Central in durchschnittlich 4000 m hohe Bergrücken gegliedert mit zahlreichen jungen, zum Teil noch tätigen Vulkanen. Diese Vulkankegel erreichen beträchtliche Höhen, ihre vergletscherten Gipfel liegen deutlich über der Schneegrenze. Die höchsten dieser Vulkane sind der 5750 m hohe **Nevado del Huila** und der 5325 m aufragende **Nevado del Ruiz**.

Amazonas

Der größte Strom Südamerikas hat ein Einzugsgebiet von 7 Mio. km^2 und ist etwa 6500 km lang. Er entsteht aus den beiden Hauptquellflüssen Marañón und Ucayali, die in den Anden entspringen. In seinem Mittellauf wird der Fluss Solimões genannt. Er durchfließt das brasilianische Tiefland und mündet mit drei Hauptarmen in den Atlantischen Ozean. Bereits bei Iquitos ist der Amazonas 1,8 km, bei Manaus sogar schon 5 km und im Mündungsbereich bis zu 250 km breit. Bis 800 km flussaufwärts sind die Gezeiten und die gewaltige Springflutwelle »Pororoca« zu spüren.

Weiter nördlich folgt das 2000 bis 3000 m hohe **Bergland von Ruiz**. Ganz im Norden endet die Zentralkordillere mit dem isolierten Gebirgsblock der **Sierra Nevada de Santa Marta**, der zum Karibischen Meer hin steil abfällt. Hier befindet sich der **Pico Cristóbal Colón**, der mit 5775 m höchste Berg Kolumbiens.
Die **Ostkordillere** ist im Schnitt über 5000 m hoch und spaltet sich bei Cúcuta in zwei Äste. Die **Kordillere von Mérida** setzt sich nach Venezuela hin fort, und die **Sierra de Perijá** endet in der Halbinsel von Guajira.
Die beiden Gebirgszüge umschließen auf venezolanischem Staatsgebiet den **Maracaibosee**, eine rund 180 km lange und bis zu 120 km breite Lagune, die zum Golf von Venezuela überleitet. Unter dem See lagern die größten Erdölvorkommen des südamerikanischen Kontinents – so ist er mit rund 5000 Bohrtürmen gespickt.
Die Cordillera Oriental ist aus Gneisen und Graniten aufgebaut, die mit Sedimenten aus dem Erdmittelalter und dem Quartär überlagert sind. Charakteristisch sind die bis 2800 m hoch gelegenen Becken, die aus urzeitlichen Seen hervorgegangen sind und später mit Abtragungsschutt gefüllt wurden. Der **Rio Magdalena** fließt rund 1000 km durch einen bis zu 80 km breiten Grabenbruch zwischen Zentral- und Ostkordillere ins Karibische Meer. Ebenfalls in einem Grabenbruch, zwischen Zentral- und Westkordillere, verläuft sein bedeutendster Nebenfluss, der **Rio Cauca**. Er entspringt in der westlichen Zentralkordillere und bahnt sich sein Bett Richtung Norden.

Angel-Fall: 948 m stürzen die Wassermassen in die Tiefe.

Bergland von Guayana

Über rund 1,5 Mio. km^2 erstreckt sich zwischen Orinoco, Amazonastiefland und Atlantischem Ozean das **Bergland von Guayana**. Das granitene Grundgebirge ist durch Hochplateaus mit ebenen Flächen gekennzeichnet, die von extrem steilen Schluchten durchschnitten werden. Von den lokalen Indianern werden diese Formationen »Tepui« genannt.
Die Flüsse bahnen sich ihren Weg durch flache Täler, die immer wieder von Kaskaden und Wasserfällen unterbrochen werden. Der eindrucksvollste ist sicherlich der **Angel-Fall**, mit seinen 948 m Fallhöhe der höchste Wasserfall der Erde. Aber auch die 226 m hohen **Kaieteur-Fälle** bieten ihren Besuchern ein faszinierendes Naturschauspiel.
Im Westen steigt das bewaldete Bergland steil zu den zerschnittenen Granithochflächen an. Die **Serranía de Mapichí** steigt bis auf 2262 m an und die **Sierra Marahuaca** erreicht 2579 m. Weit weniger steil ist der nördliche Anstieg, der aus einem 400 bis 600 m hohen Grundgebirge besteht und dem eine Vielzahl von Inselbergen und isolierten Bergstöcken aufgesetzt ist.
In 1000 bis 1400 m Meereshöhe folgen durch Steilstufen gegliederte Hochplateaus, die sich aus mehreren Sandsteinschichten zusammensetzen. Diese bestehen aus Ablagerungen urzeitlicher Flüsse und Meere, die im Laufe der Zeit durch Erosion ihre heutige Gestalt erhalten haben.

Orinoco

Der 2575 km lange Orinoco entspringt im südlichen Bergland von Guayana und fließt zunächst in westlicher Richtung. Der Strom gabelt sich schließlich in zwei Flussarme, von denen der südliche, der Casiquiare, sich dem Amazonassystem anschließt, der nördliche als Orinoco zu Füßen des Berglands von Guayana weiter nach Norden strömt. Nach Aufnahme zahlreicher aus den Kordilleren kommender Flüsse wie etwa dem Meta und dem Guaviare wendet sich der Orinoco nach Osten und mündet schließlich in einem rund 30 000 km^2 großen Delta in den Atlantischen Ozean.

Gran Sabana

Die **Gran Sabana** ist eine baumlose Grasflur, die aus einer ebenen, teilweise über 1000 m starken Sandsteintafel besteht. Diese 1000–1400 m hohe Ebene wird von extrem steil aufsteigenden Tafelbergen überragt, zu denen der 2810 m hohe **Monte Roraima** gehört. Er gab dem hier vorkommenden Sandstein seinen Namen. Während im Osten tropische Regenwälder das Bergland bedecken, sind die inneren Sandsteinplateaus ausgesprochene Savannenlandschaften.
Zur Gran Sabana gehört der gewaltigste Tafelberg der Welt, der rund 2500 m hohe **Auyán-Tepuí**, der eine Oberfläche von 700 km^2 aufweist. An seiner Nordseite stürzen die Wassermassen des **Angel-Falles** in die Tiefe. Der höchste Wasserfall der Welt trägt seinen Namen nach seinem Entdecker, dem amerikanischen Piloten Jimmy Angel.
Im tropischen Regenwald der Gran Sabana verbergen sich noch zahlreiche weitere imposante Wasserfälle wie der Salto Kukenam, sie sind in die artenreiche Dschungelvegetation des Nationalparks **Canaima** eingebettet.

Amazonasbecken

Vor etwa 600 Mio. Jahren war das **Amazonasbecken** eine nach Westen hin zum Urpazifik offene Meeresbucht. Nachdem sich im Tertiär die Anden gefaltet hatten, wurde die Verbindung zum Meer hin unterbrochen, und das Gebiet verwandelte sich allmählich in einen riesigen Binnensee. Im Quartär erfolgte der Durchbruch zum Atlantischen Ozean.
Mit 4 Mio. km^2 ist das Amazonastiefland – die Brasilianer nennen es **Selvas**, die Wälder – die größte Tropenwaldregion der Erde. Doch das hochsensible Ökosystem ist bedroht. Die Abholzung der Wälder und die damit verbundene Vernichtung von zahllosen Pflanzen- und Tierarten betrachtet man mittlerweile als Problem von länderübergreifender, ja globaler Tragweite.

Hochland von Brasilien

Der Nordosten Brasiliens ist durch landschaftlich sehr unterschiedliche Formen geprägt. Die Küsten-

Großes Bild: Selbst aus großer Entfernung heben sich die Wasser des dunklen Schwarzwasserflusses Rio Negro von denen des braunen Weißwasserflusses Rio Solimões am Zusammenfluss bei Manaus ab. Kleines Bild: Arterien gleich durchsetzen der Amazonas und seine Nebenflüsse das größte tropische Regenwaldgebiet der Erde.

Südamerika

*Fernab des südamerikanischen Kontinents ragen die vulkanischen **Galapagosinseln** aus dem Pazifik empor. Sie besaßen nie eine Verbindung zum Festland; die so bedingte Einzigartigkeit ihrer Artenentwicklung machte die Inseln weltberühmt. Landschaftlich entsprechen die Galapagosinseln dem typischen Bild einer Vulkaninsel: Lavagebilde, Tuffformen und Schlackenkegel bestimmen das Bild der zumeist spärlich bewachsenen, bizarren Kraterlandschaft.*

ebene ist zwischen 40 und 60 km breit und wurde im Tertiär geschaffen. Dann steigt die Landschaft landeinwärts zu einem bis zu 300 m hohen Bergland an, das aus einer einheitlichen archaischen Rumpfscholle besteht, die im Westen nach Abtragung jüngeren Gesteins wieder an die Oberfläche getreten ist. Im Inneren und im Osten sind diese jüngeren Sedimentüberlagerungen noch weitgehend erhalten geblieben.

Es folgt ein flachwelliges, bis zu 800 m hohes Hochland, in dem sich Sandsteintafeln aus der einst geschlossenen paläozoischen und mesozoischen Sedimentdecke erhalten haben.

Im Westen erreicht die Landschaft nur noch Höhen von etwa 150 m. Hier befinden sich viele aus Gneis und Granit bestehende Inselberge. Landschaftlich besonders reizvoll sind die verwitterten Granitfelsen und Quarzitriffe im **São-Francisco-Tal**. Auch im Nordwesten Brasiliens haben die Deckschichten der Erosion nicht standgehalten. Reste findet man lediglich in den niedrigen Sandsteintafeln der **Serra do Cachimbo** und der **Serra dos Caiabis**. Nach Süden und Osten ist die Gegend durch die **Chapada dos Parecis**, den **Mato Grosso** und die **Serra do Roncador** begrenzt.

Paraná

Der Paraná entsteht durch den Zusammenfluss von Rio Paranaíba und Rio Grande im Bergland von Brasilien. In seinem Oberlauf ist der Fluss reich an Wasserfällen. Nach der Einmündung des Paraguay fließt der Paraná als breiter Tieflandfluss gen Süden. Nahe Rosario teilt er sich in mehrere Arme und entwickelt ein etwa 70 km breites, sumpfiges Delta. Nördlich von Buenos Aires vereinigt er sich mit dem Rio Uruguay zum Río de la Plata, einem riesigen, 50–200 km breiten Mündungstrichter am Atlantischen Ozean. Der Paraná und seine Nebenflüsse schwemmen immense Ablagerungen an. Für den Schiffsverkehr müssen Fahrtrinnen ausgebaggert werden.

Bergland von Brasilien

Der größte geschlossene Landschaftsraum Südamerikas ist mit etwa 6 Mio. km² das Brasilianische Bergland, der **Planalto**, der sich langsam aus dem Amazonasbecken erhebt.

Das **Bergland von Brasilien** ist durchschnittlich 500 bis 1000 m hoch, steigt aber nach Süden und Osten bis auf knapp 3000 m an. Höchste Erhebung ist der 2890 m hohe **Pico da Bandeira**. Ihm folgen der bis auf 2787 m aufragende **Pico das Agulhas Negras** und der **Pico de Itambé**, der mit seinen 2033 m allerdings nur mehr knapp die 2000-m-Grenze überschreitet.

Im Westen wird das Bergland von Brasilien durch das Tiefland der **Pampas** und des **Gran Chaco** begrenzt, im Osten fällt es in der **Serra do Mar** steil, oft bis 100 m tief, zum Atlantischen Ozean ab und lässt nur Raum für einen schmalen Küstenstreifen. Hier erstreckt sich einer der berühmtesten Strände der Welt: die **Copacabana** von Rio de Janeiro mit ihrer schönen Kulisse, dem Zuckerhut.

Der **Planalto** besteht aus einem kristallinen Sockel, der sich zum Großteil aus Gneis, Glimmerschiefer und Quarzit zusammensetzt. Dieses Massiv ist erdgeschichtlich sehr alt und Teil des südamerikanischen Urkontinents. Abtragungen und Verwitterungen an der Atlantikküste sowie Auswaschungen durch Amazonaszuflüsse im Nordwesten haben dieses Grundgebirge nach späteren Überlagerungen wieder freigelegt.

In anderen Regionen des Berglands haben paläozoische und mesozoische Deckschichten der Erosion standgehalten. Die unterschiedlichen Verwitterungsgrade dieser jüngeren, aus Sandsteinen, Kalken und Basalten bestehenden Schichten sind für das sehr variantenreiche Landschaftsbild verantwortlich.

Ein faszinierendes Naturschauspiel findet im Südosten des Berglandes statt. Nur wenige Kilometer vor seiner Mündung in den **Paraná** stürzt hier der **Iguaçu** über eine rund 2700 m breite, hufeisenförmige Abbruchkante in eine 80 m tiefe Schlucht. Das gewaltige Spektakel wird von lautem Getöse begleitet. Besonderen Reiz üben die in allen Farben schillernden Gischtwolken aus, die durch den Fall des Wassers entstehen.

Mato Grosso

Der **Mato Grosso** ist ein sehr altes, stark erodiertes Gebirge, das den größten Teil des gleichnamigen brasilianischen Bundesstaates bedeckt. Es grenzt im Westen an die **Serra dos Parecis** und geht im Süden dann in die Überschwemmungssavannen des **Pantanal** über. Das Mato-Grosso-Plateau, das eine mittlere Höhe von rund 600 m erreicht, bildet die Grenze zwischen dem Amazonasbecken im Norden und dem Paraguaybekken im Süden.

Während das dünn besiedelte Hochland im Norden Urwälder aufweist, in denen Kautschuk gewonnen wird, besteht die Vegetation im Süden und Osten vor allem aus Gras- und Baumsavannen. Hier wird Getreide, Baumwolle, Tabak und Kaffee angebaut sowie Rinderzucht betrieben.

Planalto: die Wasserfälle des Iguaçu, eines Nebenflusses des Paraná

Anden

Die **Cordilleras de los Andes** erstrecken sich über rund 7500 km von der Karibikküste bis zum Südzipfel des südamerikanischen Kontinents. Das Gebirge ist zwischen 200 und 700 km breit. Bei den Anden handelt es sich um ein Faltengebirge, das sich auftürmte, als die südamerikanische Kontinentalplatte über die pazifische Platte geschoben wurde. Noch sind die tektonischen Veränderungen nicht abgeschlossen. Erdbeben und Vulkanausbrüche zeugen auch in der Gegenwart von den Plattenbewegungen.

Die **Südanden** sind ein schmaler Hochgebirgszug, der in **Feuerland** eine Höhe von etwa 1500 m erreicht, schon bald auf 3500 m ansteigt und in Mittelchile und Westargentinien bis über 5000 m aufragt. In diesem Bereich liegt auch der höchste Berg der Anden, der **Aconcagua**. Mit seiner Höhe von 6963 m ist dieser erloschene Vulkan gleichzeitig der höchste Berg des süd- und des nordamerikanischen Kontinents.

Auf Höhe der **Atacamawüste** beginnen die Zentralanden. Zwischen der West- und der Ostkordillere liegt der **Altiplano**, in dem sich der **Titicacasee** und der **Poopósee** befinden. Aus den Zentralkordilleren erheben sich diverse Sechstausender: beispielsweise der **Sajama** (6520 m), der **Ausangate** (6384 m) oder auch der östlich des Titicacasees aufragende **Illampu** (6362 m). Das gesamte Gebiet hat aber auch große kulturgeschichtliche Bedeutung. In den Ruinen der »Vergessenen Stadt« Machu Picchu finden sich bedeutende Reste der Inkakultur. Die schwer erreichbare Stadt entkam der Zerstörung durch die spanischen Eroberer. 1911 wurde die Anlage wiederentdeckt und der Öffentlichkeit zugänglich gemacht.

Im Norden Perus werden die Anden deutlich niedriger, und es beginnen die **Nordanden**, deren zwei Hauptketten in Ecuador wieder 6310 m erreichen. Auf dem Staatsgebiet von Ecuador brodelt der höchste aktive Vulkan der Erde. Der **Cotopaxi** steigt bis auf eine Höhe von derzeit 5897 m an. Sein scheinbar perfekt geformter Kegel setzt sich jedoch aus einem älteren und einem jüngeren Vulkan zusammen. Der Cotopaxi, unter dem heißes Magma dicht an die Erdoberfläche drängt, ist das ganze Jahr über mit Schnee bedeckt. Der letzte Ausbruch des Vulkans ereignete sich im Jahr 1928. Die Explosion verlief weitgehend schadlos für die Bewohner der Region.

In der Nähe der Staatsgrenze zwischen Ecuador und Kolumbien, beim **Nudo de Pasto**, teilen sich die Anden in drei parallele Hauptketten, von denen die Zentralkordillere nochmals auf 5750 m (**Nevado del Huila**) ansteigt, dann aber ebenso wie West- und Ostkordillere allmählich abdacht. Mit der **Kordillere von Mérida** ziehen sich die Anden bis nach Venezuela hinein und finden hier ihr nördliches Ende (siehe auch Seite 256).

Atacama-Wüste

Im Norden Chiles ist auf der unter Abtragungsschutt begrabenen Westabdachung der **Puna** infolge geringer Niederschläge ein ausgedehntes Wüstengebiet entstanden. Die Oberfläche der **Atacama** ist von salzverkrustetem Sand und Kleingeröll überzogen. Salzkrusten bedecken weite Areale, die sogenannten Salare.

Die Atacama ist die trockenste Wüste der Erde. Die extrem geringen Niederschläge und der starke Temperaturunterschied zwischen Tag und Nacht lassen keine nennenswerte Vegetation zu.

Río Paraguay

Der Río Paraguay entspringt im Bergland des Mato Grosso und durchfließt im Oberlauf das 100 000 km² große Schwemmland des Pantanal. Auf dem Weg nach Süden bildet er in Abschnitten die Grenze des Staates Paraguay – der seinen Namen nach dem Strom trägt – zu Brasilien und Argentinien. Der Fluss durchströmt den Gran Chaco und mündet bei Corrientes in den Paraná, dessen wichtigster Zufluss er ist. Seine Gesamtlänge beträgt 2550 km. Die wichtigsten Nebenflüsse sind der von Osten kommende São Lourenço und die aus dem Westen herbeiströmenden Pilcomayo und Bermejo.

Etwa 60 km von der ecuadorianischen Hauptstadt Quito entfernt befindet sich der höchste aktive Vulkan der Erde – der 5897 m hohe Cotopaxi, im gleichnamigen Naturschutzgebiet gelegen. Die ausgesprochen regelmäßige Kegelform des Berges ist oberhalb von 4000 m von Schnee und Eis bedeckt. Bedingt wird die vulkanische Aktivität des zuletzt 1928 ausgebrochenen Cotopaxi durch das Aufeinandertreffen von ozeanischer und kontinentaler Platte.

Titicacasee

Der 8300 km² große **Titicacasee** ist der größte Hochlandsee der Erde und liegt 3812 m über dem Meeresspiegel im Herzen der Anden zwischen den Ländern Peru und Bolivien. Da auf dem See auch Schiffsverkehr möglich ist, gilt er darüber hinaus auch als höchstgelegenes schiffbares Gewässer der Welt.
Der Titicacasee ist 190 km lang, durchschnittlich 50 km breit und bis zu 281 m tief. An seinem Ostufer wird er von dem Gipfel des 6362 m hohen **Illampu** überragt. Mehr als 20 Flüsse speisen den Hochlandsee. Diese führen – abhängig von Niederschlägen und Gletscherschmelze – periodisch unterschiedliche Wassermengen. Die Entwässerung des Sees erfolgt durch den **Rio Desaguadero** in den abflusslosen **Poopósee**.
Der Titicacasee wird durch 34 Inseln und mehrere Halbinseln stark gegliedert. In der Mythologie der hier lebenden Uru-Indianer spielt die **Isla del Sol** inmitten des Sees eine besondere Rolle. Denn nach dem Glauben der Indianer ist die Sonneninsel die Geburtsstätte der Sonne und daher ein beliebter Ort für traditionelle Feste und Feierlichkeiten.
Der **Lago Chucuito** im Norden wird mit dem **Lago Huinaymarca** im Süden durch die 80 m tiefe Seeenge von Tiquina verbunden. Obwohl sein Wasser einen deutlich brackigen Geschmack hat, gilt er noch als Süßwassersee.

Altiplano

Der **Altiplano** ist ein 3600 bis 4200 m hoch gelegenes Hochland zwischen der West- und der Ostkordillere und bildet den westlichen Teil des **Punablocks**.
Die abflusslose Hochebene ist rund 700 km lang und bis zu 200 km breit und nur mit einer schütteren Vegetation bedeckt. Die hier heimischen Aymará-Indianer versorgen sich durch den Anbau von Kartoffeln, Mais und Gerste mit dem Notwendigsten. Schafe und Hühner liefern ihnen Fleisch, Milch und Eier. Aus dem Fell der Lamas erzeugen die Indianer Wolle. Seit dem Quartär überlagern mehrere Hundert Meter hohe Schuttschichten das ältere aufgebrochene Rumpfgewölbe. Nordsüdlich verlaufende Gebirgszüge gliedern den Altiplano in einzelne Beckenlandschaften.
In den trockenen Steppengebieten des südlichen Teils erstrecken sich ausgedehnte Salzpfannen wie der **Salar de Uyuni**.

Cordillera Blanca

Das Santatal trennt im Norden von Lima die Westkordillere der Anden in zwei parallel verlaufende Gebirgszüge: die **Cordillera Negra** und die **Cordillera Blanca**. Ihren Namen hat sich die Cordillera Blanca mit ihren zahlreichen hoch aufragenden eis- und schneebedeckten Gipfeln erworben. Einer von ihnen ist der **Huascarán**, der mit 6768 m höchste Berg der peruanischen Anden.
Das Faltengebirge entstand im Jungtertiär, doch die Hebungsvorgänge sind noch immer nicht abgeschlossen. Die Oberfläche der Cordillera Blanca wurde in der Eiszeit stark überformt. Moränen, Kare und Trogtäler zeugen von der Kraft der gewaltigen Eisströme, die sich von den Hochgebirgen vor allem die Westflanke des Gebirges entlang hinunterschoben. Durch Endmoränen wurden hier kleinere Seen aufgestaut. Besonders eindrucksvoll sind die tiefen Trogtäler, die in rund 4000 m Höhe liegen; so die **Quebrada Santa Cruz** oder die **Quebrada Honda**. Menschen hat diese unwirtliche Region nicht angezogen; allein im fruchtbaren **Santatal** sind einige wenige Dörfer und Siedlungen entstanden.

Gran Chaco

Der **Gran Chaco** ist eine rund 800 000 km² große Ebene, die sich auf dem Staatsgebiet von Paraguay und Argentinien zwischen Paraná im Osten und Anden im

1

2

3

4

1 Das Andenhochland wird nach Osten hin von zahlreichen Teilkordilleren unterschiedlicher Größe begrenzt. Die Cordillera Vilcabamba bei Cuzco gehört zu den eher kleineren Grenzgebirgen.

2 Der größte Hochlandsee der Erde, der Titicacasee, gehört wie auch der Poopósee zu einer Folge wassergefüllter Hochlandbecken, die das Andenhochland in nordsüdlicher Richtung durchziehen.

3 Isla Pescado, Bolivien: Zahlreiche Salzseen, -sümpfe und -wüsten haben sich im Südteil der Andenhochebene gebildet. Durch die hohe Verdunstung der zumeist abflusslosen Seen fallen die darin angereicherten Verwitterungsprodukte aus und bilden sogenannte Evaporitmineralien.

4 Der Salar de Uyuni in fast 3700 m Höhe ist die größte Salzebene des Altiplano.

Großes Bild: Ausschnitt der Westkordillere der Anden im Grenzgebiet von Chile und Bolivien. Fast alle Stratovulkane sind schneebedeckt. Die grell-weißen Flächen sind Salzseen, der größte unter ihnen ist der Salar de Ascotán in der linken Bildhälfte. Im rechten oberen Bildteil fallen die bis zu 6000 m hohen Bergzüge zum Altiplano hin ab. Gran Pampa Pelada heißt diese fast unbesiedelte Steppenlandschaft.
Kleines Bild: Einer der spektakulärsten Andengipfel ist der 3128 m hohe Cerro Torre unweit der chilenisch-argentinischen Grenze.

Die Anden

Die Cordilleras de los Andes sind das längste Kettengebirge der Welt. Sie erstrecken sich über das gesamte westliche Küstengebiet des südamerikanischen Halbkontinents. Zum Teil verlaufen auch mehrere »Teilkordilleren« parallel zueinander.

Die Anden ziehen sich in mehreren Ketten über 7500 km vom Karibischen Meer im Norden bis zum Kap Hoorn im Süden. Dort läuft das Gebirge in unzähligen kleinen Inseln aus.
Die Südanden bestehen aus einem schmalen Hochgebirgszug, der in Feuerland bis auf 1500 m ansteigt, weiter nördlich erreichen die Gipfel bereits 3000 bis 5000 m. In Mittelchile und Westargentinien ragen die Gipfel über 5000 m auf. Hier liegt auch der 6960 m hohe Aconcagua, der höchste Berg Südamerikas. Ab dem 27. Grad südlicher Breite erweitert sich das Gebirge zu den Zentralanden. Zwischen West- und Ostkordillere erstreckt sich der Altiplano mit abflusslosen Salzpfannen und Seen wie dem Poopó- oder dem Titicacasee. Nordwestlich davon nähern sich die beiden Ketten wieder an. In der nordperuanischen Lücke in Höhe des 5. südlichen Breitengrades flachen die Höhenzüge ab und werden schmaler. Hier beginnen die Nordanden, die sich in Ecuador in zwei Hauptketten aufteilen, die bis zu 6310 m hoch aufragen. Von den drei Hauptketten in Kolumbien erreicht die mittlere Höhen von 5000 m. Die Kordillere von Mérida, ein Ausläufer der Ostkordillere, reicht bis nach Venezuela.
Die Anden entstanden in der Folge einer Reihe erdgeschichtlicher Prozesse. Die Becken des Mesozoikums füllten sich mit Ablagerungen urzeitlicher Flüsse, die ein etliche Kilometer mächtiges Schichtpaket entstehen ließen. Durch die Verschiebung der südamerikanischen Festlandplatte und der ozeanischen Nazcaplatte wurde in mehreren aufeinanderfolgenden Faltungsperioden das ursprüngliche Gestein aufgeschmolzen und umgewandelt. Erosion sorgte anschließend für eine erhebliche Reduzierung der Höhe und für die Bildung weiterer Abtragungsflächen. Das stark zergliederte Relief entstand im beginnenden Pliozän. Seine charakteristischen Formen bildeten sich im Quartär durch einen ausgeprägten Vulkanismus und im Süden durch eiszeitliche Gletscher heraus.
Die Anden haben eine Vielfalt unterschiedlichster Landschaften zu bieten. So ist der Altiplano, eine über 4000 m hoch gelegene Beckenlandschaft, eine Halbwüste mit spärlichem Gras- und Kakteenbewuchs. Von Fünf- und Sechstausendern eingerahmt ist das im Tertiär entstandene wüstenhafte Hochland der Puna. Seine bis zu 4200 m hoch gelegenen Becken sind oft von Salzkrusten überzogen und weisen Salzsümpfe auf. Hier ragen zahlreiche Vulkane auf wie der 6739 m hohe Llullaillaco oder der 6887 m hohe Ojos del Salado.
In Patagonien hat die Eiszeit deutliche Spuren hinterlassen. Die Höhen erreichen hier kaum noch 4000 m, jedoch nimmt die Vergletscherung zu. Die Berge an der Pazifikküste wurden im Quartär von gewaltigen Eisbergen überformt. Diese haben tiefe Fjorde ins Land geschnitten und Moränenwälle aufgeschüttet, hinter denen sich riesige Seen wie der Lago Buenos Aires oder der Lago Argentino auffüllten. Die noch vorhandenen Gletscher bilden im argentinischen Nationalpark Los Glaciares mit einer Ausdehnung von 6000 km² die größte zusammenhängende Eisfläche nördlich der Antarktis. Einer der größten Gletscher ist hier der 30 km lange Perito Moreno.
Zu den beeindruckendsten Landschaften der Anden gehört die Cordillera Blanca mit ihren schroffen Berggiganten, Gletschern, Moränen und Gletscherseen. Imposant auch der 6768 m aufragende Doppelgipfel des Huascarán. Vulkane kennzeichnen die Anden in Ecuador, darunter der stark vergletscherte Chimborazo (6310 m) und der Cotopaxi (5897 m), der höchste aktive Vulkan der Erde.
Die gewaltigen Höhen der Anden sowie ihre enorme Ausdehnung machen das Gebirge zur größten Klimascheide der Erde. Während die Ostausläufer von den Passatwinden mit hohen Niederschlägen versorgt werden, sind große Teil der Westseite des Gebirgszuges von Trockenheit geprägt.
Das Schmelzwasser der schneebedeckten Gipfel der Zentralkordillere bewässert die in den Tälern liegenden landwirtschaftlichen Flächen. Durch Terrassenanbau versucht man die Hanggrundstücke bestmöglich für den Anbau von Getreide, Gemüse, Obst und Tabak aufzubereiten. In den tieferen Lagen gedeihen Bananen, Reis und Baumwolle, in den mittleren, gemäßigten Zuckerrohr, Kaffee und Tabak und in den oberen Regionen Weizen und Kartoffeln. Auch Vieh findet hier ausreichend Weideland vor.

Großes Bild: Der schneebedeckte Vulkan Guallatiri liegt im chilenischen Lauca-Nationalpark. Kleines Photo: Bis zu 3000 m hohe, steil aufragende Granitnadeln prägen den Nationalpark Torres del Paine im Süden Chiles.

*Der **Gletscher San Valentin** in Chile, der den See Laguna San Rafael umschließt, transportiert auf seinem Weg zum Meer uralte Eisblöcke. Der riesige San-Rafael-Gletscher erstreckt sich vom patagonischen Inlandeis bis an die chilenische Küste.*

Westen erstreckt. Das Gebiet des Gran Chaco liegt auf einer Höhe von 100–400 m.
Auf den **Chaco boreal** im Norden folgt der **Chaco central** und weiter südlich der **Chaco austral**. Der Chaco boreal besteht aus sandigen und tonigen Sedimenten, die eine allmählich nach Westen ansteigende Aufschüttungsebene bilden.
Wenige isolierte Erhebungen unterbrechen ab und zu die Monotonie der steinlosen Landschaft. Die schwachen Reliefunterschiede sind nur in der Regenzeit zu erkennen, wenn sich die Mulden mit Wasser füllen und die höher gelegenen Rücken aus dem Überschwemmungsgebiet inselartig herausragen.
Den Trockenwäldern folgen im Westen Dornbusch- und Trockensteppen. Vereinzelt tauchen hier auch Grasflächen auf, die in ihrer oftmals gewundenen Form den Verlauf einstiger Flüsse anzeigen.
Im argentinischen Teil des Gran Chaco sind die Böden im Gegensatz zum Chaco boreal weitaus fruchtbarer. Die mit Humus durchsetzten Böden weisen zu etwa einem Drittel Wälder auf. Zwischen den Wäldern liegen offene Flächen mit vereinzelten Bäumen und Grasbewuchs.
Das subtropische Klima bedingt sehr heiße Sommer, und in der Regenzeit sind weite Teile der Landschaft überschwemmt.
Die Hauptflüsse, die den Gran Chaco durchziehen, sind **Pilcomayo, Bermejo** und **Rio Salado**, die aber nur einen geringen Teil ihres Wassers in den Paraguay einbringen.

Patagonien: der mächtige Gletscher Perito Moreno im Nationalpark Los Glaciares

Pantanal

Das **Pantanal** ist eine mehr als 100 000 km² große Schwemmlandebene des oberen Rio Paraguay. Die Geologen rechnen das Pantanal zum **Brasilianischen Bergland**, da es erdgeschichtlich mit diesem verbunden ist. Zwar unterscheidet es sich in seinem Landschaftsbild vom Bergland, doch handelt es sich in Wirklichkeit lediglich um eine ovale Absenkung desselben. In der Hochwasserzeit wird die 20 bis 40 km breite Niederung zu großen Teilen überschwemmt. Sümpfe, Seen und mäandernde Flüsse sorgen für eine abwechslungsreiche Landschaft und bieten ein Refugium für eine artenreiche Fauna. An den Flussufern des **Paraguay** wachsen Dammuferwälder, die in Feuchtwälder übergehen.
In der Trockenzeit, die in der Regel zwischen den Monaten Oktober und April herrscht, werden die weiten Ebenen als Weiden für Mastvieh genutzt.

Tiefland von Bolivien

Am Ostabfall der Anden reicht das ausgedehnte **bolivianische Tiefland** vom feuchtheißen Amazonasbecken im Norden bis zum trockenheißen Buschland des Gran Chaco.
Das hügelige, völlig steinlose Aufschüttungsgebiet weist im krassen Gegensatz zum vegetationsarmen Hochland eine sehr reiche Flora auf. Im nördlichen Bereich stehen ausgedehnte Regenwälder, die nach Süden hin in offene Wälder übergehen.
Daran schließen sich dann die Grassavannen der **Llanos del Mamoré** an. Diese Aufschüttungsfläche weist auch Galeriewälder und Waldinseln auf, die sogenannten »montes«.
Auf das bis zu 1400 m hohe **Bergland von Chiquitos** folgt eine große Sumpfregion, die sich bis in die Niederung des **Paraguay** hinzieht. Trockenwälder und Dornbuschsteppen markieren den allmählichen Übergang zum **Chaco boreal** im Süden. Hauptflüsse sind der 1800 km lange **Rio Mamoré** und der rund 1700 km lange **Rio Beni**, die nach ihrem Zusammenfluss den **Rio Madeira** bilden.

Pampas

Die **Pampas** sind eine riesige Ebene, die sich zwischen dem 30. und dem 37. Grad südlicher Breite ausdehnt. Im Westen beginnt sie in etwa 500 m Seehöhe am Fuße der Anden und reicht bis zum Atlantik im Osten. Im Norden geht sie allmählich in den **Gran Chaco** über, im Süden wird sie durch das **Tafelland Patagoniens** begrenzt. Im Osten rahmen außerdem die Höhen des **Brasilianischen Berglands** die Pampas.
Sie sind ein Teil des zentralen argentinischen Tieflandes, ein geologisch relativ junges Aufschüttungsgebiet aus dem Quartär, zu dem auch das Zwischenstromland **Mesopotamia** und der Gran Chaco gehören.
Die ursprüngliche Landschaft der Pampas wurde durch eine baumlose Grassteppe bestimmt, war aber möglicherweise in noch früherer Zeit von Wäldern bedeckt.
Der Mensch hat das Bild der Pampas radikal verändert, denn der fruchtbare, schwarzerdeähnliche Steppenboden eignet sich hervorragend als landwirtschaftliche Nutzfläche. Einwanderer aus Europa haben hier ein ausgedehntes Kulturland entstehen lassen. Heute charakterisieren weite Getreidefelder und riesige Viehweiden vor allem die feuchten östlichen Pampas.
Berühmtheit erlangte das zarte Fleisch der auf den Pampas weidenden Zuchtrassen Aberdeen-, Hereford- und Angusrind. Zum Wohlgeschmack der weltbekannten argentinischen Steaks trägt auch die hier angebaute Futterpflanze Luzerne (Alfalfa) bei.
Im zentralen und südöstlichen Bereich weiden zwar auch für europäische Verhältnisse gigantische Rinderherden, jedoch sind die Grasfluren erheblich trockener und weit weniger gepflegt, sodass hier das frühere Erscheinungsbild in nicht kultiviertem Zustand noch vorherrscht.

Patagonien

Die Pampas gehen im Süden allmählich in das **Tafelland Patagoniens** über.
Im kastenförmigen Tal des **Río Negro** werden in einem fruchtbaren, 10–15 km breiten Streifen ähnlich wie auf den Pampas Kulturpflanzen angebaut. Südlich des Río Negro ändert sich das Landschaftsbild jedoch auf fast dramatische Weise. Orkanartige Winde, riesige Gletscher und sonst kaum anzutreffende eisige Sturzregen haben eine Landschaft entstehen lassen, die sich mit keiner anderen Region der Erde vergleichen lässt.
Im Pleistozän bedeckten riesige Eismassen große Teile des Kontinents. Die Eisströme, die aus den Hochgebirgen zum Pazifik abglitten, durchschnitten das Gebirge mit tiefen Trogtälern.
Die **Gletscher** auf der Pazifikseite waren damals wie heute feuchten Luftmassen ausgesetzt, die über dem Pazifischen Ozean entstanden und sich an den Westhängen der Kordilleren abregneten.
Als die Gletscher abschmolzen, drang Meerwasser in die Täler ein, und so entstand ein unüberschaubares Gewirr von Inseln und Fjorden, das einzigartig auf der nördlichen wie der südlichen Hemisphäre ist.
Die riesigen, bis zu 1200 m tiefen **Fjorde** zerteilen die Anden entlang der Pazifikküste in mehrere Züge, die parallel zu den Ketten der Kordilleren verlaufen. Zudem verläuft im 90°-Winkel dazu ein dichtes System von Meereskanälen, an denen man den schrägen Verlauf der Verwerfungen deutlich ablesen kann.
Im Bereich der Fjorde toben permanent heftige Stürme, und es regnet täglich, wobei die Niederschläge sehr stark und eiskalt sind. Die Kordilleren sind hier noch etwa 4000 m hoch, und ihre unzähligen Gletscher reichen oft weit ins Meer.
Ein atemberaubendes Naturereignis spielt sich innerhalb der Fjor-

*Die spanisch Islas Malvinas genannten **Falklandinseln** liegen etwa 500 km vor der Küste Südamerikas. Die Hauptinseln West- und Ostfalkland werden durch den Falkland Sound voneinander getrennt.*

Die spärlich bewachsene Landschaft ist größtenteils hügelig bis gebirgig. Etwa 1500 km östlich davon befindet sich die Insel Südgeorgien (rechts), die von den Falklandinseln aus verwaltet wird.

de ab, wenn mit gewaltigen Geräuschen, die durch Echos zusätzlich verstärkt werden, riesige Eismassen von den Gletscherzungen abgesprengt werden und ins Wasser stürzen.

Die Ostseite der **Kordilleren** ist den Kräften der Winde weit weniger ausgesetzt. In den windgeschützten Senken kann noch Wald gedeihen, doch nach Osten hin werden die Winde wieder deutlich stärker, und es ist nur noch eine eintönige, trockene Steppenlandschaft anzutreffen. Im Pleistozän haben die im Vergleich zur westlichen Hälfte deutlich kleineren Gletscher Senken in das Bergland gegraben, die nach dem Abschmelzen des Eises als Seen zurückblieben. Zu ihnen zählen **Lago Argentino**, **Lago Nahuel-Huapi** und **Lago Buenos-Aires**.

Ein beeindruckendes Schauspiel gibt es am Lago Argentino zu beobachten. Der riesige in den See kalbende **Perito-Moreno-Gletscher** schiebt sich hier alle paar Jahre bis zu einer Halbinsel vor und bildet dort eine gewaltige Eisbarriere, die bis zu 60 m hoch werden kann. Wenn das aufgestaute Wasser schließlich die Barriere überschwemmt, bricht das Eis unter erheblichem Getöse auseinander.

Das Schichtstufenland senkt sich in deutlichen Stufen zum Atlantik hin ab. Das in der Eiszeit überrollte kristalline Grundgebirge wird von flach lagernden Sedimentformationen, Tuffen und schwarzen Basaltschichten überdeckt.

Die von den großen Flüssen in zahlreiche **Mesetas** gegliederte Oberfläche ist mit dem sogenannten patagonischen Geröll übersät, etwa hühnereigroßen Kieseln.

Als höchste Berge ragen der **San Valentín** mit 4058 m und der **San Lorenzo** mit 3706 m aus der patagonischen Kordillere hervor.

Feuerland

Pleistozäne Gletscher haben die windgeschützte Ostseite der Kordilleren stark übertieft. In die so entstandenen Senken trat nach dem Pleistozän Wasser ein. Eine dieser mit Wasser gefüllten Senken ist die nach ihrem portugiesischen Entdecker Magelhães benannte **Magellanstraße**. Als Magelhães 1520 die rund 583 km lange Meeresstraße zwischen Pazifik und Atlantik durchsegelte, entdeckte er backbord viele kleine Feuer. Das Land, auf dem sie brannten, nannte der Seefahrer Tierra del Fuego: **Feuerland**.

Feuerland hat eine Fläche von insgesamt 73 746 km². Auf der Hauptinsel und den zahlreichen kleineren Inseln setzt sich das schroffe, unwirtliche Landschaftsbild **Patagoniens** fort. Da es die gleichen erdgeschichtlichen Entwicklungen erfahren hat, ist das Tafelland ebenso aufgebaut, und **Fjorde** und Meeresstraßen bieten die gleichen Naturschauspiele.

Die Kordilleren sind allerdings auf Feuerland erheblich niedriger und erreichen im **Cerro Yogan** eine maximale Höhe von nur noch 2469 m. Auch die Eiskuppen lösen sich langsam auf. Die vergletscherten Gipfel, die wie riesige Eisberge die Fjorde überragen, bieten einen imposanten Anblick. Das Klima ist kühl-gemäßigt, die mittlere Jahrestemperatur liegt bei 5,5 °C. Stürme sind häufig.

Falklandinseln

770 km nordöstlich von Kap Hoorn liegen die **Falklandinseln** im südlichen Atlantik. Die im Spanischen **Islas Malvinas** genannte Inselgruppe besteht aus zwei Hauptinseln und nahezu 200 kleineren Inseln. Ostfalkland hat eine Fläche von 6760 km²; Westfalkland von 5280 km². Die steinige Landschaft besteht aus baumlosem Grasland ohne nennenswerte Gewässer, das sich auf einem hügeligen, von Schichtkämmen durchsetzten Tafelland erstreckt. Die intensive Schafzucht der Siedler hat die ursprünglich aus Tussockgras, Heiden und Torfmooren bestehende Vegetation fast restlos verschwinden lassen. Die Süd-Sandwich-Inseln und Südgeorgien zählen nur politisch zu den Falklandinseln.

1

2

3

4

1 Aus der Caldera des 2840 m hohen Vulkans Villarrica am gleichnamigen See tritt Rauch aus. Wie viele andere kleinere Vulkane hier am südlichen Ende der südamerikanischen Kordillere ist er noch nicht erloschen.

2 An der Küste zwischen Chile und Peru liegt die Atacama-Wüste, die als trockenste Wüste der Welt gilt. Ihre Landschaften sind vor allem von unterschiedlich verwitterten Sedimentschichten geprägt.

3 Der nördliche Teil Patagoniens ist als Ausläufer der Pampas ein steppenähnliches Trockengebiet, das hauptsächlich von Sträuchern und Gräsern bewachsen ist.

4 Langsam schieben sich im patagonischen Nationalpark Los Glaciares mächtige Gletscher ins Tal. Im Hintergrund ragen die bizarr geformten Felsnadeln des Fitz-Roy-Massivs (3375 m) auf.

KARIBISCHES MEER
Kolumbien-becken
Golf von Venezuela
Golf von Darien
Golf von Panama
PAZIFISCHER OZEAN
KOLUMBI
PANAMA
Isthmus von Panama
Península de la Guajira
Maracaibo-see
BARRANQUILLA
Cartagena
Santa Marta
MARACAIBO
Cabimas
Ciudad Ojeda
Riohacha
Valledupar
Sincelejo
Montería
MEDELLIN
Bucaramanga
Barrancabermeja
Cúcuta
San Cristóbal
Mérida
Tunja
Manizales
Pereira
Armenia
Ibagué
BOGOTA
Villavicencio
Neiva
CALI
Buenaventura
Palmira
Tuluá
Popayán
Pasto
Florencia
Mocoa
Quibdó
Sierra Nevada de Santa Marta
Serranía del Darién
Serranía de Baudó
Cordillera Occidental
Cordillera Central
Cordillera Oriental
Serranía de la Macarena
Serranía de Chiribiquete
P.N.Isla Gorgona
Parque Nacional Sanquianga
Parque Nacional Utría
P.N.Los Katíos
P.N.Paramillo
P.N.Tayrona
P.N.Sierra Nevada de Santa Marta
P.N.Catatumbo Barí
P.N.Chingaza
P.N.Sumapaz
P.N.Tinigua
P.N.Chiribiquete
Ga
Gb
Gc
Gd
Ge
78°
76°
74°
72°
12°
10°
8°
6°
4°
2°
39
40
41
42
43
44
45
249
250
268

Maßstab 1:4 500 000

0 50 100 150 Kilometer
0 50 100 Miles

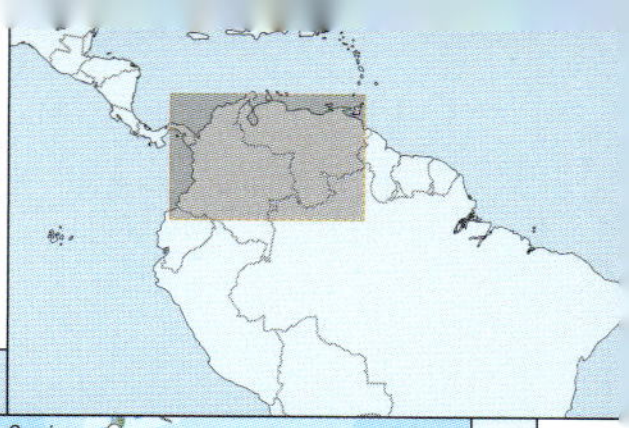

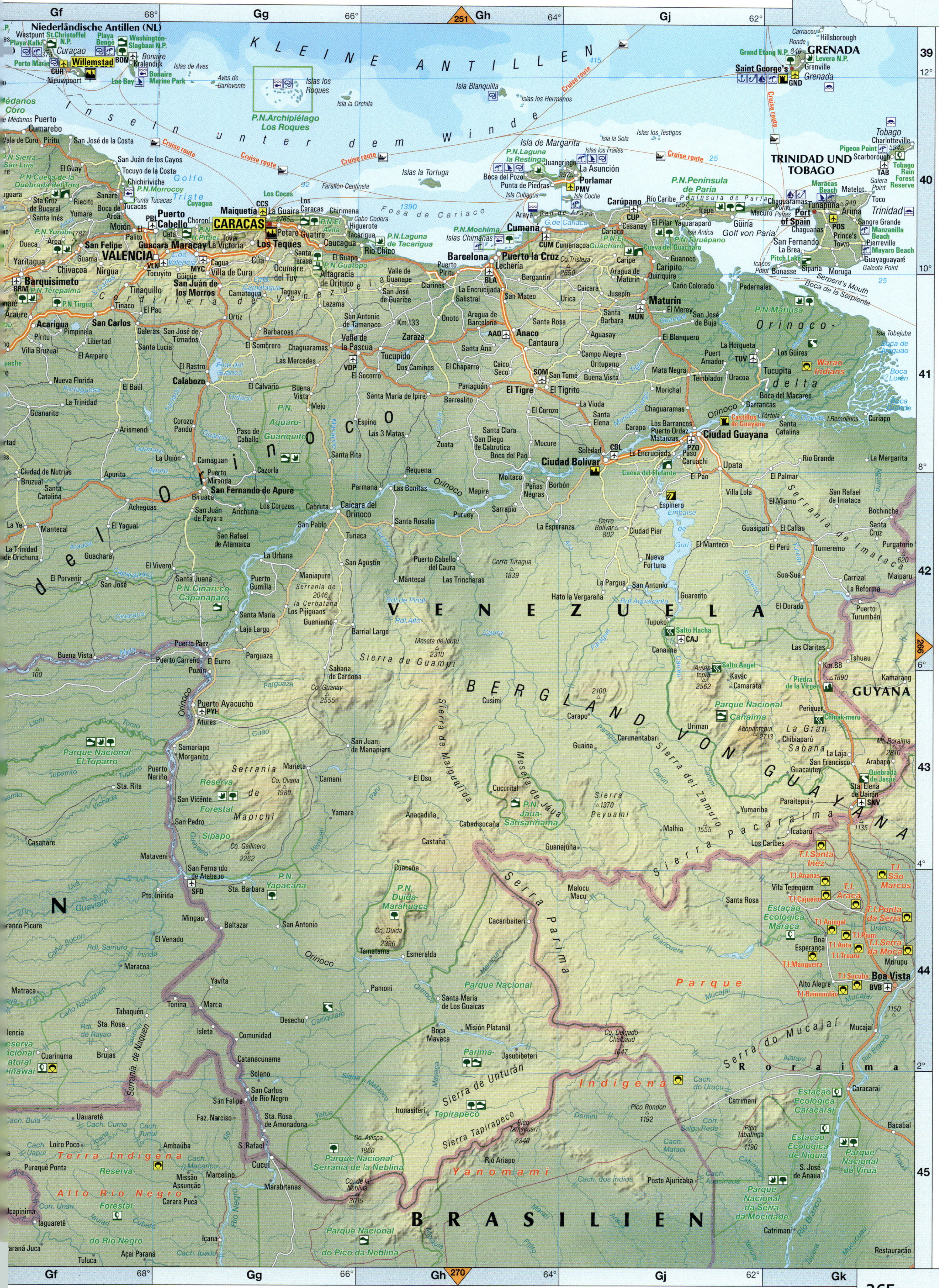

Guyana, Suriname, Amazonasmündung

Gk
Ha
Hb
Hc
Hd
16
271
265
Guyana-plateau
Cruise route
GUYANA
SURINAME
Französisch-Guyana
BRASILIEN
BERGLAND VON GUAYANA
Pakaraima Mountains
Kanuku Mountains
Serra Acara ou Acari
Serra do Tumucumaque
Parque Nacional do Tumucumaque
Serrania de Imataca
Roraima
Amazonas
Amazonastiefland
Georgetown
Paramaribo
Boa Vista
MANAUS
Santarém
Óbidos
Nieuw Nickerie
Nieuw Amsterdam
Albina
St. Laurent du Maroni
Lethem
Linden
Shell Beach
Kaieteur National Park
Iwokrama Forest
Natuurreservaat Centraal Suriname
Brokopondo stuwmeer (Van Blommestein meer)
Parque do Tumucumaque
Reserva Biológica do Rio Trombetas
Reserva Biológica do Uatumã
Terra Indígena Waimiri Atroari
Terra Indígena Nhamundá Mapuera
Terra Indígena Rio Paru d'Este
Rodovia Perimetral Norte
Planalto
Maracanã

Maßstab 1:4 500 000

0 50 100 150 Kilometer
0 50 100 Miles

Ecuador, Peru

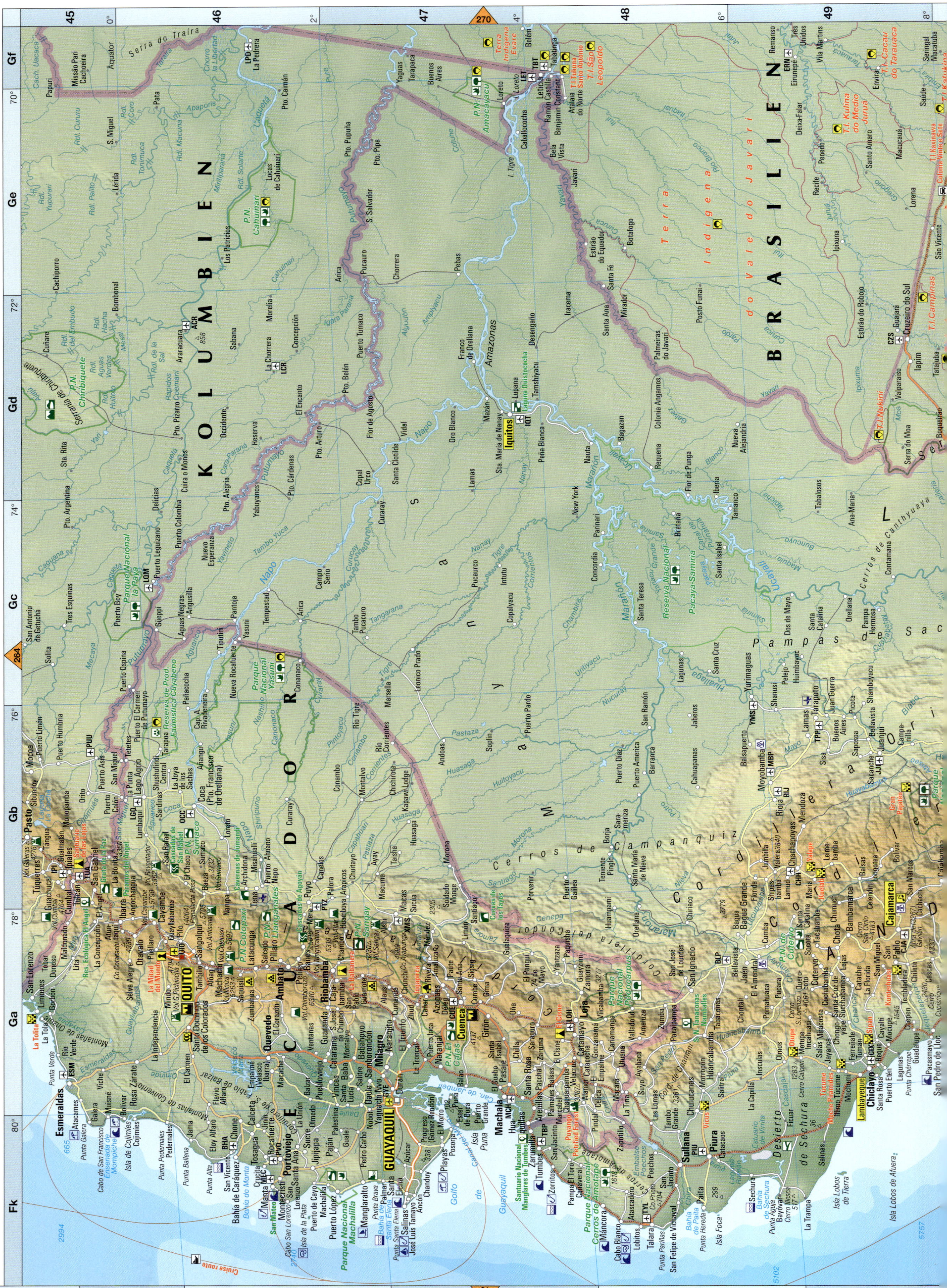

KOLUMBIEN
ECUADOR
BRASILIEN
Amazonas
Napo
Putumayo
Marañón
Ucayali
Javari
QUITO
GUAYAQUIL
Cuenca
Iquitos
Esmeraldas
Pasto
Ambato
Riobamba
Machala
Loja
Tumbes
Sullana
Piura
Paita
Chiclayo
Lambayeque
Cajamarca
Leticia
Golfo de Guayaquil
Isla Puná
Desierto de Sechura
Cordillera del Cóndor
Cordillera Central
Cerros de Campanquiz
Pampas del Sacramento
Terra Indígena do Vale do Javari
Parque Nacional Yasuní
Parque Nacional Machalilla
Reserva Nacional Pacaya-Samiria
270
264
16

Maßstab 1:4 500 000

0 50 100 150 Kilometer
0 50 100 Miles

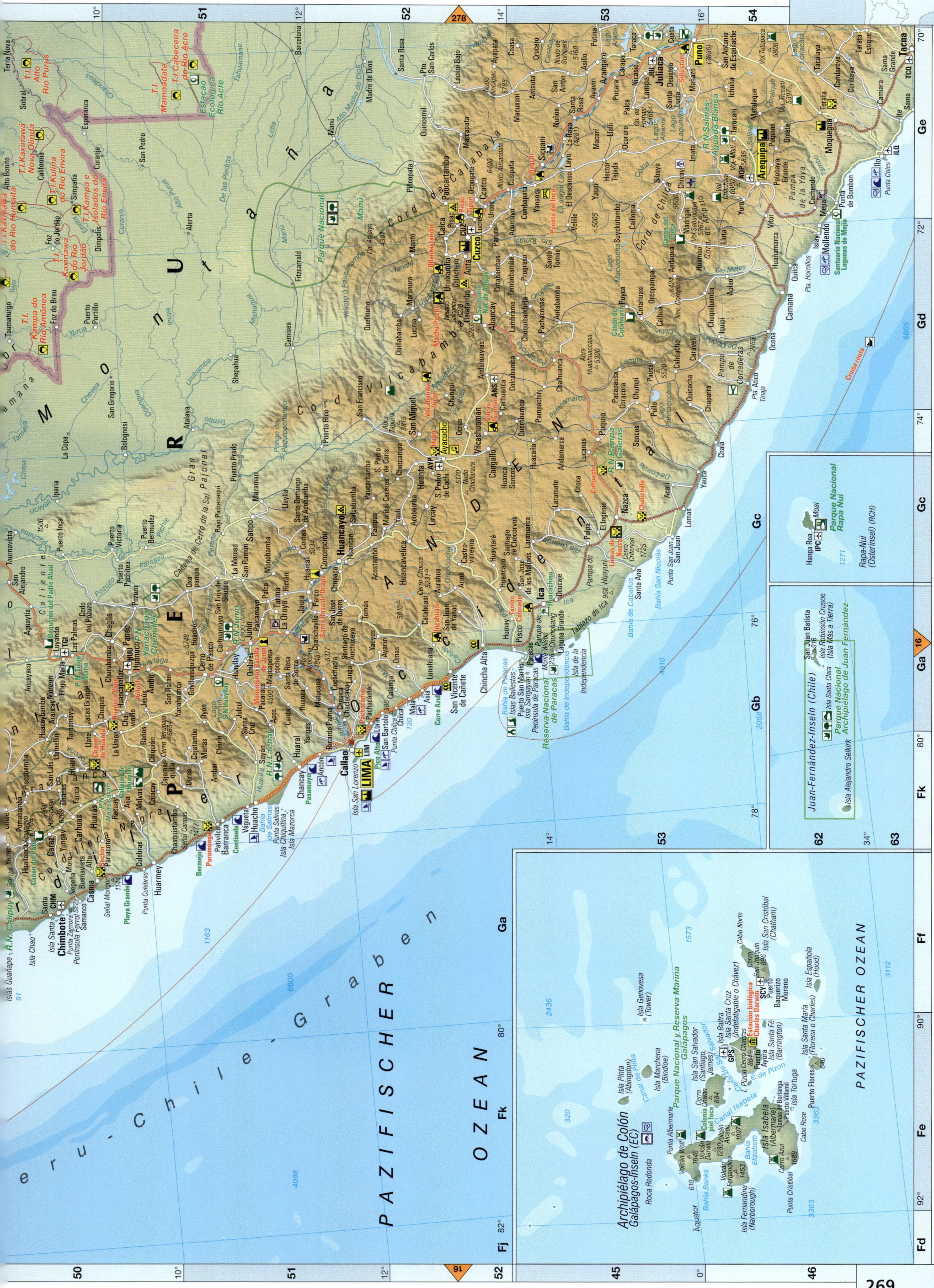

Amazonastiefland

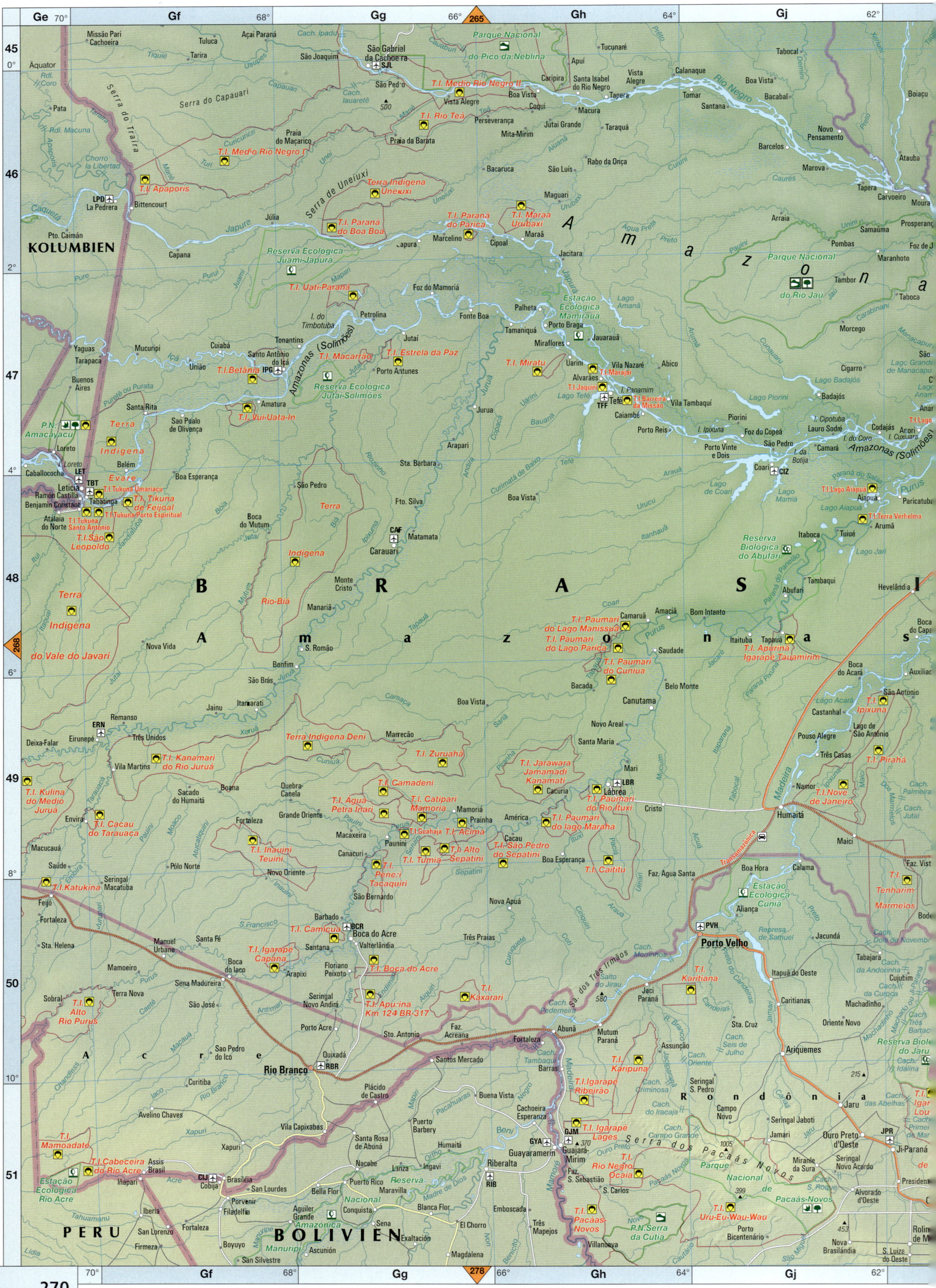

Ge
Gf
Gg
Gh
Gj
70°
68°
66°
64°
62°
265
268
278
45
46
47
48
49
50
51
KOLUMBIEN
PERU
BOLIVIEN
B R A S I
A m a z o n a s
A m a z o n a
A c r e
R o n d ô n i a
Amazonas (Solimões)
Rio Negro
Madeira
Purus
Juruá
Japurá
São Gabriel da Cachoeira
Parque Nacional do Pico da Neblina
Parque Nacional do Rio Jaú
Tefé
Leticia
Tabatinga
Benjamin Constant
Humaitá
Porto Velho
Rio Branco
Guayaramerín
Riberalta
Guajará-Mirim
Cobija
Brasiléia
Ariquemes
Ji-Paraná
Serra dos Pacaás Novos
Parque Nacional de Pacaás Novos
Reserva Ecologica Jutaí-Solimões
Estação Ecologica Mamirauá
Reserva Biologica do Abufari
Estação Ecologica Cuniã
Transamazônica
T.I. Uru-Eu-Wau-Wau
Terra Indigena do Vale do Javari
Terra Indigena Deni
Serra do Traíra
Serra do Capauari
Serra de Uneiuxi
Eirunepé
Carauari
Coari
Manicoré
Lábrea
Boca do Acre
Sena Madureira
Cruzeiro do Sul
Porto Acre
Plácido de Castro
Xapuri
Assis Brasil
Fonte Boa
Jutaí
Santo Antônio do Içá
Barcelos
Tapauá
Canutama
Manicoré
Abunã
Jaci Paraná
Mutum Paraná
Ouro Preto d'Oeste
Jaru

Maßstab 1:4 500 000

0 50 100 150 Kilometer

0 50 100 Miles

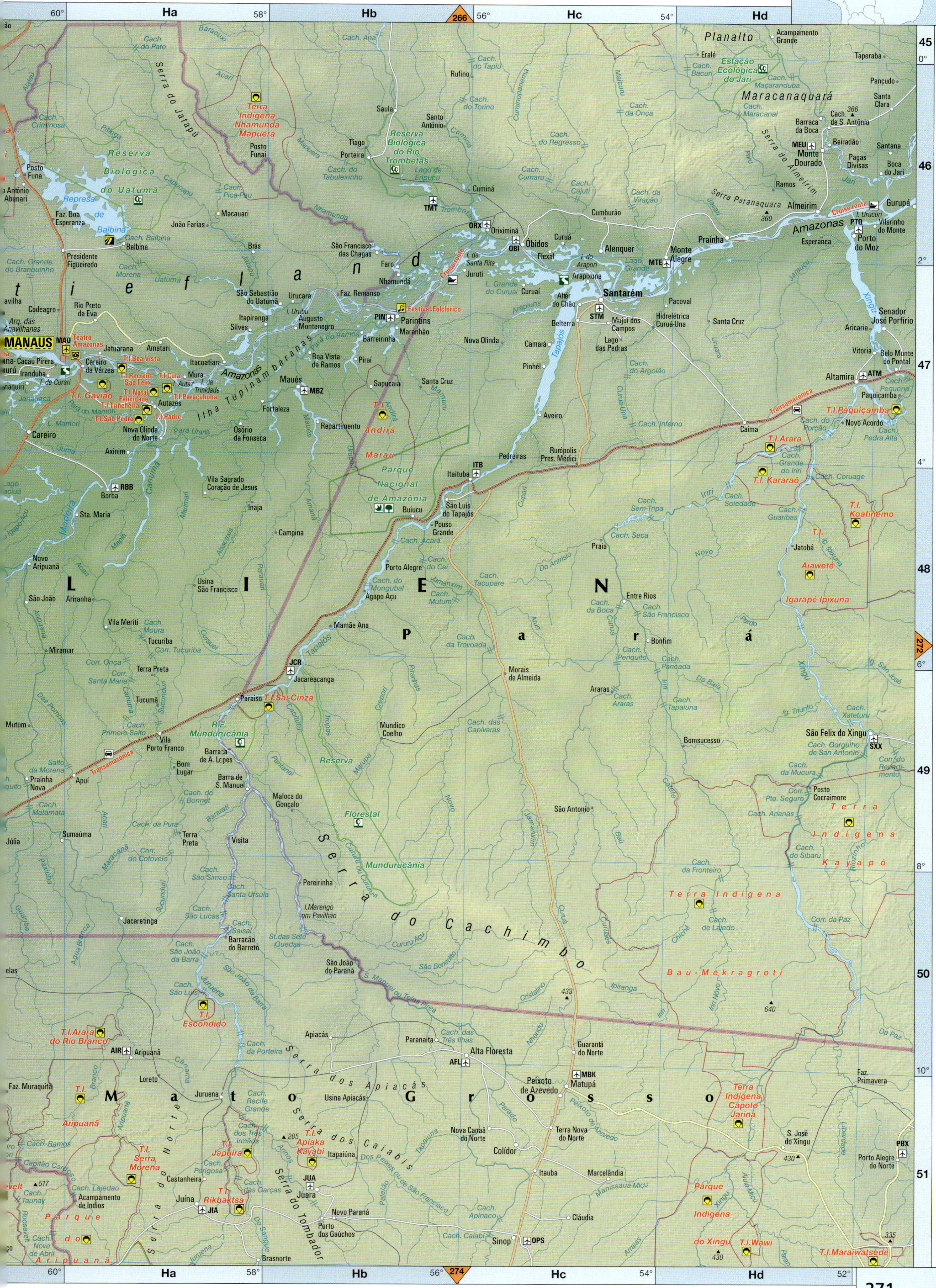

Nordostbrasilien

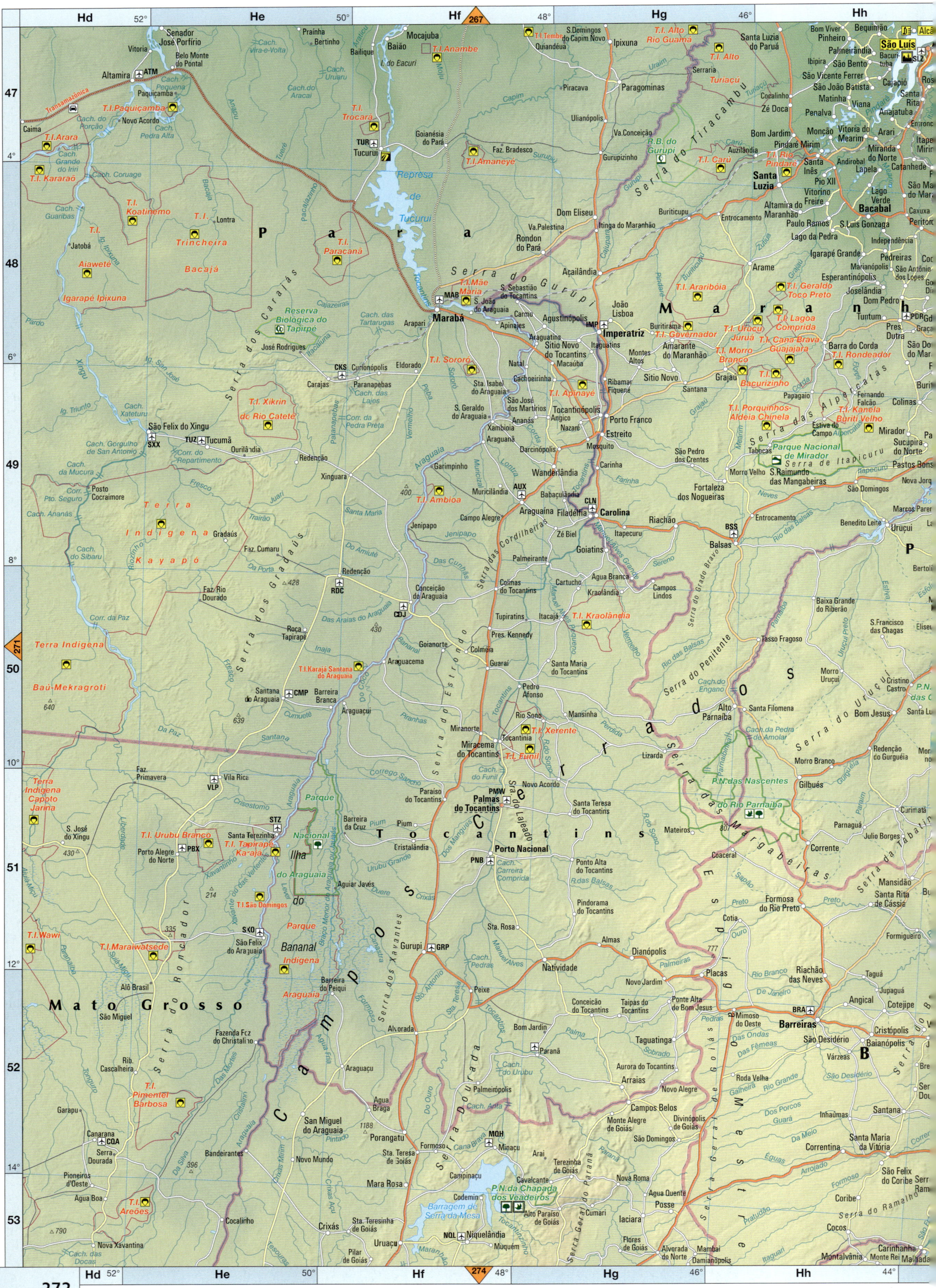
Hd
He
Hf
Hg
Hh
267
274
271
47
48
49
50
51
52
53
São Luís
Bacabal
Santa Luzia
Imperatriz
Carolina
Balsas
Marabá
Tucuruí
Altamira
Paragominas
Açailândia
Araguaína
Palmas do Tocantins
Porto Nacional
Gurupi
Barreiras
Dianópolis
Mara Rosa
Uruaçu
Niquelândia
São Félix do Xingu
Conceição do Araguaia
Redenção
Xinguara
Tucumã
Estreito
Porto Franco
Grajaú
Barra do Corda
Presidente Dutra
Colinas
Pedro Afonso
Miracema do Tocantins
Paraíso do Tocantins
Natividade
Arraias
Formosa do Rio Preto
Corrente
Gilbués
Santa Maria da Vitória
Correntina
Posse
Iaciara
Campos Belos
São Miguel do Araguaia
Vila Rica
Santa Terezinha
São Félix do Araguaia
Confresa
Alto Parnaíba
Fortaleza dos Nogueiras
Riachão
P a r á
M a r a n h ã o
T o c a n t i n s
M a t o   G r o s s o
P i a u í
B a h i a
C a m p o s   d o s   X a v a n t e s
Serra dos Carajás
Serra do Gurupi
Serra do Tiracambu
Serra do Roncador
Serra das Alpercatas
Serra do Penitente
Serra do Estrondo
Serra Geral de Goiás
Serra das Mangabeiras
Serra Dourada
Serra Geral do Paraná
Represa de Tucuruí
Tocantins
Araguaia
Xingu
Ilha do Bananal
Parque Nacional do Araguaia
P.N. das Nascentes do Rio Parnaíba
P.N. da Chapada dos Veadeiros
Parque Nacional de Mirador
Reserva Biologica do Tapirapé
Barragem de Serra da Mesa
Terra Indígena Kayapó
Terra Indígena Baú-Mekragroti
T.I. Trincheira Bacajá
T.I. Parakanã
T.I. Xikrin do Rio Cateté
T.I. Kraolândia
T.I. Apinayé
T.I. Urubu Branco
T.I. Marãiwatsede
T.I. Pimentel Barbosa
T.I. Areões
Transamazônica

Maßstab 1:4 500 000

0 50 100 150 Kilometer
0 50 100 Miles

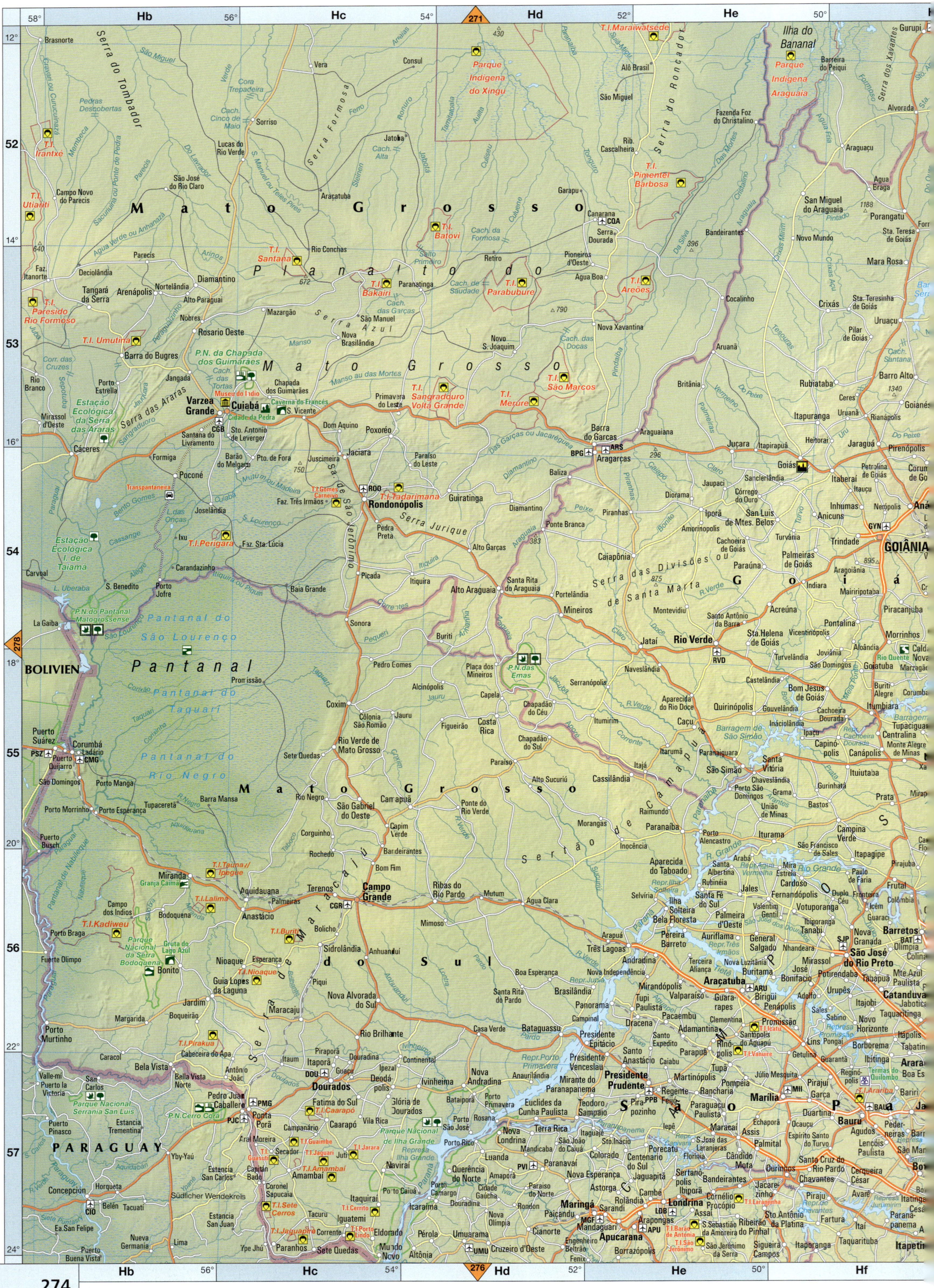

Hb
Hc
Hd
He
Hf
271
276
278
58°
56°
54°
52°
50°
12°
14°
16°
18°
20°
22°
24°
52
53
54
55
56
57
Mato Grosso
Planalto do Mato Grosso
Pantanal
Mato Grosso do Sul
Goiás
São Paulo
BOLIVIEN
PARAGUAY
GOIÂNIA
Serra do Tombador
Serra Formosa
Serra do Roncador
Serra das Araras
Serra Jurique
Serra das Divisões ou de Santa Marta
Serra de Maracajú
Sertão de Camapuã
Ilha do Bananal
Parque Indígena do Xingu
Parque Indígena Araguaia
P.N. da Chapada dos Guimarães
P.N. do Pantanal Matogrossense
P.N. das Emas
Pantanal do São Lourenço
Pantanal do Taquari
Pantanal do Rio Negro
Estação Ecológica da Serra das Araras
Estação Ecológica I. de Taiama
Parque Nacional da Serra da Bodoquena
Parque Nacional Serrania San Luis
P.N. Cerro Corá
T.I. Irantxe
T.I. Utiariti
T.I. Paresido Rio Formoso
T.I. Umutina
T.I. Santana
T.I. Bakairi
T.I. Batovi
T.I. Parabubure
T.I. Areões
T.I. Pimentel Barbosa
T.I. Marãiwatsede
T.I. Sangradouro Volta Grande
T.I. Merure
T.I. São Marcos
T.I. Perigara
T.I. Tadarimana
T.I. Kadiweu
T.I. Lalima
T.I. Buriti
T.I. Nioaque
T.I. Pirakua
Cuiabá
Várzea Grande
Rondonópolis
Corumbá
Puerto Suárez
Campo Grande
Dourados
Aquidauana
Miranda
Coxim
Cáceres
Poconé
Barra do Garças
Aragarças
Jataí
Rio Verde
Mineiros
Itumbiara
Uberlândia
Presidente Prudente
Marília
Bauru
Londrina
Maringá
Apucarana
Araçatuba
São José do Rio Preto
Barretos
Catanduva
Três Lagoas
Paranaíba
Ponta Porã
Pedro Juan Caballero
Concepción
Diamantino
Sorriso
Lucas do Rio Verde
Nova Xavantina
Canarana
Água Boa
Alto Araguaia
Alto Garças
Jaciara
Chapada dos Guimarães
Nobres
Rosário Oeste
Tangará da Serra
Barra do Bugres
Cáceres
Anápolis
Trindade
Inhumas
Aragarças
Caiapônia
Iporá
Quirinópolis
Santa Helena de Goiás
Ituiutaba
Frutal
Fernandópolis
Votuporanga
Jales
Andradina
Penápolis
Birigui
Lins
Tupã
Adamantina
Dracena
Assis
Ourinhos
Cornélio Procópio
Santo Antônio da Platina
Paranavaí
Umuarama
Cianorte
Campo Mourão
Naviraí
Nova Andradina
Ivinhema
Amambai
Caarapó
Maracaju
Sidrolândia
Bonito
Jardim
Bela Vista
Porto Murtinho
Nioaque
Rio Brilhante
Bataguassu
Camapuã
Paranaíba
Cassilândia
Chapadão do Sul
Costa Rica
Alcinópolis
Pedro Gomes
Sonora
Rio Verde de Mato Grosso
Sete Quedas
Guaíra
Mundo Novo
Altônia
Horqueta
Belén
Yby Yaú
Rio Araguaia
Rio Paraná
Rio Paraguai
Rio Grande

Maßstab 1:4 500 000

0 50 100 150 Kilometer
0 50 100 Miles

Gk
Ha
Hb
Hc
Hd
274
279
281
P A R A G U A Y
A R G E N T I N I E N
U R U G U A Y
Chaco
Formosa
Corrientes
Santa Fé
Entre Ríos
Misiones
Rio Grande do Sul
Asunción
Posadas
Foz do Iguaçu
Ciudad del Este
Corrientes
Resistencia
Santa Fé
Paraná
ROSARIO
BUENOS AIRES
MONTEVIDEO
La Plata
Concordia
Salto
Paysandú
Uruguaiana
Santa Maria
Passo Fundo
Chapecó
Cascavel
Maringá
Pelotas
Rio Grande
Bagé
Rivera
Santana do Livramento
Río de la Plata
Lagoa Mirim
Lagoa dos Patos
57
58
59
60
61
62
63
24°
26°
28°
30°
32°
34°
60°
58°
56°
54°
52°

Maßstab 1:4 500 000

0 50 100 150 Kilometer
0 50 100 Miles
50° Hf 48° Hg 46° 275 Hh 44° Hj
22° 57 24° 58 26° 59 28° 16 60 30° 61 32° 62
Hf 48° Hg 46° Hh 16 44° Hj 42° Hk 40°
BRASILIEN
ATLANTISCHER OZEAN
Südlicher Wendekreis
Cruise route
SÃO PAULO
RIO DE JANEIRO
CURITIBA
NOVA IGUAÇU
Petrópolis
Niterói
Teresópolis
Nova Friburgo
Macaé
Cabo Frio
Volta Redonda
Barra Mansa
Resende
Queimados
Angra dos Reis
Taubaté
Pindamonhangaba
S.José dos Campos
Jacareí
Moji das Cruzes
Guarulhos
Campinas
Jundiaí
Americana
Sumaré
Limeira
Piracicaba
Sta.Bárbara d'Oeste
Indaiatuba
Itu
Sorocaba
Barueri
Botucatu
Bragança Paulista
Atibaia
Santos
Guarujá
São Vicente
Praia Grande
São Sebastião
Ilhabela
Caraguatatuba
Ubatuba
Paraty
Diadema
S.Bernardo do Campo
Sto. André
Mauá
Itapetininga
Registro
Iguape
Peruíbe
Cananéia
Ponta Grossa
Castro
Paranaguá
São José dos Pinhais
Colombo
Antonina
Morretes
Matinhos
Guaratuba
Joinville
São Francisco do Sul
Jaraguá do Sul
Blumenau
Itajaí
Balneário Camboriú
Navegantes
Brusque
Florianópolis
São José
Palhoça
Biguaçu
Lages
Tubarão
Laguna
Imbituba
Garopaba
Criciúma
Araranguá
Sombrio
Torres
Capão da Canoa
Terra de Areia
Osório
Tramandaí
Pinhal
Ilha de São Sebastião
Ilha de Santa Catarina
Ilha Grande
I.de Alcatrazes
I.Queimada Pequena
Ilha Comprida
Ilha do Mel
Ilha de São Francisco
Ilha do Cabo Frio
Baía de Paranaguá
Lagoa dos Quadros
Lagoa do Itapera
Serra da Mantiqueira
Serra do Mar
P.N.do Superagüí
P.N.de Saint-Hilaire/Lange
P.N.de Itatiaia
P.N.da Tijuca
P.N.de São Joaquim
Atlantic Forest Southeast Reserves
Reserva Biológica Marinha do Arvoredo
Copacabana
Autódromo Interlagos
80
40
2400
4075
3775
10
3400

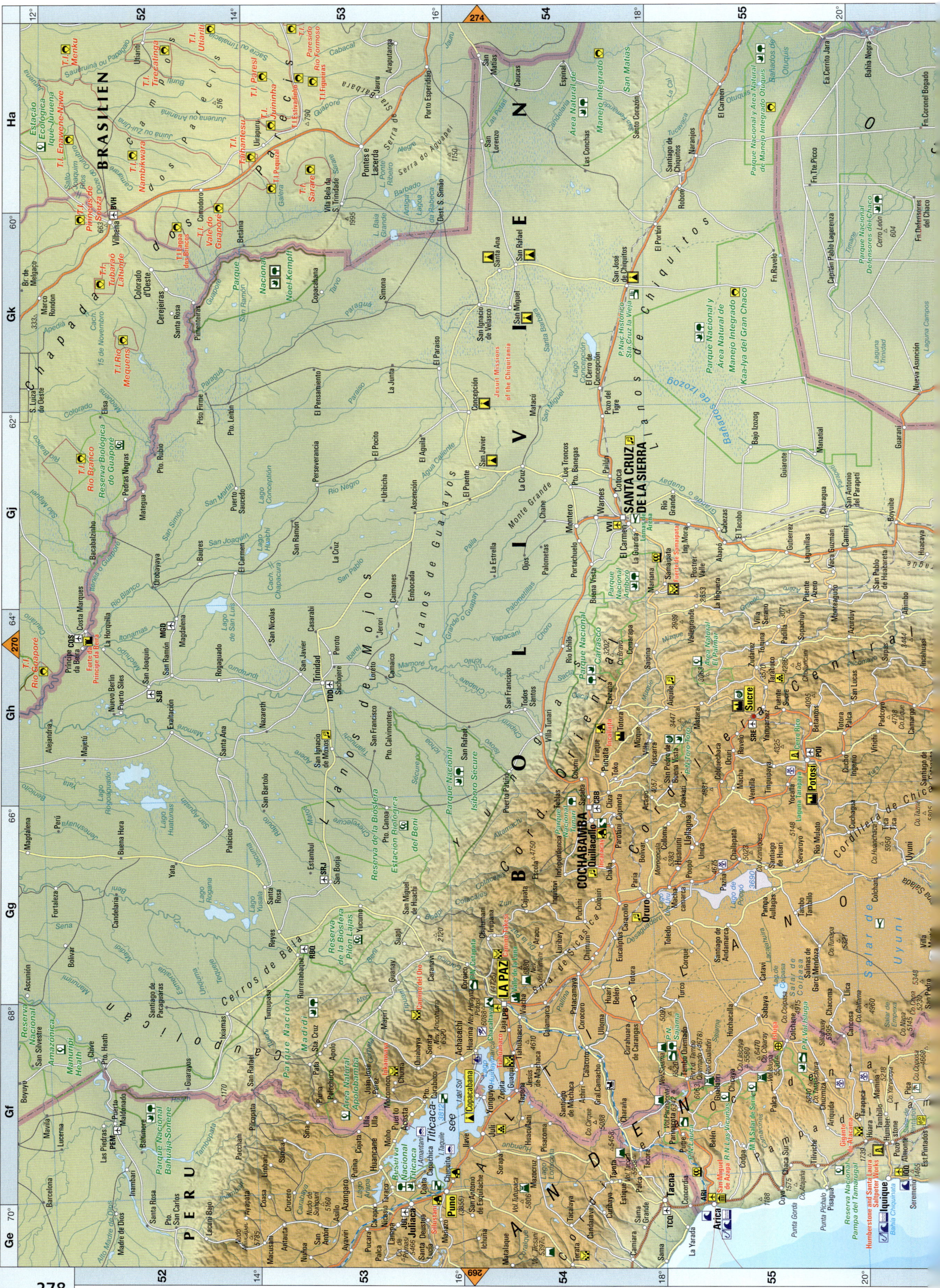
BRASILIEN
PERU
B O L I V I E N
SANTA CRUZ DE LA SIERRA
COCHABAMBA
LA PAZ
Oruro
Sucre
Potosí
Trinidad
Tacna
Arica
Iquique
Puno
Juliaca
Titicaca-see
Salar de Uyuni
Llanos de Mojos
Llanos de Chiquitos
Cordillera Oriental
Chapada dos Parecis
274
270
269

Maßstab 1:4 500 000

0 50 100 150 Kilometer
0 50 100 Miles

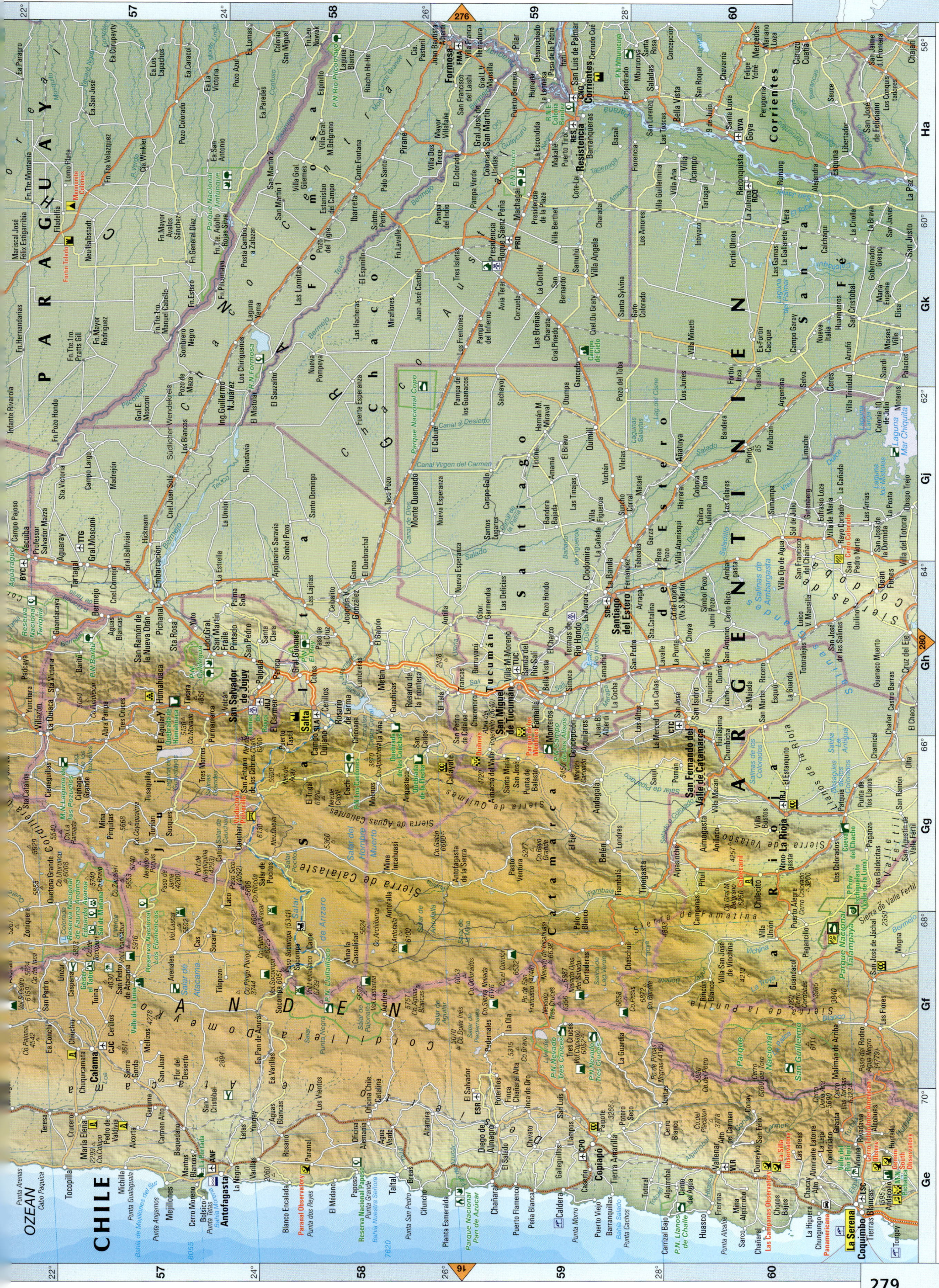

276
280
16

Mittelchile, Mittelargentinien

PAZIFISCHER
OZEAN
Peru-Chile-Graben
CHILE
ARGENTINIEN
PATAGONIEN
San Juan
Mendoza
San Luis
La Pampa
Neuquén
Río Negro
Córdoba
ANDEN
SANTIAGO
Valparaíso
Viña del Mar
Rancagua
Talca
Chillán
Concepción
Talcahuano
Temuco
Valdivia
Osorno
Puerto Montt
Isla Grande de Chiloé
San Rafael
San Luis
Río Cuarto
Neuquén
Cipolletti
San Carlos de Bariloche
Puerto Madryn
Travesía de Tunuyán
Pampa de las Salinas
Altiplanicie del Payún
Meseta de Somuncurá
Parque Nacional Sierra de las Quijadas
Parque Nacional Lihuel Calel
Parque Nacional de Chiloé

Maßstab 1:4 500 000

0 50 100 150 Kilometer
0 50 100 Miles

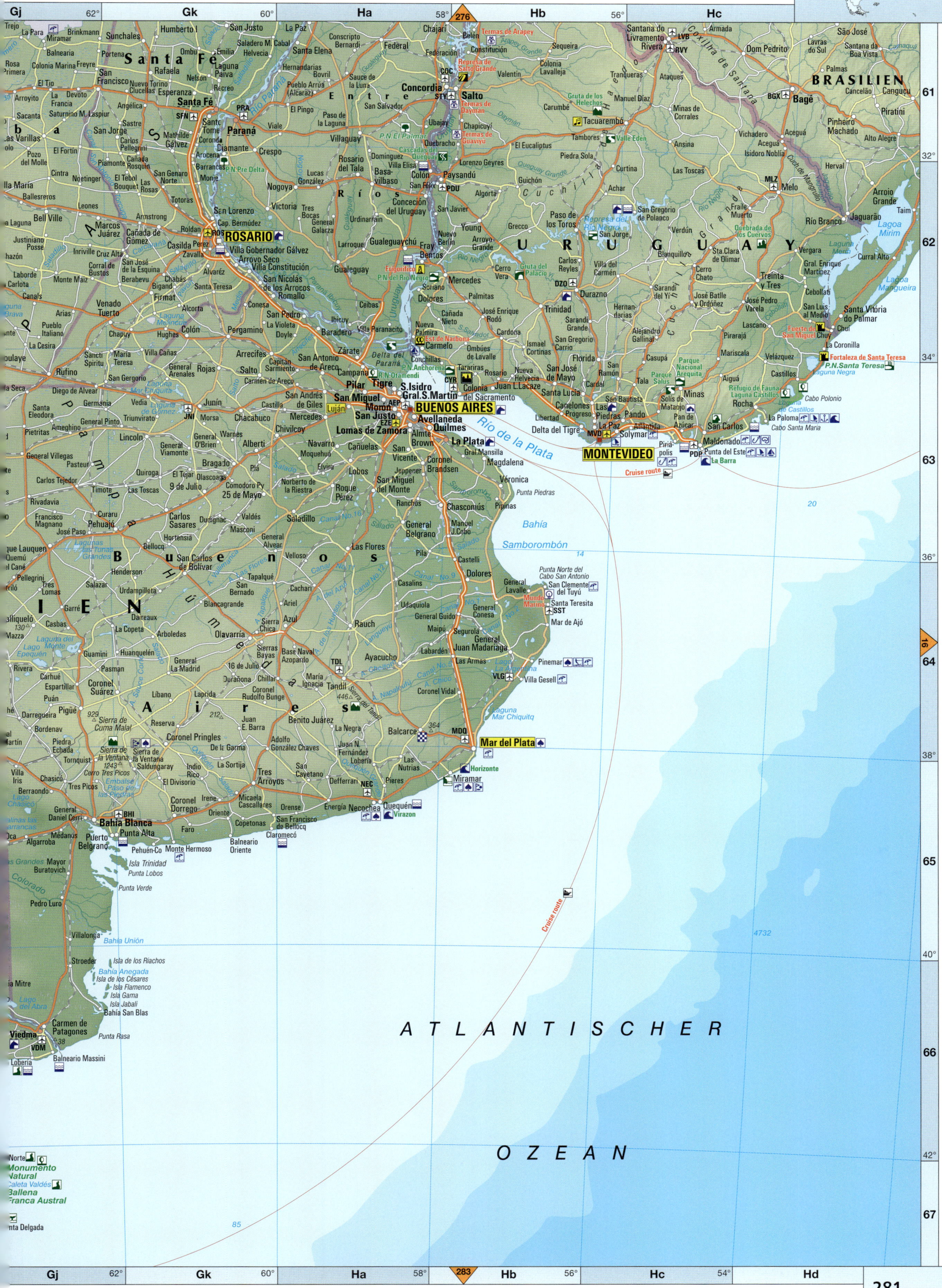

Südchile, Südargentinien, Falklandinseln

CHILE
ARGENTINIEN
PAZIFISCHER OZEAN
Chonos-Archipel
Patagonisch
Drakestraße
Magellanstraße
Feuerland
Golfo San Jorge
Bahía Grande
Isla Grande de Chiloé
Península de Taitao
Isla Wellington
Gran Altiplanicie Central
Meseta del Canquel
Meseta de Montamayor
Chubut
Santa Cruz
Patagonia
Andes
Parque Nacional Laguna San Rafael
Parque Nacional Perito Moreno
Parque Nacional Los Glaciares
P.N. Torres del Paine
Parque Nacional Tierra del Fuego
Parque Nacional Alberto de Agostini
Parque Nacional Cabo de Hornos
Reserva Nacional Alacalufes
Rawson
Trelew
Gaiman
Comodoro Rivadavia
Caleta Olivia
Puerto Deseado
Puerto San Julián
Puerto Santa Cruz
Río Gallegos
Punta Arenas
Puerto Natales
Puerto Aisén
Coihaique
Chaitén
Cochrane
Villa O'Higgins
El Calafate
El Chaltén
Perito Moreno
Porvenir
Río Grande
Ushuaia
Puerto Williams
Sarmiento
Esquel
Cueva de las Manos
Carretera Austral
Cruise route
Cerro Mirador
Lago Buenos Aires
Lago Argentino
Lago Viedma
Canal Beagle
Gc
Gd
Ge
Gf
Gg
Gh
Ga
Gb
67
68
69
70
71
72
73
44°
46°
48°
50°
52°
54°
76°
74°
72°
70°
68°
66°
78°
280
287
16

Maßstab 1:4 500 000

0 50 100 150 Kilometer

0 50 100 Miles

Arktis / Antarktis

In der Antarktis, dem kältesten Kontinent, konzentrieren sich rund um den Südpol mehr als 90 % der Eismasse der Erde. Die Landmasse von der Größe Europas wird von einer rund 2 km dicken Eisschicht überzogen. Zur Mitte des Kontinents hin kann diese Schicht sogar bis über 4,5 km mächtig werden. Mit ihrem Gewicht drückt sie den felsigen Untergrund weit unter den Meeresspiegel. Die Größe des Kontinents schwankt je nach Jahreszeit: Im Winterhalbjahr wächst er durch die Zunahme der Eismassen auf rund das Doppelte an. Nur die Höhenzüge am Pazifik sind nicht vollständig von Eis bedeckt.

Die Arktis ist die zirkumpolare Region der Nordhalbkugel, die sich über die nördlichsten Gebiete von Europa, Asien und Amerika je nach Definition bis zur 10°-Juli-Isotherme oder zum Nördlichen Polarkreis erstreckt. Folglich ist sie kein eigener Kontinent. Zur Arktis zählt auch das großteils von Eis bedeckte Nordpolarmeer.

Die antarktische Eiswüste beheimatet keine Landtiere. Lediglich Pinguine bevölkern zeitweise die mächtigen Eismassen.

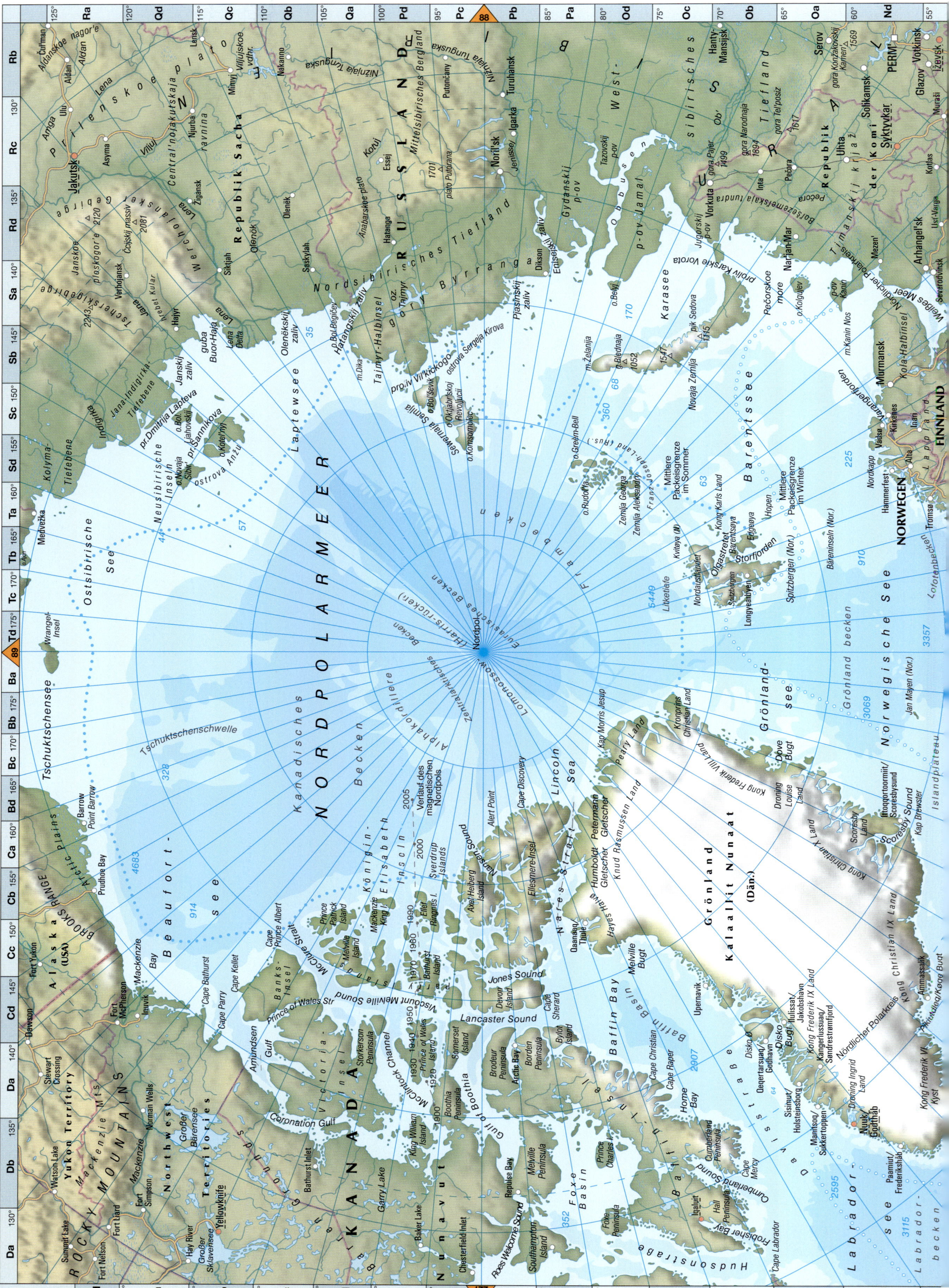
NORDPOLARMEER
Nordpol
Lomonossow
Framberecken
Kanadisches Becken
Tschuktschensee
Tschuktschenschwelle
Ostsibirische See
Laptewsee
Karasee
Barentssee
Grönlandsee
Norwegische See
Beaufortsee
Lincoln Sea
Baffin Bay
Foxe Basin
Hudsonstraße
Labradorsee
Davisstraße
Wrangel-Insel
Neusibirische Inseln
Sewernaja Semlja
Franz-Josef-Land
Nowaja Semlja
Spitzbergen (Nor.)
Bäreninseln (Nor.)
Jan Mayen (Nor.)
Grönland
Kalaallit Nunaat
(Dän.)
Ellesmere-Insel
Königin-Elisabeth-Inseln
Axel Heiberg Island
Devon Island
Baffin
Banks-Insel
Victoria
Lancaster Sound
Jones Sound
Nares-Straße
KANADA
Nunavut
Northwest Territories
Yukon Territory
Alaska
(USA)
BROOKS RANGE
ROCKY MOUNTAINS
Mackenzie Mts
Großer Bärensee
Großer Sklavensee
Yellowknife
Iqaluit
Nuuk/Godthåb
Qaanaaq/Thule
Barrow
Prudhoe Bay
Inuvik
RUSSLAND
Republik Sacha
Mittelsibirisches Bergland
Nordsibirisches Tiefland
Westsibirisches Tiefland
Taimyr-Halbinsel
Jamal
Ural
Norilsk
Jakutsk
Workuta
Murmansk
Archangel'sk
Weißes Meer
Kola-Halbinsel
NORWEGEN
FINNLAND
Tromsø
Hammerfest
Nordkapp
Mittlere Packeisgrenze im Sommer
Mittlere Packeisgrenze im Winter
Verlauf des magnetischen Nordpols
Nördlicher Polarkreis
Lena
Ob'
Jenissej

Maßstab 1:20 000 000

0 200 400 600 Kilometer

0 200 400 Miles

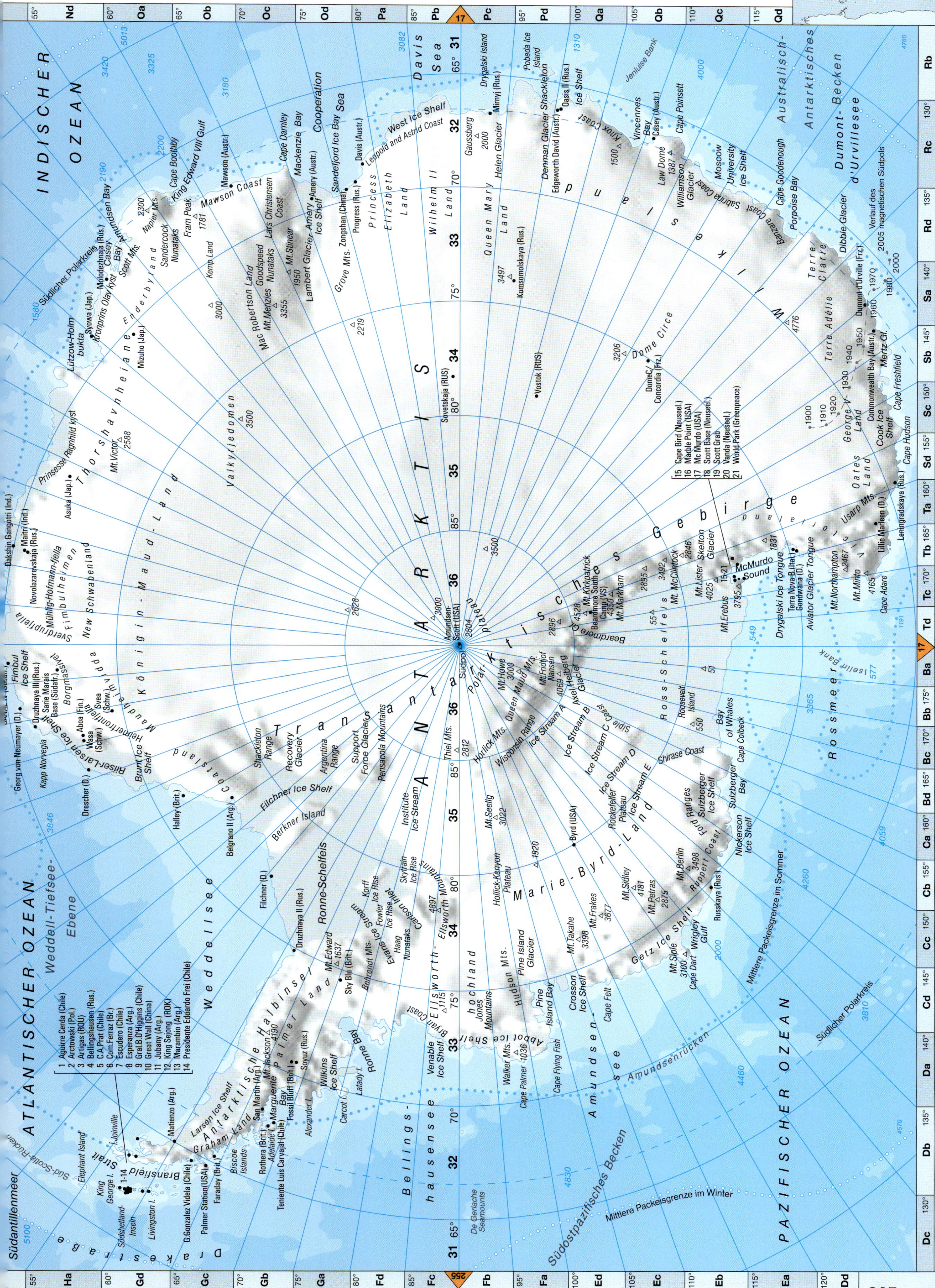

Am Kloa Point an der Mawson-Küste ragt dieser vom zugefrorenen Arktischen Ozean umgebene Eisberg auf. Eisberge bilden sich, wenn Teile der Inlandeismasse oder Talgletscher abbrechen. An der Oberfläche ebene Tafeleisberge sind hingegen aus Schelfeis entstanden. Sie können mehrere Kilometer lang werden und treiben oft mehrere Monate im Südmeer.

Süd-Orkney, Süd-Shetland

Neben dem antarktischen Festlandkontinent gehören zum Territorium der Antarktis mehrere vorgelagerte subantarktische Inselgruppen. Die Inselgruppe der **Süd-Orkney-Inseln** liegt zwischen dem **Scotiameer** im Norden und dem **Weddellmeer** im Südatlantik. Der Inselbogen besteht aus den zwei großen Inseln **Coronation** und **Laurie** sowie einer Anzahl von kleineren Nebeninseln und Felserhebungen. Die gesamte Inselgruppe nimmt eine Fläche von 622 km² ein.

Die unwirtlichen Inseln sind vorwiegend gebirgig und erreichen Höhen von bis zu 2100 m. Die Landschaft ist stark vergletschert. Die spärliche Vegetation besteht aus Moosen, Algen und Flechten. Bis auf zwei Forschungsstationen auf den Inseln **Signy** und **Laurie** ist der Archipel unbewohnt.

Die Inselgruppe der **Süd-Shetland-Inseln** liegt in der **Drakestraße**, etwa 90 km nördlich der **Antarktischen Halbinsel**. Der 510 km lange Inselbogen hat ein alpines, vergletschertes Relief, das vorwiegend aus vulkanischem Gestein besteht, und bedeckt ein Areal von 4622 km². Unter der Eisdecke finden immer noch seismische und vulkanische Aktivitäten statt. Die unwirtliche Inselgruppe, auf der lediglich Flechten und Algen wachsen, ist bis auf eine Forschungsstation auf **Deception Island** unbewohnt.

Filchner-Rønne-Schelfeis

Die gewaltige Eistafel im Süden des **Weddellmeers**, die durch die **Berkner-Insel** in das östliche **Rønne-** und das westliche **Filchner-Schelfeis** geteilt wird, ist das zweitgrößte Schelfeis der Antarktis und bedeckt eine Fläche von etwa 530 000 km². Diese ausgedehnten Schelfeise entstehen, wenn die Gletscher des Festlands sich zur See hin bewegen und dabei so flach ins Meer eintauchen, dass sie nicht zerbrechen. In Küstennähe liegen sie zumeist auf dem Meeresboden auf.

Die gemessene Dicke des Schelfeises, das außer durch die Gletscher auch von Niederschlägen und gefrorenem Meerwasser gespeist wird, reicht von rund 250 m im äußersten Norden bis zu 1800 m im Süden, wo es mehr als 840 km ins Festland hineinragt. An der Abbruchkante zum Wasser erreicht die Eisdecke dabei noch immer eine Mächtigkeit von rund 30 m. Von den immensen Flächen dieser Schelfeise kalben immer wieder Eisberge und -schollen, die als Tafeleisberge gewaltige Ausmaße von mehr als 10 000 km² erreichen und als Treibeis weite Entfernungen im Südpolarmeer zurücklegen können.

Transantarktisches Gebirge

Das **Transantarktische Gebirge**, ein vor etwa 450 Mio. Jahren entstandener Verwerfungsgürtel am Rande der Antarktisplatte, scheidet auf einer Gesamtlänge von etwa 4800 km den Kontinent in einen kleineren östlichen und einen weitaus größeren westlichen Teil.

Das in seinen zentralen Teilen fast vollständig vom Eis überdeckte Gebirge erstreckt sich vom Hochland von **Victoria** im Süden bis zum **Weddellmeer** im Nordosten des Kontinents. Im Norden fallen seine Gletscherausläufer durch das **Edith-Rønne-Land** jäh zum Meer hin ab. Die östlichen Gletscherausläufer schieben sich weit in das **Rossmeer** vor und bilden das gewaltige **Ross-Schelfeis**, das eine Fläche von 540 000 km² bedeckt.

An der Ostseite finden sich Vulkane und Gebiete mit seismischer Aktivität, die vom Ellsworthland bis weit hinaus zum Scotiabogen reichen. Seine größte Höhe erreicht der schroffe Gebirgszug entlang des Rossmeeres mit dem **Kirkpatrick** (4528 m) und dem **Markham** (4350 m). Hier fällt er steil zur Küste ab. Wo sich das Transantarktische Gebirge zum Victorialand hin fortsetzt, liegt auf einer Insel im Ross-Schelfeis mit dem **Mount Erebus** der höchste noch aktive Vulkan des kalten Kontinents.

Zu den wenigen eisfreien Gebieten der Antarktis, die nur rund 1,5 % der Gesamtfläche des Kontinents ausmachen, gehören die Trockentäler im Victorialand wie etwa die **Dry Valleys** nahe der US-amerikanischen McMurdo-Station am Rande des Ross-Schelfeises. Dieses ungefähr 3000 km² große Gebiet entstand durch starke und trockene Fallwinde, so genannte katabatische Winde, die mit extrem hohen Geschwindigkeiten hier einfallen.

In den Dry Valleys, in denen außergewöhnliche Temperaturschwankungen vorkommen, sind seit ungefähr 2 Mio. Jahren keine Niederschläge mehr gefallen. Auch finden sich hier Salzseen, die in wärmeren Zeiten von Gletschern gespeist werden, so etwa der **Vandasee**.

Eisschollen an der Küste der Antarktischen Halbinsel

Antarktische Gebirge

Zu den weiteren antarktischen Gebirgen, die als Bergzüge oder als Einzelberge, nach einem Inuit-Ausdruck **Nunataks** genannt, aus dem durchschnittlich fast 2 km dicken Eispanzer der zentralen Antarktis und an den Küstenrändern auftauchen, gehören die **Sentinelkette** mit dem **Vinsonmassiv** (4897 m), dem höchsten Gipfel des Kontinents, sowie die Gebirgszüge an der Nordküste bis hinunter zur Leopold- und Astridküste, die Höhen bis zu 3600 m erreichen und von denen einige vor etwa 80 Mio. Jahren an den Abbruchkanten des Gondwana-Kontinents entstanden sind.

Im **Mac-Robertson-Land** fällt der Gletscher des **Mount Menzies** (3355 m) steil zum **Amery-Eisschelf** ab.

Antarktis-Halbinsel

Die **Antarktische Halbinsel**, früher auch **Grahamland** oder **Palmerhalbinsel** genannt, zwischen dem Weddell- und dem Bellingshausenmeer in der Westantarktis, ist mit einer Länge von nahezu 1300 km die größte Halbinsel der Antarktis.

Durchzogen wird dieser am weitesten nach Norden ragende Teil des Kontinents durch die eisfreien Antarktis-Anden, die eine Süderweiterung der südamerikanischen Kordilleren darstellen und das geologisch jüngste Gebirge des Kontinents sind. Ihre größte Höhe erreichen sie im 4190 m hohen **Mount Jackson**. An ihrem Rande finden sich zahlreiche, zum Teil noch tätige Vulkane und unterschiedliche vulkanische Erscheinungen.

Der Westküste der Halbinsel vorgelagert sind Eilande wie die **Alexander-Insel** sowie weitere große Schelfeise, auf denen aufgrund der vergleichsweise milden Sommertemperaturen permanent besetzte Forschungsstationen eingerichtet wurden.

Königin-Maud-Land

In dem weit ausgedehnten Hochebenengebiet des **Königin-Maud-Landes**, das große Teile des Nordostens zwischen dem 20. Grad westlicher Länge und dem 45. Grad östlicher Länge bedeckt, erreicht die Inlandeisdecke der Antarktis eine Dicke von mehr als 4,5 km. Hier drücken die gewaltigen Eismassen die darunter liegenden Felsen unter den Meeresspiegel. In der endlosen Eiswüste bieten lediglich einzelne schroffe Felsen und bizarre Berggipfel, die aus der geschlossenen weißen Decke herausragen, Abwechslung.

Das **Neuschwabenland**, der küstennahe Teil des Königin-Maud-Landes, wird auf einer Länge von über 1000 km von hohen Gebirgen durchzogen. Dazu gehören das **Mühlig-Hoffmann-Gebirge** (3090 m) und das **Wohlthatmassiv** (2980 m) Südlich dieser Gebirge steigt die Landdecke zum **Wegener-Inlandeisplateau** an, das mehr als 4000 m über dem Meeresspiegel liegt. Im Neuschwabenland befindet sich auch die deutsche Forschungsstation »Georg von Neumayer«.

Wilkesland

Das **Wilkesland**, entlang der südöstlichen Küste zum Indischen Ozean zwischen der **Königin-Mary-** und der **George-V.-Küste**, bedeckt zwischen dem 100. und 142. Grad östlicher Länge einen großen Teil der Ostantarktis.

Die ausgedehnte öde Region wird fast vollständig von einer gewaltigen Inlandeisdecke eingehüllt, deren Mächtigkeit über 4700 m beträgt und die an den Küsten in Auslassgletscher mündet. An der **Knoxküste** liegt die **Bungeroase**, im Osten das ungefähr 390 000 km² große **Adélieland**.

Kerguelen

Der Archipel der **Kerguelen** im südlichen Indischen Ozean, etwa 2800 km südöstlich von Madagaskar, besteht aus der 5800 km² großen Hauptinsel Kerguelen, auch Desolation Island genannt, und etwa 300 weiteren kleinen Nebeninseln und Felserhebungen, die zusammen eine Fläche von 7215 km² bedecken. Die stark vergletscherte Kerguelen-Insel wird von Gipfeln überragt, die im **Rossberg** mit 1960 m die größte Höhe erreichen. Die Insel ist vulkani-

Bis zu 5000 m tief ist die Weddellsee. Große Teile sind von Treibeis und Eisbergen bedeckt. Im Süden ist dieser Meeresabschnitt durch dauerhaftes Schelfeis geprägt. Das nach dem englischen Forscher Weddell benannte Meer bildet den südlichen Teil des Atlantiks. Es schneidet tief in die Kontinentalmasse der Südpolregion ein und teilt sie in die West- und die Ostantarktis.

schen Ursprungs und weist zahlreiche vulkanische Phänomene wie heiße Quellen auf.

Forschungsstationen

Im Antarktisvertrag, der 1959 von zunächst zwölf Ländern unterzeichnet wurde, wird die Antarktis als Forschungskontinent bezeichnet, der ausschließlich für friedliche Zwecke genutzt werden darf. 1991 unterzeichneten die damals 40 Mitgliedsstaaten ein Zusatzabkommen. Seither entstanden in dem lebensfeindlichen Gebiet knapp 50 Forschungsstationen verschiedener Länder, in denen sich im Winter rund 1000 und im Sommer weitere 3000 Wissenschaftler aufhalten. Sie erforschen vor allem das Zirkulationssystem von Meer, Wasser und Eis in der Antarktis, zunehmend aber auch die im Eis vorhandenen Spuren vergangener Klimaveränderungen mit dem Ziel, Rückschlüsse auf die Entwicklung des heutigen Klimas ziehen zu können.

Die Forschungsstationen der jeweiligen Staaten sind:

USA: **McMurdo**, am südlichsten Ausläufer des Rossmeers; **Amundsen-Scott-Südpolstation**, am geografischen Südpol; **Palmer Station**, Anvers Island

Russland: **Wostok**, Inlandeis der Ostantarktis (Station Wostok II), hier wurde die tiefste Temperatur der Erde gemessen: –88,3 °C; **Bellingshausen**, King George Island (zu den Süd-Shetland-Inseln gehörig); **Molodjoschnaja**; **Nowolasarewskaja**; **Leningradskaja**, Victorialand; **Mirny**; **Russkaja**; **Komsomolskaja**

Australien: **Davis Station**, Prinzessin-Elisabeth-Land; **Casey Station**, Wilkesland; **Mawson Station**, MacRobertson-Land; **Maquarie** , Maquarie Island

Neuseeland: **Scott Base Ross Island**, Victorialand, am Mount Erebus

Argentinien: **Esperanza; Orcadas; San Martín**

Deutschland: **Georg-von-Neumayer-Station**, Neuschwabenland

Großbritannien: **Adelaide; Signy**, Süd-Orkney-Inseln

Italien: **Terra Nova**, Rossmeer-Region

Indien: **Dakshin Gangotri Maitri**, Königin-Maud-Land

China: **Große Mauer** auf King George Island (zu den Süd-Shetland-Inseln gehörig) und **Zhongshan** im Amery-Schelfeis

Chile: **Teniente Rudolfo Marsh**, King George Island (zu den Süd-Shetland-Inseln gehörig); **Capitán Arturo Pratt**, Greenwich Island (ebenfalls zu den Süd-Shetland-Inseln gehörig); **O'Higgins**, Trinityhalbinsel im Nordosten des Kontinents

1

2

3

Frankreich: **Dumont d'Urville**; **Port Martin**, Adélieland

Südafrika: **Sanae IV**

Japan: **Showa-Station**, Prinz-Harald-Land

Brasilien: **Comandante Ferraz**

Südkorea: **King Sejong**, King George Island (zu den Süd-Shetland-Inseln gehörig)

Norwegen: **Dronning Maud Land**, Königin-Maud-Land

Finnland: **Aboa-Station**, Königin-Maud-Land

Spanien: **Juan Carlos I**, Deception Island

Ukraine: **Vernadski-Station**, Galindez Island

Polen: **Henryk-Arctowski-Station**

Uruguay: **Artigas**, King George Island (Süd-Shetland-Inseln)

4

1 Packeis, Eisschollen und Eisberge bestimmen schwimmenden Inseln gleich das Bild des Südpolarmeeres. Bizarre »Gebirgsformen« entstehen und vergehen hier innerhalb relativ kurzer Zeiträume. Die beträchtlichen Temperaturunterschiede der Jahreszeiten halten diesen Kreislauf in Gang.

2 Im Victorialand ragt der Vulkan Mount Melbourne 2733 Meter hoch auf. Die Gipfel des Transantarktischen Gebirges sind einer der wenigen Bestandteile der Antarktis, die nicht vom Eis bedeckt sind.

3 Auf einer Insel im Rossmeer erhebt sich der noch aktive Vulkan Mount Erebus (3795 m), der zuletzt im Jahr 1995 ausgebrochen ist.

4 Auf den Höhenzügen des Transantarktischen Gebirges entsteht in Jahrhunderten Gletschereis durch stufenweise Verdichtung von Schnee, der hier im Winterhalbjahr fällt.

Der Arktische Ozean

Als Arktis oder Nordpolargebiete bezeichnet man die um den Nordpol liegenden Festlandregionen und Meere. Große Teile davon nimmt der Arktische Ozean ein.

Das **Nordpolarmeer** bildet zusammen mit der **Barentssee**, dem **Baffinmeer** und der **Hudsonbai** das **Arktische Mittelmeer** des **Atlantischen Ozeans**. Das zwischen Eurasien, Amerika und Grönland eingebettete Nordpolarmeer ist das kleinste Meer der Welt. Es umfasst eine Fläche von rund 12 000 km² und ist durchschnittlich 1000 m tief. Die maximale Tiefe beträgt 5626 m. Das Nordpolarmeer besteht aus vier Hauptbecken **(Kanada-, Sibirisches, Eurasia- und Frambecken)**, die durch drei große ozeanische Rücken voneinander getrennt werden. Der größte, der **Lomonossow-Rücken**, erstreckt sich von Nordwesten nach Südosten über 1750 km. Parallel dazu verläuft der **Mittelarktische Rücken**, eine Abzweigung des **Mittelatlantischen Rückens**. Auf der kanadischen Seite des Lomonossow-Rückens liegt der **Alpha-Rücken**.

Der Kontinentalsockel vor der nordasiatischen Küste ist wesentlich breiter als bei anderen Weltmeeren. Er erreicht eine maximale Ausdehnung von 1600 km und ist an keiner Stelle schmaler als 480 km. Auf diesem breiten Schelf liegen die Randmeere **Kara-, Laptew-, Tschuktschen-, Beaufort-, Lincoln-** und **Ostsibirische See**.

Im Bereich des Grönlandmeeres ist der Atlantik mit dem **Nordpolarmeer** verbunden. Über diesen schmalen Kanal zwischen Grönland und Spitzbergen erfolgen rund 80% des Wasseraustauschs. Im Winter ist das Nordpolarmeer von einer 2,5 bis 3,5 m dicken Meereisschicht bedeckt. Im Sommer werden die kontinentalen Ränder eisfrei. Ein zyklonaler Wirbel hält das Eis in Bewegung (**Pack- und Treibeisdrift**).

Die meisten arktischen Eisberge zählen zum »Gletscher«-Typ; sie ragen etwa 80 m aus dem Wasser heraus und sind über 1000 m lang. Eine andere Form findet sich vor den **Ellesmere-Inseln** und Nordgrönland; diese »Eisinseln« bestehen aus sehr alten Eismassen, sind mit 5 m Höhe relativ klein, werden aber teils bis zu 200 m breit.

Die **Barentssee** zwischen der nordeuropäischen Küste, Spitzbergen und Nowaja Semlja ist 1,4 Mio. km² groß und im Süden meist eisfrei. Nördlich der Packeisgrenze liegt das 500 000 km² große **Baffinmeer**, das bis zu 2377 m tief ist. Die Hudsonbai (1,4 Mio. km²) ist ein flaches, weit ins Land eingreifendes Meer im nordöstlichen Nordamerika und durch das **Foxe-Becken** mit dem Nordpolarmeer und die **Hudsonstraße** mit dem offenen **Nordatlantik** verbunden. Die Hudsonbai ist von November bis Mai eisbedeckt.

Im Nordpolarmeer und seinen Randmeeren liegen zahlreiche Öl- und Gasvorkommen, deren Ausbeutung aufgrund des steigenden Ölpreises schon in absehbarer Zukunft lukrativ sein dürfte.

Großes Bild: Das Packeis am Nordpol ist im Mittel 2 m mächtig. Trotz einer Durchschnittstemperatur von −18 °C ist der Pol gelegentlich sogar völlig eisfrei.
Kleines Bild: Am Rande der Arktis leben Säugetiere wie Eisbär und Polarfuchs.

Alle auf den Kartenseiten vorkommenden Namen sind auch im Register aufgeführt. Die Reihenfolge der Namen entspricht der Buchstabenfolge des lateinischen Alphabets. Umlaute, diakritische Zeichen und Sonderbuchstaben wurden dabei nicht berücksichtigt. Beispielsweise werden Á, Ä, Â etc. wie A behandelt, Ż, Ź, Ž wie Z. Ligaturen wie Æ oder Œ finden sich in der Reihenfolge unter AE bzw. OE. ß steht in der Buchstabenfolge wie ss.
Die im Atlas am häufigsten verwendeten Abkürzungen finden sich auch im Register wieder – etwa N.P. für Nationalpark, N.W.R. für National Wildlife Refuge. Die Abkürzungen sind auf der Seite unten erklärt.
Alle Namen erscheinen im Register genauso wie in den Karten. Gattungsbegriffe und Artikel sind nicht nachgestellt. So findet man den Golf von Biscaya unter G und nicht unter B. Le Havre ist unter L verzeichnet und nicht unter H.
Ein besonderes Merkmal dieses Kartenwerkes sind die neu entwickelten Piktogramme, die berühmte Reiserouten, herausragende Naturlandschaften und Naturmonumente, Kulturdenkmäler und Kultureinrichtungen sowie Sport-, Freizeit- und Urlaubsziele bezeichnen. Diese Bildsymbole erscheinen auch im Register (maximal drei pro Objekt). Dies erleichtert die schnelle und gezielte Suche und Einschätzung des gewünschten Objektes. Alle Piktogramme sind auf der rechten Seite aufgelistet.
Neben diesen Bildzeichen enthält das Register noch einige weitere Symbole, die den Suchbegriff näher bezeichnen, wie Staat, Hauptstadt, Provinz etc. Nach den Piktogrammen erscheint das Nationalitätskennzeichen. In der Regel lässt sich jeder Begriff einem Staat zuordnen, dies erfolgt durch das internationale Kraftfahrzeugkennzeichen. Die Kraftfahrzeugkennzeichen sind auf der folgenden Seite erläutert. Liegen Objekte genau auf der Grenze zwischen zwei Staaten sind beide Nationialitätskennzeichen durch einen Schrägstrich getrennt aufgeführt. Bei Begriffen, die einer Nation nicht zuzuordnen sind, wie etwa Atlantischer Ozean, folgt gleich die Seitenzahl und anschließend die Suchfeldangabe.
Bei Orten wird immer auf das Suchfeld verwiesen, in dem sich die Ortssignatur befindet. Bei Landschafts- und Staatennamen auf das jeweilige Suchfeld, in dem der erste Buchstabe des Namens erscheint.

Antigua		**AG**	187	Gk37
Suchbegriff	Piktogramm	Nation	Seite	Suchfeld

Abkürzungsverzeichnis

Abb.	Abbaye (franz.), abbey (engl.), abbadia (span.), abbazia (ital.) = Abtei
Abor.	Aboriginal (engl.) = die Aborigines (Ureinwohner Australiens) betreffend
Aborig.	Aboriginal (engl.) = die Aborigines (Ureinwohner Australiens) betreffend
Ad.	Adas (türk.) = Insel
Ág.	Ági -os, -a, -i (griech.) = Heilige(r)
A.L.	Aboriginal Land (engl.) = Reservation der Aborigines in Australien
Ban.	Banjaran (mal.) = Gebirge
Bol'.	Bol'-šoj, -šaja, -šoe (rus.) = Groß-
C.	Cape (engl.), cap (franz./katal.), cabo (span./port.), capo (ital.) = Kap
Can.	Canal (span./franz.), canalul (rum.) = Kanal
Cast.	Castle (engl.), castel (franz.), castillo (span.), castelo (port.), castello (ital.) = Burg, Schloss
Cd.	Ciudad (span.), cidade (port.) = Stadt
Co.	Cerro (span.) = Berg, Hügel
Conv.	Convento (span.) = Kloster
Cord.	Cordillera (span.) = Gebirge, Gebirgszug
Corr.	Corrente (port.), corriente (ital./span.) = Fluss
Cr.	Creek (engl.) = Bach
D.	Dake (jap.) = Berg
D.	Danau (indo.) = See
Dağ.	Dağlar, dağları (türk.) = Gebirge
Ea.	Estancia (span.) = Landgut
Emb.	Embalse (span.), embassament (katal.) = Stausee
Ens.	Ensenada (span./port.) = kleine Bucht
Erm.	Ermita (span.) = Einsiedelei
Est.	Estación (span.) = Bahnhof
Faz.	Fazenda (port.) = Landgut
Fl.	Fleuve (franz.) = Fluss, Strom
Fs.	Falls (engl.) = Wasserfall, Wasserfälle
g.	gawa (jap.) = Fluss
G.	Gora (rus.), góra (poln.), gunung (indo.) = Berg
Gde.	Grande (span./franz.) = groß
Geb.	Gebirge (dt.), gebergte (niederl.)
Grd.	Grand (franz.) = groß
Gt.	Great (engl.) = groß
Hist.	Historic, historical (engl.) = historisch
Hr.	Hrebet (rus.) = hoch
Ht.	Haut (franz.) = Hoch-
Hte.	Haute (franz.) = Hoch-
Hts.	Haut -s, -es (franz.) = Hoch-
Hwy.	Highway (engl.) = Fernstraße
I.	Island (engl.), isla (span.), ilha (port.), insulă (rum.) = Insel
Î.	Île (franz.) = Insel
Ind.	Indian (engl.) = Indianer, indianisch
Ind.Res.	Indian Reservation (engl.) = Indianerreservation
Is.	Islands (engl.) = Inseln
Îs.	Îles (franz.) = Inseln
Jaz.	Jazovir (bulg.) = Stausee
Jct.	Junction (engl.) = (Verkehrs)-Knotenpunkt
Jez.	Jezioro (poln.), jezero (tschech., slowak./serb./kroat./slow.) = See
Kan.	Kanal (türk./rus.), kanaal (niederl.), kanał (poln.) = Kanal
Kep.	Kepulauan (mal.) = Archipel, Inselgruppe
Kg.	Kampong (mal.), kampung (khmer) = Dorf
Kör.	Körfezi (türk.) = Golf, Bucht
L.	Lake (engl.), lac (franz.), lago (ital./span./port.), lacul (rum.), loch, lough (gälisch) = See
M.	Mys (rus./ukr.) = Kap
Mal.	Malo, -yj, -aja, -oe (rus.) = klein
Mem.	Memorial (engl.) = Ehrenmal
Mon.	Monestier, monastère (franz.), monasterio (span.), monastero (ital.) = Kloster
M.P.	Milli Parkı (türk.) = Nationalpark
Mt.	Mount (engl.), mont (franz.) = Berg
Mta.	Montagna (ital.), montaña (span.) = Gebirge, Gebirgszug
Mte.	Monte (ital./span./port.), montagne (franz.), munte (rum.) = Berg
Mtes.	Montes (span./port.), montagnes (franz.) = Berge
Mţi.	Munţii (rum.) = Gebirge, Gebirgszug
Mti.	Monti (ital.) = Gebirge, Gebirgszug
Mtn.	Mountain (engl.) = Berg, Gebirge
Mtns.	Mountains (engl.) = Berge, Gebirge
Mts.	Monts (franz.), mountains (engl.) = Berge, Gebirge
Mus.	Musée (franz.), museo (span.), museu (port.) = Museum
N.	North, Northern (engl.), Norte (ital./span./port.), Norra (schwed.), Nørdre (norweg.), Nørre (dän.) = Nord, Nördlich -e,-er, -es
Nac.	Nacional (span.), Nacional'-nyj, -aja, -oe (russ.) = National
Naz.	Nazionale (ital.) = National
N.B.C.A.	National Biodiversity and Conservation Area (engl.) = Naturschutzgebiet
Nev.	Nevado (span.) = schneebedeckter Gipfel
N.H.P.	National Historic Park (engl.) = Nationale Gedenkanlage
N.H.S.	National Historic Site (engl.) = Nationale Gedenkstätte
Niž.	Niž-e, -nij, -naja, -neje (rus.) = Nieder-, Unter-
Nižm.	Nižmennost' (rus.) = Tiefebene
N.M.P.	National Military Park (engl.) = Nationale Militär-Gedenkstätte
N.P.	Nationalpark (schwed.), National Park (engl.), nasjonal park (norweg.), Nemzeti Park (ungar.) = Nationalpark
N.R.	Nature Reserve (engl.), Natuurreservaat (niederl.) = Naturschutzgebiet
N.R.A.	National Recreation Area (engl.) = Nationales Erholungsgebiet
N.S.	National Seashore (engl.) = Nationaler Küstenbereich
N.Sra.	Nossa Senhora (port.) = Unsere(r) heilige(n) Frau
Nva.	Nueva (span.) = Neu-
Nvo.	Nuevo (span.) = Neu-
N.W.R.	National Wildlife Refuge (engl.) = Nationales Wildschutzgebiet
o.	Ostrov (rus.) = Insel
P.	Port (engl./franz.), puerto (span./port.), porto (ital.) = Hafen
Peg.	Pegunungan (indo.) = Gebirge
Pen.	Peninsula (engl.), péninsule (franz.), península (span.), penisola (ital.) = Halbinsel
Pk.	Peak (engl.) = Gipfel
P.N.	Parc National (franz.), parque nacional (span./port.), parco nazionale (ital.) = Nationalpark
p-ov.	Poluostrov (rus.) = Halbinsel
Pres.	Presidente (span./port.) = Präsident
Prov.	Provincial (engl.) = Provinz-
Pse.	Passe (franz.) = Pass
Pso.	Paso (span.), passo (ital.) = Pass
Pt.	Point (engl.) = Kap, Spitze
Pta.	Punta (span./port.) = Kap, Spitze
Pte.	Pointe (franz.) = Kap, Spitze
Pto.	Punto (ital.) = Kap, Spitze
Q.N.P.	Quasi National Park (jap.) = Nationalpark
R.	River (engl.), rivière (franz.), río (span.), ribeiro, rio (port.), rîu (rum.), reka (bulg.) = Fluss
Ra.	Range (engl.) = Gebirgszug
Rep.	Republic (engl.), republique (franz.), repüblica (span./port.), republicca (ital.) = Republik
Repr.	Represa (port.) = Talsperre
Res.	Reserva (span.), réserve (franz.) = Schutzgebiet
Res.	Reservoir (engl.), réservoir (franz.) = Stausee
Resp.	Respublika (rus.) = Republik
s.	San (jap.) = Berg
S.	San (span./ital.), são (port.) = Heiliger
Sanc./Sanct.	Sanctuary (engl.) = Schutzgebiet
Sd.	Sound (engl.), sund (dt., dän., norw., schwed.) = Sund
Sel.	Selat (indo.) = Straße
Sg.	Song (vietn.) = Fluss
S.H.P.	State Historic Park (engl.) = regionale Gedenkanlage
S.H.S.	State Historic Site (engl.) = regionale Gedenkstätte
Sk.	Shuiku (chin.) = Stausee
S.M.	State Monument (engl.) = regionales Monument
S.P.	State Park (engl.) = Regionalpark, regionaler Naturpark
Sr.	Sredn -e, -ij, -jaja (rus.) = Mittel
Sra.	Sierra (span.), serra (port./ital.) = Gebirge, Gebirgszug
St./St	Sankt (dt.), saint (engl./franz.) = Sankt, Heiliger
Sta.	Santa (span./port./ital.) = Sankt, Heiliger
Star.	Star -o, -yj, -aja, -oe (rus.) = Alt-
Ste	Sainte (franz.) = Sankt, Heiliger
Sth.	South (engl.) = Süd-, südlich -e, er, es
St.Mem.	State Memorial (engl.) = Regionale Gedenkstätte
Sto.	Santo (span./port.) = Sankt, Heiliger
Str.	Strait (engl.), stretto (ital.), stræde (dän.), stret (norw.) = Meerenge, Meeresstraße, Straße
t.	tau (kasach.) = Berg
T.	Take (jap.) = Gipfel, Höhe
T.	Temple (engl.) = Tempel
Tel.	Teluk (indo.) = Bucht
Tg.	Tanjung (indo.) = Kap
T.I.	Terra Indígena (port.), territorio indigena (span.) = Indianerreservation
Vdhr.	Vodohranilišče (rus.) = Stausee
Vel.	Velik -o, -ij, -yki, -oe (rus.) = Groß-
Verh.	Verhn -ee, -ie, -ij, -jaja (rus.) = Gebirge
Vill.	Village (engl.) = Dorf
vlk.	Vulkan (rus.) = Vulkan
Vol.	Volcano (engl.), volcan (franz.), volcán (span.) = Vulkan
Vul.	Vulkan (dt.), Vulcano (ital./rum.) = Vulkan
W.A.	Wilderness Area (engl.) = Wildpark
Wildl.	Wildlife (engl.) = Wild-
W.S.	Wildlife Sanctuary (engl.) = Wildschutzgebiet
Y.	Yama (jap.) = Berg, Gebirge
Zal.	Zaliv (rus.), zalew (poln.) = Bucht
Zap.	Zapovednik (rus.) = Schutzgebiet
Z.B.	Naturschutzgebiet in China
Zp.	Zapadn -e, -ji, -aja, -noe (rus.) = West-, Westliche, -er, es

Zum Gebrauch

Internationale Kraftfahrzeugkennzeichen

A	Österreich
AFG	Afghanistan
AG	Antigua und Barbuda
AL	Albanien
AND	Andorra
ANG	Angola
ARM	Armenien
AUS	Australien
AZ	Aserbaidschan
B	Belgien
BD	Bangladesch
BDS	Barbados
BF	Burkina Faso
BG	Bulgarien
BH	Belize
BHT	Bhutan
BIH	Bosnien-Herzegowina
BOL	Bolivien
BR	Brasilien
BRN	Bahrain
BRU	Brunei
BS	Bahamas
BU	Burundi
BY	Weißrussland
C	Kuba
CAM	Kamerun
CDN	Kanada
CH	Schweiz
CHN*	Volksrepublik China
CI	Elfenbeinküste
CL	Sri Lanka
CO	Kolumbien
COM	Komoren
CR	Costa Rica
CV	Kap Verde
CY	Zypern
CZ	Tschechien
D	Deutschland
DARS	Westsahara
DJI	Dschibuti
DK	Dänemark
DOM	Dominikanische Republik
DY	Benin
DZ	Algerien
E	Spanien
EAK	Kenia
EAT	Tansania
EAU	Uganda
EC	Ecuador
ER	Eritrea
ES	El Salvador
EST	Estland
ET	Ägypten
ETH	Äthiopien
F	Frankreich
FIN	Finnland
FJI	Fidschi
FL	Liechtenstein
FSM	Mikronesien
G	Gabun
GB	Großbritannien
GCA	Guatemala
GE	Georgien
GH	Ghana
GNB	Guinea-Bissau
GQ	Äquatorialguinea
GR	Griechenland
GUY	Guyana
H	Ungarn
HN	Honduras
HR	Kroatien
I	Italien
IL	Israel
IND	Indien
IR	Iran
IRL	Irland
IRQ	Irak
IS	Island
J	Japan
JA	Jamaika
JOR	Jordanien
K	Kambodscha
KIR	Kiribati
KNA*	Saint Kitts und Nevis
KS	Kirgisistan
KSA	Saudi-Arabien
KSV	Kosovo
KWT	Kuwait
KZ	Kasachstan
L	Luxemburg
LAO	Laos
LAR	Libyen
LB	Liberia
LS	Lesotho
LT	Litauen
LV	Lettland
M	Malta
MA	Marokko
MAL	Malaysia
MC	Monaco
MD	Moldawen
MEX	Mexiko
MH	Marshallinseln
MK	Mazedonien
MNE	Montenegro
MNG	Mongolei
MOC	Mosambik
MS	Mauritius
MV	Malediven
MW	Malawi
MYA	Myanmar
N	Norwegen
NAM	Namibia
NAU	Nauru
NEP	Nepal
NIC	Nicaragua
NL	Niederlande
NZ	Neuseeland
OM	Oman
P	Portugal
PA	Panama
PAL	Palau
PE	Peru
PK	Pakistan
PL	Polen
PNG	Papua-Neuguinea
PRK*	Nordkorea
PY	Paraguay
Q	Katar
RA	Argentinien
RB	Botsuana
RC	Taiwan
RCA	Zentralafrikanische Republik
RCB	Republik Kongo
RCH	Chile
RDC	Demokratische Rep. Kongo
RG	Guinea
RH	Haiti
RI	Indonesien
RIM	Mauretanien
RL	Libanon
RM	Madagaskar
RMM	Mali
RN	Niger
RO	Rumänien
ROK	Südkorea
ROU	Uruguay
RP	Philippinen
RSM	San Marino
RUS	Russland
RWA	Ruanda
S	Schweden
SD	Swasiland
SGP	Singapur
SK	Slowakei
SLO	Slowenien
SME	Suriname
SN	Senegal
SOL	Salomonen
SP	Somalia
SRB	Serbien
STP	São Tomé und Príncipe
SUD	Sudan
SY	Seychellen
SYR	Syrien
TCH	Tschad
TG	Togo
THA	Thailand
TJ	Tadschikistan
TLS*	Osttimor
TM	Turkmenistan
TN	Tunesien
TO	Tonga
TR	Türkei
TT	Trinidad und Tobago
TUV	Tuvalu
UA	Ukraine
UAE	Vereinigte Arabische Emirate
USA	Vereinigte Staaten von Amerika
UZ	Usbekistan
V	Vatikanstadt
VN	Vietnam
VU	Vanuatu
WAG	Gambia
WAL	Sierra Leone
WAN	Nigeria
WD	Dominica
WG	Grenada
WL	Saint Lucia
WS	Samoa
WV	Saint Vincent und Grenadinen
YE	Jemen
YV	Venezuela
Z	Sambia
ZA	Südafrika
ZW	Simbabwe

* Für einige Staaten sind keine offiziellen Kraftfahrzeugkennzeichen gemeldet. In diesen Fällen ist der internationale Three-Letter-Code (ISO 3166) angegeben.

Im Namensverzeichnis verwendete Piktogramme

- Ort/Stadt
- Staat
- Hauptstadt
- Provinz
- Provinzhauptstadt

Berühmte Reiserouten

- Autoroute
- Bahnstrecke
- Hochgeschwindigkeitszug
- Schiffsroute

Herausragende Naturlandschaften/ Naturmonumente

- UNESCO-Weltnaturerbe
- Gebirgslandschaft
- Felslandschaft
- Schlucht/Canyon
- Vulkan erloschen
- Vulkan aktiv
- Geysir
- Höhle
- Gletscher
- Flusslandschaft
- Wasserfall/Stromschnelle
- Seenlandschaft
- Wüstenlandschaft
- Oase
- Fossilienfundstätte
- Depression
- Naturpark
- Nationalpark (Landschaft)
- Nationalpark (Flora)
- Nationalpark (Fauna)
- Nationalpark (Kultur)
- Biosphärenreservat
- Wildreservat
- Whale watching
- Schutzgebiet für Meeresschildkröten
- Schutzgebiet für Seelöwen/Seehunde
- Schutzgebiet für Pinguine
- Zoo/Safaripark
- Krokodilfarm
- Küstenlandschaft
- Strand
- Korallenriff
- Insel
- Unterwasserreservat

Herausragende Metropolen, Kulturmonumente und -veranstaltungen

- UNESCO-Weltkulturerbe
- Vor- und Frühgeschichte
- Prähistorische Felsbilder
- Alter Orient
- Altes Ägypten
- Altägyptische Pyramiden
- Minoische Kultur
- Phönikische Kultur
- Frühe afrikanische Kulturen
- Etruskische Kultur
- Griechische Antike
- Römische Antike
- Nabatäische Kultur
- Wikinger
- Altes Indien
- Altes China
- Altes Japan
- Maya-Kultur
- Inka-Kultur
- Aztekische Kultur
- Andere altamerik. Kulturen
- Jüdische Kulturstätte
- Christliche Kulturstätte
- Islamische Kulturstätte
- Buddhistische Kulturstätte
- Hinduistische Kulturstätte
- Jainistische Kulturstätte
- Kulturstätte der Sikhs
- Shintoistische Kulturstätte
- Kulturstätte anderer Religionen
- Kulturstätten indigener Völker (Naturvölker)
- Aborigine-Reservation
- Aborigine-Kulturstätte
- Indianerreservation
- Indianische Pueblo-Kultur
- Indianische Kulturstätte
- Amazonasindianer/Schutzgebiete
- Kulturlandschaft
- Historisches Stadtbild
- Imposante Skyline
- Burg/Festung/Wehranlage
- Karawanserei
- Palast/Schloss
- Technisches/industrielles Monument
- Staumauer
- sehenswerter Leuchtturm
- herausragende Brücke
- Grabmal
- Kriegsschauplatz/Schlachtfeld
- Denkmal
- Mahnmal
- Weltraumbahnhof
- Spiegel- und Radioteleskop
- Markt/Basar
- Feste und Festivals
- Museum
- Theater
- Weltausstellung
- Olympische Spiele

Herausragende Sport- und Freizeitziele

- Arena/Stadion
- Rennstrecke
- Golf
- Pferdesport
- Skigebiet
- Segeln
- Tauchen
- Surfen
- Wellenreiten
- Kanu/Rafting
- Seehafen
- Hochseeangeln
- Wasserski
- Badeort
- Mineralbad/Therme
- Freizeitpark
- Spielcasino
- Hill Resort
- Lodge

Zusätzliche Piktogramme für das Register

- Gewässer
- Kanal
- Sonstige physische Namen
- Pass
- Untermeerisches Relief

B

C

D

G

H

I

J

K

L

M

P

R

S

U

V

W

X

Y

Z

Bildnachweis

o=oben; b=bottom

1: Geospace Eurimage; 2/3: Geospace EDC; 6/7: 1 Monheim; 2, 3 P; 4 IFA/Jacobs. page 8/9: 1 Getty/Tomlinson; 2 Getty/Waite; 3 Premium/Petsch; 4 Getty/Layda; 10: 1 DFA; 2 Huber/Damm; 11: Premium 12/13: 1 Premium/S.Bunka; 2 IFA; 3 Premium/NGS; 4 Premium/Schwabel. 14/15: Premium/Raymer/NGS; 18: IFA/PAN; 19 o. l.: stone/Lawrence; 19 u. r.: Via Redaktion/Gross; 19.1, 2, 3: stone; 20.1, 2, 3, 4: Premium; 21.1: Mauritius/SST; 21.2: Premium; 21.3: Via Redaktion/Gross; 24/25: Bernd Ritschel; 28 o.: stone/Sigurdsson; 28 u.: Erich Spiegelhalter; 29.1: stone/ Walker; 29.2: Waite; 29.3, 4: Klammet/Nägele; 30 Zielske; 31/31: Geospace/Euroimages; 32 o. l.: Premium; 32 o. r.: Bildagentur Huber; 32 b.: Getty/Bavaria; 33 b.: Klammet; 33.1: stone/Waite; 33.2: Mauritius/ Rossenbach; 33.3: stone/ Strachan; 33.4: Klammet; 34: Geospace/ Euroimages, 35 o.:Bernd Ritschel ; 35 u.: mediacolours; 36 o.: LOOK/Frei; 36 u.: Bildagentur Geduldig; 37 o.: Pictor; 37.1: Premium; 37.2: E. Wrba; 37.3: Huber/Mehlig; 37.4: Klammet; 74/75 panstock/Zhao; 78 o.: Mauritius/ O'Brien; 78 u.: Premium; 79 o.: zefa/Braun; 79.1: Pictor; 79.2: Premium; 79.3: zefa/geopress; 80/81 geospace/EDC; 81: Mauritius/ Krinninger; 82 o.: Transglobe/ Pölking; 82 u.: panoramastock; 83 o.: Corbis/Goodshoot; 83 m.+u.: stone; 84 o.: Transglobe/Schönlein; 84 u.: IFA/Warter; 85 o.: zefa/Koch; 85.1: stone; 85.2: Premium; 85.3: Transglobe/Index Stock; 86 o.: Dr.Janicke; 86 u.: Premium; 87 o.: zefa/Bell; 87.1: Premium; 87.2: stone/Merill; 87.3: Harvey; 87.4: Barbier; 132/133: Corbis/TSM/ Faulkner; 136 o.: Premium; 136 u.: Corbis/Theo Allofs; 137 o.+m.: Premium; 137 u.: E.Wrba; 138/139: Geospace/Acres, 138: Corbis/ Reuters; 140 o., 140 u.: Premium; 141 o. l.: Getty Images/Bavaria/ Manfred; 141 o. r.: Mauritius; 141 .1, 2: stone; 141 .3, 4: Premium; 160/161 Clemens Emmler; 164 o. l.: Mauritius/Thonig; 164 o. r.: IFA/Schmidt; 164 u.: Premium; 165 o.: laif/Michael Martin; 165.1: Premium; 165.2: Mauritius/Pigneter; 165.3: C. Kunth; 165.4: zefa/Hummel; 166/167: Geospace/Eurimage; 167: Premium; 168 o.: Premium; 168 u.: zefa/Boehnke; 167 o.: zefa/Hummell; 167.1: stone/Parfitt; 167.2: Photopress/Rose; 167.3: Huber/ Adam; 167.4: IFA/Aberham; 170: Huber/Adam; 170/171: Geospace/ EDC; 172 o.: Premium; 172 u.: Huber/Damm; 173 o.: Premium; 173.1: stone/Chard; 173.2, 3: Premium;173.4: Clemens Emmler; 208/209: Premium; 212 o. l., o. r.: Transglobe/Seaphot/Lythgoe/Löber; 212.1.: Corbis; 212.2.: stone/Heacox; 212.3 Laif/Warter.: 213 o.: Getty/Beatty; 213: Geospace/EDC; 214 o.: N.N.; 214 u.: Getty/Stone; 215 o.: Pictor; 215 1.+2.: Getty/Stone; 215 3.: N.N.; 215 4.: Arco/Weyers; 216/217: Premium/Larson; 216 u.: Premium/Hoshino; 217.1: Getty/ stone/Walker; 217.2: Premium/ Hoshino; 218 o., 218 u., 219 u., 219.1, 2, 3: Premium; 220 o.: stone/Dykinga; 220 u.: stone/Bean; 212 o.: LOOK/Heeb; 212.1: Huber/Ripaui; 212.2: Premium; 212.3, 4: stone/Till/Wells; 222/223 2 x geospace/EDC; 224 t.: stone/Everts; 224 u.: Premium; 225 o.: IFA/Barnes; 225.1: Premium/NGS; 225.2: IFA/Gottschalk; 225.3: stone/ Kavanagh; 225.4: Waugh; 252/253: Corbis/Galen Rowell; 256 o.: Transglobe/Moody; 256 u.: stone/ Schafer; 257 u.: stone/Prior; 257: geospace/EDC; 258 o., 258 u.: Premium; 259 o.: Photopress/Köck; 259.1: stone; 259.2: Premium; 259.3, 4: mediacolor's; 260 u.: look/ Wiesmeier; 260.: geospace/EDC; 261 o.: getty/Bavaria; 261 u.: Premium; 262 o. l., o. r.: Via Redaktion/Gross; 262 u.: Premium; 263 o.: Transglobe/ Röchner; 263.1: stone/DeVore; 263.2: Via Redaktion/Gross; 263.3: Getty/stone/ Hilst; 263.4: stone/Strand.

Impressum

© 2008 Verlag Wolfgang Kunth GmbH & Co KG, München
Königinstraße 11
80539 München
Telefon +49.89.45 80 20-0
Fax +49.89.45 80 20-21
www.kunth-verlag.de

©Kartografie: GeoGraphic Publishers GmbH & Co. KG
Geländedarstellung: Erstellt und bearbeitet auf der Basis von SRTM-Daten durch Heiner Newe, GeoKarta, Altensteig.

Textbeiträge: Heike Barnitzke, Gesa Bock, Dirk Brietzke, Michael Kaiser, Wolfgang Kunth, Michael Elser, Ursula Klocker, Norbert Pautner

Genehmigte Sonderausgabe